IMAGENS
QUEBRADAS

Dados Internacionais de Catalogação na Publicação (CIP)
(Câmara Brasileira do Livro, SP, Brasil)

Arroyo, Miguel G.
  Imagens quebradas : trajetórias e tempos de alunos e mestres / Miguel G. Arroyo. 9. ed. – Petrópolis, RJ : Vozes, 2019.

  1ª reimpressão, 2020.

  ISBN 978-85-326-3071-1

  1. Educação – História 2. Interação professor-alunos 3. Pedagogia 4. Professores e estudantes 5. Sociologia educacional I. Título.
  II. Título : Trajetórias e tempos de alunos e mestres.

04-5660   CDD-371.1023

Índices para catálogo sistemático:
  1. Alunos e mestres : Interação : Educação
      371.1023
  2. Professores e alunos : Interação : Educação
      371.1023

Miguel G. Arroyo

IMAGENS QUEBRADAS

Trajetórias e tempos de alunos e mestres

EDITORA VOZES

Petrópolis

© 2004, Editora Vozes Ltda.
Rua Frei Luís, 100
25689-900 Petrópolis, RJ
www.vozes.com.br
Brasil

Todos os direitos reservados. Nenhuma parte desta obra poderá ser reproduzida ou transmitida por qualquer forma e/ou quaisquer meios (eletrônico ou mecânico, incluindo fotocópia e gravação) ou arquivada em qualquer sistema ou banco de dados sem permissão escrita da editora.

CONSELHO EDITORIAL

Diretor
Gilberto Gonçalves Garcia

Editores
Aline dos Santos Carneiro
Edrian Josué Pasini
Marilac Loraine Oleniki
Welder Lancieri Marchini

Conselheiros
Francisco Morás
Ludovico Garmus
Teobaldo Heidemann
Volney J. Berkenbrock

Secretário executivo
João Batista Kreuch

Editoração: Fernando Sergio Olivetti da Rocha
Diagramação: Sheilandre Desenv. Gráfico
Revisão gráfica: Nilton Braz da Rocha / Nivaldo S. Menezes
Capa: Claudio Arroyo
Ilustração de capa: Lucia Helena Corrêa Lenzi

ISBN 978-85-326-3071-1

Editado conforme o novo acordo ortográfico.

Este livro foi composto e impresso pela Editora Vozes Ltda.

*Fui ficando só, sem cuidados. Todos os que
nos cuidavam tomaram outros rumos e,
com eles, foi-se o carinho de que eu vivia.
De novo voltam a preocupar-se comigo
não por cuidado, mas por medo.
Porque me tornei um incômodo.*

*A criança que fui chora na estrada.
Deixei-a ali quando vim ser quem sou...
Quero ir buscar quem fui onde ficou.*

*Quero poder imaginar a vida
como ela nunca foi,
e assim vivê-la vívida e perdida,
num sonho que nem dói.*
(Fernando Pessoa)

*À memória de meu pai,
de quem carrego com orgulho as marcas.*

Sumário

Um mal-estar fecundo – A modo de apresentação, 9

Parte I – Trajetórias de alunos e mestres, 27

   1 Imagens perdidas? Quebradas?, 29
   2 Outro olhar sobre os educandos, 46
   3 Educandos, sujeitos de direitos, 59
   4 Trajetórias humanas no olhar dos educandos, 70
   5 Trajetórias escolares no olhar dos educandos, 81
   6 Um direito na contramão, 95
   7 Os corpos, suas marcas, suas mensagens, 105
   8 Formar sujeitos éticos – I, 121
   9 Formar sujeitos éticos – II, 134
  10 Circuito *Atelier* – E nossas trajetórias?, 147

Parte II – Tempos de alunos e mestres, 161

   1 Tempo, tempo, tempo, 163
   2 O que ensinar, o que aprender e em que tempo, 179
   3 Tempo e formação humana, 194
   4 Gaveta dos guardados, 208
   5 Tempos do viver humano, 221
   6 A conformação dos grupos etários, 231
   7 Significados culturais dos tempos da vida, 239
   8 Artes e letras e os tempos do viver humano, 244
   9 A mídia e os tempos da vida, 259
  10 Lembrar é lidar com tempos, 268

Parte III – Reinventando convívios, 279
    1 Reinventando convívios, 281
    2 Propiciando aprendizagens significativas, 296
    3 Reprovar, classificar, segregar, 307
    4 Reprovação-retenção na agenda escolar e social, 318
    5 Presos a essa engrenagem, 332
    6 E os nossos tempos?, 341

Um mal-estar fecundo
A modo de apresentação

Não nos move o amor, mas o espanto
(J. Luís Borges).

No livro *Ofício de mestre* tentei dialogar com as mudanças que vinham acontecendo em nossas imagens docentes. Conseguimos que a sociedade e os governos nos olhassem com outra mirada. Nós mesmos nos reconhecemos outros e outras.

Essa redefinição de imagens não parou aí. De lá para cá aconteceu algo que nos surpreende: os diálogos nas escolas tornaram-se tensos entre alunos e mestres. Há apreensão nas escolas, e não apenas com salários, carreira e condições de trabalho que pouco melhoraram. Há apreensão diante dos alunos. É deles que vêm as tensões mais preocupantes vivenciadas pelo magistério. Os alunos estariam colocando seus mestres em um novo tempo? O mal-estar nas escolas é preocupante porque não é apenas dos professores, mas também dos alunos.

Nos textos aqui organizados tento captar o que podem significar essas tensões. Como os professores(as) reagem, como as interpretam. Em um contato mais superficial parecia-me que se tratava de tensões diante das condutas indisciplinadas e até violentas dos alunos. Através de um olhar mais cuidadoso fui descobrindo que as tensões são mais profundas, mais de raiz. Estão em jogo nossas autoimagens. Inseparáveis das imagens que nós fazemos dos educandos. "Os alunos não são mais os mesmos", ouvimos repetidamente de seus mestres. Por que nos incomoda tanto que não sejam os mesmos? Porque o magistério torna-se mais difícil, sem dúvida. E por algo mais.

Ao longo da história sempre que os educandos mudaram, a pedagogia e a docência foram tensionadas. Aí as tensões assumem um caráter mais radical: quando as imagens dos educandos se quebram, que acontecerá com nossas imagens docentes? Em realidade continuamos às voltas com as mesmas indagações: os significados de nosso ofício estão mudando. Continuamos atrás de nossas identidades pessoais e coletivas. Com uma novidade: desta vez vemos nossas identidades refletidas no espelho da infância, da adolescência e da juventude com que lidamos. São as imagens destes tempos da vida que estão se quebrando? Com elas quebram-se também as imagens da pedagogia e do magistério? Haveremos de construir outras imagens dos educandos para reencontrar nossas identidades. Este pode ser o desafio que neste momento incomoda a categoria docente.

Imagens quebradas? Poderia ser este o título adequado para um conjunto de reflexões sobre o momento vivido nas escolas? Reconheçamos, hoje se impõe falar sobre os alunos e as alunas, sobre o que vem acontecendo com as imagens da infância, a adolescência e juventude e, consequentemente, sobre o que vem acontecendo com nossas imagens profissionais. Falar dos educandos será outra maneira de falar de nós mesmos. Porém, com que olhar aproximar-nos? Às voltas com as transformações que acontecem com a infância, adolescência e juventude nas últimas décadas, torna-se inevitável nos perguntar: Que imagens e que tratos darão conta dessas transformações? Se acertarmos com os tratos que deem conta das formas concretas de viver esses tempos da vida com que convivemos por ofício, talvez acertaremos com nossas próprias identidades. Aí vejo o significado positivo do incômodo e do mal-estar vivenciados nas escolas.

Ao longo da história da pedagogia, múltiplas metáforas tentaram dar conta do ofício de ensinar e educar: parteiras, jardineiras, artífices, bordadeiras. Não foi fácil encaixar nossas identidades nessas metáforas. A toda metáfora dos pedagogos e dos mestres corresponde uma metáfora dos educandos: plantinhas, massinhas, fios maleáveis... Não tem sido fácil ao longo da história social da infância, adolescência e juventude encaixá-los nesses românticos imaginários. Estamos em um momento em que fica mais evidente que as metáforas da pedagogia não dão conta da infância, adolescência e juventude reais que frequentam as salas de aula. Não são mais plantinhas tenras, nem massinhas moles e maleáveis, nem fios para bordados finos. A vida os endureceu precocemente. Essas metáforas também não dão conta de nossas trajetórias profissionais. Difícil reconhecer-nos jardineiros(as), artífices, bordadeiras. Imagens que tentaram revelar os sentidos do magistério. Por que estariam perdendo seus significados? Porque os educandos são outros.

Nunca sentimos tanto que as imagens do magistério e da pedagogia são inseparáveis da realidade da infância, adolescência e juventude com que convivemos. Tem sentido que estejamos atormentados por dúvidas sobre nosso ofício. Ele nasceu tão colado ao imaginário social sobre a infância que não consegue ser pensado em separado do pensar sobre a infância. Sobretudo das formas possíveis de vivê-la. O momento é desafiante porque as próprias crianças, adolescentes e jovens nos exigem que aceleremos o ritmo e tomemos o passo da realidade que eles vivenciam. Os alunos nos exigem que repensemos as metáforas da docência e da pedagogia a partir das possibilidades e limites reais de viverem sua infância e adolescência, sua juventude e vida adulta.

Será difícil encontrar-nos a nós mesmos nas metáforas da pedagogia e da docência quando os alunos nelas não se encontram mais. O imaginário em que os representávamos está condenado a desaparecer. Já desapareceu no cinema, na mídia, na literatura e nas ciências humanas. Apenas sobrevivia no imaginário escolar. Por que resistimos tanto a perceber que essa criançada e moçada não eram mais as mesmas? Porque teríamos de rever nossas imagens profissionais. Redefinir imaginários dos alunos exige redefinir imaginários da docência e da pedagogia. Uma tarefa inadiável diante da infância e da adolescência quebradas pela barbárie da sociedade.

Mas que imagens estão sendo colocadas no lugar? Estamos em tempos de rápida substituição das imagens inocentes da infância. Nos assusta que as indisciplinas e a violência cheguem às ruas e aos morros, e até às escolas. Nos assustam as condutas dos "menores". Nos surpreende que aqueles que víamos como o ideal de bondade e inocência tenham se tornado símbolo da maldade e da violência. A mídia, o cinema, nos trazem o brutal processo de infantilização da violência. É a nova imagem. Como é possível que tenhamos mudado tanto e tão rápido nosso olhar sobre a infância e adolescência a ponto de colocá-las nesse subterrâneo apavorante que durante décadas inspirou a literatura e o cinema mais realistas?

Realmente nos deparamos com imagens de infância, antes símbolos de bondade, substituídas por imagens de decadência moral. Esse brusco processo está sendo demasiado tenso, toca em nossos ideais civilizatórios e pedagógicos. Se a infância passou a ser o símbolo da decadência moral, o que será esperado de seus mestres? Será por aí que o mal-estar se espalha nas escolas? Teremos inexoravelmente de nos balançar entre imagens angelicais ou satanizadas? Entre símbolos de bondade ou símbolos de decadência moral? Outras imagens dos educandos são possíveis. Os alunos são outros porque são obrigados ou porque escolhem outras formas de viver e de ser.

Que imagens construir passou a ser uma questão central. Sabemos que não dá mais para manter um trato meloso, nem épico da infância e adolescência, mas seria muito tentar um olhar e um trato pedagógicos? Ver a infantilização da violência como o lado destrutivo de nossa civilização. As crianças e adolescentes em seus rostos violentos ou em seus gestos indisciplinados, mais do que revelar-se, revelam o lado destrutivo da civilização. Muitos profissionais da educação tentam compreender a sociedade antes de condenar os educandos. Se perguntam como as próprias crianças vivenciam essa metamorfose kafkiana. Deitaram anjos e acordaram convertidos em monstros? O estranhamento, o medo e até a condenação e a expulsão das escolas serão vivências demasiado fortes para criaturas tão fracas. A violência não é uma festa de adolescentes. Tem sentido pedagógico condená-los? São eles e elas as vítimas do mal-estar de nossa sociedade, de seu crescente número de vítimas.

Encontramos escolas e redes de ensino que não condenam as vítimas. Tentam salvá-las. O mais frequente são ações preventivas e corretivas. Por vezes encontramos projetos extraescolares, ou paralelos ao fazer cotidiano da escola; por exemplo, trabalhos em hortas e oficinas, onde adolescentes e crianças ficam ocupados ou aprendendo ofícios elementares para afastá-los do tráfico ou da violência. São projetos que recuperam a esperança socializadora e moralizadora do trabalho. Outros projetos apostam na recuperação moral da infância e da adolescência através de oficinas de cultura, teatro, música, esporte... Nestes projetos se assume que a infância está ameaçada e a obrigação da pedagogia é salvá-la. É interessante constatar a recuperação dos vínculos entre educação, ocupação e cultura, como recursos para a reinserção da infância e da adolescência em perigo. Frequentemente esses recursos, trabalho ou cultura, são introduzidos como projetos paralelos ao núcleo do fazer escolar que continua inalterado. São projetos fora das salas de aula, das grades curriculares e do trabalho docente que continua centrado nas disciplinas. Apenas alguns professores comprometidos assumem essas propostas preventivas e corretivas. Na realidade são projetos dirigidos apenas à infância e à adolescência pobre, diagnosticadas em risco moral.

Os textos aqui organizados supõem que esses diagnósticos e intervenções pontuais não dão conta da gravidade e do mal-estar vividos nas escolas. Este é mais profundo e afeta a totalidade das imagens da infância e da adolescência, assim como da pedagogia e do magistério.

Como se vive a infância, desde a infância?

Nestes textos prefiro dar mais ênfase aos esforços que vêm sendo feitos para aproximar nosso olhar profissional das trajetórias reais dos educandos. Percebo que muitos professores e professoras se assustam com a quebra de imagens inocentes, mas sobretudo se assustam, e muito, com o novo imaginário social que sataniza a infância, a adolescência e a juventude. Muitos profissionais sentem a urgência de ir além de ações preventivas e corretivas. Estariam acontecendo outras aproximações? Percebo que o sentimento mais dominante é de esperança de um novo reencontro entre a docência, a pedagogia e os educandos. Nem anjos, nem capetas, mas seres humanos em complexas trajetórias existenciais. Nosso ofício é acompanhá-los como são.

Vejo este momento como uma tensão fecunda para as escolas, a pedagogia e a docência. Estes textos não são lamentos do paraíso perdido, nem da inocência perdida. A infância também foi expulsa de qualquer paraíso idealizado. A nós educadores cabe apenas acompanhá-la nos percursos concretos, perversos, muitas vezes, em que vai se aprendendo e tornando humana. Acompanho esforços de aproximação que estão acontecendo nas escolas. Vejo esforços para ouvir as crianças e os jovens, para criar relações mais humanas. Para que nos digam como se vive a infância desde a infância, como se vive a juventude desde a juventude. O que vemos? Nada de nostalgia do paraíso perdido. Crianças, adolescentes e jovens, sobretudo populares, nunca acreditaram que haveria paraíso a perder. A visão idealizada da infância se perdeu com a perda do paraíso prometido pelo progresso. O que nos cabe? Ir além de diagnósticos, ou seja, grupos de crianças em risco. Ter um olhar mais profundo, perceber que mudaram as formas de viver esses tempos da vida, logo, mudaram as formas de ser e de se comportar. Mudaram as autoimagens e as imagens sociais da infância, da adolescência e da juventude. O que se espera das escolas, da docência e da pedagogia é muito mais do que ações preventivas pontuais. Nos cabe conhecer, assumir e acompanhar toda a infância, adolescência e juventude nos seus percursos reais. Realismo chocante que choca a mídia, o cinema e as políticas públicas e desmonta uma cômoda ilusão da sociedade: deixemos que a educação, a escola e os professores(as) deem conta das inocentes criancinhas. Essa infância real parece-nos dizer: vocês não darão conta e não por falta de preparo, mas porque não somos nem queremos ser a idealização que a sociedade fez da infância, adolescência e juventude. Não cabemos nas idealizadas imagens que por séculos inspiraram a docência e a civilização. Mas não somos tão violentos e malvados quanto a sociedade nos imagina. Não queremos programas compassivos e nem salvadores.

Os alunos nos obrigam a enxergá-los. A atenção sobre eles cresce e poderá se tornar uma iluminação tardia sobre toda a docência. As formas em que são obrigados a reproduzir suas vidas nos chocam com seu cruel realismo. Vejo as professoras e os professores balançando-se entre sentimentos de dúvida e descrença da infância, adolescência e juventude. Mas vejo também vontades de aproximação para conhecer melhor quem são realmente os educandos(as) que acompanhamos. Descobrir que não passaram a ser o símbolo da maldade. Teríamos de passar por esses sentimentos para reencontrar o sentido de nosso próprio percurso profissional?

Estes textos e reflexões apostam que se trata de um percurso fecundo para reencontrar nossa verdade e nossos limites. Vejo o momento docente obedecendo a uma mirada singular, atenta aos matizes não apenas das indisciplinadas condutas dos educandos, mas de suas ricas trajetórias humanas e temporais. Nem tudo é indisciplina nas escolas. Nem toda criança é violenta. A pedagogia escolar é como uma combinação de imagens e cores. O importante é acertar com sua combinação e com o foco que dê sentido a imagens e cores por vezes tão chocantes. A pedagogia escolar é diferente dependendo do foco de sentido que escolhamos: os conteúdos, as didáticas? Estamos caminhando para que o foco de sentido sejam os educandos(as) e suas vivências reais de seus tempos da vida. Reconheçamos que estamos diante de um novo foco de sentido. Promissor para o magistério.

Os textos aqui recolhidos vão à procura desse foco de sentido. Dialogamos com o cotidiano da docência nas diversas tentativas de encontrar novos significados. De acertar. De trazer a infância e adolescência, a juventude e a vida adulta na EJA para o centro do palco. Dar-lhes voz e atenção, espaços e tempos. Reconhecer e respeitar a especificidade de seus tempos humanos.

Quando miramos e escutamos as trajetórias humanas e temporais dos educandos e das educandas outras imagens se revelam. É o que está acontecendo em tantas escolas e em tantos coletivos docentes. Imagens não mais romanceadas nem satanizadas, mas reais, chocantes, multifacetadas de fracassos, de contravalores, de sombras, mas também de valores, de luzes e de resistências. Lembro da surpresa de um professor: "quanto mais me aproximo das vidas dos alunos mais me surpreendo com o quanto ainda desconheço". Outro professor reagiu: "é incômodo conhecê-los, suas vidas são demasiado surpreendentes". Confusos tempos para a docência. Querer vivê-la com intensidade, mas olhar os alunos com medo, surpresa e até espanto. Como afirmar-nos como profissionais da infância, adolescência e juventude reais e ao mesmo tempo delas ter medo? É preocupante como vai se expandindo um clima de insegurança sobre os personagens das escolas. Essas idades são menos transparentes do que imaginávamos. Como todo tempo humano carregam um obscuro sentido. Sentidos mais chocantes do que nossas representações pedagógicas insinuavam. A tensão escolar e docente têm aí seus motivos. Se a pedagogia tivesse nos legado imagens mais reais da infância, adolescência e juventude talvez as condutas dos alunos nos perturbassem menos.

Dá para perceber que se no livro *Ofício de mestre* tentei acompanhar os percursos dos professores e das professoras em suas lutas e resistências, nestes textos focalizo outras tensões. Durante as décadas de 1980 e 1990 nos centramos na influência externa que pesa sobre a escola e sobre nós. Aprendemos que as condições econômicas, políticas e sociais marcam o sentido social e político da educação. Não esquecemos dessas marcas externas. Elas persistem ainda mais determinantes. Mais recentemente avançamos para uma percepção de que as tensões que os alunos trazem à escola marcam significativamente o que somos e podemos ser. Desde o final dos anos 1970 vínhamos percebendo as marcas da economia e da política em nossos salários e em nossas condições de trabalho. Agora vemos que as marcas de uma perversa e imoral estrutura econômica e social nos chegam como tatuagens nos corpos e nas condutas dos próprios alunos(as). As condições inumanas em que milhões de crianças, adolescentes, jovens e adultos, alunos, têm de sobreviver deveriam ser muito mais preocupantes do que as suas indisciplinas e violências. Que esperar de crianças famintas e de adolescentes atolados na sobrevivência mais imediata? Quando os seres humanos são acuados nos limites da sobrevivência, sem horizontes, será difícil controlar suas condutas. Talvez resulte estranha, mas lembro da dura frase de Nietzsche: "os insetos não picam por maldade, mas porque querem viver".

Ao defrontar-nos nas décadas de 1980 e 1990 com as marcas sociais que pesam sobre a escola e especialmente sobre o magistério tivemos de nos defrontar com as teorias e concepções que davam sentido a nossa docência. Agora que passamos a ser mais sensíveis às marcas sociais que pesam sobre as trajetórias de vida dos educandos teremos também de rever as teorias e concepções que dão sentido a suas condutas e a suas aprendizagens. Se descobrimos nossa imagem política ao defrontar-nos com os governantes, agora, ao defrontar-nos com as trajetórias das crianças e adolescentes, dos jovens e adultos, poderemos descobrir nossa imagem humana. Redescobrir as dimensões humanas de toda docência. Mestres-educadores se vendo e redescobrindo no espelho dos educandos. Outra identidade docente?

Nestes textos tento captar o que pode significar para a pedagogia e a docência trazer os alunos para a centralidade de nossa mirada e sensibilidade. Reconhecer nas salas de aula sua presença tensa que tanto nos assusta pode ser um incentivo em vez de um desânimo. Uma imagem de criança na escola ou na rua, nos limites da sobrevivência ou na violência e até no tráfico pode ser um gesto trágico frente ao qual não cabem nem políticas sociais compassivas nem didáticas neutras. E menos, ainda, autoritárias posturas de condenação. Diante da barbárie com que a infância e adolescência populares são tratadas, o primeiro gesto deveria ser ver nelas a imagem da barbárie social. A infância revela os limites para sermos humanos em uma economia que se tornou inumana.

Não é a infância quem persegue a pedagogia desde seus começos? Ver imagens trágicas de crianças e adolescentes tanto pode imobilizar nossa docência como pode revolucioná-la. De que vai depender? Da capacidade que tenhamos de superar velhas imagens inocentes e idealizadas e da sensibilidade que tenhamos para não substituí-las por imagens satanizadas. Da capacidade de avançarmos para um conhecimento mais próximo e mais profissional das condições reais em que as educandas e os educandos têm de viver seus tempos humanos.

A sensibilidade para com a realidade da infância sempre foi a grande inspiração para redefinir a pedagogia. Neste momento, quanto mais a história social da infância e as condições de ser criança ou adolescente se deterioram, maior poderá ser o espanto e a sensibilidade profissional daqueles que dela cuidam por ofício. Quanto mais a infância é golpeada pela sem-razão, maiores os cuidados a que tem direito. Maior a razão com que dela deveremos aproximar-nos para entendê-la e acompanhá-la. Porém a direção desse percurso da pedagogia e da docência diante da infância real nem sempre foi positiva. Até o confronto com o horror – crianças e adolescentes vítimas do desemprego e da fome ou enredados na violência, na droga e no crime – pode terminar suscitando reações conservadoras, inclusive da pedagogia. Mas também pode abalar os olhares comuns sobre a infância e provocar outros modos contemporâneos de percebê-la. Qualquer neutralidade será omissão. Será preferível ver nas crianças e adolescentes seres frágeis que tentam sobreviver em meio a pavorosas ameaças. Novas tarefas para os profissionais do ofício de acompanhá-las.

Os tempos não são de dar remédios e receitas fáceis, mas de aguçar o pensar, de ir à procura da densidade teórica para entender ocultos significados. Tento aproximar-me do pensamento pedagógico a partir de uma aproximação da infância, ciente que ao longo de 25 séculos a realidade humana vivida nos limites da infância fez possível o repensar-se da pedagogia e da docência. Quando deixaram de prestar atenção à realidade vivida pela infância, a pedagogia e a docência se fecharam em si mesmas e em suas ferramentas. Viraram didatismo. Pelo contrário, o pensamento pedagógico se revigora quando cultua uma secreta aliança e cumplicidade com a infância real. Quando extrai seu vigor das formas possíveis de vivê-la. Mas quando se atrelou a uma infância imaginária, idealizada ou satanizada a pedagogia perdeu seu vigor. A docência não extrairá qualquer vigor da infância se a vê como um incômodo. Lembro de um romance em que o escritor colocava na fala de uma criança estas frases: "Fui ficando só, sem cuidados. Todos os que nos cuidavam tomaram outros rumos e, com eles, foi-se o carinho de que eu vivia. De novo voltam a preocupar-se comigo, não por cuidado, mas por medo. Porque me tornei um incômodo".

Os textos aqui recolhidos partem do suposto ou do desejo de que na medida em que a infância, adolescência e juventude reais estão tomando assento nas carteiras das salas de aula, poderemos ter outros diálogos e outros convívios entre mestres e alunos. Em muitas escolas está acontecendo. As crianças, adolescentes e jovens populares faz tempo que duvidavam de imagens romanceadas e passaram a ter a ousadia de desmontar o imaginário idealizado sobre sua educação. Aí vejo o gérmen de outra pedagogia e de outra docência. O gérmen do revigoramento do pensamento pedagógico e docente.

Nos moverá o espanto?

Há uma pergunta que atravessa estes textos: Diante do incômodo e do mal-estar de mestres e alunos resta algo capaz de inspirar nosso pensar e fazer profissional?

Atrevo-me a pensar que a luminosidade que precisamos para acompanhar essas infâncias, adolescências e juventudes pode não vir mais de utopias, nem de promessas de futuro. Poderá vir da tensão e do próprio mal-estar vivido nas escolas. Como nos lembra Luís Borges, pode não vir do amor, mas do espanto. Do espanto diante da barbárie a que a infância é submetida. Toda a história da humanidade é uma contínua surpresa consigo mesma. Com seus valores e sobretudo com a falta de valores. O espanto aguçou sempre a criatividade humana. As surpresas diante da barbárie com que é maltratada a infância e adolescência podem aguçar nosso espanto e nossa criatividade. Inclusive para rever nossos tratos na sociedade e na escola e inventar formas mais humanas de tratar-nos e de tratar os educandos.

Parto do suposto de que o estranhamento perante as condutas dos educandos será fecundo. Por quê? Quando as condutas das crianças, adolescentes e jovens nos escandalizam e surpreendem, nos obrigam a entender que a ética, os valores, as condutas, a cultura nunca foram estáticas. Ao contrário, nelas se revela a dinâmica interna ao ser humano livre. Ética e cultura sempre foram e serão fronteiriças. Não foram ao longo da história apenas uma forma de organizar a ordem, mas de questioná-la. As condutas dos alunos são a expressão de sua condição de sujeitos livres. Nós mesmos pensávamos em décadas próximas que seríamos capazes das condutas corpóreas, políticas e até docentes que temos hoje? A condição de seres humanos livres é o que há de mais dinâmico na história e na civilização. A cultura, a ética, os valores levam em si a possibilidade de redefinir-se ou de quebrar-se. É uma constante na cultura e na ética manter certas constantes em contextos mutantes. Porém nunca foram estáticas.

Se as mudanças nas ciências nos produzem espantos como docentes, na cultura e na ética esses espantos não são menores. Quando tentamos mudanças na escola sempre as pensamos no campo do conhecimento: novas tecnologias, novas descobertas científicas, novos conhecimentos, logo nova docência, novos currículos. Desta vez somos obrigados a deter-nos nas novas condutas, novos valores, outras culturas. As mudanças no campo da cultura, dos valores e da ética nos interrogam tanto ou mais do que as mudanças no campo do conhecimento. A pedagogia e a docência sempre foram instigadas por mudanças no conhecimento, desta vez não dá para não sermos instigados por mudanças no campo da ética e da cultura. Ao longo da história a relação entre educação, magistério, ética, cultura não foi menor do que entre educação, magistério e conhecimento.

O caráter formalizado da instituição escolar nos leva a resistir a essa dinâmica tanto do conhecimento quanto da cultura, da ética e dos valores. Daí nosso espanto todo especial perante as condutas dos educandos. A dinâmica cultural e ética da sociedade e da própria juventude, adolescência e infância é mais rápida do que a capacidade que tem a ética docente e a cultura escolar de se abrirem e redefinirem. Aí está o impasse. O que nos pode instigar? Não tanto as velhas utopias, mas as surpresas diante do ser humano. Em nosso caso, as surpresas diante de crianças, adolescentes e jovens que exercem sua condição de sujeitos livres. Seria esse um dos legados de Paulo Freire?[1] Reinterpretou a pedagogia na medida em que foi sensível às surpresas dos seres humanos diante da própria condição humana: "Mais uma vez os homens, desafiados pela dramaticidade da hora atual, se propõem a si mesmos como problema... Descobrem que pouco sabem de si... Ao se instalarem na quase, senão trágica descoberta do seu pouco saber de si, se fazem problema a eles mesmos. Indagam... o problema de sua humanização... assume hoje. Caráter de preocupação iniludível" (p. 29).

A novidade ainda maior, hoje, é que a dramaticidade vem da barbárie, da opressão com que são tratadas a infância, a adolescência e a juventude. O mal-estar extrapola as salas de aula. A mídia, as ciências humanas, a literatura e o cinema e as políticas públicas se surpreendem e até espantam diante dessas crianças e jovens. Por que incomodam tanto? Porque nos obrigam a repensar a ética e os valores, que inspiram as ciências, as tecnologias e o progresso. Nos obrigam a repensar-nos como problema. Sem dúvida, estamos diante de um mal-estar não apenas da escola e do magistério, mas da sociedade como um todo. Da civilização diante de si mesma. Sem dúvida também que um dos polos desse mal-estar vem do incômodo de ver essas formas tão brutais de ter de viver a infância, a adolescência e a juventude. Um mal-estar fecundo? Esperamos seja fecundo em primeiro lugar para a sociedade.

A preocupação com as crianças, os adolescentes e jovens passou a ser das famílias e das escolas, da sociedade, dos governos e da mídia, das ciências humanas, do direito e das políticas sociais. As condutas dos educandos nos obrigam a tentar saídas e intervenções coletivas. Por que essas formas de ser tão surpreendentes em crianças e adolescentes? De onde elas vêm? Da escola? Das condições

---

1. FREIRE, P. *Pedagogia do oprimido*. Rio de Janeiro: Paz e Terra, 1987.

sociais e morais em que são socializadas fora das escolas? Poderiam ter sido evitadas? Temos poder de evitá-las? Ao menos dispomos de condições materiais e de artes para tratá-las?

A sociedade destrói a infância e espera das professoras e dos professores que conciliem sua bondade, cuidado e carinho com a mais absoluta indolência da sociedade e dos governos. Que esperam da escola? Que seja apenas uma saída de emergência? Que a imaginação dos mestres mais uma vez tente corrigir as imposturas que a sociedade comete contra a infância? Esse papel não é mais pacífico nos coletivos docentes. Estes interrogam a sociedade. Sentem até vontade de mandar de volta essa criançada para as famílias e para a sociedade. A infância, adolescência e juventude reais estão desmontando uma cômoda ilusão da sociedade: deixemos por conta da educação, da escola e de seus professores darem conta de uma infância, adolescência e juventude que nos incomoda. Os profissionais das escolas não estão dispostos a reproduzir mais essa cômoda ilusão. A responsabilidade não será coletiva? Da sociedade e dos governos. O que nos cabe?

Questões como essas estão postas em muitos coletivos que tentam captar os sinais, questionamentos e significados que essas tensões carregam. Tensões que podem alargar os significados da docência, mas também alertar para os limites da escola, da pedagogia e da docência. As imagens reais da infância, adolescência e juventude revelam nossos limites. Reconhecendo os limites não abdicamos de nossas responsabilidades profissionais. Mas nos tornaremos mais realistas e não aceitaremos ser responsabilizados por todos os problemas vividos pelos alunos(as). As condições a que são condenados milhões de crianças, adolescentes e jovens exigem responsabilidades das políticas públicas e de todas as instituições da sociedade e dos profissionais de múltiplas áreas. Às escolas e aos professores cabe parte dessas responsabilidades na especificidade de seu papel docente e educativo, mas não cabe a única responsabilidade. Redefinir responsabilidades sociais não é fácil. Porém é urgente.

Estrutura do livro

Os textos aqui reunidos giram em torno dessas questões e inquietações. Estão agrupados em três partes. Na Parte I tento dialogar com as tensões vividas nas escolas diante dessas imagens perdidas, quebradas. Destaco sobretudo as reações fecundas que essas tensões provocam: outros olhares sobre os educandos(as), reconhecimento de sua condição de sujeitos de direitos, novas sensibilidades e proximidades com suas trajetórias humanas e escolares, com seus processos de formação moral, de socialização e sociabilidade, com as marcas e as mensagens de seus corpos. Repito, vejo essa tensão vivida nas escolas como uma tensão fecunda. Aproximando-nos da imagem real dos educandos nos reencontramos com nossas trajetórias humanas e profissionais. Agrupo essas reflexões em torno do título da Parte I: Trajetórias de alunos e mestres.

Na Parte II agrupo reflexões em torno dos alunos, dos mestres e seus tempos. Por quê? Porque na medida em que nos aproximamos dos educandos e suas tensas trajetórias humanas e escolares alguns pontos se impõem à nossa sensibilidade educativa: a dificuldade de controlar seus tempos de sobreviver e trabalhar, de lidar com a vida nos campos e nas cidades. A dificuldade de articular esses tempos do viver com os tempos de escola, com a pontualidade, a frequência, o estudo, os para-casa, as repetências, a defasagem. Os milhões de adolescentes, jovens e adultos populares que abandonam os tempos de escola premidos pelo tempo do trabalho e da sobrevivência mostram as tensas relações entre esses tempos. Os milhares que voltam ao ensino noturno, a EJA, revelam as múltiplas tentativas de reencontrar tempos tão desencontrados. Tempo de trabalho e sobrevivência e tempo de escola e estudo, é possível articulá-los?

Na medida em que aprofundávamos nossas análises em dias de estudo fomos percebendo que a tensão não é apenas entre esses tempos, mas entre as lógicas que os regulam. Os tempos de sobrevivência e trabalho das crianças, adolescentes, jovens e adultos populares são regidos pela imprevisibilidade, o não controle, "atrás de um bico aqui outro lá", a premência do presente, a incerteza do futuro... Já os tempos escolares são regidos por uma lógica rígida, gradeada, disciplinada, na crença de que tudo é previsível, que o futuro é certo, que a sequenciação é inexorável. No confronto dessas lógicas temporais os alunos tentam se equilibrar como em uma corda bamba. Uma grande percentagem caem vencidos, forçados a ser fiéis aos tempos do sobreviver. Poderíamos interpretar as defasagens, as evasões e as repetências, a volta ao estudo e até o mal-estar dos alunos como expressão dessa tensa articulação entre lógicas temporais tão distantes? O tempo aparece cada vez com maior destaque como uma categoria que exige nossa atenção profissional.

Há, ainda, outra motivação para refletir profissionalmente sobre os alunos(as) e seus tempos. A violência nas escolas e as indisciplinas nas salas de aula nos preocupam, mas sobretudo nos preocupa que essas indisciplinas e violências sejam da infância e da adolescência. Que aconteçam nesses tempos da vida. Adultos violentos quebrando valores, se mostrando duros, indisciplinados e enredados no crime, na droga, é assim mesmo. Porém, crianças, zé-pequenos, adolescentes e jovens em vivências tão impróprias de seus tempos-ciclos de vida, é assustador. O incômodo profissional está não apenas na violência, nem no lugar da violência, a escola, mas nos sujeitos dessa violência, nos tempos humanos dessas vivências. Está em jogo a quebra de imagens sobre os tempos da vida, sobre o que é próprio ou impróprio, esperado ou inesperado da imagem que nós fazemos de cada tempo humano com que lidamos. O mal-estar nas escolas vai muito além das indisciplinadas condutas dos alunos e do medo às crianças em risco.

Essa sensibilidade para com a centralidade dos tempos dos educandos fica mais exposta nas tensões vividas na atualidade, na sociedade e nas escolas. O filme *Cidade de Deus*, por exemplo, não é um filme sobre a violência, mas sobre sua infantilização ou sobre a infância-adolescência, sobre os milhões de zé-pequenos. Por que essa sensibilidade do cinema, das artes, das letras pelos tempos da vida? Fica difícil a pedagogia e a docência não participarem dessas sensibilidades das ciências, das artes e das letras para com a especificidade dos tempos da vida. Os educandos(as) estão aí para mostrar a seus mestres seus rostos de criança, adolescente, jovem ou adulto. Rostos desfigurados pela vida, pela sobrevivência. Corpos de criança com responsabilidades de adultos precoces.

Que fizemos da infância? Parece perguntar-nos o cinema e a literatura. Se para estas áreas a infância é uma interrogação, para a pedagogia a infância é sua cúmplice desde a Paideia, desde o nascedouro da própria pedagogia. Pedagogia e docência se alimentam de imagens de infância. Já lembramos que quando elas se quebram quebram-se nossas próprias autoimagens. Razões sobram para estarmos inseguros e para olhar com sensibilidade e profissionalismo para os tempos da vida e para as formas como milhões de alunos(as) vivem esses tempos da vida.

Não é por acaso que desde o final da década de 1980 e sobretudo nos anos 1990 muitas redes públicas de educação se tenham colocado em sua agenda de políticas maior atenção e sensibilidade para com os tempos-ciclos da vida dos educandos. Sobretudo populares nos quais as velhas imagens da infância, adolescência e juventude entram em confronto com as formas concretas de ser criança, adolescente e jovem. A reestruturação dos tempos escolares para aproximá-los dos tempos dos educandos e da especificidade das formas de viver os ciclos da vida não foi uma opção gratuita, inconsequente, apressada, mas uma intuição da centralidade do tempo no trato da garantia do direito à escolarização e à educação dos setores populares.

Mas e nossos tempos humanos e profissionais? Impossível falar dos tempos dos educandos(as) sem falar dos tempos dos professores(as). Estes(as) também se debatem com a difícil tarefa de articular tempos de docência com os outros tempos de suas vidas. São vítimas tanto quanto os alunos das lógicas temporais da escola. Nas últimas décadas vinham fazendo do tempo de docência e de trabalho, mais do que um tema de estudo, um campo de confrontos políticos.

Razões sobram para alunos e mestres equacionarem com seriedade os tempos de vida e de escola. Para intervirem nas lógicas temporais que submetem seu trabalho e para saírem à procura de tratos mais humanos dos ciclos da vida, dos tempos da escola e da docência. Em torno destas inquietações e tentativas giram os textos agrupados na Parte II: Tempos de alunos e mestres.

Na Parte III: Reinventando convívios, agrupo textos que focalizam esta interrogação: Que está acontecendo nas escolas e na docência na medida em que os educandos(as), suas trajetórias e suas temporalidades humanas passam a ser tão centrais? Quando a sensibilidade docente e pedagógica se voltam para os sujeitos da ação educativa, educandos e educadores, outras sensibilidades se instauram no trato do cotidiano escolar, por exemplo na enturmação, nos agrupamentos, nos convívios entre pares de vivências e de percursos. De tempos. Reinventam-se convívios e assim reinventa-se a própria dinâmica do trabalho docente. Se instaura um outro olhar sobre os clássicos problemas de aprendizagem. São vistos e tratados como percursos de sujeitos concretos, em trajetórias e tempos humanos que têm sua especificidade. O trato pedagógico é outro. Se instaura outra sensibilidade perante a tradicional cultura da classificação, segregação. Tem sentido continuar classificando e segregando seres humanos em percursos tão tortuosos? Os avanços em nossa cultura democrática podem conviver com os ranços da cultura classificatória?

O olhar mais atento aos educandos(as), suas trajetórias e temporalidades humanas mexe nos fundamentos de uma das tradições mais arraigadas na cultura política e social, docente e escolar: reprovar e reter, segregar e excluir. A questão que se impõe: Quem paga os custos humanos dessas práticas sentenciadoras?

Faz tempo que essas práticas vêm criando um clima tenso nas relações entre mestres e alunos. Por décadas os professores e diretores, fiéis aos regimentos escolares, impuseram seus códigos de conduta sobre os alunos. A estes apenas restava adaptar-se, silenciosa e disciplinadamente, a essas classificações, reprovações e retenções. Sob esses códigos de conduta construímos uma aparente paz nas escolas. Entretanto, as ameaças e o medo nunca foram um clima propício para processos de sociabilidade. As formas sociáveis, comunicativas ou solitárias de viver a infância, na escola ou na vida, podem deixar marcas profundas nas aprendizagens humanas. Sempre me impressiono lendo um depoimento de Gramsci, relembrando sua infância solitária: "Eu fui acostumado, pela vida solitária que vivi desde a infância, a esconder minhas emoções atrás de uma máscara de dureza ou atrás de um sorriso irônico. Isto me fez mal: por muito tempo as minhas relações com os outros foram alguma coisa de muito complicado". As tensões e a dureza das relações nas escolas podem nos alertar da falta de clima para revelar emoções em convívios mais abertos. A aparente paz nas escolas esconde perversos percursos solitários.

Os alunos desestabilizam as aparentes relações pacíficas nas escolas. Perderam o medo. Na medida em que o incômodo nas escolas se manifesta no campo das condutas, a função socializadora da escola salta para um primeiro plano. Descobertos os sujeitos humanos, mestres e educandos, as questões do convívio, da sociabilidade recuperam o lugar que têm em toda relação entre humanos. Aprendemos que formas de conhecimento e de aprendizagem implicam formas de convivência. O aprendizado do mundo, da cultura e dos valores passa pela sociabilidade em que sejamos capazes de conviver. Reinventar os convívios na escola pode ter um apelo especial diante das formas de sociabilidade tão desumanas a que a infância e adolescência são submetidas em outros espaços sociais. Quando as formas de sociabilidade fora da escola deixam tanto a desejar, criar um clima de convívio nas escolas se torna um dever da gestão e da docência. Planejar e tratar pedagogicamente a construção de um tecido de relações e de convívios se torna dever de ofício. É promissor ver que em muitas propostas a escola é pensada como um espaço sociocultural, de sociabilidade e não tanto de socialização preceptiva e adestradora, etapista e sequenciada, classificatória e segregadora. A socialização materializada na hierarquia e sequenciação, reprovação e classificação a que nos obriga o sistema seriado, inviabilizou por séculos pensar a escola como espaço de sociabilidade e de convívios. Como espaço sociocultural.

Reconhecer os educandos(as) como habitantes legítimos da escola implica criar condições estruturais para que a ocupem como seu território. Os estudos sobre adolescência e juventude destacam que a dimensão espacial é um dos traços das culturas juvenis e adolescentes. Criam seus territórios, ocupam espaços onde deixam as marcas de sua presença. Os próprios adolescentes e jovens constroem modos de ser adolescentes e jovens. Modos de sociabilidade e de convívio, modos de cultura e de aprendizagem. Para isso inventam rituais, gestos de passagem e de afirmação. São protagonistas de sua sociabilidade. Tarefa que estão levando para os territórios onde vivem, inclusive as escolas. Suas condutas que tanto nos chocam não seriam indicadoras de que estão recriando como seus os espaços da cidade e do campo? A escola passou a ser mais um espaço de ocupação, de convívios e de sociabilidade. A sociabilidade é um dos traços mais fortes nos grupos juvenis, adolescentes e infantis, como não assimila como dever de ofício dos mestres? Nas condutas que vemos como indisciplinadas os alunos podem estar nos dizendo: Que valor tem para nós este território, a escola, se nossa experiência juvenil não mais o vincula a nós? O apelo pode ser para construirmos coletivamente formas de convívio mais humanas.

Uma interrogação não poderia faltar: nem tudo depende dos mestres, de suas condutas, sensibilidades, valores e culturas. Nem de seus esforços. A organização do trabalho na escola ajuda a colocar os educandos no centro da ação educativa? Até onde os próprios professores(as) são o centro da ação educativa? Estamos presos à férrea engrenagem da organização do sistema, da escola e das condições de trabalho. Diante das tensões vividas nas salas de aula se impõe mexer com profundidade na organização do trabalho dos seus profissionais. Trazer ao centro da agenda educativa e política os tempos humanos e docentes dos trabalhadores em educação. Aproximando-se com um olhar mais atento das trajetórias e dos tempos dos educandos, os mestres se perguntam: E nossas trajetórias? E nossos tempos? Agrupo estas reflexões nos textos da Parte III: Reinventando convívios.

Os textos são relatos do que venho acompanhando no convívio com professoras e professores das escolas. São também um testemunho de quanto acredito nas virtualidades deste momento. Tento entender o que é possível nas incertezas dos professores e dos alunos: que não há melhor resposta profissional do que assumir, até onde seja possível, a infância, adolescência e juventude que estão se construindo e que a sociedade nos entrega. Entendo que urge repartir responsabilidades com outras instituições públicas e que ver os alunos como um incômodo ou como um fardo não nos levará longe no reencontro de nossa identidade profissional. Nos resta acreditar que são seres humanos que por mais que suas imagens angelicais tenham se quebrado, sua imagem humana não foi perdida, antes recuperada. A pedagogia é chamada a ser parteira desse renascer de outra juventude, outra adolescência e outra infância.

Vejo que há muita apreensão, mas também muito afeto nas escolas. Muitos coletivos docentes estão substituindo a queixa pela denúncia e pelo ensinar, cuidar, acompanhar as trajetórias dos educandos(as).

Perguntei-me qual seria o melhor estilo para captar esses momentos. Pensamos narrando. O estilo é narrativo e coloquial. Porque vejo rostos humanos nos milhares de professores(as) sujeitos desses processos. Não é suficiente narrar as práticas que vêm acontecendo nas escolas, mas contar histórias dos sujeitos e dos significados que lhes dão. Como educadores convivendo por ofício com pessoas, o que nos impressiona são os significados humanos. As perplexidades que estão acontecendo nas escolas nos tocam porque redefinem a vida dos educandos e dos educadores. Nessas perplexidades todos nos revelamos inseguros como corresponde a condição humana.

O estilo sonhado seria aquele que harmoniza a narrativa e a explicitação de significados com a linguagem coloquial. Mas toda narração é um acerto de contas. Logo, sair da leitura com vontade de saber mais sobre o que acontece na sociedade e querer acompanhar esse movimento. Sair de cada narrativa com uma interrogação: A escola está parada ou em movimento? A categoria do magistério básico está acompanhando a dinâmica social e cultural? Como essa dinâmica afeta o ser criança, adolescente ou jovem? Nas narrativas e reflexões deixar a convicção de que os sujeitos da ação educativa estão vivos. Nem toda criança é violenta e indisciplinada. Nem todo docente está desanimado. O mal-estar está sendo fecundo. Nos instiga a revelar e não ocultar as ambiguidades e hesitações inerentes à vida e ao ofício de acompanhá-la.

A pedagogia não fala da aventura humana, apenas a acompanha. Tarefa nada fácil nestes tempos de tantas desventuras.

Parte I

Trajetórias de alunos e mestres

1
Imagens perdidas? Quebradas?

A imagem que tinha da infância era vidro
e se quebrou.

Era um sábado. Nos reunimos na escola para um dia de estudo. Todos estranhamos o silêncio. A diretora comentou: "a escola sem os alunos não é a mesma". "Parece uma casa sem filhos. Desabitada", comentou uma professora.

Chamou-me a atenção: a escola sem os alunos não é a mesma, parece uma casa desabitada. Não sabemos viver sem eles e elas. Sentimos sua ausência. Até seu incômodo. Sugeri que começássemos o dia de estudo por aí: Sempre os alunos habitaram a escola? Estaríamos em tempo em que sentimos mais sua presença? Presença cômoda ou incômoda?

Os depoimentos das professoras e dos professores foram revelando que os alunos chegaram e passaram a ocupar as escolas. É deles que falamos nos encontros, nos recreios. Habitam nossas cabeças, nossos medos, ânimos e desânimos. Por que recentemente nos preocupam e incomodam tanto? Alguns chegam dóceis, nos cativam. Outros chegaram sem pedir licença, arrogantes, indisciplinados, até violentos. Nos assustam. As escolas habitadas como nunca pelos alunos(as). Dá para pensar. Durante décadas ficaram tão silenciosos, ou tão silenciados, que nem pareciam estar lá. "Cala a boca menino, fica quieto". Calaram, ficaram quietos. Dava até para ignorar sua presença.

O que mudou nas escolas? A resposta de muitas professoras(os) coincidia: "os alunos não são os mesmos". Seria um motivo suficiente para preocupar-nos. Uma professora nos levou para o núcleo de nossas inquietações: "Quando os alunos não são os mesmos a escola poderia ser a mesma? Nós podemos fingir de ser os mesmos?" Aqui pode estar a causa de tanta inquietação, não tanto em que as crianças, adolescentes e jovens não sejam os mesmos, mas se nós poderemos teimar em sermos os mesmos. Durante décadas os padrões morais e sociais mudaram, e as instituições teimaram em continuar as mesmas? As crianças, adolescentes e jovens mudaram, e as famílias, as igrejas, as escolas seguiram as mesmas? Quando os padrões sociais, morais mudam, as instituições sociais são questionadas a se abrirem. E as escolas?

Estaria chegando a hora de repensarmos? Condenaremos e expulsaremos as alunas(os), por não serem os mesmos? O incômodo tem conotações novas: nos últimos vinte e cinco anos os governos vêm dizendo aos professores(as) que não são mais os mesmos, que reclamam, reivindicam, contestam, paralisam seu trabalho, saem às ruas e praças. Os alunos ainda não chegavam a tanto. Se a categoria docente não é a mesma e assume este dado como positivo, poderemos estar em condições de ver como positivo que os alunos(as) não sejam mais os mesmos. O que houve de mais esperançador nas últimas décadas nas escolas foi que os docentes não foram mais os mesmos. Esperanças renovadas, na medida em que também os alunos não são mais os mesmos. Com nossas indisciplinadas lutas obrigamos a sociedade e os governantes a repensar o olhar com que nos olhavam. Desta vez os alunos nos obrigam a repensar as imagens com que os representamos. Essas imagens terão de ser outras se os alunos são outros. É oportuno lembrar que os docentes não se afirmaram apenas por suas indisciplinas, mas por seu profissionalismo, seu preparo, seu protagonismo político, social e cultural. Os adolescentes e jovens também afirmam seu protagonismo nas escolas e na sociedade não tanto por suas indisciplinas, mas por sua nova presença no trabalho, na cultura, nos movimentos sociais. Os alunos não são outros por serem indisciplinados, mas por serem outros como sujeitos sociais, culturais, humanos. Porque a infância, adolescência e juventude que são forçados a viver são outras.

Os variados depoimentos dados pelos professores(as) pareciam revelar que o desencanto docente não é tanto com as condutas indisciplinadas dos alunos (sempre houve indisciplinas nas salas de aula). O desencanto é com a perda das imagens que povoam nossa docência, a educação e as escolas. Colocamos a pergunta: Que olhares projetamos sobre os alunos? Com que imagens os representamos? Que imagens carregamos da infância, adolescência e juventude? Os alunos(as) "que não são mais os mesmos" cabem nessas imagens? Não nos incomodam exatamente porque quebraram essas imagens? Vivenciar essas inseguranças pode ser positivamente amedrontador.

Imagens que ficaram para trás

Vejo como desafiante que os docentes sejam defrontados pelos alunos sobre as imagens com que os representam. Parto de uma hipótese: nos incomodam suas condutas sobretudo porque quebram as imagens que nos fazemos da infância, adolescência e juventude. Pensando bem, esses imaginários docentes, pedagógicos e sociais não estão ultrapassados? Nós mesmos, quando alunos(as), já percebíamos que não davam conta das formas como vivíamos nossa infância, adolescência e juventude. Por que essas imagens perduraram tanto na cultura docente e escolar? Se os incômodos que as condutas dos alunos nos provocam ao menos contribuíssem para revermos as imagens com que os representamos seria uma grande contribuição. Penso que avançaremos profissionalmente quando superarmos esses imaginários. Quando ficarem para trás. Perdidos. Mas que outras imagens dos educandos passarão a ocupar seu lugar? Estamos neste impasse.

As imagens cândidas, românticas de infância são as primeiras a destruir-se, como se não resistissem a uma infância e adolescência destruídas pela barbárie social e que nos assusta com suas condutas violentas e indisciplinadas. A tendência fácil é trocar a imagem dócil por seu oposto, a violência. Passar de uma imagem angelical a uma imagem satanizada? Pior ainda, na medida em que localizamos essas condutas em alguns adolescentes e jovens, podemos não destruir as imagens românticas e cândidas, antes reafirmá-las como a única imagem dos alunos de nossos sonhos docentes. Uma atitude saudosista de uma infância, adolescência e juventude feitas à medida da docência mais fácil. Podemos continuar sonhando com alunos bons, alunos submissos, disciplinados, atentos, sem resistência, reação ou contestação. Condenaremos alguns alunos para salvar a imagem ordeira da maioria. Esta postura é a que mais aparece nos encontros docentes, porém não é a que mais acontece nas escolas.

Para muitos coletivos docentes a maior presença dos alunos nas escolas, presença incômoda por vezes, é encarada como uma possibilidade afirmativa de um novo pensar. As formas adolescentes e juvenis de sobreviver, de pensar e de comportar-se se chocam com nossas formas pedagógicas e docentes de pensar e de pensá-los. Formas a que não estamos acostumados, uma vez que os alunos parecem revelar que veem o mundo, a escola e o conhecimento, a vida e seus mestres em outra lógica do que a nossa.

Em vários coletivos docentes nos colocamos como pergunta, porque nos chocam tanto suas formas de pensar e de agir. Não tanto porque nos sejam estranhas. São condutas com que convivemos como adultos. O que nos choca, destacou uma professora, é que sejam condutas infantis e adolescentes. Por que tamanha estranheza? Porque quebram nossa visão linear e natural da vida: a infância como tempo de bondade em contraposição à vida adulta, tempo de tantas maldades. Logo nos será estranho que crianças e adolescentes quebrem a sequência "natural" do ciclo da vida. É inquietante para profissionais do campo da educação que desde os primórdios representa a infância como a idade da bondade e da ternura ver crianças duras e violentas. Como se fossem adultas. Não estaria aí o choque que essas condutas nos provocam? As crianças parecem nos dizer de forma desafiante: repensem sua visão sobre nossa infância e adolescência. Somos obrigados pela vida a viver outras infâncias, adolescências e juventudes.

Ser desafiados a repensar o objeto de nosso imaginário profissional é complexo, inquietante e desestruturante para nossa própria imagem. As imagens da infância são uma produção social e cultural que vêm de longe e da qual a pedagogia e a docência se alimentam. Como quebrar essa produção cultural impunemente? Como aceitar que as próprias crianças e adolescentes, nossos alunos(as) nos mostrem essa imagem invertida, quebrada? Como podem ser forçados a viver como adultos e a ter condutas próprias de adultos? Conviver com adultos violentos, maldosos nada teria de estranho. É próprio da imagem social da vida adulta, mas é impróprio da imagem social da infância.

Idealizamos a infância e sua educação. As metáforas de beleza, flor, bondade e generosidade nos parecem por séculos as mais apropriadas. É compreensível que agora nos estranhamos: não vivemos mais cercados pela beleza nem pela bondade. As escolas deixaram de ser jardins de infância e nós deixamos de ser jardineiros. A realidade social e moral da infância-adolescência tensiona nossas metáforas. Revela contradições incômodas. Nos apegaremos a metáforas que estão mostrando seus limites? Permitiremos que sejam quebradas? As daremos por perdidas? Uma professora nos lembrou uma cantiga de roda: o anel que tu me deste era vidro e se quebrou: "É isso que aconteceu comigo: a imagem que tinha da infância era vidro e se quebrou".

Tem sentido que a escola, a pedagogia e a docência deem inteira atenção aos comportamentos dos alunos(as). A própria escola, suas disciplinas e os mestres surgiram historicamente como dispositivos sociais para dar conta de uma representação da infância que a sociedade quebrou e que agora as próprias crianças e adolescentes mostram quebrada e invertida. Nosso poder e nosso saber, nossa imagem social e profissional foram construídos e legitimados na imagem da infância e adolescência que está se quebrando. Em vez de endireitar plantinhas maleáveis e bondosas, inclinações naturais infantis, somos chamados a domesticar duras condutas próprias de adultos. As condutas dos alunos põem em entredito nossos poderes e saberes, nossas autoimagens doentes. E de maneira radical. Na raiz. Há motivos para perplexidades.

Na nova relação com os alunos fica instalada uma nova relação com nós mesmos. Aprendemos e nos aprendemos. As tensões e medos são legítimos. Tensões que partem do choque com as condutas dos alunos, mas que tocam nas raízes mais fundas de nossa docência. A infância, adolescência e juventude nos ameaçam porque ameaçam os alicerces de uma construção e representação da docência e da pedagogia que vem de vinte e cinco séculos. Alicerces que creíamos firmes, inquebráveis. E logo essa meninada e moçada as coloca em juízo[1].

Estes foram os alicerces da pedagogia moderna que herdou da modernidade um sentimento da infância que a própria infância se atreve a contestar. O que nos escandaliza, como mestres modernos, é que a sociedade moderna tenha destruído a infância a ponto de que crianças e adolescentes tenham a ousadia de não serem fiéis à imagem da infância que afirmam a pedagogia e a docência. Não nos prepararam para conviver com imagens quebradas. Nos falaram nos cursos de formação sobre as continuidades no progresso das ideias e do conhecimento. Aprendemos que as mesmas continuidades são normais nos comportamentos humanos: de ingênuos, doces, bondosos na infância vão progredindo para racionais e até pervertidos nos adultos. Mas tudo normal. Faz parte da concorrência e da lógica da acumulação e do progresso. Porém, pouco ou nada aprendemos sobre as fendas que já faz tempo vinham se produzindo no imaginário social sobre a infância, a adolescência e a juventude, sobre essa imagem naturalizada e contínua da formação humana. Vivíamos demasiado seguros em nossas salas de aula, atrás das disciplinas e grades. Outros profissionais mais próximos da infância, adolescência e juventude reais como médicos, assistentes sociais, juízes e até literatos e

---

1. Recomendo a leitura do livro *Infância entre educação e filosofia*, de Walter O. Kohan (Belo Horizonte: Autêntica, 2003).

cineastas já perceberam há algum tempo essas fendas e rachaduras na imagem da infância. Até saudaram sua desconstrução como um sinal positivo. Seria oportuno ver filmes e romances que têm outros olhares sobre a infância, adolescência e juventude. Na instituição escolar parece ser mais dramático conviver com essas mudanças, talvez pela estreita relação entre pedagogia e infância. Relação de 25 séculos de história.

Por terem feito da infância seu campo de ação, a pedagogia e a docência construíram um imaginário muito específico e a ele se apegam. Esse imaginário tem tudo a ver com a idealização do ofício de ensinar e educar e também com os limites a que historicamente foi submetido esse ofício na escola. Tivemos de construir e cultivar uma imagem administrável de alunos. Nas precárias condições de docência somente será administrável um coletivo de alunos ordeiros. Uma vez que esses limites vêm piorando é compreensível o apego dos professores a essa imagem administrável de aluno. O imaginário docente traz traços da modernidade, mas refundidos na precariedade das condições em que é exercida a docência. Nessas condições tão precárias somente é possível ensinar a alunos ordeiros, disciplinados, bondosos. Essa imagem da infância se apresenta como a única compatível com a precária realidade da docência. O conflito vivido nas escolas é que a barbárie social e os próprios alunos(as) quebram essa imagem sem que as condições precárias da docência tenham mudado. A imagem que se perde e se quebra é aquela possível e necessária para as condições docentes. Não são tanto os alunos que resolveram tornar-se problema para seus mestres. O que vem tornando as escolas e as salas de aula inadministráveis é o fato de terem piorado brutalmente as condições de viver a infância e a adolescência enquanto não melhoraram as condições de exercer a docência. Aí está o impasse.

Em vez de condenar os alunos não seria mais profissional perguntar-nos se eles e elas são livres para escolher as formas indignas de viver sua infância, adolescência e juventude? Perguntar-nos se temos direito a excluí-los da escola e das salas de aula apenas porque suas condutas não cabem nos limites de nossas precárias condições de trabalho? É legítimo que os mestres sonhem com alunos bondosos, ordeiros, condescendentes, porém não é profissional condenar crianças, adolescentes e jovens por serem feitos violentos e ameaçadores pela vida. O fato é que as escolas vivem impasses antes não vividos. As imagens de infância são quebradas exatamente em tempos em que as condições de trabalho docente se deterioram. Como sair desse impasse? Ao menos como equacioná-lo com profissionalismo?

Manter a lucidez para entender que as imagens de alunos ordeiros, angelicais que alimentaram a pedagogia e a docência não nasceram gratuitamente, eram parte da sobrevivência da própria docência. Faz parte de uma espécie de economia política das escolas. Refletem traços do problema não tanto dos alunos, mas das escolas e da própria docência. Refletem também a precariedade a que as elites condenaram a infância e a docência. Ambas vítimas da mesma barbárie. Por que condenar apressadamente os alunos? Condenemos e denunciemos a ordem social, econômica e política que condena mestres e alunos à tamanha precariedade na reprodução da vida e da docência. A função dos alunos parece ser revelar esses problemas. Mas por que logo agora, quando os problemas das escolas se agravam, os alunos resolvem revelar suas imagens quebradas? Porque não apenas nossas condições de trabalho se deterioraram, mas também se deterioraram terrivelmente as condições de reproduzir a imagem de criança angelical, de adolescente e jovens sonhadores e ordeiros. Essas imagens tornaram-se artificiais. Não correspondem à realidade vivida pela infância, adolescência, sobretudo populares, na rua, no campo, na cidade, no trabalho, na sobrevivência. A própria modernidade que criou essas imagens se encarregou de destruí-las. Os cacos dessa quebradeira chegam até às salas de aula e ferem as mãos bondosas, dedicadas dos artistas educadores. Mãos de que se esperava que moldassem pacientemente a massinha dócil da infância. Nem a metáfora da infância dócil, massinha maleável, nem do mestre escultor tem mais sentido. Perdidas e quebradas imagens. Sem saudades.

Uma decepção fecunda?

Volto às anotações que tomo nas reuniões com os professores e as professoras: Como reagem a essas tensões postas nas escolas? Podemos encontrar grande diversidade de reações que provoca tensões internas no corpo profissional.

A reação menos frequente, porém mais chamativa, é condenar essas condutas, cortar o "mal" pela raiz. Advertência, suspensão de aulas, expulsão, entregar à polícia não apenas os alunos, mas até as escolas situadas em comunidades "violentas". Soluções extremas, mas que são um atestado tanto da incompetência pedagógica da escola para educar quanto da falta de condições de trabalho para dar um trato pedagógico exatamente àquela infância e adolescência que mais precisa da escola e dos educadores(as).

Uma reação mais frequente é interpretar as condutas dos alunos(as) como indisciplinas, como arrogância e desafio à autoridade da direção e dos mestres. Destaco em minhas anotações a preocupação de muitos professores por entender o sentido dessas indisciplinas. Não há como negar que jovens, adolescentes e até crianças chegam às escolas arrogantes e desafiadores. Um desafio e uma arrogância que pode ocultar (ou revelar) a consciência de sua fraqueza diante de um mundo com eles tão desapiedado. Sua rebeldia pode ser apenas um gesto de sinceridade em uma instituição onde esperam ser ouvidos e entendidos. Será demasiado esperar que as condutas juvenis, adolescentes e infantis nos aproximem? Ao menos nos sentimentos de rebeldia que como categoria proclamamos em passeatas e greves contra o trato recebido da sociedade e dos governos? Se alguém mostrou primeiro sua indisciplinada rebeldia fomos nós. Condenar agora a indisciplinada rebeldia dos alunos seria desleal com nossa própria trajetória docente. O inconformismo legítimo dos docentes não se basta por si só sem o inconformismo dos alunos. Se nós temos tristes e heroicas histórias a contar, os alunos têm outras tão tristes ou mais. Com seus sentimentos, rebeldias e inconformismos nos pedem para que lhes contemos nossas heroicas histórias de inconformismo docente, social e político.

Nem todas as condutas dos alunos são indisciplinas, apenas não coincidem com o esperado. Há professores(as) que interpretam as condutas dos educandos como um interrogante sentimento de insatisfação. Será mais compensador ser professor(a) de alunos satisfeitos do que insatisfeitos? Os docentes revelam seus sentimentos desencontrados. "Prefiro alunos que interrogam a vida, suas trajetórias", reconhecia uma professora. Sem dúvida que a insatisfação dos alunos(as) traz novas demandas para a docência. Pode até criar problemas nas precárias condições de trabalho. "Ao menos tento entendê-los", colocou um professor. "Minha adolescência não foi muito diferente". "Esses adolescentes e jovens têm o que escolher?" "Que oportunidades lhes oferece a vida e a própria escola?" "E nós diante desses adolescentes temos o que escolher?", indagou outro professor. Essas coincidências poderão aproximar mestres e alunos.

A reflexão coletiva sobre as condutas dos alunos propicia momentos densos. Sinceramente, apenas os alunos estão insatisfeitos com a sociedade, com a escola, com os conteúdos, com a avaliação e com a organização das tarefas e do trabalho? O sentimento de insatisfação dos mestres não tem sido um elemento de instigação tanto política como pedagógica? O sentimento de insatisfação dos alunos pode ser encarado como um elemento dinamizador para as escolas. Há uma conquista nesse sentimento: recuperar sua voz. Como não reconhecer que a adolescência, a juventude e os adultos que frequentam as aulas esperam ter sua própria voz? Um direito pelo qual tanto lutamos desde os anos 1980: ter nossa voz nas escolas. Um direito também dos educandos. Lutamos legitimamente pela gestão democrática das escolas. Criamos mecanismos para marcar nossa voz na eleição de diretores, nossa presença em colegiados e nos órgãos de tomada de decisões, até nas formulações de políticas salariais, de carreira e aposentadoria. Reconheçamos que, nos avanços da gestão democrática, a presença e voz dos alunos muito pouco avançou. Pouco estimulamos sua organização e agora temos de dar conta de suas desorganizadas insatisfações. As condutas dos alunos podem ser um alerta de que não é suficiente uma gestão mais democrática apenas para nós. Será possível avançar criando canais para as legítimas insatisfações dos alunos? Preferiremos as velhas e ultrapassadas imagens, silenciosas, passivas, ordeiras e bondosas da infância, adolescência e juventude? Perdidas imagens não fazem a história.

Os alunos populares seriam mais ameaçadores?

Discutíamos em um coletivo docente se as condutas que tanto nos incomodam não seriam próprias de um estilo de ser adolescentes e jovens, próprias do protagonismo adolescente e juvenil. Um professor que lecionava em escolas públicas e privadas comentou que o estilo arrogante é mais ameaçador na adolescência e juventude e até na infância populares. Um tanto chocado com essa análise, atrevi-me a colocar a pergunta: De fato os filhos do povo são mais violentos e ameaçadores, ou é nosso olhar que cria essas diferenças? Observei que na literatura e em outros discursos das elites se propalou a imagem resignada do povo brasileiro. Até a exaltação de povo forte e capaz de resignadamente lidar com a escassez e a dor reforçaram esse imaginário. Bravo, forte, ordeiro e resignado, nunca contestador e menos violento, são virtudes atribuídas ao povo humilde dos campos e das periferias urbanas.

Um professor comentou se a nossa estranheza não estava em perceber que essa visão idealizada do povo não corresponde à realidade e nem sequer pode ser esperada mais da juventude, adolescência e até infância populares. Seriam eles(as) que quebram as tradicionais imagens com que nossa cultura representava o povo? O que nos escandalizaria seria que os filhos do povo tivessem comportamentos impróprios do povo ordeiro?

Alguém lembrou que enquanto nas escolas se veem os filhos do povo como mais violentos, a mídia e as elites condenam as "indisciplinas e violências dos movimentos populares". O povo não é mais o mesmo, de ordeiro passou a ameaçador, até quando luta por direitos no campo e nas cidades. A própria imagem de povo resignado e ordeiro estaria sendo destruída pelos movimentos populares, suas indisciplinadas lutas pelo teto, a terra. Pelos seus direitos. Todas as "minorias", poderíamos dizer todos os sem voz, infantes incluídos nesse imaginário social resignado e ordeiro vêm quebrando essas imagens: os camponeses, os povos da floresta, os indígenas, os negros e até as mulheres, o símbolo mais cantado da bondade e resignação. Uma professora nos chamou a atenção de que nas escolas produzem maior estranheza as indisciplinadas rebeldias das alunas do que dos alunos. Nossas imagens da infância e adolescência feminina não são as mesmas do que da masculina. Se temos uma imagem idealizada da infância, criamos uma imagem ainda mais idealizada da menina, amável, bondosa, submissa e quando essa imagem é quebrada por condutas mais agressivas e contestadoras nos estranhamos com maior espanto.

O que nos assusta é que todos os setores infantilizados na cultura política: povo, infância, mulheres usem comportamentos que lhes são "impróprios". Que as elites sejam violentas é normal, faz parte do jogo do poder, da acumulação e produção da riqueza, mas do povo e de seus filhos se espera que sejam ordeiros, pacientes, sem ambição, submissos e silenciosos. Que os homens sejam duros, ambiciosos é normal, faz parte da moral masculina a potência física, o enfrentamento, o confronto e até a violência viril se necessário ou não. Da menina, desde o maternal, se esperam condutas de submissão, sensibilidade, carinho e dedicação. Dos negros e indígenas se espera que reconheçam seu lugar e esperem pacientemente. Dos povos do campo se espera que aguardem pacientes um pedaço de terra.

O diálogo sobre estas questões nos coletivos docentes sempre é tenso e denso. "Quer dizer, sintetizou um professor, que nosso estranhamento sobre as condutas dos alunos(as) populares pode estar marcado por imagens preconceituosas do povo, da mulher, da infância, dos negros, dos povos do campo?" Dificilmente nos liberamos como docentes de estereótipos que fazem parte da nossa cultura política e pedagógica. Em nosso imaginário julgamos com os valores e padrões de conduta que consideramos como próprios ou impróprios, aceitos ou condenáveis para determinados coletivos, sociais, raciais, e etários ou sexuais, do campo ou da cidade. A ousadia e agressividade não nos parece própria nem da mulher, da criança, do negro, do indígena, nem dos povos do campo ou das periferias das cidades. Porém achamos impróprio dos homens adultos e das elites que não ousem ou sejam agressivos, para conseguirem a qualquer preço suas ambições. Afirmar e reconhecer a igualdade moral dos sexos, das raças, dos grupos sociais ainda é uma empreitada a ser conquistada, inclusive na instituição escolar.

É compreensível que como professores e educadores não estejamos livres desses padrões culturais e que nos escandalizem as condutas arrogantes e indisciplinadas das meninas, dos negros ou camponeses, dos alunos populares. Como é esperançador o esforço que tantos coletivos docentes vêm desenvolvendo para superar esses olhares preconceituosos. Considero extremamente esperançador que as condutas ameaçadoras dos alunos nos estejam oferecendo a oportunidade ímpar de explicitar estas questões que durante décadas estiveram ausentes dos debates das escolas públicas e privadas. As escolas estão mais abertas do que nunca para esses debates. Docentes que militam nos movimentos sociais como mulheres, negros(as), indígenas, sem teto ou sem terra reagem a tantas imagens preconceituosas com que foram vistos em nossa história social, cultural e pedagógica. Não aceitam facilmente a visão posta pelo professor de que o estilo arrogante dos alunos é mais ameaçador na adolescência, juventude e até na infância populares. Notei que os docentes que vêm de famílias populares, negras e pobres ficavam assustados com os debates sobre as imagens e estereótipos morais que pesam sobre o povo e sobre suas comunidades. Assustados(as) tanto diante de imagens idealizadas como satanizadas. Passamos de um polo para outro carregando os mesmos preconceituosos olhares. O olhar que recentemente nos transmite a mídia é um olhar moral extremamente negativo. Quando esses olhares moralmente negativos do povo afloram nas reuniões escolares é fácil perceber que bastantes professores(as) sentem-se incomodadas como se lembrassem de sua condição de crianças pobres, negras, populares. A participação dos docentes nos movimentos sociais e sua origem de classe e raça e sua proximidade com o povo estão criando um clima propício à superação dessas preconceituosas imagens. Poderemos falar de imagens perdidas?

Dos problemas de aprendizagem aos problemas de conduta

O fato é que as condutas morais dos alunos(as) nos preocupam atualmente mais do que os processos de aprendizagem. "Até há pouco nos preocupavam os alunos com problemas de aprendizagem. Hoje, nos preocupam os alunos com problemas de comportamento", ponderou uma professora. Do foco nos processos cognitivos estaríamos passando aos processos morais? Pela insegurança instalada nas escolas parece ser que nos é mais difícil lidar com as condutas do que com os conteúdos e com suas aprendizagens. Sempre foi difícil essa separação. O fato é que se muitos docentes sentiam-se incomodados com os alunos com problemas de aprendizagem e alguns ficavam indiferentes, os reprovavam e pronto, ficou muito difícil sermos indiferentes aos problemas de conduta. Todos somos desafiados. Que atitudes vão se configurando?

Julgá-los, condená-los, cortar logo na raiz, mas não será antipedagógico? Como expulsá-los sem rumo e continuarmos impassíveis dando as mesmas aulas? "Fiz isso, comentava um professor, mas depois vacilei, me perguntei que será deles sem rumo, e não consegui dar as mesmas aulas". Haverá outras alternativas? Passar a mão na cabeça, considerá-los como vítimas da miséria, da violência, do tráfico, da falta de valores e de horizontes, vítimas da barbárie globalizada? Também não será solução, mas é uma postura mais pedagógica e profissional. Essa compreensão social das condutas da infância, adolescência, juventude, e por que não sobretudo dos adultos, poderá deixar aliviada nossa crítica consciência política, mas não será suficiente para equacionar o cotidiano tão pesado da escola. Outras atitudes são possíveis. Da altura de nossa condição de profissionais do conhecimento, poderíamos ajudá-los a entender-se? A condição de vítimas tem de entrar no equacionamento das condutas escolares. Perguntar-nos como profissionais do conhecimento se estamos interpretando à altura a sociedade violenta, a crise de valores em que essa moçada está sendo socializada. Como condenar condutas de crianças sem condenar a civilização decadente? Essas condutas chocantes em crianças são a fase cruel da globalização que com tanto ardor criticamos. Suas condutas são reflexos de um contexto moral ou imoral maior. Reproduzem na escola os valores que são obrigados a viver para sobreviver nas ruas, na família, na cidade e nos campos.

Denunciar essa sociedade é também tarefa nossa. Tentar recuperar a humanidade e dignidade que lhes é roubada é de ofício de tantos profissionais dedicados aos cuidados e à formação da infância e adolescência. Assumir a responsabilidade coletiva que nos corresponde é mais profissional do que julgá-los, condená-los e expulsá-los da escola. Perguntar-nos se ao menos a escola poderia ser um espaço humano, de dignidade, socializador de outros valores e condutas, é próprio de educadores. Estas perguntas passam pelas cabeças de inúmeros educadores(as), sobretudo de tantos(as) que nas últimas décadas avançaram politicamente e de tantos(as) que ainda guardam resquícios de utopias pedagógicas e sociais. O destaque que vem adquirindo as posturas diversas frente as condutas dos alunos pode levar-nos a um movimento pedagógico que se alicerce na fecunda relação entre a sensibilidade para com a realidade vivida pela infância, adolescência e juventude e a função social da escola, sobretudo pública.

Tenho participado de vários encontros em que com amadurecimento nos perguntamos se o que há nas escolas é mais do que perplexidade, se os olhares e as posturas docentes estão conseguindo equacionar essa situação, até se estamos tirando proveito e amadurecendo profissionalmente.

Alguns comportamentos docentes vão se consolidando. Condenar os alunos sem mais é visto cada vez mais como antipedagógico e antiprofissional. "Imagina uma equipe médica que condenasse adolescentes aidéticos por estarem contaminados e os expulsassem das enfermarias para não contaminar os outros", ponderou uma professora. "Seria de um antiprofissionalismo e de uma falta de ética imperdoável." Por outro lado fica claro que ter saudades dos tempos de convívio feliz é ingenuidade. Talvez porque nunca existiram nas escolas convívios tão felizes assim. Vejo neste ponto um sinal de amadurecimento: estamos desmistificando termos que não deram conta da realidade. Por exemplo, a comunidade escolar, tão proclamada em discursos adocicados, como se a escola devesse ser a expressão mais perfeita da convivência humana. Quem inventou que ensinar, educar é sinônimo de convívio feliz? É impressionante a quantidade de imaginários ultrapassados, que povoam o universo educacional e que povoam a representação social da escola. Todas as ondas e modas românticas têm cabida nos discursos sobre a educação: escola, comunidade de convívio, inclusiva, democrática, participativa, solidária... Estamos em um tempo oportuno para quebrar esses imaginários. As condutas dos educandos nos ajudam a quebrá-los. Nessa decantada comunidade escolar os alunos e as alunas têm sido uma multidão anônima. A convivência com os educandos nas escolas nunca teve muito de convívio feliz. Foi tensa, desconfiada, até agressiva. Sendo tudo isso, pode ter sido educativa? Esta é a questão que se impõe. Que lições aprender? Os governos deixaram as escolas em condições precárias, sobrecarregaram de alunos as salas de aula, obrigaram os docentes a triplicar os turnos, deixaram a infância, adolescência e juventude nos limites de uma sobrevivência agressiva e depois proclamam em discursos que a instituição escolar deve ser o símbolo do convívio feliz e da democracia. Faz décadas que não é fácil, nem sequer ser vizinhos em espaços tão estreitos como as salas de aula. Se diretores, técnicos, gestores e até alguns professores(as) acreditavam nas escolas como comunidades de convívio feliz, as tensões vividas nestes tempos aconselham decepção. Uma boa oportunidade para mudar o discurso e as imagens da escola. Os alunos nos sugerem que a escola precisa de uma certa dose de tensão, cabe a nós professores dizer à sociedade que ensinar, educar, socializar sempre foi um ato tenso.

A empreitada de tornar o ser humano mais humano nunca foi tarefa fácil. Exatamente porque faz parte da conduta humana a liberdade. A educação sempre foi vista como um enigma, uma incógnita, desde a Paideia. Sobretudo a formação ética, da virtude, das condutas. É significativo que muitas imagens de convívio feliz estejam caindo diante da tensão que as condutas infantis e juvenis provocam nas escolas. Porque esse é o ponto nuclear onde a educação sempre foi um enigma: formar o sujeito livre. Nesse ponto as metáforas do jardineiro nunca foram as mais apropriadas. Apenas por um detalhe, à diferença das plantas, o ser humano, desde criança é um sujeito livre. Aprendendo a liberdade. Quanto mais as crianças, os adolescentes ou jovens aprenderem a liberdade mais tenso será o ofício de ensiná-los e formá-los. Precisamos de construir outras imagens e metáforas de nosso ofício. Estamos em um tempo oportuno.

Viajantes noturnos

Estamos em tempos de ter os pés no chão. Os alunos se mostram sem máscaras. De rosto aberto a ponto de surpreender-nos e chocar-nos. Não são esses os rostos de crianças que nos pintaram. Estariam desconstruindo nossas utopias?

Nas últimas décadas viajamos longe. Sonhamos com outra escola e outra docência. Como aqueles viajantes noturnos que viajam iluminados por seus sonhos. As utopias sociais e pedagógicas iluminavam nossos percursos. Outra escola possível parecia estar à volta da próxima inovação ou projeto pedagógico. Hoje surpresos com as condutas dos alunos não sabemos se novas surpresas virão amanhã. Estamos mais pra viajantes noturnos sem a luminosidade dos sonhos que ficaram para trás. Sonhos luminosos que encontrávamos nos rostos das crianças e nas crenças dos adolescentes e jovens. Rostos agora sem luz. Tornaram-se mais duros do que agressivos, sem crenças nem horizonte. Quem roubou a luz de seus rostos infantis e as crenças de seus sonhos juvenis? Foram os mesmos que roubaram nossos sonhos e utopias. Quando a infância e a juventude perdem suas imagens luminosas, as imagens docentes se desmontam. Como é longa uma viagem sem sonhos! Os percursos cotidianos para as escolas tornam-se mais pesados e incertos para alunos e professores.

"Esses são os adolescentes e as crianças reais, comentava uma professora, as crianças tenras e os adolescentes sonhadores nunca foram reais." A compreensão dos alunos estaria se tornando mais real? A perda daquelas imagens será um fato positivo. "Nossa própria infância, adolescência e juventude já não foram tão românticas", comentou um professor. Lembrando de nossa infância entenderemos a sua e a escola poderia se tornar um lugar onde se encontram pessoas que já se conhecem. Com trajetórias e vivências tão próximas. A perda das imagens sonhadas de infância, adolescência e juventude vinham se perdendo faz tempo. Dissimulamos por muitos anos não percebê-lo, quando reconhecemos que nem nós mesmos vivemos essas imagens a gente se comporta de maneira diferente frente às condutas dos alunos. Estes mostram a coragem que nós não tivemos: reconhecer que aquelas imagens tenham se perdido, ou nunca existiram. Por que tanta resistência docente a reconhecer a perda daquelas imagens românticas e sonhadoras? Talvez porque sem elas o cotidiano escolar será insuportável. Mas até quando é suportável viver na ilusão?

Podemos estar aprendendo que um convívio entre mestres e alunos alicerçado em utopias e contos de fadas não seria duradouro. Temos bastantes anos de vida como para acreditar em contos de fadas. Nas próprias vivências podemos ter aprendido a dialogar e conviver com nossa própria infância, adolescência e juventude reais. Quando os alunos mudam suas imagens nós teremos de mudar as nossas. É o que está acontecendo, mas não sem tensões. Decepcionados com o sonho de um convívio harmonioso e feliz, caímos em uma decepção que pode ser fértil. Em que sentido?

Podemos encontrar algum que outro professor(a) que tem saudades de outros tempos melhores, mas houve nas escolas alguma vez bons tempos? Bons para quem? Não faltam aqueles que se apegam a lembranças de tempos de convívio feliz. Porém há muitos profissionais que se negam a apegar-se a um saudosismo meloso. Há escolas que parecem ter optado por ser um palco onde se representa um melodrama em que os alunos se vingam de seus mestres e estes de seus alunos. Nem melancolia, nem melodrama, nem condenação apressada dos alunos e dos mestres. Estas posturas nos fecham. Delas nada novo a esperar. São poucas. No palco da maioria das escolas temos a sensação de que os personagens são os mesmos, porém assistimos a um espetáculo com nova ação, novos ritmos e novas cores. O repertório é repensado. A luz é encontrada no cotidiano, na reinvenção de relacionamentos.

Começamos a ver-nos e a ver os educandos como novos personagens, com suas paixões, medos, esperanças e frustrações. Novas imagens, novos sujeitos que começam a falar, sem medo de falar suas linguagens. Os mestres também mudaram e falam outras linguagens. Sem medo de revelar-lhes seus medos, frustrações e esperanças. Só assim será possível reinventar entendimentos e convívios de personagens reais. Estamos avançando para um olhar mais profissional sobre nós e sobre eles e elas. Avançando para apagar imagens do passado e assim abrir a possibilidade de reinventar o presente.

Faço, pois, uma leitura deste momento porque passam as escolas de educação básica e seus profissionais, como uma decepção fértil com a perda das imagens de infância, adolescência e juventude com que por décadas olhamos os alunos. Consequentemente como uma decepção fértil com a perda das imagens de pedagogia, de docência e de escola que alimentaram nossas identidades. Estarmos saindo de formas preconcebidas de pensar os alunos e de pensar-nos. Superando imagens que não nos deixavam ver o real.

Há mais um motivo para esperança: os alunos, as alunas ocuparam as escolas, se instalaram como legítimos habitantes, ocuparam os espaços e hoje suas condutas, até agressivas, desconcertantes, são os detalhes que interrogam o conjunto. Tracem novos questionamentos e consequentemente novas luminosidades que possam substituir a luz apagada de utopias e sonhos que em outros tempos iluminaram nossas viagens. Desta vez ou encontramos luminosidades no convívio entre os sujeitos da ação educativa, mestres e educandos, ou teremos de andar na luz da noite. As velhas luminosidades vindas de fora: educação e república, educação e democracia, educação e libertação parecem ter perdido força. Para continuarmos o longo percurso escolar teremos de buscar luz no próprio cotidiano escolar. Na vida nossa e dos alunos. Politizar o cotidiano em que vai tecendo-se o direito à educação. A vida é incapaz de ocultar seus matizes políticos. Aprender a descobri-los parece ser a saída. Nas trajetórias de alunos e mestres se refletem valores, dignidade, processos de humanização, emancipação, libertação que carregam luminosidades capazes de dar sentido a viagens noturnas. Nossas viagens à luz da noite são tão parecidas com aquelas que vêm fazendo coletivos inseridos em tantos movimentos sociais. Lutam pelo que há de mais elementar no humano viver: terra, teto, trabalho, vida para eles e seus filhos. Luminosidades capazes de iluminar suas lutas. O próprio movimento docente encontrou nova luz em um olhar positivo, iluminador sobre o trabalho na escola. Tirou luminosidades ao descobrir-se trabalhadores em educação.

A própria sensação de perda e de quebra de imagens que é vivida nas escolas pode insinuar efeitos de luz. Vejo este momento como um percurso no escuro, com medos, por isso, com atrevimentos que iluminam. Faço uma leitura um tanto invertida: vejo a perda de imagens como encontro, como libertação e como ganho, como estranho alívio, como decepção fértil. Carregar essas imagens de crianças risonhas e de adolescentes e jovens sonhadores era pesado demais. Sabíamos que essas imagens eram irreais, que se perderam no tempo. Deveríamos agradecer às crianças, aos adolescentes e jovens, sobretudo populares, por ter trazido às escolas a dúvida. Por terem a ousadia de desmontar o imaginário épico sobre a sua educação. Faz tempo sabíamos que a docência pouco tem de épica.

Quando a imagem real da infância, adolescência e juventude for tomando assento nas carteiras das salas de aula, podemos ter outros diálogos e outros convívios não menos dignos e humanos.

Nossas viagens noturnas poderão ser iluminadas por outros imaginários.

2
Outro olhar sobre os educandos

Vejo os alunos com outra mirada.

Conhecer melhor os alunos e as alunas em vez de condená-los apressadamente passou a ser uma preocupação de muitos coletivos de escola. As formas são variadas: dias de encontro, oficinas, pesquisas, visitas a suas casas, e até a seu lugar de trabalho e sobrevivência. Alguns coletivos se propõem ir levantando como representamos os alunos(as), com que imagens os vemos. Se a presença dos alunos é cada vez mais notada nas escolas, se nos obrigam a enxergá-los a questão iniludível passa a ser se os vemos e como os vemos. Esta pergunta não se colocava antes com a premência de agora. Como profissionais estávamos preocupados em conhecer os conteúdos de nossa docência e seus métodos e processos de avaliação. Não deixaremos essas preocupações, mas se impõem outras: conhecer melhor os educandos(as).

"Temos de reconhecer que o conhecimento dos alunos não era nossa preocupação", destacou uma professora. Este passa a ser um ponto de debate nos coletivos: conhecemos ou não os alunos? Percebo consensos sobre alguns pontos: a experiência de longos anos de magistério nos dá um conhecimento dos educandos. "Nunca deixamos de ver os alunos", observou um professor. Mas com que olhar? Realmente as escolas estão cheias, o número de alunos cada vez é maior nas apertadas salas de aula, como não vê-los? Aprendemos a conhecer os alunos. Um conhecimento bastante impressionista, impreciso. Todos são alunos de diferentes gêneros, raças, classe social, idades, mas, em comum, alunos. É isso que interessa. Aí todos se igualam em uma imagem de alunos sem contornos, nem matrizes. Todos e todas nos parecem iguais, mudam cada ano, em cada série, mas nosso olhar pode ser genérico, distante e superficial.

A estas observações de alguns docentes reagem outros. Nem todos têm esse olhar tão distante e impreciso. Há olhares muito diversos. Mapear, explicitar e sistematizar essa diversidade está sendo uma preocupação de muitas escolas: se falamos deles e o que falamos, se nosso olhar é positivo ou negativo, se os ignoremos ou não podem mais ser ignorados, se os compreendemos ou condenamos etc. Vai se tornando necessário explicitar as diversas tendências pedagógicas que habitam nas escolas e que refletem a diversidade de olhares. Tendências que às vezes dialogam ou se ignoram, e que os alunos e suas condutas põem em confronto. Explicitar a diversidade de representações que trazemos de nossa docência. Uma professora colocava uma observação bastante instigante: "Temos de reconhecer que cultivamos a imagem de aluno que melhor corresponde a nossa imagem de professora ou de professor". As autoimagens docentes nos levaram a construir e manter determinadas imagens de alunos(as). Os confrontos sobre se os olhamos e como os olhamos refletem como nos olhamos.

"Sabia que chegaríamos a esse ponto, me incomoda perguntar-me como vejo meus alunos porque termino tendo de perguntar-me como me vejo." Encontrei essa frase nas anotações. De fato esse é o processo inevitável na maioria dos coletivos em que debatemos nosso olhar sobre os educandos. Quando se chega a este ponto a tensão sobe no coletivo. Volta a questão do texto anterior: as imagens da pedagogia e da docência foram se construindo ao longo da história, coladas às imagens da infância, dos educandos. Imagens do imaginário sobre o ser humano e sua formação, consequentemente, imagens sobre nós educadores.

Chegados a esta constatação, a questão deixa de ser se sempre olhamos ou não os alunos e as alunas e como os olhamos, a questão é mais de fundo: se eles e elas são os mesmos, se cabem ou não nas imagens de alunos, de infância, adolescência e juventude feitas à imagem de nossa docência. Quando o professor observou: "nunca deixamos de ver os alunos", uma professora ponderou: "mas nunca nos incomodaram tanto. Reconheçamos que agora nos obrigam a enxergá-los de outra maneira". A questão parecia ser se as imagens e representações com que os víamos dão conta ou impedem vê-los como realmente se mostram agora. Há formas de vê-los para ignorá-los e desfigurá-los. Outras para vê-los estereotipados como esses bonecos pré-fabricados com que brincam as crianças. Peças inertes que não resistem ao montar e desmontar da criança.

"Reconheçamos que os alunos nos assustam como nunca nos assustavam", observou um professor. O que nos assusta é que estão resistindo a olhares estereotipados. Cada vez fica mais difícil formar crianças, adolescentes e jovens como

47

pré-moldados. Nem a tenra massinha (metáfora tão querida da infância) aceita ser moldada. Era tão gostosa uma pedagogia de massinhas tenras! Até as crianças viraram massas endurecidas pela vida. Não é tão fácil manipulá-las, nem moldá-las. Perderam sentido as imagens de criança-adolescente, massinhas tenras, maleáveis nas mãos de mestres artistas. Impõe-se construir outras imagens, olhar os alunos e olharmos como seus mestres com outra mirada. O resultado pode ser uma aposta coletiva.

Humanizando nosso olhar docente

Nosso olhar pode estar sendo reeducado. Os veremos como gente?

Quando volto a meus cadernos e releio as anotações, encontro depoimentos que se repetem: "hoje vejo os alunos de outra maneira"; "com outra mirada"; "presto mais atenção a suas reações e seus sentimentos"; "cada aluno é alguém com sua história"; "nossa atenção aos alunos é outra"; "de tanto repetir ciclos de formação, tempos da vida, crianças, adolescentes terminei mudando até minha linguagem, os termos aluno repetente, novato, lento, defasado... me resultam estranhos..." Nem todas as reações são de medo e desconfiança diante dos alunos.

Talvez seja este um dos avanços mais determinantes da construção de um outro profissional da educação: "vejo os alunos de outra maneira". Lembro que ao final de um dia denso de estudo com professoras e professores de várias escolas deixamos que cada um externasse uma rápida avaliação do dia. Uma diretora de escola que acompanhava nosso trabalho sintetizou todo o dia de estudo em torno de um ponto: tínhamos nos referido o tempo todo aos educandos, eles tinham nos acompanhado em cada depoimento e em cada reflexão como sujeitos, com suas trajetórias, suas vivências, sua cultura. Guardo no meu caderno a frase de uma professora: "quando mudamos nosso olhar sobre os educandos, tudo muda, os conteúdos, a didática". Acrescentei no meu caderno: nós mudamos como professores.

Essa reflexão pode ter me chamado a atenção porque eu não tinha percebido a centralidade do olhar sobre os educandos e porque não vinha percebendo o quanto esse olhar vinha mudando no coletivo docente. Lembro que a maioria deles anotou com cuidado essa ideia-síntese de nosso dia de trabalho.

Uma das professoras propôs que dedicássemos um dia de estudo ou uma oficina para retomar essa ideia-síntese: Fomos formados para olhar os educandos?

Que estudamos sobre eles em nossos cursos de magistério, de licenciatura ou de pedagogia? Por que as outras ciências veem a infância como infância, a juventude como juventude ou os adultos como adultos? Por que nosso olhar os reduz a alunos, repetentes, novatos, defasados, lentos, aceleráveis...? Por que com tanta rapidez passamos a ver os alunos como indisciplinados, desatentos e até violentos?

Se estas questões não forem prioritárias os projetos de escola, as propostas inovadoras, as reorientações curriculares... deixam tudo no mesmo lugar. Por quê? Porque a escola e seus currículos, os ciclos, a didática, a prática pedagógica e docente adquirem seus significados da centralidade que damos ou não damos aos educandos. Do olhar com que os enxergamos. Toda inovação educativa tem de começar por rever nosso olhar sobre os alunos. Inclusive o repensar de nossa autoimagem docente tem tudo a ver com o repensar da imagem que deles nos fazemos. Em grande parte nos imaginamos ser o que imaginamos que nossos alunos são.

Tenho aprendido que os professores reagem às condutas dos educandos a partir de sua identidade como trabalhadores. Também tenho aprendido que o como veem os educandos com que trabalham condicionará como reagem a suas condutas e como aderem ou resistem às propostas pedagógicas. Aliás a imagem que temos de nós educadores corresponde à imagem que temos dos educandos. Se os professores exigem que os alunos respeitem a imagem dos mestres, estes também terão de começar por rever a imagem que se fazem dos alunos-educandos. Como os vemos? Que sabemos de suas trajetórias humanas? Como vivem seus tempos? Estas são as questões mais desafiantes no atual momento escolar. Se reconhecemos que os alunos(as) não são os mesmos teremos de perguntar--nos como são, como os sentimos. As respostas a estas questões não são de cada professor(a), são dos coletivos profissionais. Dessas respostas dependerá como interpretaremos suas condutas, como equacionaremos nossa docência.

Questões como essas mereceram dias de estudo. Lembro de coletivos que organizaram o trabalho em torno de três núcleos: o primeiro levantaria como nomeamos os alunos, que nomes usamos no cotidiano da escola, em nossas reuniões ou nos documentos escolares quando a eles nos referimos.

O segundo reconstruiria as lembranças de nossos tempos de formação, quantas horas dedicamos ao estudo dos educandos. No currículo do curso de formação, como especialistas, pedagogos, docentes, ou licenciados, que peso teve o conhecimento da infância, adolescência, juventude, vida adulta. Com que visão saímos dos educandos com os quais conviveremos durante décadas de nossa vida profissional.

O terceiro grupo proporia formas de aproximação e de conhecimento dos educandos(as), como saber mais sobre suas vidas, seus itinerários humanos, não apenas escolares. Saber mais sobre seu trabalho, suas expressões culturais, seus horizontes de vida pessoais e familiares etc. Mapear o que as escolas ou alguns professores já vêm fazendo para mudar seu olhar.

Saber mais sobre os educandos

O grupo que mapeou como identificamos ou que nomes damos aos alunos no dia a dia da escola e nos documentos colocou no quadro uma lista de nomes: alunos novatos, repetentes, aprovados, reprovados, defasados, lentos, alunos-problema, especiais, acelerados, desacelerados, burros, indisciplinados, desatentos, carentes etc. O grupo constatou que recentemente o olhar é menos escolar e mais social, até mais moral. Os nomes mais frequentes são: alunos violentos, marginais, drogados... Uma imagem que reflete uma inferioridade social e moral.

Uma professora impressionada comentou: "que visão tão negativa!" Houve consenso: esses nomes, adjetivos e classificações revelam que no imaginário escolar e docente paira uma visão bastante negativa dos alunos. Perguntei se alguém lecionava na escola privada, se a visão dos alunos era a mesma. O debate foi bastante acalorado. A visão se torna mais negativa quanto mais "carentes", mais pobres são as comunidades e as famílias. A visão tão negativa que as elites têm do povo teria moldado o imaginário escolar e docente? Esta pergunta resultou bastante incômoda. De fato ninguém do coletivo pertencia às elites. Muitos(as) sabiam que eles mesmos vinham de famílias populares ou bem próximas. Aí que a pergunta resultava incômoda: Como reproduzir um olhar tão negativo sobre os alunos populares estando tão próximos na sua origem e nos salários? Compartindo com muitos deles a condição social? Apenas reproduzimos uma visão tão negativa que faz parte da cultura escolar e docente? Talvez, mas as consequências podem ser desastrosas para nós e, sobretudo, para as crianças, adolescentes, jovens e adultos populares com que lidamos.

Se ter trazido para o debate docente os educandos é um fato esperançador a questão que teremos a enfrentar é como superar visões ultrapassadas. Resulta surpreendente para todos que o olhar idealizado, romântico, bondoso e dócil da infância-adolescência tão presente nas metáforas da pedagogia não aparece nos nomes e adjetivos com que identificamos os alunos. Realmente essas imagens são dadas como perdidas? Os alunos(as) populares não cabem nessas imagens. Uma professora nos chamou a atenção de que as imagens da infância mudam dependendo dos grupos sociais e raciais a que as crianças pertencem. As imagens idealizadas puras, angélicas são aplicadas às crianças das "famílias bem", que frequentam maternais e jardins de infância, mas essas imagens dificilmente são atribuídas às crianças populares que frequentam as creches ou perambulam pelas ruas. O imaginário dessa infância popular é menos romântico, menos puro e angelical. As imagens com que os representamos são por vezes bastante negativas.

Outro ponto surpreendeu o coletivo docente: essa visão negativa dos alunos não é nova, não foi criada por suas condutas estranhas, indisciplinas e violências. Por décadas reproduzimos uma visão bastante negativa sobre suas capacidades cognitivas, de aprendizagem, aí estão os persistentes índices de reprovação e repetência da infância e adolescência populares. A visão de uma espécie de inferioridade cognitiva e até moral não é nova. O termo alunos carentes, comunidades carentes se referia a carências culturais, morais. Carências de valores, violência, preguiça... que levaram à carência social. Tocar nas visões que temos dos educandos, sobretudo populares, sempre é incômodo. Um incômodo que pode ser eficaz. A visão do imaginário tradicional era mais positiva do que a visão da cultura docente atual. É curioso que esse olhar seja tão negativo exatamente em tempos em que vêm se afirmando positivamente as crianças, adolescentes e jovens como sujeitos sociais, culturais, de direitos. Eles têm um protagonismo que nunca tiveram na medicina, no direito, na cultura, nas políticas sociais, na mídia, no mercado e no cinema. Há uma exaltação positiva do ser criança, adolescente, jovem. Por que o olhar escolar continua tão marcadamente negativo? Uma pergunta preocupante ao menos interrogante para a cultura escolar e docente. Os coletivos docentes se surpreendem diante de imagens tão contraditórias de alunos, de infância, adolescência e de juventude povoando o imaginário escolar. Ora são imagens românticas, ora imagens perversas convivendo. O que alimenta imagens tão desencontradas? O mesmo acontece com as autoimagens docentes, ora são romanceadas, ora são insuportáveis.

O grupo que reconstruiu as lembranças dos tempos de formação lembrou de algumas disciplinas que lhes ajudaram a conhecer um pouco os educandos(as), a psicologia sobretudo. Alguns lembravam de ter estudado a infância na disciplina história, outros de terem estudado os jovens e adultos no curso de EJA, mas apenas suas trajetórias escolares, a condição de analfabetos, a escolarização não concluída. A maioria reconhecia não ter saído com uma visão dos educandos como sujeitos sociais, culturais, com identidades de raça, classe, gênero, idades. As professoras e os professores licenciados lamentaram que em sua formação a ênfase nos conteúdos e nas metodologias secundarizou e ignorou o saber sobre os educandos. Os depoimentos apontaram que em alguns dos cursos de pedagogia alguns professores estão trazendo para estudo textos das diversas ciências sobre a infância, a adolescência, a juventude e a vida adulta. Os sujeitos da ação educativa educadores-docentes e educandos-alunos vêm merecendo um olhar mais atento nos cursos de formação.

Houve consenso quanto às lacunas que deixa na docência essa falta de conhecimento sistematizado dos educandos com que teremos de lidar durante toda a trajetória profissional. "Fui para o magistério, comecei a trabalhar com adolescentes e jovens, sobre eles somente conhecia o que aprendera sendo adolescente e jovem", ponderou um professor. Uma professora acrescentou: "sobre os alunos apenas saí sabendo alguma coisa sobre problemas de aprendizagem. Sobre seus processos de socialização, sobre seu universo cultural, moral nada sabia". Com esse despreparo profissional é fácil reproduzir imaginários preconcebidos de infância, adolescência e juventude. É fácil ficarmos desnorteados quando os alunos são "outros", ou quebram esses nossos imaginários. Estamos aprendendo que o trato profissional do ser humano exige saberes, conhecimentos teóricos sistematizados sobre esse ser humano. Esses conhecimentos não faltam nas ciências humanas. Como incorporá-los nos currículos de formação docente?

O terceiro grupo ficara responsável por identificar o que as escolas ou grupos de professores vêm fazendo para mudar o olhar sobre os educandos, para conhecê-los melhor, para saber mais sobre suas vivências e suas trajetórias humanas. Para conhecer melhor se realmente não são os mesmos e por quê. Por exemplo: escolas e redes que dedicam os primeiros dias do ano letivo a conhecer os alunos, suas experiências familiares e pessoais de trabalho, moradia, emprego, desemprego, formas de sobrevivência; suas experiências espaciais, na moradia, no campo, ou na rua, na periferia, ou no centro; seus trabalhos em casa, fora de casa; suas experiências de exclusão, de afeto ou violência, suas identidades sociais, de gênero, raça, idade; seus horizontes de vida, sua cultura, valores, sua participação em grupos culturais... Suas trajetórias escolares, truncadas. Por quê? Sua relação com a escola e com o estudo em seus horizontes humanos. Suas vivências da infância, da adolescência, juventude e vida adulta. As condições humanas ou inumanas em que se produziram ou reproduzem suas existências, onde se socializam e se formam como sujeitos éticos.

O olhar docente registra com especial atenção as lutas, os esforços, as trajetórias positivas que tentam superar seus limites existenciais. Ir além do olhar "carente" para um olhar das positividades. As formas de identificar esses e outros dados podem ser variadas: organizar encontros com as famílias, visitas, histórias de vidas, teatros, desenhos, mapas, músicas, filmes, vídeos, fotografias, dados do IBGE. Alguns professores e professoras tentam registrar dados dos seus alunos: "se não tivesse tantos teria uma ficha com dados de cada aluno como o médico tem de cada paciente". Em várias escolas, em vez de cada docente ter seu registro de cada aluno, o coletivo de professores de ciclo tentam com a coordenação ir construindo esse registro que vai além da trajetória escolar. Um registro que vai sendo construído ao longo do percurso e que fornece elementos para os planejamentos docentes individuais e coletivos.

Em síntese, poderíamos mapear dois campos onde vêm havendo avanços significativos para melhor conhecer os educandos(as), o primeiro no estudo de suas trajetórias humanas, o segundo no entendimento das especificidades de seus tempos de vida. Saber mais sobre os alunos pode ser um auspicioso caminho para saber mais sobre nós mesmos.

Nos vemos no espelho dos educandos

Para chegarmos a ter outra sensibilidade pedagógica para com os conteúdos da docência, ou para novas didáticas ou para com os tempos de formação e socialização, teremos de começar por termos sensibilidade humana para com os educandos(as) como sujeitos sociais e culturais, éticos e cognitivos. Plenos. Rever nosso olhar sobre os alunos sempre nos surpreende. Em dois sentidos: de um lado estranhamos a visão tão negativa que refletem os termos com que os nomeamos, de outro lado nos surpreende a riqueza de seus itinerários humanos, frequentemente tão tortuosos. Nem todos são indisciplinados e violentos. E aqueles(as) que o são, realmente são tão violentos quanto os imaginamos?

Reeducar nosso olhar, nossa sensibilidade para com os educandos e as educandas pode ser de extrema relevância na formação de um docente-educador. Pode mudar práticas e concepções, posturas e até planos de aula, de maneira tão radical que sejamos instigados(as) a aprender mais, a ler mais, a estudar como coletivos novas teorias, novas metodologias ou novas didáticas. A maneira como os enxergamos pode ser determinante da maneira como lhes ensinamos e os educamos. Pode ser determinante da maneira como vemos nossa humana docência. Passamos a ver a informação, os conhecimentos, as teorias e técnicas de ensino-aprendizagem, e até os resultados das provas com outra luminosidade. São alunos concretos com histórias e culturas que estão sendo provados e julgados, condenados ou aprovados. Nos veremos ensinando e avaliando seres humanos.

Os conhecimentos que transmitimos passam a ser vistos como conhecimentos que serão aprendidos e ressignificados por alguém: as didáticas e metodologias serão vistas como processos de aprendizagem de mentes humanas, mentes culturais concretas; os resultados das provas serão vistos como diagnósticos de processos de aprendizagem e de formação de sujeitos inseridos em múltiplos e complicados processos de aprendizagem e de formação. As condutas, os sentimentos e valores que cultivamos levarão em conta as condutas, os valores e sentimentos dos complicados processos de sua socialização.

Nossa autoimagem muda na mesma direção para onde mudar nosso olhar sobre os educandos. Passaremos a nos ver como competentes profissionais da aprendizagem e do desenvolvimento mental, ético, simbólico e cultural de crianças, adolescentes, jovens ou adultos com trajetórias específicas até truncadas, de vida, de socialização e aprendizagem. Vemos nossa docência no espelho dos educandos, de suas possibilidades e limites de aprendizagem.

Nesse irmos às crianças, adolescentes, jovens e adultos com que convivemos nas escolas e nessas tentativas de observá-los e entendê-los poderemos estar descobrindo segredos da infância, da adolescência, da juventude e da vida adulta. Cada tempo humano emite seus próprios sinais e suas surpresas. Sem dúvida, nesse mesmo olhar sobre os educandos, estaremos nos olhando, nos observando e entendendo e redescobrindo segredos de nossa docência. Uma professora expressava seu momento: "escolhi o magistério porque gostava de biologia, fui descobrindo que continuo professora porque me permite conviver com jovens e adolescentes, com sua vitalidade, sua vontade de viver e conhecer a vida". A proximidade dos alunos dá à nossa docência novas dimensões. Seu conhecimento aprofundado, científico e sistemático pode ser uma precondição para avançarmos em tratos mais profissionais do magistério. Sem dúvida, que o grau de nosso profissionalismo pode ser colocado no grau de seriedade com que tratamos nossas áreas do conhecimento. Mas há algo mais. O grau de nosso profissionalismo passa pelo conhecimento sistematizado, científico, que tivermos dos educandos, de seus processos mentais, sociais e culturais, éticos ou estéticos. Se tivéssemos neste momento saberes mais sistematizados sobre como se processam a socialização e formação das condutas e dos valores em cada tempo da vida possivelmente não teríamos olhares e posturas tão desencontrados diante das ditas condutas divergentes de crianças, adolescentes ou jovens de que somos mestres, educadores.

Inclusive pensando em uma dimensão tão inerente aos processos de ensino e educação, o estímulo e a surpresa, todos sabemos que nos mantemos vivos e instigados profissionalmente na medida em que estamos abertos aos estímulos da realidade. Há realidade mais estimulante do que as formas dramáticas do viver humano em crianças e adolescentes? Aí têm encontrado seu estímulo e inspiração as ciências, as letras e as artes. Inclusive a pedagogia nasce sob o estímulo de acompanhar o fazer-se do ser humano desde a infância. Convivemos hoje com formas extremamente dramáticas de viver a infância. O que presenciamos nas escolas populares é que esse convívio inesperado ora nos desalenta, ora nos desafia. Sentimentos contraditórios que alimentam nossa docência. São alunos que vão nos tornando ao longo dos anos descrentes ou comprometidos, duros ou humanos, defensivos ou surpresos. O convívio tão próximo com os educandos(as) vai nos tornando insensíveis sentenciadores de suas aprendizagens e de suas condutas ou persistentes auscultadores dos mistérios de suas vidas.

Não há como ficar neutro quando o ponto de mira são seres humanos, sobretudo em traumáticos processos de humanização. Nossos convívios cotidianos são com seres humanos. Os saberes escolares podem ser coisificados e ficarmos neutros. Por mais que tentemos reduzir uma criança ou um adolescente a um número da chamada não dá, se revelam humanos. Em cada aluno(a) há uma história pessoal, grupal, de gênero, raça, classe ou idade. Percursos singulares e coletivos que se entrelaçam com seus percursos escolares. É impossível pretender entender estes isolados daqueles. É impossível entender-nos como professores sem entender a totalidade dos percursos dos educandos. Por trás de cada nome que chamamos na lista de chamada se fará presente um nome próprio, uma identidade social, racial, sexual, de idade. Separar esse nome próprio do nome escolar é como romper um cristal gravado. Tratando-se de crianças e adolescentes será romper uma personalidade humana, fino cristal, em um momento em que a autoimagem não está segura de si mesma. Criança, fino cristal cuja identidade ainda não foi gravada. Quebrá-la será antipedagógico. Tentar entender a unidade do ser humano será extremamente profissional e formador para os alunos e para os mestres.

Ao longo destas reflexões e narrativas do que acompanho nas escolas, insisto em que no espelho dos educandos nos descobrimos e formamos. Nos vemos como os vemos. Nos imaginamos como os imaginamos. As metáforas do magistério sempre foram construídas em correspondência às metáforas da infância. Nossas próprias metáforas se quebram quando a infância desconstrói suas metáforas. A pedagogia e o magistério se paralisam e esterilizam quando teimam em conduzir e ensinar uma infância que não mais existe. Entretanto, se revitalizam quando se abrem às novas formas de viver a infância. Estaríamos em um desses momentos em que, reeducando nosso olhar sobre os educandos, reinventamos a imagem da pedagogia e do magistério?

Humanizando nosso olhar docente poderemos estar reeducando o prazer, a alegria, a sensibilidade, a imaginação, a interrogação... Potencialidades que entram em jogo quando o foco da mirada humana são crianças, adolescentes, jovens ou adultos. A mirada humana sobre os educandos(as) poderia ser humanizadora da docência.

Empatia estimulante

Se a indiferença é esterilizante para a inovação educativa, a empatia cada vez mais frequente para com os educandos poderá nos levar a intervenções realistas. Vejo que quando o diálogo se dá, a começar pelo olhar mais compreensivo, conseguiremos desnudar muitas das tramas da docência. Estamos emaranhados nesse universo de ser mestres da infância e adolescência reais. Sem entendê-las não entenderemos a função social e cultural da escola e do magistério. Estes só encontram contemporaneidade sabendo com que infância, adolescência e juventude estão lidando. Temos lutado pela autonomia docente no campo da gestão dos conteúdos, das didáticas e da escola. Autonomia frente aos governos. É uma conquista, mas é pouco. Falta-nos fazer nossa a docência. Sermos mais autores do que decidimos fazer, o que irá acontecendo na medida em que entendermos que a autonomia docente e profissional está atrelada ao cultivo de um olhar profissional sobre a realidade dos alunos com que lidamos. Nossa profissão, por sua natureza, é dialogal, relacional. Vamos ao magistério com uma caixa de ferramentas, privilegiamos o uso de umas ou outras dependendo da visão que temos dos alunos com que entramos em interação. Cada gesto seu nos suscita outros gestos nossos. Na realidade, são os alunos reais os que nos fazem pôr mãos à obra, usando uns ou outros conhecimentos, umas ou outras ferramentas. Qualquer intervenção operativa, autônoma, nos conhecimentos, nas didáticas, nas relações, nos tempos ou espaços se não levar em conta a outra cara de nossa docência, os educandos reais com suas trajetórias e seus tempos, nascerá desenfocada. Sempre foi assim. Enfocar a imagem dos educandos é uma precondição para enfocar nossa imagem docente. Construir uma imagem profissional bem enfocada pressupõe superar os preconceitos sociais, de classe, raça ou gênero com que os vemos. Superar olhares negativos, sobretudo morais. Essa superação será um exercício de autonomia profissional. Sempre foi difícilimo à pedagogia libertar-se dos estereótipos de infância, mulher, negro, pobre, indígena ou povo que a sociedade nos impõe. Esta é a autonomia docente mais difícil de construir. Não há preparo de aula, nem docência ou avaliação que não tenham uma ou outra visão dos educandos como referência. Os impasses sobre nossa docência se agraúdam quando os alunos reais não coincidem com essas referências sociais. Estamos num desses momentos, daí o desconforto docente.

Como construirmos imagens mais autônomas, mais profissionais de nossa docência? Construindo imagens menos estereotipadas, mais realistas dos alunos. Buscar suportes nas ciências humanas. Em todas. Um pediatra não se guiará por uma imagem idealizada da infância, corpos em flor, cheios de vida. Terá seu conhecimento científico do corpo, da vida infantil. Esta imagem o guiará em seus diagnósticos e intervenções. O cerne de nossa docência gira em torno de construção de uma imagem mais realista, científica dos alunos. Essa imagem poderá inspirar a aventura de sermos cada vez mais profissionais. Estaremos capacitados a construir ou acompanhar com maestria os delicados percursos da formação e da aprendizagem da infância, adolescência ou juventude se conhecermos nossos acompanhantes. Vejo o momento pedagógico atual como promissor porque os alunos nos estão obrigando a repensar as imagens deles e as nossas. Os embates estão postos nesse cerne. Se discutem e contrapõem imagens de infância e de docência. Algumas se quebram, outras surgem com novas luminosidades. "Nossa formação é ensinar", enfatizava um professor. "Não estou aqui para endireitar condutas desviadas. Isso não é tarefa nossa", acrescentava outro. "Se não é tarefa nossa, de quem é, dos catequistas, dos assistentes sociais ou da polícia?", retrucava uma professora.

As imagens dos educandos estão no cerne dos debates docentes porque nos obrigam a redefinir quem somos. Quanto mais conhecemos a totalidade de dimensões que fazem parte da infância, adolescência, juventude ou vida adulta dos alunos reais com que convivemos, mais instigante fica a pergunta: Qual nossa tarefa? O que é a docência? Quem somos como profissionais?

Esse foco no cerne de nossa docência poderá tornar a escola mais habitável e nosso fazer profissional mais definido. Mais enfocado. Aprenderemos a lidar com imagens de infância e adolescência, de juventude e vida adulta reais. Abandonaremos imagens quebradas dos educandos e nossas. Novas imagens irão se perfilando.

3
Educandos, sujeitos de direitos

> *...reconheço, meus alunos têm direito à cultura, ao conhecimento, à sua memória e identidade, mas minha primeira obrigação é lhes dar as competências básicas para o emprego e a sobrevivência.*

Na mesa estavam participando do debate um juiz da infância e da adolescência, um médico, uma educadora e uma assistente social. Um número significativo de professores e de educadores sociais ouviam interessados os vários olhares sobre o Estatuto da Criança e do Adolescente – ECA. Soube que alguns coletivos escolares motivados pelo debate tinham se reunido para estudar mais atentamente o ECA nas escolas.

Todos esses encontros e debates foram programados para dar continuidade à necessidade sentida de repensar nosso olhar sobre os educandos. Vemos como há mudanças bastante significativas nas relações dos professores para com os alunos. Há maior preocupação por conhecê-los não apenas como alunos, mas como pessoas. Vê-los como sujeitos de direitos. Este o sentido do debate com outros profissionais que lidam com a infância, adolescência e juventude.

O médico, a educadora e a assistente social focalizaram a especificidade do direito com que cada um lida como profissional, o direito à saúde, à educação, ao cuidado e assistência social. Fiquei atento ao olhar do juiz, se concentrou em dois pontos: a configuração histórica dos direitos sociais, políticos, humanos e o reconhecimento dos tempos da infância e da adolescência como tempos humanos de direito. O juiz parecia nos dizer que somente entenderemos o significado histórico de cada um dos direitos com que lidamos, saúde, educação, cuidado... se nos detivermos a entender o significado histórico da tensa construção dos direitos humanos, ou do tenso processo de reconhecimento de todo educando como sujeito de direitos. Mas o juiz nos advertia ainda que o ECA era mais do que uma reafirmação do direito da infância e da adolescência à diversidade dos direitos:

saúde, cuidado, assistência, moradia, educação. A novidade do ECA é reconhecer o direito a ser criança e a ser adolescente. O direito aos tempos da vida. Dois aspectos inseparáveis: o direito aos tempos da vida somente será reconhecido na medida em que o situarmos na trajetória da construção dos direitos.

Paradoxos dos direitos humanos

Sobre esses dois pontos sentimos necessidade de aprofundar. Sempre pensei que não entenderemos a história e os significados de nossa docência, de nossa profissão e das inovações na escola se não as situarmos na tensa configuração moderna dos direitos humanos. Avançamos na consciência de que somos profissionais do direito à educação básica. Proclamamos nas ruas e assembleias: "educação, direito do cidadão, dever do Estado". Reafirmamos o que tantos movimentos sociais e políticos vêm proclamando: o direito à saúde, à moradia, à terra, ao trabalho... O direito a ter direitos. Nessa longa trajetória histórica da construção dos direitos situa-se nosso campo, o direito à educação básica. Uma trajetória nada pacífica de avanços e recuos, de conflitos, de reduções e alargamentos de significados. Uma trajetória sobre a qual deveríamos estudar mais nos cursos de formação. Em realidade a maioria das mudanças que vêm sendo feitas nas escolas, nos currículos, na reorganização escolar tem como motivação darmos conta da educação básica como direito. Muitas das resistências a essas mudanças refletem tensões de concepção dos direitos humanos. Poderíamos pensar que muitos dos impasses que afloram na implementação de inovações educativas ou na compreensão das trajetórias escolares, por exemplo, refletem tensões no entendimento que temos dos educandos como sujeitos de direitos.

Lembro-me de uma professora que ao participar no debate ponderou que para ela não era tão difícil reconhecer os alunos como sujeitos de direitos, uma vez que em sua militância tinha aprendido a reconhecer-se sujeito de direitos. Aprendizado feito em uma longa e tensa trajetória de lutas. Sem dúvida, este é um dos maiores avanços feitos nas últimas décadas pela categoria do magistério: situar suas lutas no terreno dos direitos. Não apenas as lutas por salários, carreira, estabilidade, condições de trabalho, mas colocar a educação como direito. Os educadores(as) vinculados aos diversos movimentos sociais aprendem a educação como direito lutando pela terra, ou pela sua identidade racial ou de gênero e etnia. Até onde avançamos? Que compreensão temos da educação como direito?

Diante das tensões vividas atualmente nas escolas, conseguimos equacioná-las à luz dos direitos? Conseguimos ver os alunos como sujeitos, portadores de direitos? Todos? Apenas os bem-sucedidos e os bem-comportados? Questões que entram em muitos dos nossos debates e que mostram que o reconhecimento dos direitos passa por longas e tensas trajetórias. Se na década de 1980 nos parecia legítimo defender o direito de todos à educação, hoje parece-nos legítimo limitar esse direito aos bem-comportados, excluindo do direito à escola os indisciplinados. Mudanças preocupantes.

Quando escrevia sobre estas inquietações me deparei com um texto que mostra como essa tensa trajetória na configuração dos direitos humanos não se esgotou. Continua, nos atuais tempos de guerra, tão tensa quanto no início da modernidade. Robert Kurz, no texto *Paradoxos dos Direitos Humanos* (*Folha de S. Paulo* – Mais, 16/3/2003), nos mostra alguns desses paradoxos: "...junto com os porta-aviões, os tanques e os helicópteros de batalha do exército de invasão ao Iraque, a ideia de direitos humanos é novamente mobilizada para poder apresentar ao mundo um documento legitimador. Mas o notável é que os críticos desse processo apelam aos mesmos ideais... É em nome dos direitos humanos que cai a chuva de bombas, e é em nome dos direitos humanos que as vítimas são assistidas e consoladas..."

R. Kurz se faz as perguntas que todos estamos nos fazendo: "Trata-se simplesmente de uma incoerência do poder imperial ocidental...? O conteúdo dos direitos humanos não consiste justamente no reconhecimento universal de todos os indivíduos de modo igual, sem nenhuma diferença? Como pode então ser compatível com os direitos humanos desrespeitar a vida de tantos indivíduos?"

Estas interrogações levam o autor até o que chama os paradoxos dos direitos humanos: "É verdade que o universalismo ocidental sugere o reconhecimento irrestrito de todos os indivíduos, em igual medida, como 'seres humanos em geral' dos célebres 'direitos inalienáveis'. Mas, ao mesmo tempo é o mercado universal que forma o fundamento de todos os direitos humanos elementares... estes não são imagináveis sem a forma do mercado... Somente um ser que ganha dinheiro pode ser sujeito de direito... Conforme esta definição, um ser humano tem de ser capaz de trabalhar, ele precisa vender a si mesmo ou vender alguma coisa. Sua existência deve satisfazer o critério da rentabilidade. Este é o pressuposto tácito do direito moderno em geral, ou seja, também dos direitos humanos..."

R. Kurz nos lembra dois pontos de tensão na configuração dos direitos humanos: primeiro, reconhecê-los como direitos de seres humanos em geral, em abstrato; segundo, condicioná-los ao mercado. Lendo essa lúcida análise, fui me perguntando: O direito à educação teria conseguido superar esses dois paradoxos? Como vemos os alunos quando os proclamamos sujeitos de direito à educação?

Temos de reconhecer que a educação enquanto direito passou a fazer parte do imaginário social e docente. Direito reconhecido como parâmetro dos currículos, das políticas educativas, dos juramentos de licenciados e pedagogos nas noites de formatura. Inclusive, como legitimação de nossas reivindicações docentes nas praças e nos campos. Um grande avanço situar a educação e a escola, os currículos, o conhecimento e a docência no campo dos direitos. Pensando nas análises de R. Kurz, teremos conseguido liberar-nos dos dois paradoxos em que caíram os direitos humanos?

Pensemos no primeiro: ver direitos de seres humanos em geral. Ver cada educando, como uma abstração, reconhecê-lo como sujeito abstrato de um direito abstrato. Não ver em cada educando a criança, adolescente, jovem ou adulto que se concretiza na sua história. Não ver sua vida real, total, suas trajetórias humanas, sociais, de gênero, raça e etnia. Não ver seus grupos, sua história, sua memória, sua cultura. Ver os educandos nessa abstração nos pode ter levado à defesa fácil de uma abstração de seus direitos, sem concretude. A frase que tão facilmente proclamamos, "educação, direito de todo cidadão", pode refletir essa visão abstrata do cidadão e da educação como direito. Apenas cidadão sem história, sem trajetórias? Sem rosto? Dos anos 1980 para cá todos, direita e esquerda, pensamento pedagógico progressista e conservador, passamos a usar o termo cidadão, cidadania, com a maior facilidade. É tão fácil defender direitos abstratos para cidadãos abstratos! É sintomático que esse discurso tão abstrato consegue conviver com as tradicionais formas de seleção, reprovação, retenção, exclusão de cidadãos concretos, com classe, raça, vivências de cidade, de rua, de sobrevivência, de campo. A proclamação da educação como direito de todo cidadão conviveu pacificamente com os tradicionais rituais classificatórios: alunos especiais, com problemas de aprendizagem, lentos, defasados, desacelerados, reprovados, repetentes e agora convive não tão pacificamente com as novas classificações moralizantes: alunos com problemas morais, de conduta, indisciplinados, violentos, drogados... A proclamação "educação, direito de todo cidadão" convive sem remorsos com práticas aceitas de expulsão, negação da matrícula para esses alunos(as) com supostos problemas morais.

Não poderíamos interpretar o mal-estar docente e a insegurança do pensamento pedagógico tanto progressista como conservador como um indicador de que os tempos desses convívios pacíficos acabaram? A convivência pacífica entre práticas limitadoras do direito à educação e as visões abstratas de cidadania, de educação e de direitos foi perturbada na medida em que os educandos(as) vêm mostrando seus rostos, sua história, suas trajetórias. Enquanto os mantivemos silenciados pudemos proclamar por eles seu direito de cidadãos abstratos. Dos anos 1980 para cá muita coisa mudou, principalmente nas formas concretas de viver, sobreviver, dos cidadãos concretos. As formas brutais concretíssimas, palpáveis, de reprodução da existência quebraram as visões abstratas da cidadania. Sobretudo as formas inumanas de vivência da infância, adolescência e juventude populares, desmistificaram os discurso fáceis da cidadania abstrata. Todo cidadão virou esses cidadãos. Os movimentos sociais vêm colocando os direitos na concretude densa dessa materialidade mais primária onde se joga o jogo pesado da cidadania real e dos direitos reais.

Toda essa concretude chega às escolas e salas de aula com rosto de criança e adolescente. São eles e elas, alunos, alunas, os que estão desmistificando o convívio "pacífico" nas escolas entre práticas anticidadãs e os discursos abstratos progressistas e conservadores em defesa da educação, direito de todo cidadão. É instigante que sejam as condutas "desviantes" dos alunos o que vem desmascarando discursos e convívios pacíficos. Não colocamos em questão a noção abstrata de cidadania, de direito e de criança, adolescente ou jovem aluno quando percebíamos sua miséria e desemprego, as lutas mais básicas pela sobrevivência, a fome... Perceber essa concretude não conseguiu desmistificar a visão abstrata. Foi necessário que essa meninada e moçada nos revelassem condutas, valores, que afetavam a paz das salas de aula e de nossa docência para cair do galho e descer de visões abstratas e distantes de educandos. Por que essa sensibilidade tão fina para as condutas morais e nem tanta sensibilidade para as formas materiais de reprodução da cidadania? São os próprios alunos que nos colocam incômodas questões nas salas, nas reuniões pedagógicas, nos congressos e currículos de formação: Vocês mestres, defensores de nossos direitos, digam-nos, se não conseguirmos articular tempos de escola, de estudo com tempos de sobrevivência, de trabalho, na rua ou em casa deixaremos de ser cidadãos, sujeitos do direito à educação? E se tivermos problemas de aprendizagem, se não conseguirmos ser os alunos ordeiros, disciplinados, se nos enredarmos nas redes do tráfico e da violência perderemos o direito à educação? Seremos expulsos das escolas, até públicas? Este é o primeiro paradoxo lembrado por R. Kurz em que o direito humano à educação e à cidadania estão enredados. Estamos em tempos de desenredar esse paradoxo?

O mercado, fundamento do direito à educação?

Vejamos o segundo paradoxo: ver o mercado como o fundamento dos direitos. O direito à educação teria conseguido superar este paradoxo? A fala do professor (epígrafe) é uma síntese de nosso percurso nas últimas décadas. Recebemos uma herança pesada dos anos autoritários do desenvolvimentismo a todo custo: educação como capital humano, como recurso para o desenvolvimento econômico, para o trabalho, para o concurso, o vestibular, para empregos rendosos. A educação, as escolas e os conhecimentos de qualidade passaram a ser avaliados na lógica do mercado. Na década de 1980, reconhecemos, como nos diz o professor, que os alunos, cidadãos, têm direito a mais: à cultura, ao conhecimento socialmente construído, à sua memória e identidade. Criamos uma série de projetos lindos, de vida curta, mas ousados; introduzimos até temas transversais de atualidade para dar conta de tematizar essas dimensões, porém continuamos considerando que a nossa primeira obrigação é lhes dar as competências básicas para o emprego. Reconhecemos nos educandos seu direito à cidadania, ainda que abstrata, porém continuamos reduzindo seu direito à educação, à sua capacidade de ser rentável, trabalhar e de se vender no mercado.

As consequências deste difícil equacionamento as vivenciamos no dia a dia da docência. Em nome das exigências do emprego, dos concursos, do vestibular serão determinados os saberes e as competências que priorizamos no ensino e exigimos nas aprendizagens. Outros saberes socialmente acumulados serão secundarizados. Se o mercado, os concursos e os vestibulares não valorizam a formação cultural, mental, estética, identitária, se não valoriza os conhecimentos de história, de filosofia, de sociologia, de ética etc., esses conhecimentos socialmente construídos, de extrema relevância na formação humana, não serão priorizados, nem reconhecidos e garantidos como direito. Convivemos com esse paradoxo faz décadas e não está fácil dele libertar-nos. Nem conseguimos avançar nos anos de militante consciência cívica e de sociologia crítica do currículo e de pedagogia crítico-social.

Tentativas de superar esses paradoxos não têm faltado. O que tem avançado é a consciência de estarmos enredados nelas e de que teremos de repensar com profundidade a concepção que temos de educandos, de ser humano e de seus direitos. Nem a visão de cidadão em abstrato, nem de empregável tem nos ajudado a equacionar devidamente a educação como direito. Outras áreas próximas como a saúde parecem ter avançado mais. A saúde, a vida são vistas como direito de seres humanos concretos, de seu desenvolvimento como humanos e não apenas a saúde se requerida ou não e nos limites requeridos pela empregabilidade. Esta visão da saúde e da vida parece bastante consensual nesse campo profissional. Ainda que a lógica do mercado só valorize no empregável a saúde requerida para um eficaz trabalho, e ainda que os recursos e remédios sejam produzidos na lógica do lucro e do mercado, o corpo profissional dificilmente condicionará a essa lógica o trato de uma criança, adolescente, jovem ou adulto.

É complicado que profissionais dos direitos tenhamos de defrontar-nos com esses paradoxos, que façam parte do nosso ofício, de nossa condição de profissionais de um dos direitos humanos mais prenhe de promessas, o direito à educação básica. O nosso paradoxo profissional é depararmos com que a educação é também um dos direitos em que o ser humano é visto com maior estreiteza como mercadoria, mais ou menos qualificada, credenciada para a venda. Tentamos ver os alunos como sujeitos plenos de direitos, mas a lógica do mercado a que foi atrelada a educação nos diz que o aluno(a), criança, adolescente, jovem ou adulto tem de ser visto por nós docentes apenas como vendáveis. Há paradoxo mais desconcertante para nosso ofício?

Quando nos frequentes encontros de docentes esse paradoxo aflora com tanta persistência é um sinal de que ele é realmente inquietante. Apesar das inúmeras resistências de tantos projetos pedagógicos progressistas das escolas e das redes escolares e apesar de tantas reorientações curriculares, o direito de todo cidadão à educação não se libertou da estreiteza do mercado porque não é nada fácil operarmos na lógica dos direitos humanos. Não é fácil ver em cada aluna, aluno um ser humano na plenitude de seus direitos. Exige uma outra mirada.

Direitos e sobrevivência

Temos de reconhecer que nos aproximamos dos educandos, observamos e conhecemos mais sobre suas trajetórias humanas e escolares. Sabemos da precariedade em que reproduzem suas existências. Sobrevivem ou tentam sobreviver. Estaremos mais próximos de entender com outros olhares seu direito à educação?

A própria precariedade da produção de sua existência a que são condenados – comunidades carentes, alunos carentes como os vemos – pode nos levar a reduzir seus direitos humanos a ter os meios elementares de sobrevivência. Se os vemos apenas como "carentes" reduziremos seu direito à educação, a um recurso para sair da carência, para a sobrevivência. Quando para a sociedade, para a escola e para o olhar dos seus professores os alunos populares são reduzidos à condição de carentes e sobreviventes inevitavelmente o direito ao conhecimento produzido, como o direito à herança cultural, à ciência, ao saber, às letras e às artes, o direito à memória e identidade de gênero, de raça ou de classe, enfim o direito à educação básica será reduzido apenas àquelas habilidades e competências elementares para sobreviver. Nem sequer para o emprego, em um trabalho rentável que não existe. Apenas para algo mais elementar, sobreviver a qualquer custo. Este paradoxo a que são atrelados os direitos humanos ainda é mais desconcertante.

Nosso paradoxo é sabermos que todo aluno é um cidadão, um ser humano, sujeito de direitos plenos, mas não conseguimos enxergá-lo, quando é aluno popular, além de carente, sobrevivente. Nessa estreita visão, nossa docência se limitará a uma docência para a sobrevivência. Estaria aí uma das causas do mal-estar docente? Com certeza esses limites da docência não satisfazem a uma categoria profissional das cidades e dos campos que tanto avançou nas últimas décadas na consciência política, social e profissional.

Para "consolo" o paradoxo não é somente nosso. É esse o embate que vem se travando entre a precariedade da sobrevivência e a garantia dos direitos humanos em todos os campos: saúde, moradia, trabalho, trabalho infantil, alimentação etc. Quando esses direitos básicos do ser humano, ou quando essas carências materiais mais elementares da infância, adolescência não são garantidas a tendência nossa, da pedagogia e dos formuladores de políticas será condicionar as carências culturais a essas carências materiais. Em outros termos, a tendência será subordinar a essas carências materiais elementares, o direito à cultura, à memória, à identidade, ao conhecimento, à educação e a seu desenvolvimento pleno como ser humano. O direito à educação básica é subordinado ao direito primeiro e primário, à vida, à sobrevida. Mas não é este o primeiro direito? Aqui encontram o paradoxo tantos educadores(as) que trabalham com a infância e adolescência populares.

Talvez seja este o sentido mais de raiz a que reduzimos a educação básica: a reduzimos ao ensino primário ou àquele necessário para o primeiro direito sobreviver. Já que se debatem por sobreviver que ao menos dominem as habilidades e competências primárias para a sobrevivência. Um *kit* dos primeiros-primários socorros. Tentamos fazer tudo para que a infância-adolescência popular saia ao menos com esse *kit* dos primeiros socorros. Essa é a lógica perversa que a sociedade nos impõe. É o paradoxo docente: sermos tentados a reduzir o direito popular à educação básica, a esse *kit* para a sobrevivência. Por que não será possível irmos além? Colocar nosso profissionalismo para garantir seu direito a sair da escola básica com aquela caixa de ferramentas mais refinada para se inserir nos mundos da liberdade, do conhecimento, da cultura, das artes e das letras, da compreensão de sua memória, da sua identidade, da leitura do mundo, da cidade e do campo, da compreensão de sua condição de mulher, de negro, de camponês, de sobrevivente... Não reside aí, nesse paradoxo, nosso estranhamento profissional?

Temos competência acumulada para dar essa caixa mais rica de ferramentas também para os filhos dos setores populares, mas estaremos tentados a dar o mais urgente, que ao menos saiam com um *kit* de primeiros socorros. A redução do direito à educação básica a esse *kit* ou produto residual sempre tem um consolo: sem ele a vida da infância, da adolescência e da juventude populares será ainda pior. Por esse caminho o avanço no reconhecimento da infância popular como sujeitos de direitos nessa estreiteza de direito à sobrevivência termina sendo um empecilho para o seu reconhecimento como sujeitos do pleno direito à educação básica. Um professor condensava esta tensão: "Sei que o direito à educação básica envolve uma pluralidade de dimensões, mas são tão carentes que se *ao menos* dominarem os saberes para a vida será demais para eles, tão carentes". Ou como escrevia um vereador contra a Escola Plural: O que o povo espera da escola é sair com a marmita, o arroz e feijão, alimentos elementares para sobreviver". A visão que temos dos educandos, inclusive os limites a que reduzimos seus direitos, condicionam os limites de nossa docência.

A condição de sobreviventes, de carentes é tão marcante na visão que temos da infância-adolescência popular que essa imagem com que convivemos nas escolas públicas nos impede de reconhecê-las como sujeitos humanos sociais, culturais, em formação. A palavra carente tão usada no discurso pedagógico, escolar é reveladora de que só conseguimos ver os alunos populares pela carência, pelo avesso. Uma visão negativa que condiciona uma pedagogia negativa no sentido de negar-lhes seu direito à educação em nome de torná-los menos carentes. Tentamos convencer-nos que essa é a função da escola pública e de nossa docência – torná-los menos carentes, minimamente sobreviventes. Que essa função já é demais em relação ao tamanho de suas carências materiais e sociais. A ideia de escola inclusiva, currículo inclusivo tão na moda, pode reforçar essa visão: incluir nas letras, alfabetizar, dominar as noções elementares, ter um diploma de Ensino Fundamental sempre será uma grande vantagem – uma forma de inclusão – em relação aos milhares de analfabetos, que mal sobrevivem por não terem um certificado de conclusão do Ensino Fundamental ou Médio. Essa inclusão elementar será muito se comparada com o tamanho de sua exclusão. É o consolo mais na moda. Triste e perverso consolo. Diante de uma existência crua, submetida a todos os acidentes da exclusão mais brutal, a escola se orgulha de ser inclusiva porque fornece a cada acidentado social um *kit* dos primeiros socorros.

Para nosso consolo e para que os sobreviventes e excluídos não percam a esperança será bom lembrar que os movimentos populares lutam por uma visão mais ampliada de seus direitos humanos. E milhares de educadores, docentes vêm alargando sua visão dos direitos humanos e do direito à educação básica, porque vêm alargando seu olhar sobre os educandos.

É um avanço entender as trajetórias sociais dos alunos(as) e entender suas lutas pela sobrevivência. É um avanço repensar nossa docência em função dessa infância, adolescência e juventude reais. Temos maior sensibilidade para a centralidade da vida, da alimentação, da moradia e do trabalho na condição humana. São os direitos mais básicos. Exatamente por serem tão básicos não podem ser vulgarizados. Toda vulgarização da vida humana termina vulgarizando os direitos humanos, inclusive o direito à educação. Termina vulgarizando a própria docência. Viver nada tem de vulgar para o ser humano. Sobreviver é tarefa seriíssima para milhões de alunos(as). Uma tarefa humana, social, cultural e ética extremamente complexa. Exige domínios, competências, saberes e valores complexos. Exige muito dos profissionais dos direitos. Com esta visão da luta pela sobrevivência não vulgarizaremos nem a docência, nem a escola pública popular, nem o direito à educação. Exige refinado profissionalismo. Exige-se maior profissionalismo para garantir o direito à educação, aos conhecimentos, à cultura e aos valores de crianças, adolescentes e jovens ou adultos que se debatem pela sobrevivência do que daqueles que a tiveram garantida desde o berço.

Com esta visão da centralidade humana da vida, da sobrevivência e da complexidade social, cultural e ética com que se debatem os educandos, em vez de reduzir o direito à educação a um *kit* de primeiros socorros, poderemos incluir saberes refinados, que deem conta da explicação dessa complexidade. O preço da sobrevivência não pode ser o empobrecimento do direito ao conhecimento e à cultura; pelo contrário, está sendo para muitos professores(as) uma exigência para encher ainda mais sua caixa de ferramentas da cultura. Uma exigência para tornar-se mais competentes profissionais, capazes de tratar educandos que passam por percursos tão complexos.

O que pode ser um pretexto para estreitar os horizontes do direito à educação e do campo da docência está sendo para tantos docentes mais um motivo para alargar seus horizontes profissionais e entender a seriedade e a complexidade, os paradoxos da universalização da educação como direito. Poderemos sonhar com noites de formatura em que as alunas e os alunos populares sairão carregando uma caixa de ferramentas refinadas para a sobrevivência e também para sua realização plena como seres humanos.

4
Trajetórias humanas no olhar dos educandos

Tenho comigo as lembranças do que eu era
(Milton Nascimento).

"Por que não ouvir as crianças, adolescentes e jovens e adultos de nossas escolas? – propôs uma professora. Alguma coisa sabem sobre si mesmos." Ouvir o que sabem sobre si mesmos pode ser uma forma de valorizá-los. Vai se criando o consenso que se pretendemos conhecer e entender os alunos, um caminho pode ser confrontar nossas imagens sobre eles com suas próprias imagens. Há muitas formas dos alunos(as) falarem de suas vidas, de suas trajetórias humanas e escolares. Dando voz àqueles que por tanto tempo foram silenciados, suas autoimagens podem destruir tantas imagens estereotipadas que pesam sobre eles. Suas falas podem ser menos preconceituosas do que tantos discursos da mídia, da política e até da pedagogia. Nada melhor para rever nosso olhar sobre a infância, adolescência e juventude do que confrontá-lo com seu próprio olhar.

Estamos caminhando para alguns consensos: que é urgente conhecer melhor os alunos; que olhares negativos, preconcebidos e preconceituosos não nos permitem entender-nos; que é necessário conhecer suas trajetórias escolares para além dos clássicos boletins e registros de notas, conceitos, aprovados ou reprovados; que sem conhecer suas trajetórias humanas não conheceremos suas trajetórias escolares. Cada coletivo de escola vai inventando formas diversas de aproximar-se dos educandos para clarear todas essas dimensões.

Alguns coletivos decidem programar momentos para melhor conhecer as trajetórias humanas dos educandos, para depois dedicar tempos a melhor conhecer as trajetórias escolares. Há uma inter-relação estreita entre ambas. As trajetórias humanas condicionam as escolares. É fundamental conhecer aquelas para entendermos estas. Sobretudo as trajetórias humanas, sociais, coletivas, de classe, gênero, raça, idade, dos setores populares, estão estreitamente emaranhadas com suas trajetórias escolares. Podemos iniciar por conhecer as trajetórias humanas, depois as escolares para entendermos seus complexos emaranhados.

Os alunos e as alunas guardam lembranças de seus tempos vividos. Da escola, também. Um recurso que os coletivos docentes têm aproveitado é estudar, pesquisar, estar atentos às lembranças e às vivências dos educandos. Vários coletivos organizam pesquisas, leituras, oficinas para entender melhor, em que condições os alunos(as) vivem sua infância, sua adolescência, juventude ou vida adulta.

Outro recurso pode ser procurar dissertações e teses nas faculdades de educação ou em outras áreas das ciências humanas. Poderemos encontrar publicações de resultados de pesquisas com entrevistas e depoimentos sobre como os alunos vêm ou como lembram cada um desses tempos nas trajetórias de suas vidas. Muitas pesquisas vêm escutando as falas dos alunos, podemos aproveitá-las. Conheço escolas que fazem suas pesquisas, que analisam e estudam as entrevistas e depoimentos dos alunos e alunas que ainda estudam na escola. Essa pode ser uma forma de entender como se identificam com ser criança, adolescente ou jovem. Alguns coletivos fazem essas pesquisas com os alunos e alunas do noturno e da educação de jovens e adultos. Às vezes se criam momentos em que alunos jovens ou adultos narram aos adolescentes e crianças suas lembranças da infância e da adolescência. As crianças, adolescentes e jovens ficam extremamente interessados quando seus professores(as) lhes revelam suas vivências da sua infância, adolescência e juventude. Quando os mestres se revelam aos alunos, também estes se revelam a seus mestres. Cada um carrega sua história e suas marcas. Carrega lembranças às vezes bastante pesadas, nem sempre românticas.

"[...] Eu fui criado com minha avó, a minha mãe só trabalhava para cuidar da gente, só trabalhava [...]. Eu trabalhei quando era pequeno, até doze anos nunca ralei com nada, dentro dos limites de pobre, se eu te falar com ocê que eu tive vida de infância ruim eu tô mentindo [...]. Era aquela fase que eu tava saindo de menino pra adolescente, época que eu cheguei assim mais perto mesmo da malandragem [...]. Quem nasce e cresce na periferia tem uma época na idade dele que ele quer assimilar com a maior idade mesmo [...]. A gente não aceita que é menino, quer ser gente grande a qualquer jeito [...]" (p. 241).

Este depoimento faz parte de longas e ricas entrevistas com jovens populares que Juarez Dayrell (2001)[2] fez para sua tese de doutorado. Um exemplo de

---

2. JUAREZ, Dayrell. *A música entra em cena* – O rap e o funk na socialização da juventude em Belo Horizonte. São Paulo: USP, 2001.

material que poderá ajudar para entendermos mais sobre as trajetórias humanas e tempos dos educandos.

O depoimento é de João, jovem de 20 anos, negro, que integra um grupo musical. É serralheiro, no final de semana ajuda a construir uma nova casa de candomblé. Com a doença da mãe assume as tarefas de casa. Namora... Esse "jovem-adulto", na expressão de Juarez, lembra, nas entrevistas, seus tempos na família, no trabalho, na escola, no grupo musical. Lembranças de tempos que se entrecruzam.

As referências a seus tempos da vida são marcantes nas memórias desse "jovem-adulto": o tempo de criança, criado pela avó; quando era pequeno, a vida de infância; a saída de menino para adolescente; querer assimilar com uma idade maior; não aceitar que é menino; querer ser gente grande... Qualquer relato de vida de muitos dos alunos que frequentam a escola pública estará carregado de lembranças muito parecidas. Nas trajetórias dos alunos populares mal se marcam os tempos e as passagens de um para outro tempo da vida. Infância curta, adolescência curta. Como se se tivesse encolhido o tempo. O que destacam com repetência é o trabalho do grupo familiar e deles desde crianças. Ainda com destaque a malandragem cercando-lhes desde crianças, tentando resistir ao cerco: "até 12 anos nunca ralei com nada... tava saindo de menino pra adolescente, época que eu cheguei assim mais perto mesmo da malandragem". A lucidez dos limites de suas trajetórias humanas "dentro dos limites de pobre". Os limites de sua autonomia ética.

As representações que os educandos fazem de seus tempos poderiam ser um material riquíssimo para aproximar-nos, com maior atenção, dos educandos e de seus tempos da vida. Como são vividos pelos alunos(as) com que trabalhamos? São referência na sua formação, no seu imaginário? Que marcas deixaram? Os depoimentos desse "jovem-adulto" nos revelam que não consegue pensar-se sem ter como marcas de sua vida os tempos vividos, as passagens – "aquela fase em que eu estava saindo de menino para adolescente". Revelam passagens sofridas pela infância e adolescência que se precipitam para a vida de gente grande. Tempos fugazes, não vividos, ou malvividos e talvez por isso tão lembrados. Tão permanentes na memória de longa duração porque carregados de emoção.

Logo nesses depoimentos aparece com destaque como tudo se mistura. A escola entra como uma das lembranças mais fortes. Lembrar da infância é lembrar da escola e lembrar da escola é lembrar da infância e adolescência. São tempos e vivências que se entrelaçam.

Muitos professores(as) tinham depoimentos parecidos e esses, recolhidos nas aulas de língua portuguesa, de história, de artes. O professor de teatro levou para o dia de estudo pequenas peças escritas pelos alunos sobre várias situações de suas vidas. Material não falta para esses momentos, cada vez mais frequentes em que coletivos docentes se reúnem para ouvir os alunos(as) falarem de suas trajetórias humanas. Um material muito rico são as letras de *rap*, algumas de autoria dos próprios alunos. Vontade de entender suas falas não falta. O problema é que na escola e na sobrecarga do trabalho docente tudo é apressado. Para um diálogo, ou uma escuta atenta, precisamos não ter pressa. Deveríamos ter todo o tempo do mundo para ouvir suas longas histórias e eles para ouvir as nossas. Além do mais, precisamos de longos e sossegados dias de reflexão para entender sua complexa trama. Em suas e em nossas trajetórias não há uma verdade simples, mas verdades entrelaçadas a suas complicadas existências. Cabem várias versões para os textos e os contextos de suas incipientes vidas.

Dignidade nos limites do pobre

Ouvindo as trajetórias encontradas nos depoimentos, nas pesquisas, nas redações dos alunos(as), nas letras do *rap* ou do teatro fica exposta a crueldade a que são submetidos desde crianças e a lúcida consciência que têm de suas trajetórias. As alunas e os alunos parecem esperar que deixemos longe tantos olhares adocicados de infância e adolescência. Suas histórias nada têm de adocicadas, nem de tenras massinhas, nem de plantinhas e flores. Não querem sentimentalismo. Apenas uma compreensão respeitosa. Sobretudo, não querem que troquemos olhares adocicados por gestos condenatórios apressados. Seria fácil enveredar pelo caminho que vê apenas o contraste entre suas inocências e a crueldade da sociedade. Seria preferível renunciar a qualquer imagem inocente. Nos depoimentos aparecem conscientes de estarem em permanente exercício de escolhas, aprendendo e praticando precocemente a liberdade, porém em limites tão estreitos. Quando prestamos atenção a esse tenso exercício de liberdade moral a que são submetidos desde crianças não seríamos tão apressados em julgá-los e condená-los por indisciplinas escolares.

Em algumas letras do teatro e do *rap* constatamos que não se condenam, mas insinuam que são vítimas. Passamos a refletir sobre essa consciência de serem vítimas e não réus. Nos perguntamos se a sociedade, a mídia e até a escola têm direito de se atrever a julgar e condenar tão duramente essa adolescência, juventude e infância. Por que não julgar, condenar nossa civilização decadente? Eles são a face crua, feia da globalização que com tanto ardor político criticamos como intelectuais e militantes. Não são um mero acidente de percurso. Nem lastre de um passado pré-globalização. Suas condutas são reflexo de um contexto maior. De uma sociedade sem ética. Mas as assumem como suas escolhas. No limite. Interpretam na escola o que vivem e padecem. Da altura de nossa docência e consciência política poderíamos entendê-los melhor do que eles se entendem.

Entendê-los para ajudá-los a entender-se. Somos profissionais do conhecimento, inclusive do conhecimento dos educandos, dos sentidos e sem-sentidos de suas trajetórias. Não é suficiente sermos expertos nos saberes de nossas áreas e sermos ignorantes dos significados sociais, humanos de suas vidas. Um dos horizontes esperançadores é a atenção com que tantos professores(as) se aproximam das trajetórias dos estudantes, de suas famílias e dos grupos sociais e raciais a que pertencem. Não vivem o despertar para a vida num universo fechado de felicidade. Uma professora lembrou que perguntou a um aluno seu endereço: "não tenho endereço, professora, cada noite durmo em um lugar", respondeu o menino. Ir atrás das trajetórias humanas dos alunos(as) pode nos levar a uma verdade demasiado cruel sobre a infância e a adolescência. Como se estivéssemos adentrando-nos no irreal do real. "Quanto mais me aproximo de suas trajetórias sociais menos me surpreendem suas condutas escolares", dizia uma professora. Não se trata de desculpá-los como inocentes vítimas, mas de entender os limites de suas escolhas. Se eles e elas podem não ser inocentes o cenário social em que vivem com certeza não é um cenário inocente. É neste cenário indecente que crianças tentam fazer escolhas decentes. Estas mudanças no olhar dos professores(as) são extremamente esperançadoras para a escola.

Quando os coletivos de escola decidem fazer essas aproximações fica manifesta a diversidade de trajetórias e ao mesmo tempo a proximidade de destinos, melhor, de alternativas de escolha. Um professor observou que deveríamos ter maior cuidado para não unificar todas as condutas dos alunos populares. O olhar da escola unifica todos: violentos, lentos, indisciplinados, enredados na droga e no crime. Cortamos os pés e a cabeça para unificá-los num preconceituoso protótipo de aluno popular. Frente a esse cômodo rotular e etiquetar os alunos, estamos caminhando para tentar entender suas trajetórias humanas. Tentar entender o que há de impensável e absurdo nos tempos que lhes toca viver. Essa moçada conta e canta a história social que lhes tocou viver. Mostram metáforas de infância distantes das metáforas com que ainda são representados no dia da criança e em tantos discursos, inclusive pedagógicos.

Nesse momento, os coletivos de escola percebem que cabem dois caminhos, ou condenar esses alunos ou tentar salvá-los da roleta grotesca da vida. O fato de continuarem voltando às salas de aula pode ser muito bem-interpretado como sendo a segunda opção que esperam de seus mestres e da escola. Esperança frequentemente frustrada, como veremos quando os alunos nos falarem de suas trajetórias escolares. Vontade dos professores(as) frequentemente frustrada dadas as condições em que têm de trabalhar. Os olhares e as sensibilidades docentes para com as trajetórias humanas dos alunos vêm mudando mais depressa do que mudaram as condições das escolas e de trabalho para incorporá-los. Cada vez há menos professores com uma visão preconceituosa dos alunos populares. Muitos(as) viveram trajetórias sociais e raciais muito próximas. Quem viveu as vidas que os alunos(as) vivem consegue conhecê-los com profundidade. Muitos professores não viveram idênticas trajetórias, mas vão adquirindo uma sensibilidade especial para captar o que lhes é estranho.

Alguém observou que por mais esforço que façamos a presença dessas trajetórias infantis, adolescentes e juvenis não deixa de ser traumática nas escolas. Carrega ainda mais as sombras do cotidiano escolar já tão precário. Paradoxalmente, para bastantes docentes-educadores, quanto mais densas são as sombras, maior o esforço para descobrir transparências e luminosidades nas próprias trajetórias dos educandos. Alguém lembrou que quanto mais desvalorizada se viu a categoria maiores forças para as lutas coletivas. Nem todas as trajetórias humanas dos alunos são tão sombrias. É fácil descobrir positividades luminosas e muita dignidade humana. "Quanto mais duras são suas trajetórias mais me impressiona sua vontade de superá-las", comentava uma professora. Não é impossível descobrir sinceros esforços de emancipação nos adolescentes e jovens-adultos. Há luminosidades nas sombras de suas vidas que muitos professores aprendem a descobrir. Em suas trajetórias aparece mais esforço, dignidade, ética do que violência, drogas, carência de valores. O mal aparece como um componente que os seduz. Impressiona a consciência que têm, tão novos, do mal. "Trabalhei quando era pequeno, até doze anos, nunca rolei com nada... naquela fase em que estava saindo de menino para adolescente, época em que cheguei assim mais perto da malandragem..." Sabem do mal, talvez se perguntem por que existe tanta maldade e esperem que seus mestres lhes deem alguma explicação, ao menos antes de condená-los e expulsá-los da escola.

Os encontros para ouvir, pesquisar e entender as trajetórias humanas dos alunos não são dos mais aprazíveis. Suas trajetórias são tão frias e cortantes quanto uma lâmina. Ferem. Deixam em todos um grande mal-estar. Continuar com imaginários floridos, tenros, fantásticos seria mais fácil. Essas trajetórias desvelam tantas facetas da infância, adolescência, juventude e vida adulta dos alunos(as) que nos deixam poucos mistérios para desvelar. O véu da fantasia caiu primeiro para as próprias crianças e adolescentes. Agora está caindo para os mestres. Sem essas fantasias a docência perde alguns de seus encantos. É verdade. Também para eles a infância sem fantasia perde seu encanto. A infância acabou? As trajetórias mostram que uma imagem da infância acabou e outras imagens estão sendo inventadas pela própria infância. Imagens nem épicas nem romanceadas. Nem antes a infância símbolo da pureza, nem agora a infância símbolo da maldade humana. Jovens, adolescentes e crianças podem estar nos mostrando que a imagem que vivem se encontrava sempre na infância de todos os tempos. Não é nova. Coincide com o realismo de tantas crianças populares que lhes precederam.

Aproximar-nos dessa infância real poderá produzir-nos espanto desde que não deixe de produzir-nos esperança. Assim iremos construindo uma imagem mais real do que aquela que nos produzia apenas uma esperança melosa, ilusória. A infância real nos revela mais através de suas fraturas do que pelo brilho de cristal bonito. De vidro. E se quebrou. Imagens quebradas da infância. Sem saudades.

Aproximando imagens

Feitos esses exercícios sobre como os vemos e como se veem, chega a necessidade de tecer olhares por vezes coincidentes, por vezes desencontrados. As lembranças nem sempre são o que fomos, mas o que sentimos, o que a emoção guardou. Ir aproximando imagens pode ser uma forma de ir reconstruindo o real.

O primeiro ponto em que coincidimos é que não é fácil nem para nós, nem para eles reconstruir sua imagem. É demasiado confusa, tensa, polifacetada para serem tão novos. "Quem somos? Nem a gente sabe. A vida cada dia nos obriga a ser diferentes", manifestou uma jovem. Outra jovem completou: "Falam tanta coisa bonita e ruim da gente que nem sei o que tá certo ou errado". "O que nós somos é o que podemos fazer", afirmava outra. Dada essa imagem indefinida, tão mutante, passa a ser decisivo o olhar com que se veem e com que os vemos. Há miradas atentas, afetuosas de mestres que se detêm a captar significados tão na contramão dos imaginários ora romanceados ora condenatórios dos educandos. Em tempos em que somos bombardeados por um monte de signos sem sentido e de sentidos sem substância, as histórias dos alunos(as) podem significar uma mensagem instigante, exatamente porque suas trajetórias não são lineares, planas como imaginamos o percurso de uma criança e adolescente.

A lição do dia de estudo foi que não é qualquer mirada que dará conta de imagens de infância, adolescência e juventude tão polifacetadas. Feitas e refeitas a cada dia. Todo julgamento fácil, apressado, será temerário. A questão passa a ser se entenderemos a eloquência de suas histórias e de seus percursos de vida.

Outro ponto que chama a atenção nos relatos dos adolescentes e jovens é ver que o tema recorrente não é tanto quem sou, mas quem poderei chegar a ser. Contam suas trajetórias como quem vai transpondo obstáculos. Como à espera de algo. À procura da identidade como a chave para entender-se. Onde encontrar essa chave? No seu presente? O presente é demasiado negativo como para ser referência. No futuro? A infância e a juventude sempre são vistas como expressão do futuro; a velhice, vista como a indefinição e a falta de futuro. As trajetórias narradas pelos jovens se defrontam com a absoluta falta de futuro. Daí que nos pareçam trajetórias impróprias de menores. Há algo mais impróprio do que crianças e jovens sem futuro? Em vez de condená-los seria mais próprio de profissionais da educação surpreender-nos com suas experiências humanas tão truncadas. Corresponderá a nós que acreditem no futuro? Esperam da escola e de seus professores algum ponto de referência? O direito a acreditar no futuro talvez? Mas que futuro? O prometido pelo progresso? Pelo diploma? Pelo esforço pessoal? Em suas trajetórias parecem nos dizer: "errastes de endereço, nos destes uma direção errada, andamos à procura do que não encontramos: o futuro que nos prometestes".

Onde encontram algum endereço conhecido? Olhando para o seu passado e seu presente. Seu e de seu grupo familiar, social, racial. No passado e no presente coletivo. Uma direção na contramão da direção que a sociedade e a escola lhes apontam. Veem suas trajetórias nas lembranças da avó, da mãe, como se trouxessem os olhos delas e se olhassem com seus olhares. Os mais confiáveis. "Fui criado com minha avó". "A minha mãe só trabalhava para cuidar da gente. Só trabalhava... Eu trabalhei quando era pequeno... Quem nasce e cresce na periferia..." "Nos limites de pobre..." Os esforços começam bem cedo na infância pobre e continuam até a velhice. Tempos tão distantes e tão próximos no seu viver. Há uma consciência muito lúcida de que o passado e o presente coletivo – nascer e crescer na periferia, nos limites de pobre, negro – os acorrenta a uma espécie de destino social que determina o que chegarão a ser e ao mesmo tempo o que os impulsiona a continuar sendo. Se aprendêssemos um pouco dessa lúcida consciência seria mais fácil aproximar nossas imagens e as deles.

Um ponto fica logo muito claro na memória de suas trajetórias: não são personagens errantes, sem rumo, sem valores, sem vontade, atolando-se por teimosia nas areias movediças da droga, da prostituição ou da violência. Sabem-se vítimas das adversas e perversas condições sociais, dos limites de pobre, a que são condenados. Mas eles mesmos têm uma imagem positiva de sua família popular, negra, pobre. Têm uma imagem positiva de si mesmos, de seus esforços para sobreviver, para não se atolar em atraentes areias movediças. "Eu trabalho desde dez anos, e já fiz um bocado de coisas... um bico aqui, mais outra coisa ali..." Se algo de errante há em suas trajetórias é a procura da sobrevivência, do trabalho. Se pretendemos rever as representações estereotipadas que ainda poderemos ter dos educandos populares nada melhor do que ouvir sua voz, acompanhar seus percursos humanos. Demasiado dignos para vivências tão precárias.

Não se veem como uma geração fracassada, sem rumo, como aparecem em tantos debates docentes – "essa juventude, essa adolescência e até essa infância, são outros". Não se veem outros, mas tão parecidos com seus irmãos, primos, amigos, vizinhos. Com os seus. Reproduzem percursos tão parecidos com seus pais: minha mãe trabalhava. Eu trabalhei desde pequeno. Talvez sejam outros, diferentes do que nós fomos ou gostaríamos que eles fossem, porém eles se enxergam tão iguais a seu grupo. Tão idênticos a si mesmos que se vêm repetindo numa espécie de destino as mesmas trajetórias das gerações passadas. Carregando a herança de dignidade de gerações passadas. Se eles não se veem outros, por que repetimos tanto que os alunos não são os mesmos? Os setores populares chegaram às escolas públicas nas últimas décadas, talvez só agora estejamos percebendo que suas trajetórias humanas estão bem distantes da imagem de criança, adolescente e jovem com que nós os olhávamos. Estávamos tão fechados em nossas imagens que nem queríamos saber se a pobreza existe, se a infância e adolescência mal sobrevivem. Quando se fazem presentes há um sobressalto: mas como é possível! a pobreza existe, a infância errante pelas ruas, a adolescência brigando pela sobrevivência... são reais e aqui estão na minha sala de aula.

A mídia, as "pessoas de bem" se escandalizam e projetam sobre os setores populares, sobre suas crianças e adolescentes, todos os estereótipos e imagens grotescas e caricaturescas de que nossa sociedade elitista não consegue se libertar.

Na escola aconteceu algo semelhante? Ora se deixa contaminar, ora se afasta dessas imagens. Faz algumas décadas que a infância, adolescência, juventude e adultos populares habitam as escolas públicas, mas nos espantamos de suas condutas como se estivessem chegando ontem. Os 30% ou 50% de reprovados, retidos, defasados, com problemas de aprendizagem, especiais, desacelerados, lentos etc. faz décadas que são sempre os mesmos. Sua reprovação sumária foi uma forma de silenciá-los e expulsá-los. Agora não dá mais, estão aí, falam, incomodam. São outros? São os mesmos cansados de ser silenciados e de ser tratados da mesma maneira por décadas. Um traço aparece marcante nos depoimentos: suas trajetórias se repetem, trabalhei desde criança, continuo trabalhando como jovem-adulto. Nasci na periferia, continuo na periferia. Um bico aqui, outra coisa lá. A mesma insegurança sobre o amanhã. São os mesmos, as mesmas. O que mudou? Nos mostram a mesmice com novas cores, novas linguagens. Mais chocantes. A tal ponto que não dá para não enxergá-los.

Como os vemos, como se veem? Que nas escolas se dediquem tempos a responder estas perguntas é extremamente promissor. Nas escolas está se jogando o jogo da mirada. Habitantes tantas vezes estranhos se miram. Um jogo sério, pedagógico. Até faz pouco o jogo pareceu solitário. Somente os professores conheciam as cartas e decidiam as jogadas. Ganhavam todas. Quando os alunos foram entrando em jogo e dando suas cartas, querendo ser parceiros, tivemos de reaprender um jogo mais pedagógico. Mas coletivo, dialogal. Por isso penso ser este um momento mais fértil do que outros. Aprender a escutar, a estar atentos(as) às jogadas dos alunos(as) pode exigir quebrar imagens, construir outras. Desconfiar de nosso solitário jogo.

Pedagogia com diálogo sempre foi mais pedagogia. Em clima de monólogo tudo pode acontecer, menos pedagogia. Reaprender a ver e escutar os alunos pode ser um novo tempo educativo. Abrir-nos aos alunos, crianças, adolescentes, jovens ou adultos pode ser a melhor forma de abrir-nos aos complexos e tensos processos de se constituírem humanos. Não é nesse terreno onde docência-pedagogia encontram seu sentido? Ver em suas trajetórias que esses processos não são tão dicotômicos: os bons e os maus, os ordeiros e os violentos, os inteligentes e os burros, os disciplinados e os indisciplinados... Toda dicotomia é cômoda e simplória. Quando essa dicotomia rege o olhar docente é antieducativa. As vidas dos alunos são complexas demais para caberem em classificações dicotômicas, simplórias.

Tentando responder as perguntas como os vemos, como se veem, fomos leitores de nós mesmos e os alunos leitores de si mesmos. Essa aposta em ler nossa docência a partir da leitura que fazemos da leitura que crianças, adolescentes e jovens fazem de suas histórias pode significar uma aposta pela renovação da docência.

5
Trajetórias escolares no olhar dos educandos

*...se desse para viver sem escola eu
preferiria viver sem escola...*

Uma frase chocante: se desse para viver sem escola eu preferiria viver sem escola... "Não pode ser essa a lembrança da escola de alunos por quem tanto nos esforçamos", reagiu uma professora. Nos depoimentos de outro jovem, encontramos lembranças próximas: "a escola não me cativava, não despertava interesse..." Não terão outras lembranças mais positivas de suas trajetórias escolares? E se escutássemos o que as alunas e os alunos têm a nos dizer sobre suas trajetórias escolares?

Material não falta para organizar oficinas e dias de estudo. Pode ser o mesmo material recolhido para compreender as trajetórias humanas dos educandos, suas trajetórias escolares aparecem misturadas. O material que Juarez coletou para sua tese de doutorado é rico em lembranças dos jovens sobre a escola. Lembranças parecidas podemos encontrar em frequentes pesquisas, dissertações, teses e diagnósticos feitos nas escolas. Lembranças de trajetórias escolares que aparecem nas músicas juvenis, nas representações do teatro ou em reuniões em que os alunos reconstroem seus percursos. Coletados esses materiais, é fácil organizar oficinas, dias de estudo e debates. Tentarei reconstruir algumas das impressões mais destacadas sobre as trajetórias escolares dos alunos e das alunas.

Um ponto logo nos chama a atenção, a visão que guardam de suas trajetórias não cabe nos boletins, nas notas, nas categorias de aprovados, reprovados, repetentes ou defasados. Não se veem como alunos-problema, nem lentos, violentos, indisciplinados ou bem-comportados e acelerados. Os registros de dados da escola sobre os alunos pode ser uma fonte para reconstruir suas trajetórias, mas é pobre, demasiado formal, não expressa a riqueza de matizes de percursos tão contraditórios. Por vezes esses dados ocultam mais do que revelam. Suas vivências escolares são mais ricas, mais complexas, guardam momentos positivos e negativos. Lembram gestos de que talvez nem seus mestres lembram mais: aquele bilhete da professora para a mãe, aquele olhar positivo, mais positivo ainda do que o olhar da própria mãe. "[...] de lembrança boa na escola, na escola, tem, tem [...] (longa pausa) tem um lance que eu lembro, a única coisa que lembrei, que achei, que eu até apaixonei com a professora depois. Foi quando ela pegou e mandou um bilhete para minha mãe dizendo que eu sou, que eu era carente e que eu precisava de carinho. Que eu não era tão moleque como minha mãe imaginava. Depois disso, nó, fiquei na maior empolgação com ela. Só isso, não lembro nada que lembre assim não [...]" (apud DAYRELL, 2001: 258-259).

Pode resultar-nos estranho que adolescentes moleques se lembrem logo de um olhar positivo, de um sentimento. Deve haver muitos olhares positivos de professoras e de professores que provocam agradecidos sentimentos de adolescentes e jovens acostumados a olhares tão negativos em suas trajetórias humanas.

Ouvi de professoras e professores que não é difícil captar dos alunos depoimentos íntimos, alternâncias de palavras e silêncios, fragmentos de lembranças costuradas com sentimentos. "Lembrança boa da escola, tem, tem... longa pausa..." A escola uma lembrança perdida ou demasiado viva e sentida como para ser exposta? Muitos dos seus depoimentos e letras de música ou de teatro são autobiográficos. Neles ecoam os principais acontecimentos das trajetórias de tantas crianças, adolescentes, jovens e adultos populares. Trajetórias mais para veredas incertas e atalhos do que para estradas planas e abertas. Por que João dá tanta importância a ser visto como moleque pela mãe e ao fato da professora não lhe ver como moleque? As trajetórias humanas e escolares desses jovens aparecem salpicadas de reações aos sentimentos de culpa; como tentando liberar-se de um sentimento de culpa que a sociedade lhes imputa permanentemente: "eu trabalhei quando era pequeno, até doze anos nunca ralei com nada, dentro dos limites de pobre... saindo de menino para adolescente, época que eu cheguei assim mais perto da malandragem..." Por que essa reação ao sentimento de culpa seria tão forte desde a infância? Sentem-se permanentemente julgados? Diante da escola, de um professor(a) esse sentimento ainda é maior? Sentem que não dão conta da imagem angelical que a sociedade e a pedagogia têm da infância? João parece apontar nessa direção: "Quem nasce e cresce na periferia tem uma época na idade dele que ele quer assimilar com a maior idade. A gente não aceita que é menino, quer ser gente grande a qualquer jeito..." A malandragem é coisa de gente grande? Sem culpa? Sem o peso da imagem inocente de menino?

Os materiais trabalhados revelam que, se dermos a palavra aos educandos, eles terão o que falar. Não há um dia sem palavras em nossa docência ao que correspondem muitos dias sem palavra dos alunos. Será que suas in-disciplinas significam um pedido? Nos deixem falar. Temos o que dizer. De fato, nos seus depoimentos há histórias próximas e distantes de seus tempos de escola. Histórias por vezes muito mais positivas do que esperamos. Por mais tortuosas que sejam suas trajetórias escolares, por mais precárias que sejam as condições de trabalho, a escola é a instituição mais digna para os setores populares, e as professoras e os professores são os profissionais públicos mais humanos em seus tratos. Guardam melhores lembranças dos seus mestres do que da instituição escolar.

Vimos que as trajetórias humanas dos alunos não eram lineares, nem planas, mas contraditórias, cheias de luzes e sombras. Chama a atenção que ao mesmo tempo que trazem lembranças boas da escola, aparecem misturadas com lembranças não tão boas, até ruins. Por mais que nos esforcemos para fazer da escola uma experiência digna, humana, a ela chegam professores, funcionários e alunos(as) com suas trajetórias sociais, de classe, raciais, de gênero. Não há como deixar essas luzes e sombras na porta da escola. Esta terá sempre as luzes e as sombras dos sujeitos que a habitam. Sujeitos em contextos. Somente entenderemos as trajetórias escolares dos seus habitantes se entendermos seus contextos concretos de vida, fora da escola, penetrando sem pedir licença nas salas de aula. Há muitas lembranças ruins da escola misturadas às boas. As vivências cotidianas da escola estão carregadas de sucessos e fracassos, de sonhos e realidades.

O mesmo jovem negro, João, serralheiro, que guarda uma lembrança tão boa de sua professora, nos diz: "a escola não me cativava, não despertava interesse..." Outro jovem, Flavinho, 17 anos, *funkeiro* (filho de mãe operária em uma fábrica de tecidos e de pai alcoólatra), tem uma visão ainda mais negativa: "... se desse para viver sem escola eu preferia viver sem escola..." Que tem essa instituição que provoca reações tão desencontradas?

Trazer estas trajetórias escolares para os debates e defrontar-se com questões como esta é sem dúvida um grande avanço. Precisa-se de coragem para ouvir. Carecemos de uma tradição de escuta dos educandos. Ouvir suas trajetórias é muito, mas como reagiremos? A tendência é culpar os alunos(as), habitantes estranhos, mal-agradecidos, não preparados para o que é próprio da instituição escolar e de seus profissionais: o trato com o conhecimento. Entretanto, encontramos docentes que veem essa análise como precipitada, até preconceituosa. Jogar de cara a responsabilidade sobre os alunos(as) por suas negativas lembranças é fácil para a escola e para seus mestres. "Por acaso os alunos(as) são responsáveis por suas trajetórias humanas tão truncadas?", ponderou uma professora. "Nem nós somos responsáveis", arrematou outro professor. Houve um tênue consenso de que o mais profissional seria aprofundar as estreitas relações entre as trajetórias escolares e as trajetórias humanas, sociais. São tão parecidas que se confundem.

Trajetórias entrelaçadas

A vivência da escola é inseparável das formas como se dá a condição de criança, de adolescente ou de jovem-adulto. Nas vidas dos jovens populares entrevistados por Juarez, como nas músicas e histórias de vida, essa mistura de tempos da vida e tempos da escola aparece muito tensa. Fica uma sensação de incapacidade de articular esses tempos. Ora o tempo de escola é o único tempo de viver a infância e a adolescência com dignidade (aí as lembranças serão positivas), ora os tempos de escola são tão duros e conflitivos quanto as condições e possibilidades de ser criança ou adolescente na família, na cidade, no campo, na rua ou no trabalho.

Na maioria dos depoimentos as condições de vida são mais fortes e vencem. "Eu larguei a escola", uma confissão de tantos entrevistados e que carrega uma sensação de ter perdido a batalha, de ter abandonado a esperança de poder articular os tempos da escola com a condição popular de ser criança, adolescente ou jovem. Como é difícil para a infância, adolescência e juventude populares dos campos e das cidades articular os tempos de trabalho e de sobrevivência com os tempos de escola. Se é dramático abandonar a escola, mais dramático, ainda, é ter de abandoná-la para sobreviver. Esta pode ser a razão principal para lembranças tão contraditórias dos tempos de escola.

A questão que se coloca para os profissionais da escola pública é que responsabilidades nos cabem por tantas dificuldades de articular esses tempos. Nos depoimentos dos alunos fica claro que são condenados a sobreviver, que não têm controle sobre seus tempos de sobrevivência, a escola poderia ao menos levar em conta que não são senhores de seus tempos? Que rituais e que lógicas escolares entram em choque com seus tempos de sobrevivência? "Eu larguei a escola depois que tomei a segunda bomba na 5ª série, isso eu tava com 14 anos, já tinha tomado pau na 2ª, e na 5ª série tomei dois. Minha lembrança da escola é péssima, eu não gosto muito de tocar nesse assunto não..." Um depoimento do mesmo jovem João que tinha uma boa lembrança do gesto de sua professora que enviou o bilhete para sua mãe. Ao mesmo tempo em que a professora elevava sua autoestima, os rituais seletivos da escola a quebravam, condenando-o a sucessivas reprovações. As reprovações na escola vão se misturando com a reprovação da mãe, do trabalho, da sociedade. Um bilhete aprobatório da professora não consegue compensar tantas outras reprovações da sociedade e da escola. Como guardar lembranças positivas? Pensar que a escola reprova 20% e mais desses adolescentes e jovens são muitas lembranças negativas da instituição mais humana a que têm acesso os setores populares. Duas lembranças tão distantes do mesmo jovem. Duas posturas tão contraditórias da mesma instituição com o mesmo jovem. De um lado, é submetido a rígidos rituais de avaliação, julgamento, retenção sem se importar com suas trajetórias humanas, de trabalho e sobrevivência. Sem se importar com seus sentimentos, suas autoimagens quebradas ou não. Mais um número nas tradicionais percentagens de reprovados, repetentes, multirrepetentes. Como ter boa lembrança de tratos tão inumanos? Qualquer pessoa normal encontrará na gaveta de suas lembranças o que ele encontrou: "minha lembrança da escola é péssima, eu não gosto muito de tocar nesse assunto não..."

De outro lado, lembram de professoras e professores que entendem suas trajetórias reais, ambíguas, contraditórias, que perscrutam no realismo de suas vidas até descobrir sentimentos e medos, inseguranças e positividades. Desvelar esses labirintos para intervir pedagogicamente nas vulnerabilidades, defeitos e valores que vão conformando seres humanos ainda nos começos da vida. O próprio aluno se voltará para suas lembranças e encontrará o gesto da professora acreditando nele. Com certeza, uma postura profissional de milhares de professores(as).

Como ver essas realidades tão polarizadas? Seria ingênuo não reconhecer que a escola é ruim para os alunos(as) que reprova, retém, quebra autoimagens, ignora as trajetórias humanas, a diversidade. De outro lado, seria injusto não reconhecer que alguns professores(as) mantêm gestos e olhares positivos para seus alunos(as). A mesma escola é tudo isso. O mesmo corpo profissional é tudo isso. É uma instituição carregada de tensões, contraditória, não está isenta aos padrões, conceitos e preconceitos sociais. Como equacionar tudo isso? Aproximar-nos dessa complexidade com categorias polarizadas ou moralistas: os bons e os maus, os compreensivos e os duros, não nos levará longe. As próprias vivências e lembranças dos alunos são muito misturadas, nas mesmas misturas das lembranças da família, da rua, do trabalho, dos grupos de amigos. Aprendem logo a complexidade do social fora e dentro da escola. A maior proximidade entre mestres e alunos e ouvir suas trajetórias humanas e escolares ajudará a clarear essa complexa realidade? Muitos(as) apostam na aproximação. Como? Sabendo mais dos alunos(as).

As personagens tão complexas que os alunos(as) têm de interpretar vêm sendo um incentivo a mais para que os mestres descubram reservas profissionais que não sabiam levar dentro. Sabendo mais dos alunos(as) os horizontes docentes se abrem a novos sentimentos e sensibilidades. Somos instigados a encontrar explicações plausíveis para entender tão contraditórias personagens. Passamos a assumir posturas mais profissionais do que os repetidos gestos como reprová-los e retê-los, quebrando suas identidades já tão quebradas.

Que os alunos encontrem um dia boas lembranças dos tempos da escola dependerá de que lhes sejam dadas condições de viver com dignidade suas trajetórias humanas. Dependerá também, e muito, de que a escola lhes propicie condições de viver com dignidade suas trajetórias escolares. Esta segunda possibilidade está em grande parte em nossas mãos. Nem a falta de condições de trabalho, tão preconizadas, justifica que tantas crianças e adolescentes, como João, tenham de largar a escola e nem dela queiram se lembrar, por terem tomado pau uma vez na 2ª série e duas na 5ª série. Trajetórias escolares truncadas acrescentam ainda mais marcas e lembranças negativas em suas trajetórias humanas. Marcas que parecem doer de maneira especial por virem de uma instituição e de uns profissionais em que se depositam tantos sonhos.

E as lembranças de suas indisciplinas?

Foi a pergunta de um professor diante dos depoimentos dos alunos. Todos os coletivos de estudo se surpreendem do pouco destaque que os alunos dão às indisciplinas pessoais e nem sequer ao propalado clima de indisciplina das escolas. O destaque é dado às esperanças depositadas no tempo de escola e a suas frustrações. Desde crianças aprendem o imaginário social sobre a escola: uma terra mágica, carregada de promessas. Quanto mais errantes são seus percursos humanos, mais atraente essa terra de promessas. A ida à escola é sempre esperançadora, o seu abandono sempre frustrante. Traumático, "não gosto de tocar nesse assunto não". O fato de não destacarem as indisciplinas (que de fato existem nas escolas e estão aumentando) poderia ser interpretado como um indicador de que não têm uma visão tão negativa de suas condutas. Veem-nas, talvez, como reações a suas frustrações humanas e escolares. Como suas formas de interrogar-nos e de chamar-nos a atenção? É normal que nós interpretemos as indisciplinas interrogantes dos alunos como ameaçadoras, mas podem ser vistas como expressão de mais uma manifestação posta em cena do protagonismo adolescente e juvenil em nossa sociedade e não necessariamente como expressão de sua depravação moral.

Pode significar que na atual efervescência social e cultural eles e elas também entraram em cena e querem se afirmar. Não é apenas a escola que se lamenta das indisciplinas juvenis, adolescentes e até infantis, também se lamentam a cidade, os clubes, a mídia, as famílias, a polícia, os centros de "reciclagem" e reclusão... Vários professores comentaram: "esses adolescentes e jovens de hoje parecem querer experimentar tudo, sem barreiras". "Parecem deliciar-se em ser capazes de pôr à prova nossa paciência". "Se deliciam em queimar etapas, seus comportamentos são de adultos". "Desde bem crianças não foram forçados a serem adultos?" "Se deslumbram com serem agressivos ou tiveram de aprender a sê-lo?" "E por que serem agressivos com os mestres e com a escola que os acolhe?" "Pensam que a escola seria a única instituição onde podem ensaiar suas indisciplinas impunemente?" Essa pluralidade de frases reflete a diversidade de análises possíveis sobre as condutas adolescentes e juvenis, não apenas nas escolas, mas em todas as instituições da sociedade. Análises por vezes demasiado rápidas que exigem aprofundamento. Alguém sugeriu dias de estudo para confrontar nossas análises com a variedade de análises das ciências humanas sobre o protagonismo adolescente e jovem, inclusive sobre a violência e as condutas desviantes.

Os coletivos docentes percebem que as indisciplinas escolares têm suas peculiaridades dado o imaginário social sobre a escola. Os adolescentes e jovens estariam a esperar que o olhar de seus profissionais seja mais benévolo ou mais pedagógico? Um fato pode ser observado: o olhar sobre os alunos, sobre suas indisciplinadas interrogações está se tornando mais cuidadoso, menos apressado nos julgamentos docentes. Está se tornando mais profissional. Se entendermos que talvez estejam nos mostrando interrogações não apenas sobre o sentido das trajetórias escolares, mas das trajetórias humanas poderá ser um incentivo a alargar os horizontes de nossa docência para além da estreiteza de cada disciplina e área. As próprias trajetórias humanas e escolares dos alunos têm de ser objeto de nosso olhar profissional, objeto de análise, de conhecimento e de estudo. Objeto de nossas lições e didáticas. Os jovens e adultos, as crianças e adolescentes parecem nos propor não que os tratemos com misericórdia, mas os estudemos antes de julgá-los precipitadamente. Entender a história social, racial, de gênero e classe dos alunos é um campo legítimo de conhecimento de profissionais do conhecimento. Mas em que grade curricular terão cabida? Faremos de suas trajetórias temas transversais? É pouco. Saber com profundidade sobre a infância, adolescência e juventude ou vida adulta, sobre suas vivências humanas e escolares, como sujeitos de classe, raça, gênero, idade é um saber tão profissional quanto o saber sobre geografia, matemática, física ou biologia. Somente avançando naqueles saberes profissionais sobre os educandos iremos deixando longe olhares e posturas ingênuas, moralistas e preconceituosas. Iremos entendendo a complexidade da instituição escolar e de nosso ofício. Entenderemos a complexidade de suas indisciplinadas condutas. Terminaremos entendendo mais de nossas áreas do conhecimento.

Os alunos parecem esperar respostas também profissionais a suas trajetórias. Entender seus complexos significados. De quem será a responsabilidade de iluminar esses percursos escolares e humanos?

Suas interrogações indisciplinadas encontrarão resposta no campo do conhecimento de cada recorte disciplinar? O próprio indisciplinado e interrogante protagonismo adolescente e juvenil será matéria de que disciplina e de que docente? Suas trajetórias humanas e escolares nos obrigam a ampliar nossos territórios docentes e a ampliar nosso repertório de respostas. Instigantes indisciplinas. Será isso o que mais nos incomoda?

Nada fácil entender essas trajetórias dos alunos tão contraditórias. Veem à escola como uma terra de promessas; se a valorizam tanto, por que nela agem como quem nada tem a perder? O fato de voltarem às aulas sacrificando seus tempos de sobrevivência é um sinal evidente de que valorizam a escola e de que esperam dela algo mais do que dela muitas vezes recebem. É o pouco tempo que a sociedade lhes dá para serem crianças e adolescentes que os leva a ser tão exigentes com os tempos de escola. Pagam caro por permanecer na escola.

Nos dias de estudo sobre as trajetórias escolares dos alunos(as) vai-se chegando ao reconhecimento de que todo julgamento apressado é antiprofissional. A maioria dos professores está superando julgamentos apressados e com profissionalismo descem às camadas mais profundas para entender as trajetórias escolares dos alunos, inclusive indisciplinados. Veem seus percursos escolares entretecidos no emaranhado de suas trajetórias sociais. Cada vez mais vemos o ser humano que há em cada aluno(a) como uma unidade plural: social, racial, de gênero, cognitiva, ética. Partindo dessa visão mais totalizante e entretecida das trajetórias dos alunos, nos colocaremos outras perguntas e faremos outras análises. Quem desde a infância conhece de perto a miséria, a falta de horizontes, pode querer ir à escola para entender e conhecer os significados de sua vida. Sua lembrança será boa. Mas na escola pode chegar também à conclusão de que nada mais tem sentido. Nem a escola, nem o estudo. Pode abandonar a escola e optar por apenas ser experto nas difíceis artes da sobrevivência a qualquer custo. Não caberia a nós profissionais da educação tentar entender essas cruciais escolhas? Demasiado cruciais para personalidades tão novas. Para muitos adolescentes e jovens a escola é uma parada certa, porém para muitos mais é uma parada incerta em seu trajeto enlouquecido e grotesco. Um tempo morto. Um parêntese vazio. Que fazer? Condená-los ou revelar-lhes pedagogicamente que o tempo de escola pode ser uma parada certa, promissora, um tempo cheio? Mais uma vez vai ficando mais claro que o como vemos os alunos é determinante. Suas trajetórias quando acompanhadas nos revelam que o aluno é mais do que aluno. Não é um personagem plano, mas multifacetado, como todo ser humano. Precisamos entender mais dos educandos(as). Aproximar o conhecimento escolar e o conhecimento do drama humano.

Os significados do estudo

Seguindo o fio dessas trocas de inquietações e de análises, vamos chegando a dimensões mais ocultas das trajetórias escolares. Nos perguntamos que revelam sobre os significados que dão ao estudo e aos saberes escolares. As vontades de estudar estão indissoluvelmente atreladas às possibilidades e limites de ser e aos horizontes do viver. Nos relatos e depoimentos dos adolescentes e jovens aparecem os esforços que as famílias fazem para que seus filhos e filhas estudem, para que completem seus percursos escolares. São posturas entrelaçadas com a consciência dos limites de seus horizontes sociais e as tentativas de alargá-los. Mas quando esses horizontes humanos aparecem fechados, sem brechas, nem as famílias nem os filhos(as) encontrarão sentido nas exigências de acompanhar um percurso escolar incerto. A escola, o estudo aparecem no imaginário social e docente como um impulso certo para longos voos, mas e aqueles a quem desde a infância cortavam-lhes as asas? Podemos esforçar-nos como seus mestres para abrir-lhes horizontes, prometer-lhes que se estudarem suas trajetórias de vida serão melhores. Entretanto, seus percursos pessoais, familiares, de grupo social ou racial possivelmente lhes serão mais convincentes do que nossas promessas. Quando tudo são sombras não será fácil caminhar para a claridade que o estudar anuncia. A educação não é uma promessa abstrata. Sempre anda, colada a uma expectativa e a uma orientação de vida, minimamente possível.

Frequentemente, separamos as trajetórias escolares das trajetórias humanas dos educandos. Ingênuo intento. Essa tentativa de separação nos levou a posturas pouco profissionais. Terminamos dando uma conotação voluntarista às trajetórias e às condutas escolares. Classificamos os alunos entre aqueles que querem estudar e se esforçam e aqueles que não querem nada com a dureza. Ou dando uma conotação moralista, os classificamos nos bons e nos maus, nos disciplinados e nos indisciplinados. Terminamos dando uma conotação preconceituosa: os pobres, os negros, os preguiçosos e violentos, e os outros, dóceis e esforçados. Na medida em que avançamos para entender profissionalmente que o que as crianças, adolescentes ou jovens são como alunos(as) é inseparável do que lhes é permitido ser como gente, evitaremos visões parciais e julgamentos apressados. A educação nos vai conformando como humanos, mas exige a condição prévia de uma existência humana. Ao menos a capacidade de tentar mudar a realidade. Avançar para o campo das liberdades pressupõe o equacionamento mínimo das necessidades. A sociedade destrói as vidas de tantas crianças, adolescentes, jovens e adultos e depois espera deles, das escolas e dos professores o milagre de fazer que acreditem no futuro, se esforcem, amem o estudo, o conhecimento e os valores que a própria sociedade nega. Não apenas para entender as trajetórias escolares dos alunos, mas também nossas trajetórias docentes, é urgente não descolá-las dos incertos percursos humanos, sociais, deles e nossos.

Um olhar sobre os educandos como sujeitos plenos, concretos, em percursos sociais complexos poderá ser um polo dinamizador da docência. Quando reconhecemos que suas trajetórias sociais, de classe ou de raça dão outras dimensões às promessas da escola, poderemos estar abertos a reinventar nessa docência para garantir seu direito ao estudo, à cultura e ao conhecimento escolar. Não se trata de condicionar suas trajetórias escolares à mudança de suas trajetórias humanas, sociais, raciais, mas de colocar-nos com radicalidade a possibilidade que a escola e o magistério, em seus limites, ainda têm, se não de mudá-las, ao menos de capacitar os alunos(as) para bem entendê-las. Por aí passa seu direito mais radical ao conhecimento. Ao conhecimento de si mesmos, da realidade que os condiciona.

Sabemos pouco sobre as trajetórias escolares dos setores populares, porque ignoramos suas trajetórias sociais, de classe, gênero, raça e idade. Sabendo pouco sobre eles, não teremos condições de capacitá-los para se entender e para entender o mundo em que lhes toca viver. Estaremos lhes negando o mais radical do direito ao conhecimento desde os tempos socráticos: saber-se, entender-se, compreender com profundidade sua condição social, histórica, humana.

Conheço coletivos docentes que se reúnem para saber mais sobre as trajetórias escolares truncadas. Por que milhões de alunos não têm percursos normais? Sabemos pouco das trajetórias normais dos educandos. Sabemos menos ainda dos percursos truncados. Talvez nem saibamos dos milhões de reprovados, defasados em nossa escola, no município, no Estado e no Brasil. Ainda que saibamos das estatísticas, não temos como hábito aprofundar profissionalmente sobre o que se esconde por trás desses percursos escolares e humanos truncados. Conheço coletivos docentes que dedicam dias de estudo a ler, interpretar e debater estudos que existem, e muitos, nas diversas ciências humanas. Uma postura consequente de profissionais da área do conhecimento, ter um saber mais aprofundado e consistente sobre os tão diversificados percursos escolares de cada um dos coletivos humanos com que lidamos: das mulheres, dos homens, dos negros, dos brancos, dos indígenas, dos pobres, dos setores populares das periferias e do campo. As estatísticas ocultam essa diversidade de percursos, apenas mostram números, escondendo os rostos de cada um. Conhecer de maneira mais aprofundada as consequências humanas para tantos milhões de crianças, adolescentes, jovens e adultos de terem seus percursos escolares truncados brutalmente por rituais ultrapassados de reprovação, retenção, defasagem, é uma exigência de uma postura profissional. O que significam essas rupturas na autoestima, no desenvolvimento mental, na formação de identidades e de sujeitos sociais e éticos? Há estudos sérios sobre todas essas questões que poderemos aprofundar. Afinal, todas essas trajetórias escolares com "sucesso ou fracasso" têm tudo a ver com nosso pensar e fazer profissional.

Conheço coletivos docentes de educação de jovens e adultos (EJA, Mova) que dedicam oficinas e dias de estudo para entender profissionalmente um dos percursos mais sofridos: esse vai e vem da sobrevivência para a escola, da escola para o trabalho, o biscate, do trabalho para a escola. Percursos também truncados por insensíveis reprovações e retenções. Percursos vividos por milhões de jovens-adultos trabalhadores e trabalhadoras: o período entre a saída dramática da escola como crianças e adolescentes e a teimosa volta como jovens-adultos. Entre a saída e a volta, apenas um silêncio cúmplice das estatísticas, da sociedade, dos governos e da escola e seus profissionais. Nos consideramos apenas profissionais dos tempos de escola, o que se passa entre a saída e a volta não é considerado de nossa responsabilidade. Os alunos apenas nos afetam enquanto estão na escola. Entretanto, o percurso do direito à educação e à escolarização compreende também esse período silenciado. Quem se responsabiliza dessas trajetórias? Quem os expulsou da escola? Que rituais truncavam seus percursos?

É interessante constatar que a retomada do percurso escolar por tantos jovens-adultos estará motivada pelos rumos de sua trajetória social. Iniciando-se no mundo do trabalho ou ameaçados pelo não trabalho, recolocarão os sentidos da escola e do estudo. Do trabalho para a escola, fazendo o percurso inverso ao feito ainda adolescentes: da escola à sobrevivência. Milhares de jovens-adultos, depois de anos de errância, tentarão o caminho inverso, do trabalho, da experiência afetiva, da expectativa dos filhos para a escola noturna. Promessas e esperanças de luminosidades nas suas trajetórias humanas que parecem dar novos sentidos ao esforço de se submeter de novo às disciplinas escolares. A realização dessas promessas de luz vai depender de novo da própria experiência escolar e das possibilidades de articulá-la com o trabalho, a família, com sua realidade social concreta. A crença na promessa de que desta vez a escola poderá abrir seus horizontes humanos vai depender do profissionalismo dos mestres. Tanto podem descobrir-lhes o sentido do estudo, do conhecimento, da cultura devida, trazer luminosidades para a compreensão de suas existências, como podem desestimulá-los e lançá-los no caminho sem volta do desencanto.

Sabemos pouco dessas trajetórias escolares. Nem são registradas nas estatísticas. Os professores da EJA, do noturno regular sabem que nem a metade dos que iniciam cada ano permanece. Muitos são reprovados de novo. Essa trajetória escolar quando são jovens-adultos pode ser decisiva. A última tentativa. Da escolarização truncada foram para a sobrevivência e o trabalho e voltam para a escola com renovadas esperanças. Experimentaram novas situações de vida. Quem melhor para ajudar-lhes a entendê-las do que as professoras e os professores? Os dados mostram e nós sabemos que muitos(as) abandonarão a escola com renovadas frustrações.

As trajetórias escolares são muito diversificadas. As vivenciadas por jovens-adultos populares são diferentes das vivenciadas por eles mesmos quando crianças ou adolescentes. As trajetórias escolares de tantos que trabalham e estudam à noite nada têm a ver com aquelas trajetórias de jovens que não trabalham, têm garantida sua vida e estudam no diurno. Essa diversidade de vivências da escola fica ocultada quando reduzimos o percurso escolar a notas ou conceitos recebidos, aprovando ou repetindo, com sucesso ou fracasso. Quando vemos nos alunos(as) pessoas humanas experimentando a vida de maneiras tão diversas perceberemos a diversidade das experiências escolares. As trajetórias escolares não serão as mesmas enquanto as trajetórias humanas sejam tão diversas. Algumas podem ser mais determinantes do que outras. A experiência de cursar a 6ª série de um adolescente será completamente diferente da experiência de um jovem adulto que trabalha e está de volta à escola noturna para cursar a mesma 6ª série. A retomada da trajetória escolar desse jovem-adulto trabalhador pode se converter em uma experiência não apenas escolar, mas humana, decisiva no momento em que se abrem esperanças de vida no trabalho, na relação afetiva, familiar ou na participação em um grupo cultural ou em uma ação militante ou política. Pode ser uma experiência que o torne mais capaz de suportar por mais tempo a tensão dramática entre esperança de nova vida ou a reprodução da mesmice. A volta à escola tanto pode ser um incentivo para acreditar que tem sentido tentar ser sujeitos de novos percursos como pode ser a última tentativa de saída. Do percurso que tantos jovens-adultos fazem de volta à escola podem sair encontrando o sentido do conhecimento e do estudo como podem sair mais convencidos de que as trajetórias escolares são incompatíveis com suas trajetórias humanas e que não acrescentam novas luminosidades para sua compreensão e menos para sua mudança. Aí a decepção com a escola será confirmada e atestada. Este será o certificado mais convincente de anos de sacrifício por voltar a estudar como jovens-adultos. "Se desse para viver sem a escola, eu preferia viver sem a escola." Um aprendizado demasiado duro para tantos: o aprendizado de que o desejo é aberto, sua vida de pobre que é fechada. Ou o aprendizado de que todo esforço é inevitável, porém em vão.

Tentar entender as trajetórias escolares atreladas às trajetórias sociais dos alunos populares é incômodo. Mais cômodo era quando ignorávamos qualquer relação. Mais cômodo ainda quando os alunos(as) estavam silenciados, sem voz. Quem inventou dar-lhes a voz e reunir-nos para tentar decifrar suas falas?

Entretanto, se esse exercício de leitura das trajetórias dos alunos resulta incômodo, para muitos docentes resulta compensador. Encontramos depoimentos positivos. Rogério, 17 anos, seu pai aposentado, sua mãe lavadeira, suas irmãs domésticas, moradores do morro, desde adolescente se envolveu com o *rap*, guarda ótimas lembranças: "o pessoal da escola dá apoio para nós, conversa com a gente, incentivou a continuar no grupo, a cantar... as professoras ajudam nós, elas viu que nós tinha vontade..."

Alguns dos jovens entrevistados guardam boas lembranças, apesar de perdedores de tantas lutas pela sobrevivência e de perdedores de tantas lutas pela permanência na escola. Talvez por ter exigido tanta tensão e teimosia para permanecer, para não largá-la. Talvez por ter sido uma experiência quase impossível, incompatível com sua condição de crianças e adolescentes populares, essa memória está guardada no mais íntimo de suas lembranças; sobretudo por ter encontrado professoras que por eles se interessaram e procuraram conhecê-los.

Seria repetitivo voltar ao depoimento por onde começamos? João, jovem, negro, serralheiro, tem de procurar com cuidado para encontrar uma lembrança boa na escola: "de lembrança boa na escola, na escola, tem, tem..." (longa pausa). Será que a escola ficou distante? Suas lembranças estão guardadas em que gaveta? É difícil encontrar uma lembrança boa? Ao menos encontra uma: um lance da professora reconhecendo que é carente de carinho, que não é tão moleque como até a sua mãe imaginava.

Possivelmente para aquela criança ou adolescente (como para tantos) essa professora tenha sido o primeiro espelho onde se reconheceu. Tenha sido a primeira pessoa a reconhecer o que ninguém, nem a própria mãe reconhecerá: que não é moleque, que é carente e não de valores, mas de afeto, de reconhecimento, de autoestima, que é humano e, quando tratado como humano, com o afeto de que era carente, brotou nele o afeto. Se abriu a uma relação humana com a professora: "eu achei que eu até apaixonei com a professora depois".

É extremamente revelador que a lembrança boa da escola de um jovem trabalhador de 20 anos seja um gesto de compreensão, de afeto e de reconhecimento de seus valores por parte da professora. Nossa humana docência cumpre funções que vão além das competências e habilidades que ensinamos. Sem dúvida, para tantos alunos(as) muitas das boas lembranças de suas trajetórias escolares são de gestos de carinho e de humanidade com que as professoras e os professores tratam as crianças e os adolescentes, os jovens e os adultos. Sobretudo, com que tratam a tantos e tantas aos quais é negado o direito ao afeto, à autoestima e à identidade. O direito a conhecer-se e a ser reconhecidos.

6
Um direito na contramão

Seria possível outra leitura do direito à educação? Penso que as tensões atuais na escola nos podem levar a outras leituras: Como as crianças e os adolescentes, os jovens e adultos populares experimentam a escola, a educação e o estudo como direito? Continuará sendo necessário que estudemos na disciplina políticas públicas como estas e seus formuladores equacionam a educação como direito; que nas disciplinas de currículo, de organização escolar, de alfabetização nos perguntemos se damos conta da educação como direito etc. Mas será fecundo ver como os próprios sujeitos dos direitos vão construindo-o na contramão.

Robert Kurz nos mostra com lucidez os paradoxos históricos na construção dos direitos humanos. Nos revela como as elites, o capitalismo acorrentou o avanço dos direitos a sua lógica perversa. Indo além dessa lúcida análise poderíamos reconstruir outra história: a história dos movimentos sociais em sua longa trajetória de lutas, tentando quebrar essas lógicas, afirmando-se sujeitos concretos de direitos: mulheres, operários, camponeses, negros, indígenas, trabalhadores em educação... Como profissionais da educação como direito teríamos de indagar-nos como a categoria docente tem contribuído historicamente na afirmação da educação e escolarização básica como direito. Deveríamos, ainda, indagar-nos sobre como os próprios sujeitos desse direito, infância, adolescência, jovens e adultos são também sujeitos da construção da sua educação como direito. Vendo as intrincadas trajetórias humanas e escolares dos alunos(as) fica claro que não são apenas beneficiários de um direito outorgado. São obrigados a construir com teimosia esse direito, a torná-lo realidade ou abandoná-lo como ilusão. Não podemos ver nessa teimosa construção de seus percursos um processo de reinvenção da educação como direito? Nos paradoxos em que se debatem pela escolarização não podemos encontrar novas dimensões acrescidas à construção histórica da educação básica como direito universal?

Estou sugerindo que não podemos esquecer de olhar para as trajetórias humanas e escolares dos educandos e tentar entender como vão tecendo seu direito à escola, ao estudo, ao conhecimento, à cultura... Um tecido demasiado tenso e tênue. Nesse tecer seus tempos humanos e de escola vão descobrindo até onde seus direitos se tornam realidade ou ficção. Quem padece os paradoxos dos direitos humanos são essas crianças, adolescentes, jovens-adultos que teimam em tornar-se sujeitos de direitos nesses intrincados e excludentes paradoxos.

Ainda temos uma visão outorgada do direito à educação; daí que nosso olhar focalize os outorgantes, as elites e os governos, os intelectuais, as escolas e os mestres. Vemos esses atores como artífices privilegiados dos direitos humanos. As trajetórias escolares dos educandos(as) revelam que o direito à educação é também uma construção paciente, sofrida deles mesmos. Os movimentos sociais sabem disso. Alguém outorgou os seus direitos às mulheres, aos povos indígenas, aos povos do campo, aos negros, aos trabalhadores, inclusive aos trabalhadores em educação? Os processos de construção e afirmação histórica dos direitos têm vindo basicamente dos movimentos sociais, do esforço persistente, da teimosia de seus sujeitos. As elites e os governos respondem demasiado devagar a essas pressões. Os sujeitos sociais têm pressa. Empurram e alargam as fronteiras dos direitos humanos. Os educandos, nos relatos de suas vidas, deixam marcante que a educação, como direito, tem formas bem peculiares de ser aprendida e vivida. Por vezes, de tanto repetir nos anos de 1980 educação direito de todo cidadão e dever do Estado, nos fizemos a imagem de crianças, adolescentes e jovens caminhando, espontaneamente alegres e agradecidos, às escolas que os governos abriam em cada esquina. Lá iriam eles e elas, legiões de crianças e adolescentes com seu crachá: sou cidadão, sujeito de direitos, deixem-me entrar. Obrigado. Nos depoimentos dos alunos encontramos outras imagens: a escola não aparece como um destino espontâneo, nem como um itinerário festivo, mas como um permanente exercício de tensas escolhas entre estudar é preciso e viver também é preciso. Constroem seu direito entre escolhas por vezes incompatíveis. Escolher entre ir e permanecer na escola, ou escolher as formas e tempos do sobreviver. Crianças e adolescentes obrigados, tão novos, a articular escolhas tão desencontradas.

O direito à educação é aprendido e exercido em um permanente exercício de escolhas, de renúncias, de liberdade condicionada. O verbo ser alguém, ser cidadão a que vinculamos o direito à educação tem de conjugá-lo com outro verbo, viver, subsistir. Qual o grau de liberdade para crianças e adolescentes, jovens-adultos populares para aprender conjugações de verbos tão díspares? Em seus depoimentos, suas letras do *rap* e em suas histórias mostram quão difícil é balançar-se nesses trapézios.

Poderíamos fazer uma leitura dramática dessas tensas vivências. Podemos também tentar entender que aprendizados terminam fazendo na medida em que tentam se afirmar sujeitos de direitos. Nossas concepções progressistas de educação nos disseram que na escola se aprende a cidadania e a consciência dos direitos, se aprende a liberdade, se aprende a ler a liberdade. Como renunciar a essas relações? Fazem parte das promessas acumuladas na construção histórica da educação básica como direito. Como não reconhecer a relação sempre defendida entre educação e libertação? Mas esses adolescentes, crianças, jovens-adultos parecem nos dizer que o próprio tentar a educação, a leitura e a escola exige deles o difícil e penoso exercício da liberdade e da cidadania. Viver ou estudar? Aprendem a liberdade nas tentativas de garantir o direito à vida e o direito à educação. O direito a viver, primeira necessidade e primeiro direito, condicionando e até impedindo o direito a entender a vida, a estudar e a ler.

Dessa meninada e moçada é exigida a maturidade de escolhas tão radicais. Antes e enquanto vão à escola exerçam a cidadania. Liberdade e cidadania aprendida em um tenso vai e vem entre a sobrevivência cotidiana e a escola. Daí, um dos traços mais difíceis de entender para seus mestres, esse ir, ausentar-se e de novo voltar à escola. Os milhares de jovens e adultos que voltam à escola à noite são a expressão mais eloquente de quão complicado é fazer escolhas entre viver, sobreviver e estudar. Esses jovens-adultos são a expressão dos seus paradoxos na construção do direito à educação. Em suas emaranhadas trajetórias humanas e escolares parecem corrigir um dos princípios do credo progressista: a educação como formação para a liberdade e para a cidadania. Nas suas trajetórias seria mais preciso dizer: aprendendo a liberdade e a cidadania no exercício de escolhas entre viver, sobreviver e estudar. Aprendendo a liberdade e a cidadania não como produto da educação, da escola, mas da tentativa insistente de ir e de permanecer, de sair e voltar à escola. Um sabor de direito autoconstruído. Um aprendizado da educação como direito bastante diferente daquele experimentado por tantos adolescentes e jovens que receberam as escolhas dadas. A sobrevivência e a escola como dádivas de sua condição social, não como uma escolha pessoal. Sem sabor de direito conquistado. Para as crianças, adolescentes e jovens e até adultos populares, a educação não aparece como um contemplativo reconhecimento da sociedade, dos governos, nem dos professores, mas como uma construção pessoal, grupal, familiar, conflitiva. Um exercício de frenética liberdade.

Será para agradecer que os governos lhes ofereçam escolas, que os professores lhes ofereçam livros e lhes apontem os significados da vida, da cidadania e dos direitos, mas a relação entre sua própria vida e a escola, o estudo e a leitura exigem deles algo demasiado radical para sua idade: escolher ir à escola, estudar, dedicar-se, estar atentos. Mas se apenas fosse isso seria fácil. É o exigido de tantas outras crianças, adolescentes e jovens que têm a vida garantida. Dos alunos populares se exige o permanente confronto entre garantir eles mesmos sua sobrevivência, colaborar na renda e nos trabalhos familiares e estudar, ir à escola, concentrar-se, fazer o para-casa... sem deixar de concentrar-se no trabalho e na sobrevivência. Terão de aprender ao mesmo tempo a ler os livros, entender as lições dos mestres e ler a vida, entender a lógica da cidade, das lutas pela terra, pelo teto. Aprender a geografia na escola e a produção do espaço, a exclusão do espaço, a luta pelo espaço e a terra na cidade e no campo. Demasiadas aprendizagens para mentes e vontades tão infantis. Como vê-los como lentos, desacelerados, com problemas de aprendizagem, sem consciência da importância da leitura, do estudo e da educação? Alguma coisa está fora de foco no nosso equacionamento da educação como direito, quando pensamos nos setores populares. Como vê-los como incivilizados e como monstrinhos que não querem nada com nada? Um olhar mais profissional, mais sociológico e histórico dos paradoxos da construção do direito popular à educação seria uma forma de pôr as coisas dentro do foco.

Os significados de seu estar no mundo

Não estariam os adolescentes, jovens e adultos que tão caro pagam pelo tempo de escola, trazendo novas dimensões ao direito à educação?

Nos relatos de suas vidas, os alunos e as alunas demonstram que à escola levam muitas interrogações não apenas sobre o sentido do estudo, mas sobre os sentidos ou sem-sentidos de sua vida e do seu estar no mundo. As precárias condições em que reproduzem suas existências, os preconceitos sociais e raciais que padecem os instigam a interrogar-se e a duvidar das explicações que lhes são dadas, a sair à procura de uma compreensão da sua realidade e da realidade social, cultural com que se defrontam. O direito à educação e ao conhecimento inclui o direito a saber o que significa, hoje, estar no mundo como crianças, adolescentes e jovens. Não apenas estar no mundo como adultos.

Voltamos à imagem de infância-adolescência que tanto marcou o direito à educação. Partia-se de uma visão infantilizada da infância, sem fala, sem interrogações sérias, sem as vivências duras dos adultos e consequentemente sem experiência dos grandes questionamentos que alimentaram a construção histórica do conhecimento. O conhecimento teria de responder às interrogações da vida adulta. Para essa idade tão séria a escola prepara. Esta imagem de infância, de produção e apreensão do conhecimento fica desmontada pelas formas do viver a que a infância, adolescência e juventude populares, sobretudo, são condenadas. É como se fossem obrigadas a antecipar a vida adulta e a ter de se colocar e levar à escola interrogações da vida adulta. Vividas como crianças-adolescentes. Essa realidade redefine a relação dos alunos(as) com o conhecimento. Redefine o próprio conhecimento escolar e a docência. Redefinições demasiado radicais para nossa cultura docente e para as concepções de currículo, de conteúdos de áreas, disciplinas etc. Poderíamos ver o protagonismo dos jovens, adolescentes e até crianças como uma reação à imagem ingênua, sem problemas, sem interrogações com que a pedagogia os representa. Reconhecer que carregam para as salas de aula vivências pessoais e grupais dos grandes dramas humanos e que se interrogam por seus significados afeta a concepção de currículos e de conhecimento escolar, afeta nossas competências e tratos do conhecimento. Pode mudar nosso olhar sobre os educandos como sujeitos de conhecimento, de procura de significados que não são exclusivos dos adultos, nem para a vida adulta. Neste olhar, realmente, os docentes têm razão: os alunos não são os mesmos, não cabem na imagem infantilizada que deles nós fazemos.

A luta cansativa pela sobrevivência os instiga à procura do conhecimento, de explicações e de significados sobre suas vivências infantis, juvenis não apenas de futuros adultos. A escola entra em seus imaginários como uma instituição que poderia trazer alguma luz para suas interrogações no presente. É precipitado demais ver os alunos populares como avessos ao conhecimento. Se fosse assim, por que lutam pela escola e por que sentem ter de abandoná-la? Porque esperam que os professores lhes revelem os significados procurados. O fato de serem desatentos nas aulas não significa desinteresse pelo conhecimento. Podem nos indicar que os saberes escolares nem sempre chegam às grandes interrogações que já vivenciam e de que eles buscam conhecimento e significado. Infantilizamos a tal ponto os saberes escolares que perderam interesse para crianças e adolescentes forçados a vivências de adultos.

Essa constatação nos leva a um campo onde vem crescendo a produção nas análises e nas pesquisas: a relação entre saberes escolares e conhecimento social. Teremos de nos empenhar em que aprendam as bases escolares, mas teremos de perguntar-nos com profissionalismo sobre que conhecimentos, que significados dar ou encontrar nas existências dos próprios alunos. O conhecimento humano sempre foi, antes de tudo, uma interrogação sobre a existência humana na sua concretude histórica. Por que não seria este conhecimento esperado pelos alunos tarefa dos profissionais do conhecimento? Quando lemos as letras de *rap*, por exemplo, feitas por adolescentes e jovens sobre suas vidas e sobre a escola, ou quando ouvimos as letras que os jovens dos movimentos do campo levam a seus encontros, podemos encontrar interrogações seriíssimas sobre sua condição de seres humanos, adolescentes e jovens, sobre o emprego, a fome, a dor, a sobrevivência, as drogas, a prostituição, a morte e a vida. Realidades com que convivem na família, no grupo, nos assentamentos ou na rua, nos amigos. Interrogações que têm direito a entender. Também nas letras encontramos questões sobre o sentido da cultura, de suas culturas, sobre sua condição de sujeitos culturais, sociais, sobre sua exclusão etc. São as grandes questões humanas, existenciais vividas prematuramente, que os amadurecem ou destroem prematuramente. São as grandes questões sobre as quais o conhecimento humano vem se debruçando historicamente. Até quando ficarão fora das grades curriculares e das preocupações de nossas áreas e disciplinas escolares?

Um olhar atento das trajetórias escolares nos pode levar a essas questões, que nos tocam em cheio como docentes. Voltamos à velha questão: Mas em que quintal das grades haveria lugar para interrogantes tão sérios? Quem deveria trabalhá-los? Com que didáticas? A dor, por exemplo, onde tem lugar nos saberes acadêmicos e escolares? E a experiência da fome, da morte? Se aos alunos é difícil estar atentos a nossos saberes, a nós resulta difícil estar atentos a suas vivências e a suas interrogações tão radicais.

Continuo destacando que as tensões vividas nas escolas, vindas do protagonismo dos educandos, podem ser tensões fecundas se somos capazes de parar e encontrar tempo e vontade para entender seus significados. Um desses significados é este que muitos coletivos docentes vêm percebendo: não dá para tratar os alunos como crianças vivendo distraídas à margem da vida e das grandes interrogações humanas. A vida os condena a vivências demasiado dramáticas e instigantes. Amadurecem prematuramente, quebram a imagem infantilizada que deles temos e exigem que os escutemos, que respeitemos suas interrogações sobre os grandes questionamentos humanos: a dor, a fome, a insegurança, o medo ao presente e ao futuro. O sentido e sem-sentido da existência. Ou haverá lugar nos currículos, nas áreas, no nosso universo mental, docente para essas interrogações ou não haverá lugar nas escolas para esses sujeitos concretos e seu direito ao conhecimento e à cultura. Quando tentamos entender os sujeitos concretos do direito à educação terminamos redefinindo a educação básica universal como direito.

O direito à educação reinterpretado?

Vimos frases muito duras dos jovens trabalhadores entrevistados por Juarez Dayrell: "a escola não me cativava, não despertava interesse..."; "se desse para viver sem escola eu preferia viver sem escola..." Seria demasiado apressado julgar que esses jovens, como tantos, não têm consciência de sua cidadania e de seu direito à educação, à escola e ao conhecimento. Prefiro ver nessas frases a tensa construção do direito à educação para aqueles que experimentam a escola em seu cotidiano. Estamos demasiado acostumados a medir a extensão da garantia do direito universal à educação a partir das taxas de escolarização. Estamos chegando à universalização desse direito, nos repetem os formuladores de políticas. Quase a totalidade das crianças e adolescentes estão na escola; logo, o direito está universalizado e garantido. Os depoimentos dos alunos(as) são incômodos ou os condenamos por não serem nem capazes de entender seus direitos ou levamos a sério suas vivências e nos perguntamos como realmente o direito à educação básica é vivido por milhões de crianças, adolescentes e jovens que frequentam as escolas. O curioso é que essas vivências do direito à educação são de jovens que mostram em suas trajetórias uma tensão permanente por ir e permanecer na escola. Não podemos dizer que não têm consciência de seus direitos e que por eles não tenham lutado. A questão que nos colocam é que aprendizados do direito à educação, ao conhecimento vão fazendo esses alunos quando vivenciam os tempos de escola. A vivência da escola afirma o valor da educação ou vulgariza esse direito?

O desmistifica? A vivência do tempo de escola deveria ser a experimentação de todas as promessas acumuladas historicamente no direito à educação. Os direitos se aprendem vivenciando-os. Seria fácil dizer que entre os sonhos e promessas acumuladas no chamado direito universal a educação e as formas correntes de vivenciá-lo nas escolas há distâncias, que em realidade as crianças e adolescentes não vivem o direito à educação, vivenciam apenas as formas correntes em que se traduz nas escolas.

Poderíamos ver nessas frases outros significados: Demasiadas lutas para tão poucos ganhos? Quanto mais é necessário lutar por um direito, maiores as expectativas que se criam. Vimos na leitura das trajetórias de vida e das trajetórias escolares sua tensa articulação para crianças, adolescentes, jovens e adultos populares. Tem de se esperar muito da escola como para sacrificar tempo de sobrevivência, do descanso, de afetividade e convívio pelo tempo de escola. Nos jovens-adultos que trabalham e à noite frequentam o EJA podemos ver o valor que dão à escola, ao estudo, a ponto de sacrificar por anos todas as noites, depois de um dia exaustivo de trabalho e transportes. Os jovens entrevistados por Juarez estão todos eles entre aqueles que fizeram essas enormes apostas na educação. Em suas duras frases expressam sua decepção com um direito pelo qual tanto se sacrificaram. Não estão julgando apenas a forma escolar de realizar esse direito, mas a própria mitificação desse direito. Um direito feito à medida das grandes narrativas: construir a república, a democracia, a liberdade, o futuro da nação, o desenvolvimento econômico e social, a igualdade de todos, a harmonia e identidade nacional, a inclusão etc.

Esses jovens não nos dizem que infelizmente nada disso encontravam na escola. Podem estar nos dizendo que não é essa a sua interpretação da educação como direito. Que são menos pretensiosos. Mais realistas. Que esperam que o direito à educação tenha sua cara. Que incorpore suas vivências humanas, sua produção cultural, seus saberes, que os reconheça e alargue, explique e ressignifique. João, o jovem serralheiro, que nos diz: "a escola não me cativava, não despertava interesse...", acrescenta: "no último ano de escola eu já tava ligado no *hip hop*... cheguei à diretora pra ver se dava pra gente dançar lá. Eu queria que os meninos dançassem na hora da merenda, sabe, mas nunca tive espaço não... A gente continuou a treinar fora da escola mesmo... Respondia muita prova com uma música minha. Foi o primeiro trabalho de português que eu fiquei com dez, mas ficou por isso mesmo. A professora nunca perguntou se era de uma música nem nada, ela nem deu ideia..." (p. 255-288). Flavinho, outro dos jovens entrevistados, que disse aquela frase tão dura "...se desse para viver sem escola eu preferia viver sem escola..." acrescentou as mesmas vivências: "Tem muito *funkeiro* na escola, mas eu acho que os professores vão contra o *funk*... porque assim eles nem sabem que todos os alunos lá gostam de *funk*... Eu mesmo, nenhum professor sabe que eu escrevo letras, nem a de português" (p. 274).

Que imagem de escola e de educação como seu direito estaria no horizonte desses jovens? Que o que eles são, sabem e produzem, pelo que eles lutam, sua cultura, suas linguagens sejam reconhecidas, incorporadas e ressignificadas. Uma concepção de educação arraigada às tradições mais progressistas e democráticas. Arraigada na tradição mais perene dos direitos humanos. Seria pretensão, até basismo dirão alguns, levantar a suspeita de que uma análise atenta das lutas dos setores populares pela educação e as críticas tão radicais que fazem da escola poderá ser um caminho para o reencontro do que há de mais perene no direito universal à educação, ao conhecimento, à cultura e à realização humana?

Quando os governos e a imprensa destacam que quase todas as crianças e adolescentes e milhões de jovens habitam nossas escolas, me pergunto não tanto por quantos já estão nas aulas, mas quem são os habitantes dessas escolas, que imaginários levam de si mesmos, de sua infância, adolescência e juventude, de sua raça, sua classe, seus saberes, valores e que imaginário levam da educação como direito, deles e delas como sujeitos de direitos. Possivelmente essas imagens dos direitos humanos marcados pela concepção abstrata e mercantil não sejam aquelas dos novos habitantes das escolas. Os imaginários que levam de si mesmos não são esses. Se sabem seres concretos, em trajetórias de vida e escolares concretas, sofridíssimas. Vivenciam um altíssimo custo pela escola. Nos revelarão e exigirão dimensões mais alargadas à construção da educação como direito.

Não seria demasiado pretensioso ir mais fundo em nossas análises e entender que os setores populares estão fazendo seu aprendizado dos direitos humanos, direito ao trabalho, à terra, à vida, à moradia, à saúde, à sua cultura, identidade, memória, à educação. Na própria luta por todos esses direitos não apenas os conquistam, mas redefinem as dimensões em que foram colocados quando outorgados pelos governos, pelas elites benevolentes, pelos intelectuais e formuladores de políticas. O direito ao trabalho é muito diferente quando visto pelas classes patronais ou pela classe operária. Os direitos da mulher, dos povos indígenas, dos negros, da infância e adolescência são muito diferentes quando vistos e vivenciados por todos esses sujeitos ou quando outorgados pelos homens, os brancos, os adultos.

Acompanhando com atenção a tensa vivência da educação com o direito pelas crianças, adolescentes, jovens-adultos populares poderemos ir descobrindo que o estatuto do direito à educação básica universal ainda é muito ambíguo quando seus sujeitos são os setores populares. Que eles empurram seus horizontes para mais longe. Não os estreitam. Uma vivência que se bem analisada poderá trazer ricas contribuições para os paradoxos da história dos direitos humanos.

7
Os corpos, suas marcas, suas mensagens

*Nossas disciplinas e didáticas não conseguem
mais controlar seus corpos.*

Uma professora destacou que os alunos parecem ter maior dificuldade para controlar seus corpos. Como se nunca tivesse sido tão complicado manter-se quietos e disciplinados. Sua observação parecia sugerir que o peso da gravidade das disciplinas escolares caía com força maior sobre seus corpos do que sobre suas mentes. Outra professora acrescentou que sua impressão era que os espaços escolares ficaram demasiado estreitos para corpos infantis e adolescentes tão explosivos. Outro professor observou: "nossas disciplinas e didáticas não conseguem mais nem interessar nem controlar seus corpos".

Observações como estas são cada vez mais frequentes nos encontros docentes. É significativo que os alunos(as) nos chamem tanta atenção e despertem tanta preocupação pelos seus corpos quando sempre os percebíamos como mentes e espíritos abertos ou fechados a nossas lições. Por que essas mudanças no olhar dos professores sobre os educandos? Que podem revelar essas mudanças para a docência? Que significados damos a seus corpos tão explosivos?

Estas preocupações passaram a ser coletivas e vêm motivando encontros, dias de estudo, leituras sobre o que nos revelam esses corpos infantis irrequietos e esses corpos adolescentes e juvenis indisciplinados. Que leitura e que significados damos a suas manifestações corpóreas? Sobretudo, como as alunas e os alunos lidam com seus corpos? Podemos trazer para os momentos coletivos pesquisas que já existem, ou que podem ser feitas nas escolas. Lembro de uma escola em que os professores de educação física, mais familiarizados profissionalmente com os corpos e com o movimento, se comprometeram a fazer um mapeamento de como os professores e os alunos viam os seus corpos. Como lidam, que preconceitos carregam, se estão mudando as formas de ver e lidar. Tentarei organizar os dados e as análises que aparecem nessas reuniões e dias de estudo.

Corpos que falam até quando silenciados

Começamos perguntando pelas lembranças que guardamos sobre o trato dado a nossos próprios corpos, quando éramos alunos(as). Entre as lembranças mais fortes estão as filas, o silêncio, tanto tempo sentados nas carteiras, sem movimento, as falas dos professores: "cala a boca", "fiquem quietos" e até os castigos corporais. Corpos silenciados, quietos, castigados e também corpos soltos, buliçosos, mas apenas nos pátios, nos curtos tempos de recreio. Uma professora lembrou dos uniformes "que ocultavam nossos corpos adolescentes e juvenis e reprimiam nossa afetividade e sexualidade". "Mas não tinha jeito – comentou outra professora –, as trocas de olhares, de gestos, os flertes, namoros, aconteciam". Corpos que falam até quando silenciados. Ficou manifesto, por nossas lembranças, que o trato, as descobertas e a socialização dos nossos corpos ficou por nossa conta. Cada um e cada uma teve de lidar com seus sentimentos e emoções, com suas autoimagens e com as imagens e preconceitos dos outros. As escolas não incluíam em seus projetos pedagógicos a educação dos corpos. As equipes docentes dificilmente se colocavam em seu horizonte profissional essa dimensão humana corpórea dos alunos(as). Essa dimensão fica por conta da equipe de educação física e, sobretudo, por conta dos próprios colegas. É no convívio entre colegas que fomos aprendendo a lidar com nossos corpos. Um aprendizado, por vezes, carregado de traumas por tantos olhares preconceituosos que regem os convívios entre gêneros, raças e condições sociais. Em algumas reuniões, poucas, alguém teve coragem de perguntar se também no convívio profissional estão presentes esses mesmos olhares preconceituosos.

Fazer um percurso, ainda que rápido, pelas nossas lembranças dos tempos de escola, nos abre para pensar como lidamos agora como mestres com a condição corpórea dos alunos. Um ponto aparece como consensual: suas lembranças de hoje serão muito parecidas com as nossas de ontem. Há uma diferença significativa: silenciados e quietos os corpos dos alunos falam mais alto do que em nossos tempos de escola. O que há de diferente é que fica cada dia mais difícil silenciar, controlar ou ignorar seus corpos. Torna-se urgente escutar suas falas, venham em forma de indisciplinas, de desatenção, ou de condutas desviantes, ou venham em forma de corpos atentos e disciplinados. Com essas falas corpóreas estão obrigando-nos a mirá-los com novos olhares e a ter outras posturas perante seus quietos ou irrequietos corpos infantis e até seus explosivos corpos adolescentes e juvenis.

Há consenso, mas nem tanto, quanto às posturas a adotar. Os controles, as disciplinas, as advertências, castigos e até expulsões não funcionam como em nossos tempos. A consciência pedagógica já avançou a tal ponto que resultam posturas antiquadas e antieducativas. Entretanto, esses avanços poderão regredir diante dos medos que estão se criando perante a chamada explosão de indisciplina na sociedade e nas escolas. Está em marcha a construção coletiva de um imaginário do medo: tempos de terrorismo, de violência, de descontrole, de indisciplinas, até nas escolas. O tema violência nas escolas promove congressos nacionais e internacionais como o pânico do terrorismo provoca essa paranoia de reuniões e de medidas, até justifica a guerra preventiva. Na mesma paranoia estamos inventando medidas preventivas nas escolas: paz nas escolas, convívios solidários, autocorreção e autopunição dos próprios alunos etc. Sempre que se inventaram pânicos coletivos os corpos foram os primeiros a serem controlados e punidos. A todo pânico coletivo seguiram-se, ou justificaram-se, medidas punitivas, ressuscitaram-se pedagogias de controle e domesticação dos corpos. Estamos em um desses tempos. As sensibilidades para com os corpos violentos, indisciplinados nas salas de aula faz parte deste momento de pânico coletivo conservador. Podemos estar diante de um retrocesso no trato dos corpos ou podemos ser instigados a assumir com profissionalismo seu trato. Que fazer? Deixar por conta de alguns profissionais o controle não funciona mais. Hoje não são só alguns os alunos considerados problemas. Está se criando um imaginário de que são tantos que exigem que o coletivo profissional assuma essa tarefa como parte do fazer e pensar profissional.

Esta pode ser a questão nuclear: se os corpos fazem parte da condição humana e do desenvolvimento pleno dos educandos e das aprendizagens, a preocupação com sua formação independe de que nos molestem com suas indisciplinas e descontroles. Podemos não ter corpos irrequietos, explosivos, violentos, drogados e assumir que faz parte de nosso ofício educar os alunos como seres corpóreos. Tem sido e continuará sendo irresponsabilidade profissional, ao menos tem sido muito cômodo deixar por conta dos próprios alunos, crianças, adolescentes e jovens, aprenderem as difíceis artes de lidar com os corpos, entender seu desenvolvimento, interpretar suas surpresas, construir identidades de gênero, raça, classe, idade em convívios sociais e escolares carregados de preconceitos para com os corpos. É temerário deixar por conta da improvisação aprendizados humanos que exigem o acompanhamento profissional. Ninguém melhor do que os profissionais da educação para planejar e acompanhar as estratégias mais adequadas a esses complexos e delicados aprendizados.

Ainda não é fácil aceitar que essa tarefa tão melindrosa faça parte de nosso ofício. Cada vez mais coletivos docentes reconhecem que o desenvolvimento pleno dos educandos não acontecerá se seus corpos forem silenciados, controlados, reprimidos e segregados por preconceitos. Nem se forem ignorados. Entretanto, duas questões são colocadas. A primeira, a falta de condições de trabalho e a segunda a falta de preparo. Nos faltam condições para assumir essa tarefa, repetem os professores. Diante da estreiteza das salas de aula somos levados a esperar que deixem suas inquietas e explosivas manifestações corpóreas para outros espaços, para a rua, o morro, ou ao menos para os pátios, para o recreio. O problema realmente é, em grande parte, de falta de condições de trabalho, não tanto de falta de atenção, nem de vontade de ouvir as falas que os alunos nos gritam através de seus corpos. Nessa falta de condições é normal que prefiramos imaginar-nos trabalhando com a leveza do espírito do que com a pesadez dos corpos.

A segunda questão não deixa de ter grande peso: falta preparo para uma tarefa tão delicada. Nos cursos de licenciatura e até de pedagogia falta um tratamento aprofundado. Nos currículos de formação os tratos profissionais com os corpos dos educandos não recebem a centralidade com que essas questões se apresentam no cotidiano das escolas. "Saímos profissionais do conhecimento de cada área e disciplina e nada mais", observava um professor. No imaginário dos centros de formação os alunos aparecem apenas como mentes a informar, a instruir e a aprender nossos saberes. Ficaremos sabendo que essas mentes não são angelicais, mas corpóreas no embate diário com os alunos(as) nas salas de aula. Como suprir essas lacunas? As tensões levadas pelos educandos às escolas estão sendo um incentivo para suprir essas lacunas. Que temáticas ou que dimensões da condição corpórea do ser humano vêm merecendo atenção dos coletivos docentes? O que nos falam os alunos com seus corpos? Que significados entender?

Em um primeiro momento, as falas mais chocantes são as indisciplinas: corpos desatentos, irrequietos, rebeldes, até violentos, drogados. Aos poucos vamos indagando se todos são violentos e tão violentos. De toda maneira, nessas indisciplinas e condutas o que destaca são os comportamentos corpóreos. Julgamos e condenamos os alunos pelo que seus corpos nos revelam. Passamos a indagar por que esses vínculos tão estreitos que estabelecemos entre o nível moral de uma pessoa e de um coletivo e os comportamentos corpóreos. Carregamos uma cultura que nos diz que no corpo está o pecado. Uma visão extremamente negativa da condição corpórea do ser humano, em contraposição à exaltação do espírito. As condutas morais vistas como negativas sempre foram associadas ao corpóreo, aos instintos, às paixões. As condutas positivas sempre vistas associadas à nobreza do espírito, do caráter, da cultura e do cultivo das letras. Vemos o descontrole das condutas como o descontrole dos corpos.

Quando percebemos que os juízos que fazemos das indisciplinas dos alunos têm tanto a ver com a visão que em nossa cultura nós fazemos dos corpos, percebemos a necessidade de aprofundar essas questões. Não somos isentos dos estereótipos de nossa cultura, nem somos isentos do peso das concepções religiosas dualistas que tanto desprezam os corpos. Esse universo cultural e religioso termina influenciando nossos apressados julgamentos das condutas irrequietas e indisciplinadas dos educandos como imorais. É urgente uma visão mais profissional de questões tão delicadas e tão imbricadas nos processos educativos. Os corpos dos alunos revelam muito mais do que indisciplinas, revelam os enigmas de suas existências.

O que está posto nas escolas é mais do que condenar condutas indisciplinadas. É ver, ler e entender a pluralidade de marcas de gênero, raça, etnia, classe, condição social que carregam os corpos dos alunos(as). Podemos condenar e expulsar alguns alunos por indisciplinados e violentos, mas os corpos dos que ficaram continuaram exigindo de nós um olhar profissional sobre suas marcas.

As marcas de sua condição social são as primeiras a refletir-se nos seus corpos. São estes os primeiros a sentir e padecer os efeitos do desemprego da família, da exclusão, da fome, dos trabalhos infantis, penosos dentro e fora de casa. Nos corpos infantis e adolescentes, débeis instrumentos perante as exigências da dura sobrevivência, dá para perceber as marcas da fraqueza, do medo e do cansaço. "Chegam com tanta fome, nem café tomavam antes de irem à escola", observava uma professora. "Chegam à noite esgotados, depois de um dia de trabalho, muitos dormem", ponderava um professor de Educação de Jovens e Adultos. Por que estas marcas chamam menos nossa atenção do que suas indisciplinas e faltas de atenção e concentração? Estas terão algo a ver com essas marcas brutais de sua condição social?

Nos corpos também trazem as marcas tão esquecidas na escola de seu gênero, de sua raça e dos preconceitos sexistas e racistas que pesam sobre eles. Como entrar em uma escola, sobretudo pública, ir aos pátios, ou salas, fazer a chamada sem observar a diversidade de corpos dos alunos(as)? São tão diversos quanto seus contextos sociais e raciais. Alguém observou que nunca deixamos de perceber nas salas e nos pátios as marcas da condição social, sexual, racial dos alunos. "Até para condená-los e olhá-los com nossos preconceitos", ponderou uma professora. As marcas dos corpos, da pele, do cabelo são tão difíceis de tratar com profissionalismo nas escolas quanto em outras instituições e outros coletivos profissionais. Nas escolas parecia haver um pacto oculto, não mexer em questões tão delicadas e explosivas, mas os alunos(as) com suas condutas e seus irrequietos corpos estão trazendo à tona suas marcas. O pacto oculto não dá conta. Exigem debelá-lo e que nos pronunciemos como profissionais. Nada fácil um trato profissional, sem preconceitos. Não será mais fácil arquivar essas questões, apagá-las de nossa agenda profissional? Se os alunos e as alunas o permitirem. O que não parece fácil. Porque não são apenas eles e elas que estão mostrando a seus professores(as) as marcas de sua pele e de seus corpos, são os movimentos sociais, feminista, negro, indígena, sem terra, sem teto... que estão colocando essas marcas na agenda social, política e cultural. Só parece restar uma saída: entender profissionalmente os significados dessas marcas e repensar a docência, as didáticas, os tempos e espaços escolares, os convívios etc.

Um dos significados a perceber é que as marcas de sua condição social, racial, sexual, étnica não as carregam com vergonha, mas com orgulho. As alunas e os alunos nos pedem e exigem que tenhamos um olhar positivo sobre os seus corpos, seus traços, seus cabelos que nos mostram com orgulho. Como uma muralha onde se defender dos preconceitos e construir sua identidade positiva. Aprenderam nas famílias e nas comunidades a ressignificar a rejeição social experimentada desde a infância. Entender essa esfera identitária que os corpos revelam faria parte de uma postura de tratos profissionais do desenvolvimento humano. Como as alunas e os alunos vão construindo suas identidades, como vão se formando no diálogo com seus corpos e com esse emaranhado de imagens negativas que pesam sobre seu gênero, sua raça, sua etnia e sua condição social? Com imagens tão desencontradas poderão construir uma imagem positiva? Carregarão seus corpos como uma permanente fratura sempre a machucar sua autoimagem? Difícil pensar que esses processos formativos não nos tocam como profissionais da educação. Escutar as falas dos corpos dos alunos é nosso dever, como pensamos ser o dever deles escutar nossas falas. Quando a esfera subjetiva não é susceptível de se expressar em palavras tenderá a se revelar nos corpos. Como entendê-los? Se nossas falas docentes não falarem a alunos corpóreos, se os falarmos sem vê-los, não esperemos respostas. Os corpos nos trazem o outro como presença e como interrogação.

A corporeidade, dimensão básica da condição humana

Entre a diversidade de marcas que os alunos carregam em seus corpos uma aparece com destaque: lutam pela vida e sobrevivência. Têm urgência por viver. Ao menos viver. Nas trajetórias humanas e escolares este é o destaque. Mas o que teriam a nos dizer como professores-educadores? Nos lembram uma condição básica da condição humana: a condição biológica de nossa espécie. Dimensão que nossa cultura reconheceu como o primeiro direito: comer, alimentar o corpo, lutar contra a fome, a desnutrição, a mutilação, a morte. Direito à vida. Um direito que condiciona todos os direitos humanos. Não é mais um. As formas de garantir ou não esse direito mais básico, à vida, condicionam o trabalho de todos os profissionais dos outros direitos humanos: saúde, por exemplo. Garantir a vida é uma tarefa de todos os profissionais e instituições que lidam com os direitos humanos. Não se garante nenhum direito sem corpos vivos, alimentados, respeitados.

Reconhecer essa dimensão básica da condição humana, a corporeidade, não é fácil no universo escolar e docente. Se conseguirmos que deixassem seus corpos na entrada das escolas e se abrissem as nossas lições como mentes incorpóreas, seria bem mais fácil nossa docência. Quantas vezes ouvimos de dirigentes escolares e de professores que as crianças e adolescentes populares vão à escola para comer não o alimento do espírito, mas do corpo. Falamos como se fosse um absurdo receber e ter de cuidar de corpos famintos nas escolas. Por que essas reações? Porque identificamos nossa função não com alimentar corpos, mas com alimentar mentes de crianças e adolescentes, jovens e adultos famintos de conhecimentos. Num malabarismo imaginário cindimos o ser humano em corpo e mente, e nos reservamos o trato das mentes incorpóreas. Como pesa sobre nosso imaginário docente esse dualismo ingênuo!

Haveria ainda uma explicação para essa dificuldade de assumir a educação de seres corpóreos: a condição biológica dos alunos não resolvida se defronta com o cognitivismo e intelectualismo abstrato que vem dominando os currículos e a cultura escolar e docente nas últimas décadas. Resolvemos por nossa conta reduzir a função que a sociedade nos delegou de socializar, formar e acompanhar o desenvolvimento pleno dos educandos, apenas a informar, instruir suas mentes. Que aprendam conceitos e até que aprendam a formulá-los, a resolver e equacionar problemas. Que agucem suas mentes. Como negar essas funções? Mas apenas essas? Fiéis a esse reducionismo é normal que nos defrontemos com a falta de lugar que deixamos para os corpos humanos em nossa cultura docente. Como resulta estranho a nossa pedagogia lidar com seres humanos atrelados à reprodução biológica mais elementar. Como se ao longo de vinte e cinco séculos de sua história a pedagogia e o magistério tivessem lidado com anjos, sem corpo. Nas escolas é um dos lugares onde nunca houve anjos, mas foi necessário esperar séculos para que percebêssemos a condição biológica, corpórea dos educandos. Os pobres ficaram encarregados de abrir os olhos da pedagogia. Que pena que tenham demorado tanto em entrar nas escolas e que tenhamos mantido silenciados seus corpos. Desta vez nos convenceremos de que nem ensinamos espíritos, nem educamos anjos?

Um dado, que mostra como é difícil ao pensamento pedagógico incorporar a condição corpórea dos educandos, pode ser visto no escasso engajamento das escolas e da categoria docente organizada contra a exploração sexual de menores e a exploração do trabalho. Nos engajamos com maior rapidez em campanhas contra a infância violenta. Recentemente, tem aumentado as campanhas e as medidas da sociedade e dos governos contra a exploração sexual, contra a prostituição infantil ou contra o trabalho infantil, os programas de bolsa-escola, por exemplo. Algumas redes e escolas têm formas de acompanhamento pedagógico dessas crianças e adolescentes integradas à escola. Mas "para compensar lacunas e atrasos de aprendizagem". Por que não há qualquer preocupação com as marcas que carregam em seus corpos de anos de exploração sexual e de trabalhos indignos de crianças e adolescentes? Estarmos atentos a seus corpos marcados exigirá ir além da preocupação com seus problemas de aprendizagem e de aceleração. Por que apenas os atrasos de aprendizagem? Ter sensibilidade para com os atrasos em seu desenvolvimento biológico é também de nosso ofício.

Reeducando nossa sensibilidade profissional para a centralidade da dimensão biológica da condição humana certamente mudaremos nossos juízos sobre os alunos(as). Sua presença se faz incômoda não por serem diferentes, como sujeitos éticos, indisciplinados. São outros sim, porque é outro o trato dado pela sociedade à sua condição biológica. A brutalidade a que são condenadas suas sobrevivências, as de suas famílias e de sua classe de fato os fez outros: mais famintos, mais participantes na renda familiar, mais explorados nos trabalhos domésticos e de rua. Não é este ou aquele adolescente ou criança que é outro, mas a infância, adolescência e juventude populares são outras: mais condicionadas à condição biológica mais elementar. Ou descemos de nosso pedestal e de nosso intelectualismo abstrato, incorpóreo ou nossa docência entrará em um beco sem saída.

Voltamos à pergunta que aparece com tanta insistência nos embates escolares: e são outros os alunos, nossa docência poderá ser a mesma? As imagens com que os representamos e nos representamos poderão ser as mesmas? Seus corpos irrequietos não cabem na estreiteza de nossas salas de aula, não cabem nas precárias condições de trabalho, mas teremos de reconhecer que sua condição biológica também não cabe nas imagens que nós fazemos de aluno e de docência: os alunos foram como que esvaziados de sua corporcidade em nosso espiritualizado imaginário docente e pedagógico. Seus intelectos foram a tal ponto idealizados que deixaram de ser intelectos humanos. Até certa idade os corpos infantis, seu trato e cuidado fazem parte do papel de uma educadora infantil. Corpos infantis, poeticamente cantados e amorosamente cuidados. Já na pré-adolescência e adolescência, quando a inocência se dilui, os corpos começarão a ser condenados, ignorados ou vistos como um incômodo à nossa docência. As imagens dos alunos mudam na medida em que vão mudando os olhares sobre seus corpos. O que os adolescentes e jovens nos sugerem é que para entendê-los e entender-nos teremos de reconstruir suas imagens e assumir sua condição corpórea. Podemos achar inoportuno, até, que essa meninada e moçada resolva quebrar essas imagens quando as condições de trabalho não melhoraram. A culpa de que seus corpos sejam tão castigados e expostos não é delas, mas das mesmas estruturas econômicas que os castigam e que estreitam nossas condições de trabalho. Um bom motivo para juntos retomar velhas e não resolvidas lutas docentes e sociais.

Teríamos de renunciar a nosso ofício de ensinar, de garantir o direito ao conhecimento e à cultura para cuidar dos corpos desfeitos, cansados, irrequietos dos educandos? O que parece ser inevitável é reconhecer que o mesmo ser humano que pensa, produz cultura, conhecimento, valores e identidades, sempre o fez tendo corpo e por ter corpo. Reconhecer esta realidade, tão própria de nossa espécie, seria uma das questões que os alunos(as) nos colocam. Rever nossas concepções de aprendizagem, de produção do conhecimento. Superar os dualismos em que cindimos o ser humano, corpo, mente. Equacionar os processos de ensino-aprendizagem, tendo como referência uma mente angelical, sem corpo, sem "bio", sem fome ou sem medo nos incapacita como profissionais dos processos de aprender. Uma mente incorpórea, solitária, alheia às marcas do corpo, sem contexto social, material, cultural é uma ficção. Quando essa mente solitária, angelical, sem corpo, não aprende tenderemos a catalogá-la como desmotivada, lenta, desacelerada, problema. Como entender nas teorias da aprendizagem e da socialização a condição biológica de nossa espécie, a condição material, social, histórica e cultural da mente humana? Como voltar a unir naturalismo e história?

O cognitivismo e cientificismo tão dominantes nas últimas décadas nos currículos, na avaliação, nas didáticas de ensino e na formação dos licenciados criaram na cultura docente a ilusão de que era possível trabalhar mentes incorpóreas solidárias, pairando no vazio biológico e material, social e cultural. Cada aluna ou aluno, criança ou adolescente, jovem ou adulto, seria apenas uma mente subtraída de todo o peso da sua condição biológica, corpórea. As artes da docência passariam por subtrair ou ao menos criar a ilusão de ter conseguido subtrair os alunos de sua condição biológica, corpórea, social e ativar suas mentes solitárias, motivá-las para nossas lições, para o conhecimento, o letramento e as ciências. As mentes assim subtraídas que não se deixassem motivar e ativar por nossas didáticas seriam tachadas como burras, desatentas, desmotivadas, indisciplinadas, lentas, com problemas de aprendizagem. Candidatas a tratos especiais com profissionais especializados em problemas do espírito. Mentes reprovadas, condenadas a repetir e tentar de novo o mesmo processo.

É significativo que quando se analisam todos os crônicos problemas de fracasso escolar não saímos dessa concepção angelical, solitária da mente humana. Se crianças e adolescentes não aprendem ou é porque não temos competência para ativar suas mentes, ou porque os conteúdos não são motivadores, ou porque faltam condições de ensino, excesso de alunos nas salas, falta de motivação salarial dos docentes, métodos antiquados, e por aí. Como ignorar esses determinantes? Porém, as formas em que os alunos e alunas reproduzem suas vidas, seus corpos mutilados, famintos, cansados, sua reprodução biológica nos limites mais elementares, sua alternância entre estudo, sobrevivência, toda essa realidade humana total em que se socializam, pensam, apreendem, é ignorada ou secundarizada como imprópria do ofício sagrado de ensinar. São essas mentes impossíveis de subtrair-se a essa condição humana, material, biológica que caminham para nossas salas de aula carregando sua condição humana total. Nos agrade ou desagrade são seres humanos de carne e osso, não só de mente e espírito. Ainda estão vivos.

Enxergar, ouvir e ler a diversidade corpórea dos alunos traz questões demasiado radicais para a docência e a pedagogia. Ou os ignoramos, pior, os condenamos por carregarem às escolas seus corpos (e logo esses corpos), ou os escutamos. Dificilmente as escolas conseguirão voltar ao controle de corpos infantis e juvenis tão presentes e eloquentes. O pior é que irromperam de repente sem aviso prévio, comentava um professor. A fome, a sobrevivência, o desemprego dos pais, das mães e dos irmãos, a globalização e suas monstruosidades também não avisaram nem aos pais, nem às crianças, adolescentes e jovens. Chegaram e se instalaram em suas vidas. Fizeram sua cruel morada até na infância. Que estranho que coloquem sua tenda em nossas escolas e salas de aula. Chegaram para ficar. Teria de ser assim, de repente, sem aviso prévio, que esses alunos e alunas resolveram chamar nossa atenção para seus corpos, sua fome, suas formas dignas ou indignas de sobrevivência, sua indisciplina e até violência? Se nos revelam por inteiro, sensitivos, corpóreos, emocionais. Às vezes seus corpos nem alento têm para a indisciplina de tão cansados. "Prefiro que durmam e me deixem dar minha aula", sentenciava um professor.

É compreensível que as reações tenham vindo com a mesma rapidez: somos professores, especializados no trato do conhecimento, no ensino de mentes solitárias, subtraídas dos corpos, sem paixões, sem emoção, sem sentimentos, sem fome, ou apenas famintas dos conhecimentos. É compreensível que muitos coletivos docentes sintam-se instigados. Essa meninada põe em crise não apenas nossas didáticas, como lidar com eles? Põe em crise nossas concepções de mente, de ensino, de aprendizagem, de socialização, enfim de ser humano e de sua formação. Põe em crise os perenes alicerces de nosso ofício. Até põe em xeque as categorias do moderno pensamento pedagógico: formar a autonomia de juízo, levá-lo além dos condicionantes de origem, dos entraves dos sentimentos, das paixões, da corporeidade. Instigá-lo para que se atreva a pensar. A pedagogia moderna se esqueceu dos corpos? Quem os traz de volta para o pensar pedagógico e docente são os próprios corpos esquecidos, machucados.

Estaríamos em um momento em que os setores populares tão atrelados às regras mais primárias da condição humana nos fazem uma instigação: rever o pensamento pedagógico e docente, inverter suas categorias, incorporar uma visão totalizante do ser humano. Uma maior sensibilidade e escuta para com os educandos em suas concretudes biológicas, sociais, étnicas, raciais, culturais, poderá ser um caminho para o repensar pedagógico e docente. Neste sentido, vejo este momento vivido pelas escolas com otimismo. Ver os alunos não como inimigos que invadiram novos castelos, disputando os estreitos espaços de nosso poder, as salas de aula, as disciplinas e os controles, mas vê-los como cúmplices à procura de uma visão mais histórica e real dos processos de socialização e aprendizagem.

Ampliando os conteúdos da docência

Uma leitura atenta das marcas dos corpos dos alunos pode nos levar além de uma reinvenção dos processos de ensino e aprendizagem. Pode questionar os próprios conteúdos do conhecimento e nos trazer dimensões da condição humana, da realidade social e cultural, esquecidos ou marginalizados nas grades curriculares e no reparto disciplinar do conhecimento escolar. Quando confrontamos os saberes escolares com as marcas trazidas pelos alunos em sua condição biológica, corpórea, material, social e cultural percebemos quanto do conhecimento socialmente produzido ficou de fora dos saberes escolares. Os alunos e alunas parecem nos dizer: alarguem seu campo profissional, se defrontem com as questões com que nos defrontamos desde crianças. Questões que não são nem nossas, nem novas, mas são questões com que se defrontaram o magistério e a pedagogia desde suas origens. Questões da condição humana com que tão precocemente os alunos têm de se defrontar.

Voltemos à questão central comentada no capítulo anterior: Crianças e adolescentes podem trazer questões sérias ao conhecimento humano e escolar? Temos uma visão angelical não apenas da mente que aprende, mas da infância e adolescência. Como se fosse possível viver esses tempos à margem das grandes tensões e barbáries sociais. Carregamos uma imagem da infância, adolescência e juventude que ainda que padeça dessas barbáries não se interroga por seus sentidos e sem-sentidos. Na educação de jovens e adultos é aceito com certa normalidade pedagógica ouvi-los porque partimos do suposto que os adultos pensam, se interrogam pelos significados de suas existências e do mundo. Quando convivemos com a infância, adolescência ou juventude na educação infantil, fundamental ou média, partimos do suposto contrário, são idades sem vivências do real e sem interrogações, sem pensamento e sem cultura. Parece-nos ingênuo perguntar-nos, sequer, pela possibilidade de que falem, que revelem suas interrogações. Supomos que não as têm. Vivem fora do mundo e de suas barbáries. Vivem no mundo encantado da infância. As imagens in-corpóreas, etéreas de infância e adolescência bloqueiam a possibilidade de ouvi-las, mas quando miramos para seus corpos e para as marcas da barbárie que carregam percebemos que essas marcas falam por si mesmas. São como tatuagens onde estão inscritas todas as grandes interrogações que as diversas ciências se colocam sobre o momento presente, sobre os efeitos da globalização, do desemprego e da fome, do trabalho infantil e da violência, da reprodução mais básica da existência e da socialização, produção e reprodução dos valores e da cultura. Ninguém mais motivado a interrogar-se sobre essas barbáries do que aqueles que as padecem. Ainda que sejam crianças. Que pensa de sua dor e de sua fome uma criança sentada na nossa frente na nossa sala de aula?

Convém fazermos uma leitura de todas suas falas e ver que trazem também as marcas de seus esforços, sua teimosia, sua capacidade de resistir, de recuperar a humanidade, de esperar, sonhar, amar, conviver, tentar ser felizes. Não são essas as grandes questões que interrogaram todas as ciências? Nos corpos da criançada e moçada e até dos adultos que frequentam as escolas públicas dá para ler todas essas interrogações. As próprias condutas "desviantes" de corpos tão rebeldes, que tanto preocupam os mestres, revelam todo o instigante debate atual sobre a quebra dos padrões éticos da sociedade. Questões que trazem uma inquietação intelectual mais instigante, tratando-se de corpos de crianças e adolescentes enredados nas redes do tráfico, da exploração sexual e do trabalho ou do roubo para sobreviver.

É difícil imaginar que essas questões tão radicais sejam consideradas estranhas a nosso pensar e fazer profissional. São as grandes questões que ocupam as artes, o cinema, a literatura e as diversas áreas do conhecimento e da pesquisa na atualidade. Por que não deveriam ser questões centrais nos currículos escolares e nas diversas áreas e disciplinas? Por que não são questões centrais nos currículos dos cursos de formação docente? Talvez porque nos formaram para ser docentes apenas dos conteúdos de cada uma das áreas e disciplinas escolares nos tornamos insensíveis às grandes interrogações humanas. O que não se enquadra no que as disciplinas curriculares determinam como conteúdo não é conhecimento. Nos é estranho. Podemos em nossa sensibilidade reconhecer que os alunos teriam direito a conhecer os significados de suas existências, a encontrar respostas a suas complexas interrogações, porém quem será o docente e a área ou disciplina responsável? Uma das urgentes questões que os alunos(as) com tantas marcas nos trazem como profissionais do conhecimento é em que grade, área, disciplina ou tema transversal colocaremos os significados e as respostas dessa diversidade de marcas. Onde ou que docente ficará responsável por entender o que significa para a formação, socialização e aprendizagem de uma criança ser submetida à reprodução biológica mais elementar. Que disciplina explicará a fome, o trabalho infantil, a dor humana vividos tão brutalmente por milhões de crianças? Se não temos explicações para lhes dar sobre essas marcas, que imagem guardarão da escola e de nossa docência?

Poderão levar a imagem de que a vida e as formas de vivê-la ou de perdê-la não têm demasiada importância para o conhecimento escolar. Mas têm para o conhecimento socialmente produzido. O esvaziamento do sentido da vida ou seu esquecimento não pode deixar uma lembrança positiva dos conhecimentos escolares naqueles coletivos que tanto lutam por viver e sobreviver.

Há ainda uma dimensão que essa explosão dos corpos nas escolas traz para nossa reflexão. Uma professora lembrava que tinha lido que a infância tem direito ao cuidado e à educação, e comentava: aprendemos a educar e a ensinar, porém não sabemos cuidar sobretudo de seus corpos. De fato, sabemos bastante como formar sua mente, um pouco seus sentimentos, seu afeto e seus comportamentos, mas cuidar de seus corpos nos parece coisa da mãe ou da babá. Mas que fazer quando os alunos e as alunas, crianças e adolescentes chegam com seus corpos desnutridos, desfeitos à procura de cuidados? Possivelmente em cada escola e em cada contexto social essas questões se coloquem de maneira diferente. Pelas histórias de vida, pelas letras de suas músicas podemos perceber que as lembranças tanto positivas como negativas da escola estão relacionadas com a atenção dada a seus corpos, com a possibilidade dada ou negada de dançar, tocar as músicas de seus conjuntos nas escolas, no recreio ou nas festas. Lembram como positivo ou negativo que seus ritmos, seus movimentos, seus corpos sejam silenciados ou ouvidos. A memória da escola está atrelada ao lugar e ao trato dado a seus corpos e a seu movimento. Várias pesquisas têm demonstrado que tanto as crianças e adolescentes populares quanto suas mães respondem à pergunta: O que esperam da escola?, na seguinte ordem de prioridades: alimentação e merenda, proteção e cuidados e, em terceiro lugar, um diploma, ler, escrever, contar. Uma visão bastante totalizante dos tempos de infância e adolescência: a alimentação, o cuidado, a proteção, o conhecimento e as competências para a vida.

Na última década fomos ampliando o campo de nossa docência, de transmitir o saber e as competências para a inserção no mundo moderno e no mercado, avançamos por formar para a cidadania crítica, nos anos 1980. Recentemente incorporamos outras dimensões da formação humana em nosso horizonte profissional: formar os sentimentos, a emoção, a memória, a imaginação, subjetividade e identidade, reconhecer a condição de sujeitos estéticos, éticos, culturais, sociais etc. Vamos aproximando-nos de uma visão cada vez mais totalizante dos alunos como seres humanos em formação. Em congressos, seminários, oficinas e dias de estudo fomos aprofundando teoricamente conhecimentos sobre o trato profissional dessa pluralidade de dimensões. Faltava-nos a condição corpórea. Foram os alunos com suas marcas que nos alertaram da centralidade dessa condição. As imagens dos corpos humanos voltam a se manifestar nos horizontes de nossa docência. No início, como imagens incômodas, aos poucos como componentes determinantes da condição humana. Estamos recuperando a figura humana total nos educandos. Por aí recuperamos uma imagem mais total da docência.

O redescobrimento do corpo já vinha se dando como potencial elemento de liberação da sexualidade ou de reivindicação militante nos movimentos feminista, negro ou operário. Até o corpo como componente básico na construção das identidades ou na sua destruição através dos preconceitos estéticos, de cor, de gênero. Corpos, cabelos, cor, traços aceitos com orgulho como uma muralha onde defender suas autoimagens dos preconceitos e construir uma identidade positiva.

Ou corpos rejeitados, ocultando uma autoimagem negativa. Esferas subjetivas reveladas nos corpos em sua ocultação e rejeição ou em sua aceitação e revelação. Imagens corpóreas tão díspares poderão confluir em uma imagem única? Ficarão em permanente tensão? Deixarão fraturas que condicionem os processos de formação?

A pesquisa e atenção à condição corpórea é tarefa de todas as ciências que tentam entender o humano. A pedagogia e a docência estão entre elas? Ou estamos, ainda, distantes da centralidade que os movimentos sociais e as ciências dão a nossa condição corpórea? Não precisávamos esperar que corpos indisciplinados e irrequietos perturbassem nossas aulas para levá-los em conta como componentes de nosso ofício. Os corpos das crianças e adolescentes, jovens e adultos com que convivemos protagonizam diferentes papéis e revelam os processos complexos de sua constituição como humanos. Entendê-los e acompanhá-los são tarefas complexas para nosso profissionalismo.

Quando nossas falas docentes falarem com alunos(as) concretos, corpóreos, totais e quando tentarmos entender as linguagens das marcas que carregam e assumirmos como fazer profissional revelar seus significados, poderemos esperar respostas dos alunos. Respostas nas condutas, nos valores e também nos processos de aprendizagem. Com certeza nossas falas poderão ser outras, nossos currículos ficarão enriquecidos, os alunos sentirão ser reconhecidos e suas respostas poderão ser outras. Seus corpos terão outros comportamentos.

Mas se nossas lições não estiverem dirigidas a sujeitos históricos, totais, corpóreos, em contextos concretos, elas se perderão no vazio. Lembro de um professor experiente que me aconselhou: ao pensar o que falar e ensinar pense a quem, com quem irá falar e quando entrar na sala de aula olhe para os corpos dos alunos. Aí dá para começar a aula. Os corpos nos trazem o outro como presença.

8
Formar sujeitos éticos – I

Começamos discutindo a moral dos educandos e terminamos mexendo em nosso universo moral.

Não se tratava de um congresso de educação, apesar de muitos dos participantes serem professoras e professores das escolas. Na mesa participavam um juiz, um psicólogo, um médico, um policial e um secretário estadual de desenvolvimento social. O tema, a violência infantojuvenil. Essa diversidade de olhares sugeria que o tema é de extrema atualidade e de extrema complexidade. Uma variedade de profissionais está se voltando para uma realidade que amedronta a sociedade.

A propaganda do encontro justificava o tema como se estivéssemos diante de um alarme social que domina a opinião pública. Pensei, a propalada violência e delinquência infantojuvenil não passa de um alarme publicitário e até conservador? Por encanto, os violentos no mundo globalizado não são os adultos que bombardeiam populações inocentes e condenam à fome e ao desemprego a milhões de seres humanos, os violentos são as vítimas, crianças, adolescentes e jovens. Logo as crianças amedrontando os indefesos adultos. Mudaram os papéis. Realmente um tema insólito. Converter as crianças em tenros monstros pode ser uma forma de fugir das monstruosidades adultas. Pode ser quebrar imagens da infância inocente e substituí-las por imagens nada inocentes. Mas pode ser também um desafio e perguntar-nos pelos intrincados labirintos de sua degradação e recuperação. Seria a postura que nos cabe como educadores e docentes.

Tive a sensação de estarmos diante do medo da infância percorrendo a sociedade. Um recurso eficientíssimo para todo tipo de moralismos conservadores e de medidas de proteção das crianças ainda sadias. Nunca se repetiu tanto: quando a infância está em perigo, o futuro e a civilização estão em perigo. Salvemos a infância sadia condenando a infância e a juventude viciadas. A imagem pura da infância nunca sobreviveu sem ameaças: o boi da cara preta, o lobo mau... Agora a ameaça vem da própria infância. Os pedagogos, as instituições e os profissionais da infância se justificaram e se alimentaram desse universo de ameaças. Notei nas análises dos conferencistas que a ameaça infantojuvenil desgasta e desmoraliza esses profissionais, seus métodos e instituições. Mas também os realimenta, daí que todos os membros da mesa quanto mais destacavam a infância ameaçadora, mais justificavam a sua reeducação. Parecia que as falas refrescavam a utilidade política e pedagógica do medo. É muito antigo esse apelo à infância em perigo. Um pretexto para ressuscitar e manipular imagens que pensávamos superadas: a inocência da infância como a reserva moral frente à imoralidade dos adultos; salvar a infância para salvar a civilização; reafirmar a reeducação como o único método civilizatório e salvador. E por aí.

A quantidade de professores das escolas presentes no encontro indicava que esses medos da infância preocupam também as escolas. Estranhei que entre os olhares apresentados não estivesse o da pedagogia, apesar de que todos os presentes desde seus campos insistiram que a ameaça da violência infantojuvenil revela um problema de educação e só terá solução com educação. Um olhar nada novo. Por que será que se apela sempre à educação para resolver todo tipo de condutas tidas como desviantes?

Prestei atenção às análises e soluções apresentadas por cada um daqueles profissionais e me perguntava se os professores(as) presentes se identificariam com aquelas análises. Como profissionais da educação teriam sua análise e suas propostas a fazer? Seriam as mesmas que todos faziam? A pedagogia se alimenta da infância ameaçada? Estas perguntas me inquietam. Tenho medo do medo que contagia as escolas. Tenho participado de congressos de educação e de reuniões escolares onde o mesmo tema é debatido cada vez com maior frequência, e não fica claro se como profissionais do campo da educação temos nossa análise pedagógica ou embarcamos demasiado apressadamente em outras análises da mídia e inclusive dos agentes da ordem.

Descrença na formação das condutas?

Nas análises e debates dos participantes do congresso sobre a violência infantojuvenil me chamou a atenção a insistência do juiz em defender a crença na recuperação dos comportamentos humanos. Denunciava com preocupação que estamos em tempos de descrença na perfectibilidade humana. Entre os participantes se notava essa descrença. Lembrei dos debates da mídia e de certas propostas políticas que não apelam mais para a educação das condutas desviantes, nem sequer de crianças e adolescentes. São privilegiadas outras soluções. Seria hora de endurecer, não mais de políticas de ressocialização e reintegração via educação. Educar, ressocializar é lento e caro. O problema dos menores, se diz, exige soluções rápidas. As condutas desviantes de jovens, adolescentes e até crianças são equacionadas como questões de polícia, de reclusão, de aumento das penas e de rebaixamento da maioridade penal. Estar-se-ia chegando à conclusão de que já passaram os tempos em que a educação era vista como o antídoto para todos os problemas morais da sociedade? Que a educação não serve para formar bons comportamentos nem sequer em crianças e adolescentes?

O juiz colocou como preocupante que a educação seja descartada quando se pensa no trato das condutas humanas. Com maior preocupação vemos que essa descrença penetra até nos centros de educação, a tal ponto que podemos encontrar escolas em que as condutas dos alunos(as) não são encaradas como um problema de educação e se apela logo para a expulsão dos próprios educandários, a negação do direito à matrícula em escolas privadas ou públicas e ao endurecimento das penas previstas nos regimentos escolares. Os educandários e os educadores estariam deixando-se contagiar pela descrença na formação das condutas? A assistente social observou que essa descrença tem como alvo a juventude, adolescência e infância populares. A crença na universalização da escola como instrumento civilizatório do povo, como moralizadora das condutas populares ameaçadoras estaria chegando ao fim. As elites, os governantes, a mídia desistindo de educar o povo? Não acreditando em sua educabilidade para a ordem e para a inserção social? O fim da crença no Estado educador e no papel civilizatório das elites? As possíveis respostas a estas questões tocam em cheio na função da escola, da docência e de todo o pensamento pedagógico. Sérias demais como para não ser objeto de nossas preocupações profissionais e políticas. Essa criançada nos coloca cada questão!

Questões como estas estão presentes em congressos, nas reuniões pedagógicas das escolas e começam a estar presentes nos currículos de formação. Volto às notas de alguns dos dias de estudo de que participo, onde a educação ética dos educandos está presente. Poderia resumir minhas impressões. Primeiro: a questão da formação ética está voltando às escolas trazida pelas condutas indisciplinadas dos alunos(as); segundo: essa questão é trazida e debatida num clima de descrença na educabilidade dessas condutas; terceiro: no decorrer dos debates se avança para uma questão nuclear: É função da escola, da pedagogia e da docência formar o sujeito ético?; quarto: onde se formam os alunos como sujeitos éticos, onde se socializam; quinto: a infância, adolescência e juventude como tempos de escolhas; sexto: os valores que orientam suas escolhas; sétimo: o tempo de escola como tempo de formação de sujeitos éticos.

Dessas reuniões e dias de estudo não guardo uma lembrança de rejeição perante essas questões nas escolas, nem uma imagem generalizada de descrença na formação moral da infância, adolescência e juventude populares. Guardo depoimentos, ponderações e indagações de grande profissionalismo sobre como assumir a formação ética dos educandos como ofício. Retomemos cada um desses pontos.

A preocupação com as condutas está de volta

É fácil perceber que a preocupação com as condutas dos alunos está em alta nas escolas. As reações são muito diversas. O importante é que não dá para ficarmos indiferentes. Como vimos, alguns reagem condenando essas condutas e até não acreditando na educabilidade da infância, adolescência e juventude chamada de excluída, marginal e viciada. Irrecuperável. São poucos. São mais aqueles que reconhecem ser tarefa das escolas educar. Está se criando um consenso de que se educar as condutas é tarefa das escolas e dos profissionais da educação, não é só deles. Exigirá políticas conjuntas, reparto de responsabilidades com outras instituições e outros profissionais. Exigirá condições de convívio e de trabalho muito melhores do que as vividas na maioria das escolas, exigirá que os governos e a sociedade assumam a formação ética dos cidadãos como política pública, atrelada a políticas intersetoriais da infância, da adolescência e da juventude.

Uma questão fica no ar: Se a preocupação com as condutas dos alunos está de volta, por que estava ausente? Tivemos de esperar as incômodas indisciplinas dos alunos para trazê-la de volta? Um professor comentou que as condutas dos alunos somente nos preocupam quando nos incomodam. Nem todos concordavam com essa observação, mas provocou um debate sobre se no cotidiano escolar nos preocupam as condutas dos educandos, como e por quê.

Coincidimos em reconhecer que em nossa docência os comportamentos e valores dos alunos nos preocupam enquanto condicionantes dos processos de ensino-aprendizagem. Nos preocupam pelo comportamento que atrapalha nossa docência, nossas didáticas e pelo muito que atrapalha o estudo, a dedicação e as aprendizagens. Uma preocupação indireta referida sempre ao que consideramos como nosso papel: ensinar e que aprendam. Um trato secundarizado das condutas. Estas não entram no imaginário docente como objeto direto de formação, apenas como condicionantes negativos do que assumimos como nosso fazer profissional, ensinar e transmitir informações, conhecimentos. Em realidade uma forma de presença que reflete uma lamentável ausência de preocupação com a formação ética dos educandos em nosso horizonte profissional.

Encontramos ainda outra forma de presença das condutas no cotidiano de nossa docência: os comportamentos e valores dos alunos sempre entravam na balança na hora de classificá-los, hierarquizá-los e até de aprová-los ou reprová-los. Os comportamentos têm peso na hora de avaliar, julgar e classificar os alunos. Dificilmente conseguimos separar os que aprendem dos atentos e disciplinados e os que não aprendem, dos desatentos e indisciplinados. Dificilmente conseguimos separar problemas de aprendizagem de problemas de conduta nos alunos. Como não conseguiremos separar nossos valores pessoais de nossa docência, da avaliação e classificação.

Podemos imaginar que não faça parte de nossa profissão docente conformar condutas e valores; porém, na hora de classificar, julgar e segregar, entram com peso bastante relevante as condutas e os valores. Nem sempre fica claro se quando classificamos e julgamos entram apenas capacidades intelectuais ou se misturam com comportamentos morais. Por mais que tentemos dissimulá-lo não conseguimos separar nos alunos dimensões que fazem parte da totalidade de sua condição humana. Nem conseguiremos separar de nossos juízos os valores com que julgamos. Até em tempos de afirmação de um certo purismo cognitivista não conseguimos deixar de ver os educandos como sujeitos éticos, comportamentais, sujeitos de conhecimento e de saberes, mas também de valores, de condutas, de padrões morais e culturais. Estamos em um momento em que as condutas dos alunos passaram a inquietar-nos de maneira peculiar e a preocupar-nos tanto ou mais do que os problemas de aprendizagem. Em realidade, nunca conseguimos esquecê-las nem nos tempos de maior paz nas escolas. A diferença é que as condutas passaram a ser preocupação de todos.

De qualquer maneira, essas formas de presença e de preocupação com as condutas e os valores no cotidiano escolar e docente nos deixam uma certeza: a formação ética dos alunos não entra com o destaque devido no imaginário que nós fazemos do papel da escola e do magistério. Quando chegamos a este nível de análise é inevitável uma pergunta: Por que foi secundarizada a formação ética em nosso horizonte profissional? Uma forma de aproximar-nos dessa delicada questão pode ser entendendo as formas como organizamos nosso trabalho. Um trabalho recortado e segmentado, tão parecido com a lógica da organização do trabalho fabril.

Por conta de quem deixávamos a preocupação com a formação ética dos educandos? O campo da educação escolar se prestou facilmente a recortes de responsabilidades. Uns entendem do currículo, outros das didáticas, outros da gestão escolar. Nas escolas a maioria se ocupa dos saberes escolares, das competências e de seu ensino. A alguém teria sido passada a responsabilidade pelas condutas? Ao menos as condutas que se relacionam com os processos e problemas de aprendizagem ficaram por conta dos orientadores e psicopedagogos. Essa tendência a segmentar os processos educativos terminou por segmentar os profissionais da escola e sua formação. Na base de todo esse reparto de responsabilidades está uma visão segmentada do ser humano. Quando fracionamos o ser humano umas dimensões adquirem maior relevância do que outras em sua formação. Algumas ficam esquecidas ou secundarizadas. A formação das competências e habilidades e do domínio dos saberes escolares ocupa a maior parte das energias e dos tempos de docentes e alunos. A formação da condição ética, por exemplo, foi marginalizada e com ela a formação estética, da emoção, da memória, da identidade e da cultura. Dimensões inesquecíveis em todo projeto sério de formação plena do ser humano, porém esquecidas irresponsavelmente por décadas ou apenas lembradas como condicionantes dos processos de ensino.

Este esquecimento junto com a segmentação de responsabilidades terminou empobrecendo a função social e cultural das escolas e de seus profissionais. Empobrecem sua formação.

A formação ética é também função da docência?

Os momentos de certa tensão nas escolas terminam sendo bastante fecundos, propiciam reações, trazem à tona questões e práticas. A preocupação com as condutas dos alunos vem revelando que sempre foram uma preocupação no cotidiano docente, condicionam os métodos de ensino e os processos de avaliação e criam problemas de aprendizagem. Até aí é fácil chegar. O difícil é trazer para o debate a questão mais de fundo: A educação moral, ética da infância, adolescência e juventude é de nosso ofício? É também função da docência?

A resposta a estas questões exige estudo. Ir à teoria pedagógica e à história do pensamento pedagógico e docente que infelizmente é pouco estudada nos cursos de formação tanto de licenciados quanto de pedagogos. Cada vez mais professores(as) se lamentam dessas lacunas em sua formação. Tão lamentável quanto um médico não saber teoria médica. Uma forma de tentar responder com seriedade a pergunta: a educação moral da infância, adolescência e juventude é de nosso ofício, pode ser ler textos, dialogar com sociólogos, historiadores, antropólogos sobre como em todas as sociedades e culturas encontramos formas diversas de socialização e educação das condutas. Em todas aparecem instituições, grupos e agentes da formação e do aprendizado dos valores e dos padrões culturais. Essa constatação nos leva a perguntar-nos como e quem assume em nossa sociedade a formação ética do cidadão e de maneira particular das novas gerações. As famílias, as igrejas, a mídia, os grupos de amizade, as escolas? Ou a formação ética é de todos e de ninguém? Consequentemente termina ficando por conta de cada criança e jovem. Um exercício proveitoso é perguntar-nos como nós mesmos fomos aprendendo os valores e os padrões éticos que orientam nosso convívio. Coincidimos que foi um aprendizado difuso, bastante penoso e solitário.

Nos debates tão frequentes na mídia e nos coletivos de profissionais das diversas áreas como direito, assistência social e educação sempre se destaca a urgência de que uma instituição assuma essa tarefa de formar nos valores e padrões éticos. Frequentemente se apela à família. Se lamenta que tenha perdido sua função e se espera que a retome. Noto que quando se apela para a família se está apelando para a mulher, recolocando visões conservadoras do papel da mulher na sociedade. A proposta é que a mulher volte à família e entregue à sociedade seus filhos(as) bem-formados e conformados? Esses apelos conservadores parecem sugerir que todo o esforço da mulher por estar presente na construção do mundo, na pluralidade de espaços, teria dado nessa infância, adolescência e juventude malformada e deformada. A volta da mulher a seu lugar de sempre, a casa, está por trás de tantos lamentos conservadores sobre a infância indisciplinada, violenta, sem valores. O curioso é que até em debates docentes aparece o mesmo apelo à responsabilidade das famílias. Diante das condutas agressivas dos alunos(as) bastantes docentes e gestores escolares se assustam de que as crianças e adolescentes não cheguem às aulas bem-formados, moralmente perfeitos para não ter problemas do ensino. Ensinar e formar as mentes ficaria por conta das escolas e de seus mestres, mas a formação moral deveria ser tarefa das famílias. Sendo mais precisos, tarefa das mães. Uma visão conservadora do papel da mulher reaparece nesses momentos tensos.

Como não escorregar para apelos conservadores e no fundo machistas? Reconhecendo que a formação da infância, adolescência, juventude é responsabilidade da sociedade. Cada um deles são cidadãos, sujeitos do direito à formação plena. Não gritamos nas praças: educação moral é direito de todo filho(a), é obrigação de toda mãe. Gritamos educação é direito de todo cidadão, dever do Estado, da sociedade. Reconhecer em cada criança, adolescente, jovem ou adulto um cidadão, sujeito de direitos cívicos é um salto para além de reconhecê-los como filhas ou filhos. À sociedade cabe o direito e o dever de formá-los. Delegar essa delicada tarefa a agências e profissionais cabe à sociedade. Às escolas, entre outras agências, inclusive às famílias, e aos professores, entre outros profissionais, lhes é delegada pela sociedade essa tarefa delicada da formação dos cidadãos. Formação plena, logo ética também. A história dessa delegação deveríamos entendê-la quando estudamos a história da construção do direito à educação básica universal e a produção dos sistemas escolares como uma produção da sociedade. Temos dedicado dias de estudo para coletivamente ler e aprofundar alguns textos que nos ajudem a ampliar essa rica história. Que é nossa história.

Retomemos a pergunta que nos persegue: A formação moral, ética da infância, adolescência, juventude é de nosso ofício? Podemos respondê-la, ainda, voltando-nos à história da pedagogia e da docência. A seus primórdios. Na Paideia, por exemplo, encontramos uma ideia que irá justificar por séculos a pedagogia e a docência: o ser humano, desde a infância, é imperfeito, inconcluso, porém é perfectível, educável. A descrença na perfectibilidade e educabilidade do ser humano nunca teria dado origem nem à docência, nem à pedagogia. Todo ser humano é educável como sujeito ético, daí que uma das questões mais antigas da pedagogia tenha sido: a quem corresponde formá-lo, como, com que didáticas formar o cidadão na virtude. Questões que não podem ser engavetadas. Não perderam atualidade. Quando a docência e a pedagogia delas se esquecem, as condutas da infância e da adolescência e da juventude e, sobretudo, dos adultos estão aí para lembrá-las. A questão dos valores, da ética, está posta na agenda social, política e pedagógica.

Não há como engavetá-la. Seria ingenuidade profissional sonhar que os alunos(as) deveriam chegar às salas de aula moralmente perfeitos. Seria mais fácil ensinar os alunos perfeitos? Conviver com seres humanos perfeitos seria sufocante.

A formação moral, ética, é inseparável da formação intelectual, científica, estética, social, cultural de qualquer ser humano. Seria incompreensível separar a formação de cada uma dessas dimensões do humano e delegar às famílias e às igrejas a formação ética e às escolas a formação intelectual e científica. Por acaso a produção histórica do conhecimento e da ciência foi possível à margem da produção histórica dos valores e da evolução da consciência ética? Ainda somos vítimas nas escolas e em nossa formação docente de uma visão aética da ciência e do conhecimento. Por acaso os saberes curricularizados não são selecionados ou secundarizados em função de critérios de valor social? Quanto mais sérios formos no trato do conhecimento mais nos aproximaremos do reconhecimento de que estamos como docentes mexendo com valores. A história mostra que a instituição escolar surge, se afirma e universaliza não apenas para ensinar o saber socialmente produzido, mas para socializar as novas gerações, para sua inserção nos padrões sociais, para garantir as ferramentas da cultura. Delegar aos professores(as) a formação moral da infância é tão antigo quanto a escola e quanto a pedagogia.

A delicada tarefa da formação ética

Reconhecida como função docente a formação ética dos educandos(as), como dar conta dessa delicada função? As reações mais frequentes é de falta de preparo. É verdade que para a maioria dos mestres o campo da formação moral é muito mais inseguro do que o campo da formação intelectual, cognitiva, científica. Neste nos sentimos mais em nosso quintal. As reações diante das condutas dos alunos deixam expostas lacunas e fraturas na formação docente. Exatamente pela falta de preparo para um trato profissional nesse campo, dificilmente sairemos incólumes diante das condutas dos alunos. Nos esforços que vêm sendo feitos nos coletivos docentes podemos encontrar algumas trilhas por onde se vá avançando nessa delicada tarefa.

Alguns coletivos começam por identificar o trato que dão às condutas dos educandos. Percebem logo que somos guiados por concepções sobre os comportamentos humanos que terminam aparecendo no trato que damos a uma conduta indisciplinada, ao resultado da prova, a uma briga, à dedicação, à pontualidade, à violência, ao tráfico etc. Nos movemos em um universo de valores e de concepções éticas no dia a dia de nossa função como mães, pais, companheiros, trabalhadores, docentes. Que universo é esse? Colocar esse universo ético em um coletivo é delicado. Algumas constantes nesse universo logo vão aparecendo.

Uma professora logo explicitou seus medos: "no trato das condutas dos alunos tenho medo de ser uma perfeita moralista. Me educaram em um clima de moralismo sufocante; o que pode e não pode..." Seremos capazes de lidar com as condutas sem jogarmos sobre as crianças e adolescentes os preconceitos e moralismos de que fomos vítimas? A moral dos deveres. Dos deveres de casa aos deveres consubstanciados nos regimentos escolares. A lista de deveres, do que pode e sobretudo do que não pode. Do proibido. Uma espécie de látego, de palmatória moral sempre mostrada tão ameaçadora quanto a velha palmatória de madeira. O látego moral que não é apenas da escola, mas de uma hipócrita civilização que impõe e espera das crianças o que sabemos não funciona para os adultos.

Lembro de vários encontros discutindo o reconhecimento dos alunos como sujeitos de direitos ou lendo e comentando o Estatuto da Criança e do Adolescente, as reações sempre aparecem: "falamos demais de direitos quando essa meninada o que precisa é saber de seus deveres". "Demos tantas asas defendendo seus direitos e olha o que deu, bagunça, indisciplina, violência." "No primeiro dia de aula deixo claras as regras do jogo e as consequências para aqueles que não as respeitarem." A moral do dever, pelo dever. Uma moral imposta sem diálogo? O medo a que a proclamação dos direitos nos leve ao fim dos valores? O medo a que o diálogo, o acerto coletivo de regras de convívio nos leve à perda do controle e do poder? Nunca percebi que estas questões fossem tão debatidas como nos últimos anos. Realmente estamos defrontados com as condutas dos educandos e nos descobrimos defrontados com nosso universo ético e com os moralismos com que fomos sufocados em nossa formação, como nos lembrava a professora. A questão incômoda que fica: É possível um trato profissional da formação ética dos educandos, sem concessões ao moralismo?

Tratar com valores põe em evidência nosso universo moral. Quando julgamos os alunos e suas condutas vamos reconhecendo como é difícil mexer com esse campo de ética, dos valores, dos padrões de juízo nossos e dos outros. Um professor comentou: "debater com os colegas sobre nossa área do conhecimento é mais fácil". Avaliar, julgar os alunos em suas aprendizagens é mais fácil do que fazer julgamentos de suas condutas e valores. Talvez por essas e outras dificuldades tenhamos marginalizado o trato profissional de um campo tão delicado. Em todas essas frases há o reconhecimento da centralidade do contexto de vida e dos tempos da infância e adolescência, como contextos e tempos marcantes de nosso universo ético. A questão que se coloca é como ver esses tempos e contextos com olhares mais profissionais, menos preconceituosos. Para avançar profissionalmente teremos de ir deixando para trás olhares ainda presentes em nosso universo social e docente.

Além de nossos moralismos vamos percebendo uma visão naturalista dos comportamentos dos educandos. São assim mesmo. Nasceram para ser como são, para se comportar como se comportam. Como temos ainda a tendência a pensar que alguns alunos nasceram com uma inteligência precoce, com ritmos acelerados para aprender enquanto outros nasceram com ritmos lentos e capacidades minguadas, assim pensamos no campo moral: alguns nasceram com inclinações inatas para o bem, o esforço, o trabalho, a dedicação e generosidade; outros chegaram à maternidade com inclinações inatas para o mal, a preguiça, a violência, o alcoolismo ou a droga. Essas concepções naturalizadas das capacidades humanas brotam com nova força quando pareciam extirpadas. A cultura escolar sempre foi uma terra propícia a esses brotes de naturalismo. Posturas cômodas: se assim nasceram, se a natureza os fez com essas inclinações para o bem ou para o mal, nada nos resta a fazer. Apenas classificá-los entre os do bem e do mal. Em tempos de divisão do mundo entre povos e civilizações do bem, da liberdade e povos e civilizações do mal, do terrorismo, vemos crianças brincando com personagens classificados como do bem ou do mal. Com esse naturalismo moral chegam às escolas e aprenderão que também eles, desde crianças, serão catalogados igual aos personagens de seus brinquedos: os do bem e os do mal? A naturalização dos comportamentos é perversa tanto na cultura ou na política quanto na escola.

Há outra concepção bastante próxima: as condutas dos alunos se devem a sua condição social. E ainda uma visão mais preconceituosa: se devem a sua condição racial. Esta visão parece avançar sobre a outra, mas em realidade não deixa de ser uma naturalização da condição social e racial. Ainda encontramos julgamentos até compassivos, naturalizantes no olhar moral sobre os alunos. Lamentamos suas condutas, são assim por natureza, por herança, por berço, por raça ou pela condição social com que nascem e de que lhes é impossível escapar. Que pena, pensamos, mas o que fazer? É assim. Como pesa em nossos juízos morais o determinismo natural, social e racial. Quão distantes estão esses juízos morais sobre os alunos de uma postura profissional. Questionando qualquer determinismo de natureza ou de classe, de raça e de gênero, não estamos sugerindo que se ignore quão condicionantes essas realidades são da história de cada ser humano e dos diversos grupos. A cor, o gênero, a etnia não condicionam por natureza, mas enquanto construções históricas, sociais, culturais, segregadoras e opressivas. Como avançar superando toda naturalização e entender os valores, a moral, a ética como construções históricas?

Nessas visões tão deterministas não cabe pensar que a educação moral seja possível. Não são perfectíveis, não nasceram para os valores. A preocupação será segregar, separar os do bem dos do mal. Recluir, expulsar da escola os do mal para que não contaminem aqueles que por natureza, berço, condição social e racial nasceram com capacidades e inclinações para o bem, para a virtude, o estudo, o trabalho e o convívio civilizado. Quanto temos a desconstruir e quantos escombros a retirar de nosso imaginário social e docente no campo da formação ética, nossa e dos educandos. Neste campo há perversas imagens a quebrar.

Há ainda outro preconceito a desconstruir na procura de um trato profissional da formação ética: a visão preconceituosa da moral popular. A escola não culpa as crianças, mas o meio moral onde se socializam. Chegam às escolas salpicadas por uma moral que vemos como negativa. Ao chegarem à escola carregam valores, padrões de comportamento e condutas do meio social e moral onde se formam e deformam. Nas anotações dos dias de estudo encontro repetidas frases como estas: "chegam das famílias e das ruas viciados"; "são alunos carentes como suas famílias e comunidades"; "carentes de valores"; "vêm de famílias desestruturadas, de pais alcoólicos"; "lhes faltam hábitos de atenção, de trabalho, de esforço"; "estão enredados nas redes do tráfico" etc. Por que esse apurado olhar condenatório? Esperávamos que de suas trajetórias brotasse uma doçura infantil? Que se revelassem como anjos, sem fissuras nem dobras?

Às vezes distribuímos algumas dessas frases nos pequenos grupos para tentar extrair seus significados. É frequente observar que todos os grupos percebem nessas frases um olhar extremamente negativo sobre os alunos e sobre seu meio social e cultural. Carentes de valores é a imagem que povoa nosso imaginário sobre os setores populares. As reações a esta visão tão negativa do universo moral popular não faltam. Frequentemente os primeiros(as) a reagir são os professores(as) que têm suas origens nos setores populares. Viveram, se socializaram e formaram seus valores em famílias e comunidades populares e não carregam essa visão moral tão negativa de seu meio. Não é fácil colocar no coletivo esses julgamentos sobre o universo moral dos setores populares e de seus filhos(as). Somos levados a externar nosso próprio universo moral, nossos valores, julgamentos e preconceitos sociais e raciais. Esse olhar negativo da moral popular cada vez nos afeta mais de perto. Quando olhamos os setores populares e sua moral muitos(as) professores(as) sentem-se julgados(as). Reagem, com orgulho das reservas éticas de suas famílias e comunidades de origem.

Lembro de um professor que ao terminar o dia de estudo sobre a formação moral dos educandos como tarefa docente comentou: "começamos discutindo a formação moral dos educandos e terminamos mexendo em nosso universo moral". Uma professora completou: "nunca tive um debate sobre meus valores, sempre tivemos medo de tocar nesses assuntos". Vejo nesses depoimentos a percepção de que as condutas dos alunos, tema tão recorrente e delicado nas escolas, está propiciando o estudo, o debate e o avanço na formação de outras dimensões de nossa docência.

Os alunos se mostram vulneráveis não apenas na arte de aprender, mas nas complexas artes de se afirmar como sujeitos éticos. Vulneráveis, parecem pedir auxílio. Que ao menos nas escolas não sejam condenados, nem culpados, mas acompanhados nos tensos percursos de sua formação.

9
Formar sujeitos éticos – II

Primeiro a comida, logo a moral
(Bertolt Brecht).

Quando chegamos ao curso de magistério, de licenciatura ou de pedagogia possivelmente levávamos visões bastante primárias dos processos de produção e apreensão dos conhecimentos. Talvez pensássemos que por natureza uns nascem inteligentes e outros burros, ou que pobre não dá para as letras, que as meninas têm menos capacidade de raciocínio abstrato do que os meninos etc. Ao longo de nossa formação fomos desconstruindo essas visões tão preconceituosas e adquirindo uma visão mais profissional: toda mente humana tem as mesmas capacidades de aprender; a produção e apreensão do conhecimento, a formação da mente é um processo histórico, social, cultural, coletivo etc. Nessa visão histórica, processual encontramos o sentido da docência: acompanhar os complexos processos do aprender humano. Planejá-los, intervir, acompanhá-los com maestria e profissionalismo.

Igualmente, quando chegamos ao curso de magistério, de pedagogia ou de licenciatura, possivelmente levávamos visões bastante preconceituosas e primárias sobre a formação das condutas e dos valores. Talvez pensássemos que por origem, classe social ou raça, alguns nasceram para o bem, para o trabalho, a disciplina e a ordem enquanto outros nasceram para o mal, a preguiça, a indisciplina, a desordem e a violência. Ao longo de nossa formação superamos essas concepções tão preconceituosas e primárias sobre a formação ética do ser humano? Saímos titulados, fomos às escolas e continuamos com essas visões primárias e preconceituosas? Muitos coletivos se defrontam com a urgência de rever essas visões diante das condutas dos educandos e avançam para visões mais profissionais sobre a formação ética. Cada vez é maior o número de escolas e de professores que reconhecem que a formação ética dos educandos é também função da escola e da docência. Na medida em que avançamos nessa direção surgem novas questões que desafiam nosso estudo e nossa capacitação profissional: Como se dá a formação das crianças, dos adolescentes, jovens e adultos? Onde se formam ou deformam? Que escolhas, que exercícios de liberdade lhes são dados e negados?

A formação ética: um processo permanente

Comecemos retomando a questão nuclear: De que falamos quando falamos da formação ética do ser humano? Falamos de processos históricos, de uma construção da consciência ética na humanidade, em cada grupo social e cultural e em cada pessoa. Processo histórico incompatível com concepções naturalizadas e moralistas. Falamos de um processo histórico, complexo que exige dos educadores, docentes um aprofundado preparo. A formação ética nos remete a um campo onde poderemos encontrar conhecimentos, teorias e embates instigantes: Como foram construídos os grandes sistemas universais de ética? Esses sistemas estão em crise e não passam de metarrelatos autolegitimadores? Podemos embarcar no proclama do fim dos valores, de sua fragmentação e perda de legitimidade? Podemos falar do reconhecimento de uma pluralidade de éticas, de comportamentos e atitudes tanto na vida pública quanto privada? De que falamos quando falamos de ética?

Estas e tantas outras instigantes questões que estão postas são debatidas em tantos fóruns: ética na política, ética na ciência, bioética, ética no respeito à diversidade, ética e cultura etc. Por que não ética na escola, no repensar o pensamento pedagógico e docente? Assim como nosso profissionalismo exige de nós estarmos atualizados no campo do conhecimento e das ciências, poderíamos colocar-nos como exigência profissional acompanhar os fecundos embates no campo da ética. Embates que provam a dimensão histórica da construção dos valores e seu enraizamento em situações históricas de indivíduos e coletivos concretos. A construção, desconstrução de valores se dá emaranhada nos sofrimentos e inquietações humanas. Se dá na trama da história como um processo permanente. A procura da virtude e afirmação dos comportamentos virtuosos está atrelada à prática humana não apenas das elites, impondo sua moral, mas também das massas populares que ascendem à política, que se organizam em movimentos sociais e afirmam direitos e valores. Como reconhecer a formação ética como um processo permanente, histórico?

Em alguns coletivos docentes tentamos entender a ética como uma construção histórica partindo das próprias vivências dos grupos, por exemplo, como os valores e condutas estão mudando em relação à mulher, à raça, à propriedade da terra etc. Nos embates históricos dos movimentos sociais, movimento feminista, negro, indígena, sem terra, sem teto etc. estará se gestando uma outra ética? Uma poliética? Um grupo resolveu fazer a mesma análise do protagonismo infantojuvenil, da cultura jovem, das condutas infantis e adolescentes na mídia, nas músicas, nas vestes, nas escolas. Seriam sinais da desconstrução-construção de novos valores na e da infância, adolescência e juventude? Esses olhares na concretude da construção dos valores e dos comportamentos de coletivos próximos às nossas vivências desconstroem visões preconceituosas, moralistas e naturalizadas e reeducam nosso olhar histórico: a formação ética como um processo permanente.

Situados nesta compreensão histórica poderemos aproximar-nos das condutas dos educandos com posturas mais profissionais. Chegam à escola como sujeitos éticos em formação. Não feitos. Desde que iniciaram suas existências, carregam padrões morais impostos, padrões herdados, aprendidos nos seus contextos morais e culturais, nas suas esperanças frustradas, nos seus sofrimentos e preconceitos padecidos, mas também e, sobretudo, carregam valores construídos em seus intentos de superação exemplar e no convívio com testemunhos e exemplos paradigmáticos de virtudes familiares e de grupo, de gênero e raça, de classe ou de idade. Que valores carrega para a escola uma criança, ou adolescente, jovem ou adulto que acompanha os parentes, seus grupos sociais, raciais, que acompanha os movimentos de luta pela terra, pelo trabalho e pela vida, pela memória e a identidade? Carregará um sistema de valores não coincidente com a moral imposta? Não coincidentes com os padrões machistas, raciais, de propriedade da terra ou do teto? Todas as alunas e os alunos carregarão para a escola os mesmos padrões morais da disciplina, do silenciamento, do controle do corpo? Carregarão os padrões da moral escolar? Se nos colocássemos com profissionalismo essas questões como docentes, educadores possivelmente teríamos medo de julgar precipitadamente os padrões morais dos educandos(as). O julgamento ético de uma pessoa ou de um coletivo é extremamente complexo, tão complexo quanto o julgamento intelectual. Hoje duvidamos dos processos tradicionais de avaliação das aprendizagens, mas ainda não duvidamos de nossos julgamentos morais dos educandos. Realmente a infância, adolescência e juventude com que convivemos nas escolas é tão imoral, tão violenta e indisciplinada? Sei de muitos educadores que têm medo de emitir juízos apressados sobre a moralidade de seus educandos. O campo da ética nos é menos familiar do que o campo do conhecimento. Sabemos pouco, mas nos atrevemos a julgá-lo e tratá-lo com pouco profissionalismo. As tensões existentes nas escolas em volta das condutas dos alunos estão revelando nossas lacunas profissionais nesse campo tão delicado. Estão sendo um incentivo para melhor preparo e trato da formação ética nas escolas.

Encontro coletivos docentes preocupados em entender mais a ética como uma construção histórica que aparece perante nós em toda dinâmica moral, tensa, da sociedade. Aparece em cada um de nós, nos conflitos de valores com que nos defrontamos nos diversos campos de nossas existências e no campo da docência especificamente. Por acaso não reagimos à moral docente imposta que se espera do bom professor e da boa professora? Não estamos construindo outra moral docente? Nossos valores e padrões morais vão se construindo e desconstruindo em nossas trajetórias humanas. Continuamos em complicados processos de construção de nosso universo moral. Assumindo ou colocando em xeque padrões morais vamos nos conformando como sujeitos éticos.

Na medida em que avançamos nessa compreensão histórica da construção de valores nas sociedades e em nós, poderemos entender os percursos morais dos educandos. Percursos não lineares, mas tensos e tortuosos, emaranhados em suas trajetórias sociais. Com essa postura estaremos em condições de entender suas condutas e de colaborar com profissionalismo em sua formação cognitiva e também ética. Por onde avançar? Alguns coletivos de escola se organizam para estudar, pesquisar, reconstruir os itinerários ou trajetórias morais dos alunos: Em que processos vão se conformando como sujeitos éticos? Que didáticas seriam apropriadas para contribuirmos como profissionais em sua formação moral?

Em alguns dos dias de estudo coletivos docentes tentam responder a uma observação feita por vários professores: Aprendemos a lidar com os conhecimentos, dominamos metodologias e didáticas para o ensino de cada matéria, com que didáticas formar nos valores? Não apenas que recursos para corrigir as indisciplinas, as violências de crianças e adolescentes. Didáticas necessárias, mas não suficientes. Nem todo aluno é indisciplinado e violento, mas todos têm direito a que a escola e seus mestres saibam as didáticas mais apropriadas para sua formação moral. Estas didáticas têm de fazer parte de novas didáticas docentes. Não deixá-las à imprevisão, mas dominarmos como profissionais os fundamentos dessas didáticas da formação ética do ser humano. Nos currículos de didática não poderiam faltar esses fundamentos. Não será difícil encontrá-los ao longo da história da pedagogia, a começar pela Paideia.

Aprendemos padrões e comportamentos fazendo escolhas, exercendo a liberdade: Quais as margens de opção, de escolha, de exercício da liberdade que oferecemos às crianças, adolescentes, jovens e adultos nos tempos e nos espaços escolares? Como esperar e exigir que se revelem sujeitos éticos se essas margens são mínimas nos longos anos de escolarização? Quando planejamos os conteúdos e as didáticas de sua formação mental, planejamos também situações de escolhas, de exercício da liberdade, do juízo ético próprios de cada idade-ciclo da vida? Deixamos seu complexo exercício de escolha e de liberdade a sua sorte? Deixamos para intervir, espontaneamente, ou programamos profissionalmente? Programemos ou não, os educandos dentro e fora da escola estarão em permanente exercício de escolhas, de juízos éticos. Poderíamos estar atentos(as) a esses processos?

A didática mais eficaz será aproximar-nos dos educandos, ter sensibilidade para captar em que processos se formam, como aprendem a fazer escolhas no emaranhado moral e imoral de suas existências. Formamos nossa moralidade fazendo escolhas, que escolhas fazem os educandos? Que limites para suas escolhas? Tudo lhes é imposto? Exercem sua liberdade? Em que limites? Duas questões muito próximas ocupam os dias de estudo, de pesquisa e de reflexão: Primeira, que exercícios de escolha são obrigados a fazer as crianças, adolescentes, jovens e adultos que frequentam as escolas. Segunda, que exercícios de liberdade lhes são dados nos limites de suas existências. Nesses exercícios de escolhas e de liberdades possíveis estariam se formando como sujeitos éticos?

A difícil arte de fazer escolhas

Acompanhando os percursos cotidianos na sobrevivência e na escola fica claro que muitos dos alunos(as) se debatem com uma realidade demasiado excitante. Cheia de experiências surpreendentes. Sabem bem cedo que não podem determinar seus destinos fechados nas condições sociais e nos preconceitos raciais e de gênero. Entretanto, por causa dessa situação, aparecem reinventando em cada momento comportamentos possíveis. São forçados, desde criancinhas, a aprender a fazer escolhas onde há poucas alternativas de escolha. Muitos dos adolescentes e jovens populares aparecem sem qualquer autonomia econômica, não dependem da família, nem do grupo social. Dependem de si mesmos, das escolhas que fizerem na vida. A sociedade os condena a uma vida primária, imediata, terão de aprender a fazer escolhas para o que há de mais primário para o ser vivo: para viver. Escolhas que seriam próprias da vida adulta têm de ser feitas desde a infância. Suportam uma herança que a sociedade e a cultura hegemônica lhes joga na cara como um peso, carregado de preconceitos sociais e morais. O que mais nos chama a atenção em suas trajetórias humanas e escolares é que carregam esse fardo preconceituoso em condições humanas que viram pelo avesso a ordem civilizada. Mas apesar ou premidos por essa realidade, encontram energias para fazer escolhas, construir os valores mais básicos da condição humana.

Para muitos(as), a escolha chega a ser entre a sobrevivência e a malandragem. Cada escolha acontecendo em uma involuntária marginalidade. Tentam ser éticos, apesar de que tudo a seu redor, por vezes até a escola, tenha se colocado contra para que se sintam como fracassados. Um professor manifestava sua estranheza: "não sentem-se culpados, nem se arrependem". Por quê? Demasiado depravados apesar de tão novos? Poderíamos ter outras leituras: não se arrependem porque intuem que não são culpados e em seus erros guardam uma densidade moral que os ultrapassa. Como se nos dissessem: nessas condições, não ser piores já é ser bons, para crianças, adolescentes e jovens. Exercitam um penoso equilíbrio para manter sua ética e os valores de seu grupo social e racial. Em suas trajetórias humanas destacam seus esforços por ser dignos, mas aparecem confusos, com sua própria impotência, em sua condição de sobreviventes. Cientes de sua fraqueza admiram seu valor. Lembram quanto lutaram contra o contexto e contra si mesmos, contra os limites impostos por sua condição social e racial. Não é pouco. Um mérito a ser reconhecido.

Vimos como, por exemplo, ir à escola e nela permanecer é um exercício de penosas escolhas. Esse dado aparece com destaque em suas trajetórias. Trabalhar ou ir à escola, articular estudo e trabalho, viver, sobreviver ou estudar. Saber escolher não como aprendizado da escola, mas como exigência prévia à vida e à permanência na escola. Opções morais complicadas em crianças e adolescentes. Maturidades morais demasiado exigentes para suas idades. Levam uma vida acelerada em tudo até nos aprendizados morais. Por que não valorizamos essas tensas escolhas, em vez de optarmos apressadamente por condenar suas condutas?

Por que os classificamos entre os lentos e desacelerados? Para a idade que têm não estão demasiado amadurecidos e endurecidos moralmente? Por que não tratar com seriedade profissional esses processos morais em que têm de se equilibrar tão prematuramente? Podem ter caído na malandragem, mas quantos esforços feitos para não cair. Podem ter aprendido cedo que no mundo em que lhes toca viver não basta ter boas condutas.

A frase de Brecht colocada na epígrafe pode ajudar a nos aproximar de trajetórias éticas tão tensas. A frase pode ser lida como uma crítica ao moralismo especulativo e pedagógico que afirma com tanta facilidade princípios morais sem ver a situação material vivida por milhões de crianças, adolescentes e jovens educandos(as) que são os sujeitos reais da ética. Esse "primeiro comida, estômago" nos adverte que a atenção para com as condutas e com a ética dos educandos implica na atenção prioritária a suas necessidades humanas básicas onde fazem suas escolhas. Priorizando estas podemos julgar suas condutas sem hipocrisia. O pensar e fazer pedagógico inclusive no campo da moral não pode descolar-se das formas mais básicas do viver dos educandos. Estamos sugerindo que enquanto a comida não estiver garantida não dará para pensar na educação moral? Vimos nas trajetórias das crianças, adolescentes e jovens populares que na luta pela sobrevivência vão se formando como sujeitos de escolhas de valores e de liberdade.

Partir dessas tensas trajetórias morais seria mais profissional do que condená-los e deixá-los à sua sorte. Sua teimosa ida à escola não sugere que dela e dos mestres esperam ajuda para exercícios tão complexos de liberdade? Ter sensibilidade e acompanhar esses percursos morais, essas difíceis escolhas não seria o melhor caminho para aprender nossas didáticas profissionais? A nós cabe dedicar tempos coletivos para entender e desemaranhar essas trajetórias tão emaranhadas. Vê-las como permanente exercício de escolhas. De formação moral. Aproximar-nos dos educandos com essas sensibilidades para seus percursos morais exige da docência novas crenças e novas capacidades profissionais, novos saberes sobre como se dão essas complicadas escolhas em que vão se formando ou deformando. Perguntar-nos o que pode significar para as próprias crianças, adolescentes, jovens e adultos reconhecê-los como sujeitos de escolhas, de crescimento e amadurecimento ético. Sem dúvida, poderá significar um gesto mais formador do que condená-los apressadamente.

Um traço aparece com destaque nas trajetórias dos educandos: sua imprevisibilidade. "Os alunos são imprevisíveis", comentava um professor. "Suas vidas são imprevisíveis para eles mesmos", completava outro. A vida lhes é imprevisível, o futuro e até o presente lhes é imprevisível. O desemprego que acossa milhões de famílias populares torna tudo imprevisível. Os pais, os irmãos e irmãs e eles mesmos saem de casa sem saber o que lhes será deparado naquele dia. Do futuro, nem dá para prever. Como escolher e formar critérios e referenciais nessa imprevisibilidade? Os conhecimentos e competências curriculares e os conselhos morais que lhes damos partem de uma previsibilidade tão certa e tão fechada do que a nova série, o vestibular, o mercado, o concurso, o futuro, as novas tecnologias de produção exigem que fica complicado para crianças, adolescentes, jovens e adultos com vidas tão imprevisíveis se mover nessa fechada previsibilidade que a escola lhes apresenta.

Talvez o caráter imprevisível, labiríntico de suas escolhas seja a "qualidade" mais difícil de administrar em uma instituição como a escola que teima em ser uma organização de grades e disciplinas, de tempos e espaços tão predefinidos e imutáveis. O que observamos nas escolas são mais do que colisões acidentais de percurso entre mestres e alunos. É a impossibilidade, ao menos a dificuldade de conviver lógicas contrárias: a imprevisibilidade de escolhas e de comportamentos dos alunos e a lógica escolar de que tudo seja e esteja previsível; a flexibilidade de julgamentos a que são obrigados os alunos e o caráter definitivo e rígido das verdades escolares; a urgência do presente, as incertezas do futuro dos alunos e o apego à crença da escola num futuro certo. É muito difícil para alunos e mestres girar nesses dois gumes morais tão desencontrados. Como entender crianças e adolescentes perdidos nesse labirinto de escolhas? Como julgar escolhas de tamanha densidade moral?

Para as crianças, adolescentes e até para os jovens e adultos fica especialmente difícil articular duas formas de ver a vida e duas lógicas tão desencontradas, a lógica da vida real e a lógica da escola. Em casa, na rua, na sobrevivência, vendo-se e vendo seus grupos de origem ter de se virar e fazer escolhas nessa imprevisibilidade e engenhosidade e na escola ter de se adaptar ordeiramente para uma suposta previsibilidade e um futuro certo e para verdades e crenças inquestionáveis. Seria possível mudar a rígida lógica escolar? Para alguns gestores das escolas e para alguns mestres, adequar a lógica escolar para a lógica real seria mudar para uma montagem de arquitetura escolar inadministrável. Entretanto, podemos encontrar bastantes coletivos docentes que julgam que essa adequação seria administrável se a cultura escolar for se tornando mais versátil, se aprendermos a duvidar e sobretudo se aprendermos a tecer nossas verdades com as trajetórias imprevisíveis dos alunos. Afinal, são eles imprevisíveis? Ou suas vidas, seu futuro e seu presente são imprevisíveis para eles mesmos? Será profissional que crianças, adolescentes e jovens sejam forçados a ter de escolher entre essas duas lógicas do previsível imposto pela escola e do imprevisível de suas existências? Devem sentir-se perdidos. Difíceis escolhas no início do percurso humano. Se ao menos seus mestres duvidassem da certeza de que tudo é previsível poderiam entender seus impasses. Com as trajetórias dos alunos e nossas poderíamos aprender a duvidar dessa cultura ingênua da previsibilidade certa, inquestionável que a cultura escolar e docente simulam ter. A liberdade se aprende no reconhecimento de imprevisibilidade. O conhecimento se produz na dúvida. A lógica da certeza e da previsibilidade não é a melhor lógica para o trato do conhecimento e dos valores.

Na medida em que os coletivos docentes descem a essas análises, vão percebendo que as tensões nas escolas são mais profundas. A dificuldade de conviver com as condutas dos alunos revelam essas profundidades. Aproximar-nos da tensa construção da moralidade dos alunos pode trazer questionamentos seríssimos para nossas lógicas escolares e docentes. Existem verdades e valores unívocos que deem conta dos fatos e dos comportamentos humanos? Existe uma única maneira de descrever os fatos e de julgar as condutas humanas? A verdade das coisas e dos comportamentos não depende do lugar que ocupamos? A verdade sobre o que é indisciplina, violência terá a ver com o lugar que ocupamos na trama social e no ordenamento escolar?

Lembremos que os alunos(as) ao descreverem suas trajetórias não se julgam indisciplinados e violentos, já a escola e a mídia os condenam como violentos e indisciplinados. Seria ingênuo e autoritário assegurar que criança não tem capacidade para julgar o que é verdadeiro e correto e que a mídia e nós docentes possuímos essa capacidade. Exatamente essa lógica da certeza e da autoridade está sendo contestada pela moral dos alunos. Contestação que pode ter um significado especial nestes tempos em que os grandes sistemas de valores e de pensamento estão em crise. Estariam essas crianças, adolescentes ou jovens a nos advertir das variadíssimas interpretações e da necessidade da escola se colocar a questão da democracia no reconhecimento dessa diversidade? Estariam a nos lembrar que não existe uma interpretação e um julgamento que reflita a realidade tão complexa dos comportamentos humanos?

Na medida em que se amplie o número de coletivos docentes que estudam, debatem, se angustiam com essas questões postas pelos educandos e suas condutas morais, iremos adquirindo capacidade profissional para inventar as didáticas mais apropriadas ao cumprimento de nosso ofício: formar sujeitos éticos. Ao menos seremos menos precipitados no julgamento de tão precoces vítimas da violência. Nos perguntaremos qual a margem de suas escolhas. Teremos medo de julgar uma infância e uma adolescência tratada de forma tão imoral pela sociedade.

Valorizar os tensos exercícios de liberdade

Chegamos a um ponto nuclear na formação do sujeito ético: o exercício da liberdade. Às crianças, adolescentes e jovens, sobretudo populares, lhes é exigido um permanente exercício da liberdade. Ir à escola e nela permanecer, voltar do trabalho de novo para a escola passa a ser um aprendizado da liberdade. Liberdade condicionada pelas necessidades de sobrevivência, por isso um exercício mais difícil de liberdade. Põe em prática um dos princípios progressistas: a educação como prática da liberdade. Não tanto a liberdade como produto da educação, mas como exigência para garantir o direito à educação. Nossas concepções progressistas de educação nos disseram que somente aprendendo a ler aprenderão a liberdade, ler a liberdade, soletrar a liberdade. Como negar essas relações? Mas para milhares de crianças, adolescentes, jovens e adultos populares, lhes é exigido um penoso exercício prévio de liberdade para ir à escola, nela permanecer e aprender a ler. Liberdade apreendida num permanente vai e vem entre a sobrevivência cotidiana e a escola e a leitura. Liberdade aprendida inventando tempos, abrindo frestas. Em todo esse vai e vem aprenderão a ser sujeitos éticos de liberdade?

Uma didática complicada que poderíamos aprender para lidar com essa infância e adolescência: começar por valorizar esses permanentes e tensos exercícios de liberdade para irem e permanecerem na escola. Tentar entender o que pode significar em sua formação ética essa relação tensa entre sua vida, a escola, a leitura, o conhecimento. Respeitar os tempos desses aprendizados. Dar-lhes tempo de aprender e amadurecer. Esperar que desde crianças e adolescentes articulem bem essa tensa relação é pedir demais em suas idades. Alguns conseguirão sobreviver, estudar, ler. Muitos nem tanto. Mas no tenso e persistente exercício de escolha entre sobreviver e ler podem estar aprendendo e praticando a liberdade. Se formando sujeitos éticos.

As escolas básicas poderiam ser o lugar onde se enriquecessem os que aprendem a ler os livros e aqueles que aprendem bem cedo a ler os sentidos e sem-sentidos da luta pela sobrevivência misturados com a luta pela leitura. Como seria bom que todos aprendessem a ler os livros e a ler suas vidas, as ruas onde sobrevivem, o teto e a terra por que lutam. As escolas poderiam ser mais públicas se seus profissionais tentássemos um diálogo fecundo entre essas formas de aprender a liberdade. Uma arte que exigirá novas didáticas: Quais serão as didáticas mais adequadas para ensinar a virtude a seres livres? Velha pergunta formulada pela Paideia e que agora parece ressoar nas escolas com um eco tão próximo. Pergunta tão instigante aos mestres de hoje quanto aqueles de 25 séculos atrás. Pergunta esquecida por décadas e que os alunos repõem com urgência incômoda. A Paideia trazida de volta pela infância popular? A infância nos defrontando com "o enigma da educação": formar sujeitos éticos e formar seres livres, inclusive livres para não se adaptar aos padrões ensinados.

O enigma da educação é saber que os educandos(as) são sujeitos livres. O ser humano por ser livre tem direito a fazer escolhas. Dar-lhe oportunidade de fazer escolhas é a arte de educar sua liberdade. Despertar o que dormita em cada ser humano como possibilidade. O impasse que estamos vivendo é que desde crianças tem de exercer a difícil arte de fazer escolhas. Ao menos terão nosso acompanhamento paciente? No nosso imaginário os tempos da infância, adolescência e juventude não são tempos de fazer escolhas. Como querer ser livres se estão na infância, sem palavra, sem juízo? Se estão na menoridade? Fazer escolhas pressupõe a maioridade de juízo própria da vida adulta. Nesse impasse se enreda a pedagogia e a docência. Se não estão na maioridade como aceitar que sejam livres para fazer escolhas? Somente se forem feitas sob nossa tutela de adultos educadores, docentes.

Estamos em tempos em que essas polaridades entre tempos de menoridade, incapacidade de fazer escolhas, infância, adolescência, juventude, *versus* tempo de maioridade, capacidade de fazer escolhas, vida adulta, parecem estar se desmoronando. Como fica nosso ofício? Com a modernidade recebemos a encomenda social, moral e cultural de levar as novas gerações da menoridade à maioridade de juízo. Formar o sujeito ético, capaz de ser livre para fazer escolhas maduras, conscientes quando adulto. Educar é acompanhar essa passagem. Como ficamos diante de uma infância, adolescência e juventude que são forçadas a ser maduras para fazer escolhas? Condenar os educandos? Expulsá-los dos nossos educandários? Rebaixar a sua idade penal e até pedagógica? Estimular sua coragem de fazer escolhas e acompanhá-los nos seus exercícios de liberdade? Mais, ainda, nos caberia denunciar a brutalidade de nossa sociedade que não permite às crianças, adolescentes e jovens ser livres, enquanto lhes obriga a concorrer com os adultos pela sobrevivência?

O enigma da educação é saber que o ser humano desde a infância é sujeito livre e deparar-nos com os extremos limites que são impostos a crianças e adolescentes para o exercício de sua liberdade. Escolham corretamente na escola e na vida, lhes diremos, mas são tão livres assim para podermos responsabilizar-lhes e dizer-lhes: ter ou não ter futuro depende exclusivamente de vocês. Vossa história e trajetória é fruto exclusivo de vossas escolhas. Se os deixássemos falar talvez nos diriam: nossa história e nossa trajetória é nossa opção possível a cada dia, ter ou não ter outra história e outra trajetória não depende unicamente de nós. Esta realidade em que desde crianças se debatem condicionará seu ser livres e condicionará nosso papel de pedagogos, acompanhantes em seus tortuosos processos de formação de sua liberdade.

Talvez tenhamos de repensar as polaridades em que foi equacionada a pedagogia e a docência: levar da infância, da menoridade, à vida adulta, à maioridade. O que as crianças e adolescentes nos dizem é que na luta pela sobrevivência são obrigados a ter que decidir como adultos. Nos problemas onde estão em jogo os grandes impasses éticos são obrigados a ter de escolher desde crianças: a indisciplina, a violência, o tráfico, a prostituição, o presente ou o futuro, a vida ou a morte. A própria sociedade transferiu essas gravíssimas escolhas para a menoridade. Se a pedagogia e a docência se imaginarem acompanhando passageiros que tranquilamente faziam o percurso da menoridade à maioridade moral, as coisas mudaram e não por capricho das crianças, nem por rebeldia dos adolescentes e jovens, mas porque a barbárie moral de nossa sociedade os obriga a ter comportamentos, valores, escolhas, antes tidos como próprios de adultos.

As condutas das crianças, adolescentes e jovens desmontam todo o arcabouço mental com que foi construída a pedagogia moderna. Imagens quebradas. Nesse desmonte, nossas autoimagens se desmontam. Se quebram. Somos obrigados a construir outro arcabouço e reaprender o ofício de educar, formar sujeitos éticos, de valores, de liberdade e de escolhas. Somos obrigados a educar crianças e adolescentes forçados prematuramente a ter condutas de adultos. Forçados à maioridade de juízo, de valores, quando ainda estão na menoridade. Nesta nova forma de equacionar menoridade, haverá lugar para a educação, para a escola e seus profissionais? Muitos coletivos docentes vêm encontrando o lugar. Vêm dando respostas positivas.

Não é um reaprendizado fácil este ao qual os alunos nos obrigam. Quando um arquiteto está construindo, sempre terá dúvidas. Por isso constrói, planeja, redefine projetos pela energia que dá não saber muito bem como terminar. A metáfora da arquitetura pode ser apropriada a este momento. Acompanhar a construção, formação de sujeitos éticos sempre trará dúvidas. Por isso teremos de planejar, rever, redefinir. A energia que dá mexer com sujeitos humanos, livres mas sem saber o que farão de sua liberdade pode ser a luminosidade necessária para um percurso no obscuro. Seguindo a metáfora da arquitetura, é fácil perceber uma geração de edifícios caracterizados por formas amorfas e indefinidas que se reproduzem por todo o mundo. Fechados sobre si e ao mesmo tempo abertos ao entorno. A arquitetura respondendo ao momento cultural em que vivemos. A pedagogia chamada a entendê-lo.

Acompanhar a construção de personalidades caracterizadas por formas amorfas, indefinidas? Um impasse para um imaginário que pensava cada indivíduo predestinado por Deus ou pela natureza a ter sua forma, sua inteligência, seus valores, seus comportamentos. "Agora todos reagem em massa, comentava uma professora, se vestem igual, têm os mesmos gostos e condutas." Personalidades amorfas, indefinidas?

Onde fica a velha metáfora do educador escultor e artista que molda cada peça com seu traço? Teimar em continuar o nosso ofício de educar, de formar o sujeito ético com esses imaginários e essas metáforas seria ingenuidade. A arquitetura nos oferece novas metáforas para o enigma da educação e formação de sujeitos éticos. Toda obra de arte requer paciente acompanhamento e paciente espera.

10
Circuito *Atelier* – E nossas trajetórias?

Que sentimentos, emoções e sensibilidades, que valores e que visão do mundo e do ser humano pulsam nos ateliers *dos artistas?* (Circuito *Atelier*).

Haveria alguma semelhança? Circuito *Atelier* é o título de uma coleção idealizada pela C/Arte, de Belo Horizonte. O objetivo é adentrar-nos nos *ateliers* de artistas para ver sua produção, seu trabalho, suas obras e seus estilos. Mas esse Circuito *Atelier* não fica aí. Através de entrevistas, de depoimentos e de falas, através de textos, de relatos, de trechos de cartas e diários, ficamos sabendo sobre os artistas, suas concepções de arte e sobre os processos de sua produção. Sabemos, também, dos sentimentos, das emoções e das sensibilidades, dos valores, da visão de mundo e de ser humano que pulsam nos *ateliers* e que inspiram seus trabalhos, sua visão artística e crítica.

Imbricadas nessas produções e métodos de trabalho, nas pesquisas e nas concepções do fato artístico e do fazer criador, o Circuito *Atelier* nos revela o processo pedagógico e formador dos próprios artistas, a transformação radical de seu estatuto na sociedade. Como vão superando a condição de artesãos para se revelarem como intelectuais. Como mudam sua autoimagem social, sua relação com o público, com a sociedade, com os movimentos culturais e políticos. Como vão se inserindo como artistas, no pensamento social e cultural. Vão tomando posição em relação às políticas e às poéticas contemporâneas. Se descobrem sujeitos de intervenção pública. Uma nova relação dos artistas, consigo mesmo, com sua autoimagem, com sua arte e com a sociedade. Um circuito de formação.

Vi alguma semelhança. Nós, os docentes, estaríamos percorrendo trajetórias um tanto semelhantes? Fazendo o circuito das salas de aula, das escolas (os *ateliers* onde tantos docentes desenvolvem suas artes de ensinar e de educar), talvez possamos descobrir como os professores de educação básica vêm se projetando além das salas de aula. Vivemos momentos tensos, surpresos com as condutas dos alunos, como também vivemos momentos de renovação pedagógica. Projetos nas escolas, propostas pedagógicas nas redes. Momentos de rever nossas artes, nossos métodos e nossa produção? De sair do *atelier*? Da condição de aulistas? De projetar-nos além e inserir-nos no pensamento pedagógico e social? De reaprender a lidar com nossa autoimagem? E com chocantes imagens de infância e de adolescência?

Estamos em um momento de encontros fora das salas de aula, nos coletivos escolares, em congressos e seminários, em dias de estudo e oficinas. A categoria está saindo do *atelier* de cada um para se encontrar e trocar seus medos, suas artes, seus métodos de trabalho, suas concepções sobre seu fazer docente. Sobre si mesmos e sobre os educandos.

É desafiante percorrer esse Circuito *Atelier* docente. De maneira mais particular acompanhar os docentes que se envolveram com a reorganização da escola tendo como preocupação o respeito aos educandos, suas trajetórias e seus tempos de vida. Me pergunto, que mundos pulsam no fazer docente? Como reagem e interagem com suas concepções de docência? A leitura da obra Circuito *Atelier* me revelou que há uma dinâmica de renovação e de produção de novas imagens sociais dos artistas, de novas relações com a sociedade e com o pensamento social e cultural. Acompanhando escolas e redes é fácil perceber que a categoria docente também tem sua dinâmica. Me pergunto pelos significados das tensões vividas nas escolas. Os grandes debates entre docentes têm como preocupação central como dar conta dos alunos, que crianças e adolescentes chegam às escolas, como entendê-los e entender-nos, que condutas e valores trazem às salas de aula, que tempos humanos vivenciam. Teríamos de reorientar nossas condutas, nossos tempos e nosso trabalho para respeitar seus tempos? Teríamos de rearticular as trajetórias de mestres com as trajetórias dos educandos?

Se nos perguntamos o que mais preocupa os mestres, os conteúdos de sua docência? Os métodos? Não será difícil perceber que o que mais lhes preocupa são os alunos. "Não são mais os mesmos, não sabemos como lidar com eles." Se os alunos mudaram poderemos continuar sendo os mesmos professores? Estamos às voltas com os educandos, com suas condutas, seus interesses, suas culturas e valores. Sua indisciplina. Será a infância, a adolescência e a juventude e suas mudanças o polo mais interrogante da pedagogia e da docência? Os projetos de escola, as propostas pedagógicas das redes, especificamente a atenção às trajetórias e tempos dos educandos são expressões e produtos dessa dinâmica. O que ela significa? Essa dinâmica é formadora? Que perfis profissionais conforma? Em que mudam nossas trajetórias humanas e docentes?

Para aproximar-me dessa dinâmica docente e entender sua função formadora parto do momento em que a categoria se encontra. Das trajetórias profissionais, sociais, políticas e humanas que vem perfazendo. Este é o ponto de partida de minhas reflexões: os docentes, suas trajetórias e o tenso diálogo com as trajetórias dos alunos. Vejo a elaboração e implementação dos projetos de escola ou das propostas pedagógicas, e particularmente da organização da escola respeitando os tempos dos educandos, como manifestações de trajetórias coletivas. Sem dúvida, os caminhos são múltiplos se pensamos nos percursos profissionais, humanos de cada um. No *atelier* de cada docente, na sua disciplina, na sala de aula, há muita criatividade individual. Mas há, sobretudo, muita criatividade coletiva. Estamos saindo de nossos *ateliers* individuais. As condutas dos alunos(as) passam a ser interrogantes, que pedem respostas coletivas.

Penso no percurso coletivo que vem sendo feito como categoria. As propostas e os projetos de escola ou de rede extrapolam a sala de aula. São projetos coletivos. De ação e intervenção coletiva. Revelam e ao mesmo tempo reafirmam a construção da categoria como sujeito coletivo. A transformação de seu estatuto na sociedade. A produção e afirmação de uma imagem social que vai além da professora de aula e além do mestre-escola. Vai além dos *ateliers*.

A elaboração de uma proposta pedagógica para a escola ou para a rede de ensino como um todo tem uma dimensão diferente do que o preparo de uma aula para nossa turma. A atenção e o trato pedagógico das condutas, da formação ética exige uma ação coletiva. Todo projeto de escola ou toda proposta de rede exigem o envolvimento do coletivo, da comunidade escolar e até da sociedade. É uma produção social, pública. Os comportamentos da infância, da adolescência e da juventude são sociais. As propostas afetam as famílias, as igrejas, a mídia e a sociedade. Os comportamentos das escolas repercutem na sociedade. Magistério, escola, famílias, sociedade se aproximam sempre que a infância, a adolescência e a juventude se tornam problemáticas, contestadoras. As políticas socializadoras, educativas entram no debate coletivo. Por exemplo, as medidas sobre retenção, avaliação, sobre agrupamentos de alunos ou para a paz nas escolas. Assim como as propostas de reorientação da escola em ciclos de formação têm deflagrado debates, reações a favor ou contra, não apenas dos mestres, mas dos alunos, das famílias, da mídia, dos intelectuais e políticos. Estamos vivenciando uma nova relação do educativo e dos seus profissionais com o público, com a sociedade, com os interesses sociais e políticos. Porque está em jogo o que a todos é mais preocupante: a infância, a adolescência e a juventude ameaçadas. A categoria se descobre sujeito de intervenção pública. Se expõe e é julgada como categoria. Se constrói e forma como categoria. Este pode ser o primeiro ponto a destacar na preocupação destas reflexões sobre as tensões nas escolas e sobre as dimensões formadoras das propostas pedagógicas: projetam a imagem docente além da disciplina e da sala de aula. Afirmam trajetórias mais coletivas.

Continuemos à procura das semelhanças entre o Circuito *Atelier*, o percurso dos artistas e nossos circuitos e trajetórias como docentes. A hipótese da obra Circuito *Atelier* é que as mudanças nos processos de trabalho nos *ateliers* vêm conformando outras imagens. Os autores vão à procura dos processos pedagógicos que acontecem quando mudam as formas de produzir e os métodos de trabalho. Na própria produção e reflexão sobre o trabalho artístico se revelam novos sujeitos sociais, públicos, se revelam como intelectuais na medida em que vão redefinindo seus processos de trabalho artesanal. Por que dar tanta importância ao trabalho como revelador de novos sujeitos?

O trabalho como ponto de partida

Compartilho desta visão. Se pretendemos acompanhar as potencialidades formadoras dos projetos de escola e especificamente das propostas que organizam a escola para dar conta dos educandos em seus tempos e em suas trajetórias de formação teremos de vê-las como redefinição dos processos de trabalho docente. Como redefinição de trajetórias de trabalho. É exatamente na condição de trabalhadores(as) que os professores(as) reagem, aceitando ou rejeitando propostas. É frequente ouvirmos: "os alunos são diferentes, cada vez dão mais trabalho"; "a organização da escola em ciclos dá trabalho". Os professores(as) percebem, logo, a complexidade das dimensões de sua existência que entrarão em jogo se se comprometerem com a nova infância, nova adolescência e nova juventude e com os sujeitos e seus tempos. Terão de alterar trajetórias de trabalho, tempos, espaços e rotinas? Terão de trabalhar mais, gastar mais energias? Terão de alterar os processos de enturmação, de acompanhamento, de avaliação, de registro? Aumentará seu trabalho? São essas as questões que logo se colocam. Veem os "novos" educandos na ótica do seu trabalho. Lidar com novos alunos significa novo trabalho. As trajetórias docentes são antes de tudo trajetórias de trabalho.

Uma percepção correta, que amedronta, porque sentem que quando os alunos mudam tocam no que é nuclear em sua docência e existência: seu trabalho. É nesse núcleo docência-trabalho onde poderemos encontrar as dimensões formadoras da nova relação entre alunos e professores. Quando os alunos nos repetem estamos aqui com nossas condutas, medos, inseguranças e indisciplinas, logo como docentes olhamos para nós, para nossas disciplinas, nossas energias, nosso cansaço, nosso trabalho. Vemos e revemos nosso magistério no espelho dos alunos(as). Vemos nossas trajetórias nas suas trajetórias. Trabalhamos com o conhecimento, com os seus conteúdos e metodologias. Tudo isso toca nosso trabalho. Sobretudo, trabalhamos com gente concreta, alunos e alunas que mudam, reagem e exigem de nós reações, condutas e esforços. Trabalho. Somos trabalhadores em educação, que lidam com esses educandos(as). Durante as décadas passadas nos descobrimos trabalhadores exigindo a valorização de nosso trabalho frente aos patrões e ao governo. Recentemente, redescobrimos nosso trabalho frente aos alunos e o trabalho que nos dão. Quando os alunos mudam o primeiro a mudar é o trabalho e a imagem coletiva de trabalhadores em educação. Como eles se percebem e reagem? Como veem sua identidade, coletiva, sobretudo? Que conhecimento têm de seu fazer? Que alterações se dão em seu conhecimento e sua imagem? Essas questões estão postas nas últimas décadas, porém estão sendo ressignificadas diante das trajetórias dos educandos. Porém, o núcleo identitário continua a condição de trabalhadores em educação. Consequentemente perguntando-nos por suas trajetórias teremos de dar prioridade às situações de trabalho em que se dá sua docência, aos métodos, aos instrumentos e recursos de que se valem, aos tempos e às rotinas, às habilidades e competências que têm de reaprender, às energias gastas, à sua saúde, ou às doenças, ao cansaço. Os próprios professores(as) percebem que toda essa realidade do seu trabalho pode ser afetada em qualquer mudança nos comportamentos, nas formas de ser criança, adolescente ou jovem. Como são afetados como trabalhadores em educação por propostas que tentam acompanhar essa realidade?

Frequentemente na elaboração das propostas apenas nos preocupamos com as diretrizes que as fundamentam e com o grau de participação dos docentes na definição das diretrizes constituintes da escola que queremos. Sinto que é muito pouco. A preocupação dos docentes situa-se no que há de mais determinante na sua condição de docente-trabalhador: sua docência atrelada a situações concretas de trabalho. Atrelada, sobretudo, aos alunos com que convivem. Tenho aprendido que as alterações neste núcleo, nos comportamentos dos educandos, serão mais determinantes para os professores do que as mudanças de diretrizes político-pedagógicas ou curriculares. As propostas de escola, que tentam dar conta da infância-adolescência que temos, mexem não apenas em concepções e diretrizes, mas nas bases da concretude do fazer docente. Este é o ponto nuclear de que devemos partir: O que muda no trabalho docente quando os alunos não são mais os mesmos?

Há uma crença marcando minhas análises: que o trabalho é a coisa mais séria para todo trabalhador. Para os trabalhadores em educação também. Desde o final dos anos de 1970, a categoria vem construindo uma imagem social e política à base de muitas lutas. Vem se identificando e sendo identificada como trabalhadores em educação. Mais recentemente essa imagem foi se deslocando para a concretude das condições de trabalho e ainda mais recentemente para as situações em que produzem sua docência diante das trajetórias humanas dos educandos(as). Um percurso de várias descobertas. Na atualidade o que os identifica não é apenas a condição de trabalhadores frente aos patrões e os governos, mas também frente aos educandos. Preocupam-se da complexidade de situações, tempos, espaços, rotinas, processos que constituem seu fazer docente diante da realidade dos educandos. Nessas complexas situações de trabalho se formam ou deformam. Reconheço o trabalho como princípio educativo. Apegar-se a essas situações, tempos, processos e rotinas é apegar-se à identidade formada pelo trabalho.

Quando as condutas dos alunos ou quando um projeto de escola ou uma proposta pedagógica mexem nessas situações de trabalho amedrontam porque ameaçam essa identidade. Os professores(as) percebem que alterando-se os processos e situações de trabalho se alteram os processos de sua formação e identificação como docentes, como humanos. É legítima sua reação e sua sensação de ameaça. A maioria das propostas e projetos que acontecem nas escolas e nas redes de ensino são orientados por uma preocupação especial para os alunos, seus tempos de aprendizagem, sua socialização, seus tempos-ciclos de formação etc. Uma percepção correta da radicalidade das propostas e projetos que desconstroem as lógicas dos tempos seriados e propõem novas lógicas, nova organização dos tempos e espaços, da enturmação, do acompanhamento e avaliação... Os docentes percebem que todas propostas que partem de um novo olhar sobre os educandos tocarão no que é nuclear à organização do trabalho e do fazer docente. Os mestres percebem que os "novos" alunos tocam no seu dia a dia suas energias, suas rotinas, seu cansaço. Suas trajetórias. Suas identidades.

Aí, nesse núcleo, relação alunos-mestres, docência-trabalho, saberes-fazeres, é onde podemos encontrar a construção e formação de um outro perfil de docente-educador. Ver a organização da escola centrada nos educandos como um conjunto de situações e de práticas formadoras. Quando os tempos, a organização e as situações de trabalho são questionados pelos educandos, tocamos no núcleo constituinte do ser e do pensar docente. Daí as reações e resistências às condutas dos educandos que tocam nesse núcleo. Daí os embates que provocam. Aí radica seu caráter formador. As formas de trabalho, sua organização e seus tempos são algo vital para os trabalhadores em educação. Mexer aí é extremamente desafiador e formador. Daí que ainda encontramos docentes que preferem condenar esse novo perfil de aluno e salvar a paz de sua docência.

Em síntese, a preocupação é com mostrar as dimensões e potencialidades formadoras dos processos de reorganização da escola, dando ao trabalho docente a centralidade que lhe é devida como princípio educativo. Por trás de uma simples mudança da organização da escola para uma organização tendo como centro a realidade dos educandos, acontece um conjunto de alterações no funcionamento cotidiano da vida dos professores(as). Há mudanças dos tempos docentes, das habilidades e competências, do ambiente e das relações de trabalho. Será necessário maior esforço para uma atenção e avaliação mais individualizada dos alunos? Para a atualização e adequação dos conhecimentos ou conteúdos da docência...? Alterações nas situações de trabalho que afetam até os projetos de vida dos docentes.

Para dar conta desse conjunto de novas situações de trabalho os professores(as) sentem como necessário elaborar novas estratégias de estudo, de planejamento, de agrupamento de alunos, de troca de informações, de tempos coletivos... Inclusive sentem como necessário elaborar estratégias coletivas de reorientação curricular, de reorganização dos tempos e espaços da escola como um todo. Estratégias de redefinição dos objetivos de sua docência. Essas novas situações de trabalho exigirão a participação dos professores(as) para além da sala de aula, na elaboração de políticas da rede e da escola. Exigirão a participação na elaboração da política curricular, de qualificação, de saúde e de condições de trabalho. Passam a se ocupar com a formulação de diretrizes sobre enturmação, avaliação, retenção ou não retenção, acompanhamento da diversidade de processos de aprendizagem, de tempos específicos de aprendizagem. Situações novas de trabalho que assustam e provocam legítimas reações tanto a favor como contra a organização da escola pensando nos educandos(as).

Os professores(as) assumem como coletivo o planejamento de sua qualificação para entender mais da infância, da adolescência e da juventude. Tarefa que passa a fazer parte de seu trabalho, de seu pensar e de suas decisões coletivas. Como veremos, cria-se uma dinâmica formadora que exige planejamento e avaliação. Exige novas responsabilidades, novos papéis. Novo trabalho. Os próprios coletivos docentes organizam dias de estudo, oficinas, congressos, seminários, reuniões de ciclo, de área e da escola. Participam na elaboração da política de formação, da seleção de temáticas, material, textos etc. Um conjunto de novas situações de trabalho é acrescido ao conjunto de situações que continuam sendo executadas. Os docentes trabalham cada vez mais e com maior intensidade.

Acompanho vários momentos em que as secretarias de educação promovem congressos e encontros para avaliar o andamento da organização da escola, os professores e seus órgãos de representação sempre colocam na pauta de avaliação as mudanças no seu trabalho, as condições e situações de trabalho. Como se nos advertissem: avaliar políticas, projetos e propostas de intervenção esquecendo do núcleo fundante da escola, o trabalho, nos condenaria a desenhar uma foto fora de foco. O foco ou o ponto de vista com que nos aproximamos é essencial. Por exemplo, se o foco ou olhar com que nos aproximamos de uma política, de um projeto de escola ou de uma proposta de organização da escola for quantificar produtos escolares, percentagem de queda nos índices de repetência, por exemplo, ou número de alunos que terminam sabendo ou não sabendo ler, estaremos fechando o foco em aspectos importantes, porém perderemos possivelmente o conjunto de outros produtos que as políticas, os projetos ou as propostas de reorganização escolar vêm produzindo. O que vem preocupando os mestres são os alunos, suas condutas, seus valores, seus processos truncados de socialização, de formação como sujeitos humanos plenos. Os embates entre mestres-alunos incluem os clássicos problemas de aprendizagem dos saberes escolares, porém vão além. Os impasses se dão no campo mais totalizante de seus aprendizados sociais, culturais, humanos, o que exige mais trabalho. Exige outras trajetórias docentes.

Estarmos atentos à totalidade dos aprendizados é fundamental, sem esquecer que em toda inovação o que há de mais determinante para os mestres serão as mudanças havidas nas práticas e no trabalho com que os produtos esperados são produzidos. O principal produto de toda inovação escolar são as mudanças que acontecem nos próprios professores.

Mas como entender o trabalho docente e a defesa que dele fazem os profissionais da escola? Para chegarmos às dimensões formadoras que podem entrar nos processos de trabalho docente é necessário ir além das rotinas, das práticas e das situações de trabalho. É necessário ver o trabalho docente como trabalho humano. Como atividade concreta de pessoas humanas, professoras e professores que põem em ação sentimentos e emoções, olhares, concepções e valores, imagens da infância e da adolescência, autoimagens de pertencimento racial e de gênero... Toda essa densidade humana entra nas situações e práticas docentes, de maneira aparentemente rotineira de tão internalizada e reproduzida por anos. Quando se altera o trabalho, os tempos e as lógicas; quando o ponto de referência não é mais a série, a disciplina, a passagem ou retenção de ano, mas o coletivo de educandos em seu tempo humano total, cada uma dessas dimensões humanas que entram no trabalho docente se alteram. Por exemplo, quando a proposta é partir dos educandos, de suas trajetórias e de seus tempos culturais, sociais, cognitivos, éticos, tudo se altera: valores, imagens, visões de aluno, de conhecimento, de docência, de avaliação e de enturmação. Os processos de trabalho exigem estratégias mais coletivas, os critérios de retenção se alteram, a rígida divisão do trabalho por recortes disciplinares do conhecimento entra em crise, o fator tempo adquire nova relevância nos processos de ensino e de aprendizagem, a diversidade de vivências sociais, humanas, culturais dos educandos se impõem com centralidade. A especificidade de cada tempo-ciclo da vida é reaprendida.

As mudanças educativas demandadas pelos educandos amedrontam os docentes não apenas porque mexem no seu controle sobre o trabalho, mas porque ameaçam seus saberes docentes. O fazer docente é alterado, mas também é alterado o conjunto de saberes aprendidos nas situações de trabalho. Os professores(as) sabem o que fazer e sobretudo sabem como e por que fazer. Dominam saberes, habilidades, competências, concepções sobre o fazer docente. Esses saberes estão sendo mexidos pelo novo perfil de criança, adolescente e jovem que chega às aulas? É a pergunta que os mestres se fazem. Pergunta que deve ser explicitada e respondida coletivamente.

Os primeiros a perceber que seus saberes ficam interrogados pelos educandos são os docentes. Como se percebessem em sua sensibilidade de trabalhadores que seu trabalho e os saberes e valores de seu trabalho entrarão em jogo. Eles e elas como sujeitos de desejo e emoção, como sujeitos pensantes, culturais, éticos, corpóreos entram em jogo. Aí radicam as virtualidades formadoras das propostas pedagógicas que tocam no cerne da escola: no trabalho docente e nos saberes sobre o trabalho. Como conduzir pedagogicamente todos esses processos que entram em jogo? Uma tarefa que exige uma arte nada fácil. Se bem conduzida pode ser que as políticas, os projetos de escola ou as propostas de rede signifiquem um avanço formador. Repito, o mais importante em qualquer proposta pedagógica é a maneira pedagógica ou não pela qual os processos são conduzidos.

A imagem docente reconstruída

Quando a imagem dos alunos(as) se altera, o principal efeito talvez seja que a imagem docente é reconstruída. A obra Circuito *Atelier* destaca como os artistas vêm mudando sua autoimagem na medida em que mudam os processos de produzir sua arte. Como vão superando a condição de artesãos para se revelarem intelectuais. Como vão se inserindo como artistas no pensamento social e cultural. Podemos encontrar trajetórias semelhantes na categoria docente? A necessidade de defender seus saberes docentes, de interrogá-los e de aprender novos saberes para as novas situações de trabalho requeridas pelos novos perfis de educandos estariam revelando a face intelectual dos docentes de educação básica? Estariam produzindo um conjunto de reflexões sobre os significados pedagógicos, sociais, culturais e políticos do seu fazer docente?

Os professores(as) de educação básica estão se encontrando em situações de debates, leituras, estudos, oficinas, situações de discussão séria sobre os significados dos processos pedagógicos em que exercitam sua docência. Estudam, se qualificam, formulam novos projetos de escola e propostas para as redes embasadas em diagnósticos, teorias e opções políticas. Até na rejeição ou resistência aos alunos ou ao respeito a seus tempos saem à procura de argumentos, de teorias, de valores e posturas para justificar suas posições. Como não ver em todos esses processos mudanças de concepções, de saberes, de culturas e valores docentes? Por onde passam esses processos formadores que os alunos provocam? Este é nosso foco de observação.

Seria atrevimento dizer que os docentes da educação básica ao saírem do *atelier* da sala de aula estão se alçando à condição de intelectuais de sua própria docência? Que suas artes de ensinar e educar na sala de aula adquirem novas densidades teóricas?

Acompanho esses itinerários na construção de uma imagem docente mais reflexiva, mais autônoma e segura como intelectuais. Não é exagero constatar que a categoria docente de educação básica produz e publica dissertações e teses sobre seu trabalho, sobre seus projetos de escola. Produz e publica textos sobre suas propostas político-pedagógicas, sua reorientação curricular e sua organização do trabalho, tendo como uma das motivações centrais dar conta do novo perfil de aluno. Dezenas de dissertações e teses foram elaboradas por docentes que participam nesses projetos e propostas. Encontramos também artigos em revistas, manifestos em conferências. Encontramos, nas diversas redes, revistas, textos, cadernos com relatos que ressignificam práticas.

Poderíamos aventurar-nos a reconhecer que a última década foi marcada pela inserção do pensamento dos docentes de educação básica no circuito social da produção de nosso pensamento educativo? Inserção teórica que traz uma marca particular: a tomada de posição desses docentes em relação às políticas e às propostas pedagógicas de que são sujeitos e não meros espectadores, nem mera mão de obra treinada.

Prática docente e teoria tornam-se cada vez mais interligadas. Considero os projetos de escola e as propostas pedagógicas implementadas em inúmeras redes municipais e estaduais como uma das dinâmicas mais fecundas de articulação entre prática docente e teoria. São experiências que fazem parte do circuito formador de um corpo de professores da educação básica que vêm avançando à condição de intelectuais de sua própria docência. Vejo mais, o que dá sentido especial aos escritos, dissertações e teses dos professores de educação básica é a experiência com os educandos, sobretudo populares. Escrevem para ressignificar o que vivenciam. Para mostrar que superaram crenças, valores, certezas. Superaram modos de ser docentes. Que as vivências de arriscados processos de lidar com a infância popular e de inovação escolar os foram tornando outros. No próprio registrar e escrever tentam revelar mais do que a vivência de novas práticas. Tentam revelar-se diferentes do que eram, pensavam e agiam. Sob este ângulo retorno às propostas pedagógicas onde milhares de professores(as) vêm reorganizando os tempos de escola e de seu trabalho de modo a respeitar os tempos e as trajetórias de vida dos educandos(as).

Percebo que as propostas somente se consolidam enquanto estilo educativo na medida em que teoria, prática e trabalho docente se encontram e articulam. Como se dá essa delicada articulação? Daí a pergunta: Na reorganização da escola para torná-la mais aberta à infância e adolescência reais, os docentes vão conseguindo traduzir teoria, prática e trabalho em um programa operacional? Em um estilo de ser professor(a)? Pretendo reconstruir no possível esses percursos. Recolho anotações, relatos e relatórios. Há bastante material. Há uma produção no interior de cada escola. Há um certo hábito que vai se consolidando: os próprios coletivos docentes produzem diagnósticos, avaliações, registros, relatórios, sínteses, em textos e vídeos. O aprendizado do registro, da escrita, do texto, da avaliação é um dos indicadores desse percurso intelectual. Uma significativa produção que revela concepções pedagógicas sólidas.

Se lembrarmos que essa produção é feita nos embates que se dão na defesa de sua condição de trabalhadores ou nas situações de trabalho a que nos referíamos antes, poderemos entender que é uma produção que carrega um toque emocional e existencial forte. É a experiência, e são verdades vivenciadas que dão sentido a sua produção. O fato de ser uma produção tão emocional lhe confere potencialidades formadoras significativas: revela antes de tudo as próprias tensões do trabalho, do poder e da autonomia docente. Nela se revelam. Vemos como vão se produzindo, como lidam e ressignificam suas artes e didáticas, seus instrumentos de trabalho. Parto da certeza de que os professores(as) terminam fazendo de cada momento, da elaboração à implementação dos projetos e propostas um exercício de autoconstrução como docentes e como teóricos da problemática da educação, socialização, ensino-aprendizagem. Interpreto cada passo como uma intencionalidade pedagógica, mas também uma oportunidade de sensibilização e instrumentalização teórica. De qualificação docente nas artes de pesquisar, diagnosticar e ressignificar com rigor e embasamento teórico a própria docência.

Quando reconstruo o percurso das propostas que têm como foco os educandos me interesso por captar como nas reuniões da escola, nas oficinas e encontros pode ser encontrada uma preocupação com a explicitação da moldura teórica que justifica a própria prática docente. Explicitar a base teórica e também existencial que nos leva a aderir ou ser contra qualquer intervenção educativa. É legítimo ser a favor ou contra a escola inclusiva ou contra a reorientação curricular, ou contra os ciclos de formação, mas com que base teórica e existencial? A partir de que opções políticas e pedagógicas? Na reorganização dos tempos os mestres se defrontam com essas questões e outras. Se debatem em torno do próprio sentido da docência. Vejo as novas sensibilidades para com os educandos como uma oportunidade para esses avanços. Para o exercício paciente de uma postura permanente de autoanálise, autorreflexão, de explicitação dos significados e da moldura teórica e vivencial da docência. Essa oportunidade não tem sido propriedade de um grupo restrito, dos gestores, mas de toda a categoria docente. Que estratégias serão mais adequadas a essa inserção de todos os professores e funcionários e inclusive dos próprios alunos e familiares nessa procura dos significados da escola para os educandos(as)? Esta preocupação tem sido uma constante nas escolas, daí seu papel formador.

Não podemos ignorar que não existe uma tradição de explicitação de significados e de construção de uma moldura teórica para a docência escolar. Uma das causas está na falta de uma tradição para articular projetos coletivos de área, de escola e de rede. A cultura escolar está dominada pela prática solitária de sala de aula, de cada docente em sua disciplina e sua turma. Uma prática mais de *atelier*, de artista solitário do que de indagação coletiva sobre os porquês, os significados, as bases teóricas e vivenciais do nosso fazer. Este papel era reservado aos intelectuais da academia e às equipes técnicas e gestores das secretarias. Os projetos de escola, as propostas das redes, a produção teórica nas associações docentes e suas revistas, os relatos de experiências, as dissertações e teses de que são sujeitos os professores(as) das escolas estão indicando que esse tempo está sendo superado. Vejo a inserção nas propostas de reorganização dos tempos e nas tentativas de entender as condutas dos alunos como mais um momento de superação dessa tradição solitária. Vejo como fecundas as tentativas de superar a tradicional separação de papéis; de um lado os que pensam e teorizam nas academias, e de outro os que fazem e vivenciam na sala de aula. Ter consciência deste novo tempo é uma condição para afirmá-lo e afirmar uma nova imagem docente.

Penso que devemos ter estratégias que estimulem o cuidado por registrar, por socializar experiências registradas e ressignificadas. Estratégias que estimulem a produção não apenas dos grupos gestores e técnicos, mas de cada coletivo de ciclo, de área ou de escola. Encontro secretarias de educação preocupadas em consolidar essa produção coletiva, reproduzindo e fazendo chegar a cada professor(a) um corpo de textos, de relatos e de análises sólidas. Corpo de textos que por vezes são trocados entre as redes e escolas e que mereceriam maior atenção dos centros de reflexão, pesquisa e produção teórica em educação. A palavra do docente, suas práticas e suas reflexões e seus textos merecem atenção. Inclusive das editoras. Pretendo que estes textos mostrem que as práticas e as falas, os relatos e os textos produzidos por docentes merecem nossa atenção, porque nesses se revelam novos perfis de educadores(as). Sobretudo, porque revelam uma nova sensibilidade para os novos perfis de criança, adolescente, jovem ou adulto que frequenta as escolas.

Vejo que nessas trajetórias estão se formando porque teorizam e escrevem sobre suas práticas, mas, sobretudo, porque experimentam uma nova relação com as trajetórias dos educandos e das educandas. Quando educamos, nos educamos, nos libertamos do que somos, pensamos e cremos. Inseridos em relações humanas novas nos humanizamos. Nos tornamos diferentes do que vínhamos sendo. Refazemos nossa imagem no espelho da nova imagem dos educandos(as). Que imagens novas são essas?

Parte II

Tempos de alunos e mestres

1
Tempo, tempo, tempo

*Eis um senhor tão bonito
Quanto a cara do meu filho
Tempo Tempo Tempo Tempo...*
(Caetano Veloso)

O estudo surgira no coletivo docente como uma necessidade diante da importância dada aos tempos nas trajetórias humanas e escolares dos educandos. Nessas trajetórias um ponto se destaca: a dificuldade de articular os tempos do viver, sobreviver, trabalhar e os tempos de escola. Correm contra o tempo, têm de escolher entre tempos tão vitais. A escola tem seus tempos rígidos, predefinidos, enquanto os tempos da sobrevivência, do trabalho são imprevisíveis. Duas lógicas temporais tão difíceis de aproximar. Um professor comentou: "difícil para as crianças e adolescentes, jovens ou adultos que estudam, e difícil para nós professores". A rígida lógica temporal da docência não é fácil de articular com os tempos de família, da condução, das distâncias. Como articular dois e até três turnos de trabalho em escolas e redes diferentes?

O estudo do tempo já é familiar nas escolas que reorganizaram a lógica seriada e estão construindo uma organização guiada por outra lógica temporal, a lógica dos tempos de vida dos educandos e os tempos dos seus mestres. Por que reorganizar a escola, a enturmação e os agrupamentos, as aprendizagens, a avaliação e até nosso trabalho docente, tendo como referência os tempos dos educandos e dos educadores? A categoria tempo é tão central assim? As ciências humanas estudam o tempo como construção social, cultural. Que importância dar ao tempo no ensinar, no aprender?

Levantamos uma agenda de trabalho. Poderíamos destacar na pauta:
- a importância do tempo no cotidiano escolar;
- a lógica temporal na organização seriada;

- o tempo nos processos de ensinar;
- o tempo nos processos de aprender;
- o tempo nas metáforas escolares e docentes;
- o tempo nas ciências humanas;
- o tempo na teoria pedagógica;
- o tempo na formação e socialização.

Cada um desses itens foi se desdobrando em outros, exigindo vários dias de estudo. Puxar do tempo é puxar de um fio que se estica e desdobra, que toca as múltiplas dimensões em que nossa docência se enreda.

A tensa gestão dos tempos escolares

Começamos lembrando que a temática do tempo é central no cotidiano escolar e docente. Em grupos podemos refletir sobre essa centralidade do tempo. Podemos formular algumas questões que orientem o trabalho coletivo. Por exemplo: Diretores, supervisores, professores, auxiliares e alunos, quantas horas passam na escola? Como ocupamos esse tempo escolar? Que lógica norteia a organização temporal, a organização dos espaços e a distribuição dos conteúdos e das aprendizagens? Organizar e administrar o tempo é uma tarefa pacífica ou conflitiva no sistema escolar? Como administramos a definição do calendário, a distribuição das aulas, dos dias de prova, dos horários de cada área e matéria, do recreio, dos sábados letivos, dos dias feriados? Por que administrar o tempo de escola é tão tenso? Por que joga com interesses privados, joga com outros tempos de nossas vidas em outros empregos, na família, no estudo? O tempo de escola é tempo de trabalho, bem ou malremunerado, tempo realizador ou alienante? O movimento dos trabalhadores em educação vem lutando por maior controle do tempo de escola? E os movimentos sociais lutam também por alargar o tempo de escola para seus filhos? Os jovens e adultos trabalhadores conseguem adequar o tempo rígido do trabalho e o tempo inflexível da escola?

Quando se defrontam com questões como essas, os coletivos passam a identificar a centralidade que tem no cotidiano escolar a administração dos tempos, como é um dos aspectos mais tensos e difíceis de administrar. Os depoimentos mostram os interesses privados que entram em disputa. Cada um lembrou como nas escolas se dão verdadeiras disputas pelos melhores horários. A dificuldade de articular horários quando trabalham em vários turnos e em várias escolas. Como é difícil articular os tempos da escola com os tempos da família, com os horários de transporte, com o cuidado dos filhos, com suas saídas da escola. Corremos atrás do tempo, observava uma professora. As professoras e os professores novatos(as) ainda se queixavam de ter de ceder a melhores horários para os que têm mais tempo na escola. Alguns lembravam que os melhores horários ficam para as matérias que têm maior prestígio. Uma das primeiras lições aprendidas como professores(as) novatos(as) nas escolas foi quão tensa é a gestão dos tempos escolares. "Administrar os tempos da escola pode ser complicado para mim, porém mais complicado é administrar meus tempos de professora, de mãe, de dona de casa", observou uma professora. "Há momentos em que tudo se enreda e fico louca", observou outra. Nos itinerários de todos os docentes é complicadíssimo administrar seus tempos. Para as professoras é ainda mais complicado dada a pluralidade de papéis e de tempos desencontrados em que se debatem. Alguns coletivos docentes têm feito dias de oficinas, construindo mapas dos tempos docentes.

Essa tensão extrapola as escolas. Identificamos como nas lutas da categoria por seus direitos como trabalhadores o tempo tem também centralidade. Nas pautas de negociação entram horas de trabalho, remuneração, controle do tempo, horas de estudo, de coordenação, de formação etc. Uma das reivindicações mais atuais é para que os tempos docentes não sejam apenas de aulas. São reivindicados tempos de estudo e de gestão coletiva. O coletivo, ainda, identificou como os movimentos sociais e as famílias reivindicam mais tempo de escola para que seus filhos não fiquem expostos nas ruas. Como essas reivindicações das famílias por mais tempo de escola para seus filhos entram em conflito com os longos e pesados tempos de trabalho de que os docentes tentam se libertar.

Realmente não há como ignorar a centralidade do tempo no cotidiano escolar. Ele nos persegue e em suas lógicas se amarra nossa docência. Recentemente diante do clima de violência, do tráfico, de insegurança a que é exposta a infância e adolescência populares a luta por mais tempo de escola aumentou. Tempo de escola maior é visto como segurança maior para os filhos(as). Ao mesmo tempo com a necessidade das crianças, adolescentes e jovens contribuírem na sobrevivência própria e da família, mais tensos se tornaram as relações entre tempo de estudo e tempo de sobrevivência. Como articular tempos tão contraditórios? Se os profissionais da escola vivem em permanente tensão na administração da diversidade de seus tempos, os alunos também. Vimos em suas trajetórias humanas como se debatem com vivências da infância, da adolescência e da juventude vagando das famílias para as ruas, de um biscate aqui a outro lá. Como se debatem entre viver o tempo da infância e adolescência com trabalhos que são próprios dos tempos adultos.

Não têm direito à vivência tranquila, digna dos tempos humanos que nossa cultura recortou como direito de todo ser humano: a infância, a adolescência, a juventude. Não lhes é dado o direito a viver cada tempo com sua especificidade humana, socializadora, cognitiva, ética. Vivem tempos atropelados invadidos por outros tempos. Quando crianças têm de sobreviver como jovens e quando jovens têm de assumir responsabilidades de adultos, nas trajetórias temporais de milhares dos educandos(as) é difícil demarcar em que tempo da vida estão. Não lhes é dado desfrutar cada tempo com seu encanto e suas surpresas. Não têm o direito de celebrar as passagens da infância para a adolescência, desta para a juventude, vida adulta. Não há rituais demarcados de passagens em suas trajetórias temporais, humanas. Se ao menos na escola lhes fosse dada a oportunidade de vivenciar que são crianças, que estão no tempo da adolescência ou juventude. Se fossem ao menos na escola reconhecidos e respeitados em seus tempos. Se fossem demarcadas e respeitadas as passagens de um a outro tempo. "Menina, menino, tenha orgulho de ser adolescente, jovem. Chegastes a um novo e surpreendente tempo da vida. Vamos celebrá-lo?" Apenas um sonho para tantos alunos populares. Milhares de adolescentes e jovens não terão essas vivências nem na escola, nem na família, nem na sociedade. Na sociedade e na família lhes será dito ou insinuado: não importa em que tempo humano você esteja, trabalhe, lute, sobreviva, roube se preciso, seja violento como corresponde ao adulto. Na escola não lhes serão dados esses conselhos, apenas a milhares lhes será dito: chegaste à adolescência, mas serás retido na turma das crianças; chegaste à juventude, mas serás retido na turma dos adolescentes e até das crianças, teus tempos de vida pouco importam, são os tempos da escola, a lógica temporal das séries, das grades que importa.

Nas trajetórias escolares de muitos(as) vimos como são frustrantes as vivências da escola, são dramáticas as tentativas de articular tempos humanos e tempos escolares. A lógica da escola não coincide com a lógica da sobrevivência a qualquer custo. Vimos os depoimentos de adolescentes e jovens populares que se debatem com ter de escolher entre os tempos do sobreviver e os tempos da escola. A maioria perde essa tensa batalha, abandona o estudo não por sua vontade, não por não reconhecer seu valor, mas apenas para sobreviver.

As tensas relações entre tempos da vida, da família, da docência nos professores e sobretudo nas professoras e as tensas relações entre os tempos da sobrevivência e da escola nos alunos(as) seriam suficientes para darmos maior centralidade ao tempo em nossos horizontes profissionais. É urgente repensar essas tensões. Essas tensas relações são inevitáveis? Sempre foram assim e assim serão? Somente há e é possível essa forma de organizar a escola? Somente há uma lógica temporal para organizar os conhecimentos e os processos de ensiná--los e de aprendê-los? Somente há essa forma de organizar nosso trabalho? Se a centralidade do tempo já era percebida pelos docentes, agora fica mais evidente essa centralidade diante das tensas trajetórias humanas, escolares e temporais da infância e da adolescência, da juventude e dos adultos populares que se debatem pelo direito à escola e ao conhecimento.

Não se muda o que não se conhece. Logo, é urgente conhecer o tempo escolar, suas lógicas e os valores e as culturas que articulam, predefinem e mantêm a organização do tempo no sistema escolar. Sabemos como desde o final dos anos de 1980 e sobretudo na década de 1990 um dos campos de inovação educativa tem sido os tempos: É possível aproximar os tempos da escola, do ensinar e do aprender dos tempos-ciclos de vida dos educandos? Uma tarefa que começa por entender as lógicas temporais que estruturam nosso sistema escolar.

O sistema escolar e sua lógica temporal

Chegamos ao segundo item da pauta: descobrir a lógica temporal como estruturante do sistema escolar. Este ponto exige um pouco mais de atenção. Teremos de aprofundar por que é tão conflitivo administrar os tempos escolares. Nem os professores nem a direção definiram esses tempos. O tempo de escola é tão conflitivo porque foi instituído faz séculos e terminou se cristalizando em calendários, níveis, séries, semestres e bimestres, rituais de transmissão, avaliação, reprovação e repetência. Quando chegamos às escolas, entramos nessa lógica temporal institucionalizada que se impõe sobre os alunos e sobre os profissionais da educação. Entender essa lógica é fundamental para entender muitos dos problemas crônicos da educação escolar. Quando os coletivos entendem essa lógica se tornam mais capazes de ter uma visão crítica e até corrigir os problemas de evasão, reprovação e repetência e o crônico fracasso escolar que excluem os setores populares do seu direito à educação básica. Entender essa lógica temporal é fundamental para entender parte das tensões dos profissionais com seu trabalho docente.

Alguns pontos chamaram mais a atenção dos professores(as). A gestão do tempo escolar não é tensa apenas porque cada um tenhamos nossos tempos e nossos interesses na escolha dos horários das aulas. A tensão está no fato de mexermos com tempos instituídos, cristalizados, enrijecidos por lógicas escolares e sociais. Alguém comentou: "realmente não somos donos dos tempos da docência. Eles estão dados e institucionalizados". Nem sequer somos nós que gostamos ou não de reprovar. É a lógica temporal em que são concebidas e organizadas as aprendizagens que exige a reprovação e retenção. Que lógica é essa?

Vejamos o que norteia a lógica temporal instituída no nosso sistema escolar. Todo nosso trabalho obedece a essa lógica temporal. A ela nos adaptamos por anos de docência, que traços a caracterizam?

Dedicar esforços coletivos para responder a esta questão pode ser extremamente proveitoso. Esse exercício vem sendo feito tanto por coletivos das escolas seriadas como por coletivos das redes de ensino e das escolas que optaram por organizar seus tempos em função dos ciclos da vida dos educandos. Podemos sintetizar algumas das características da lógica temporal em que se organiza o sistema seriado. Seu conhecimento pode ser extremamente importante para tornar a escola mais próxima das trajetórias e dos tempos dos educandos e dos professores.

É uma lógica "transmissiva", que organiza todos os tempos e os espaços tanto do professor quanto do aluno, em torno dos "conteúdos" a serem transmitidos. Uma suposta lógica dos conteúdos a serem transmitidos constitui o eixo vertebrador da organização dos graus, séries, disciplinas, grades, avaliações, recuperações, aprovações ou reprovações.

Essa suposta lógica temporal dá prioridade ao caráter "precedente" e "acumulativo" dos conteúdos, de sua transmissão e aprovação. Parte do suposto ainda de que o domínio do conteúdo A precede o domínio de B, que por sua vez precede a C etc. A partir desse suposto se organiza o tempo escolar: o primeiro bimestre precede ao segundo, a primeira série precede a segunda e assim por diante. A lógica temporal precedente e acumulativa dos conteúdos passou a ser o eixo vertebrador da escola seriada.

Ainda há um pressuposto mais perverso: essa lógica temporal se articula em torno de supostos "ritmos médios" de aprendizagem. Independentemente da diversidade cultural dos alunos e alunas, de suas condições socioculturais, da diversidade dos processos de socialização, das diferenças de gênero, raça, classe social, toda criança e adolescente terá de dominar nos mesmos tempos médios as mesmas habilidades e saberes. Se dominar no tempo previsto 60% dos conteúdos merecerá ser aprovado, se menos será reprovado.

Essa lógica temporal supõe a "simultaneidade" das aprendizagens. Todos os conteúdos de todas as matérias tendem a ser aprendidos no tempo previsto. Se o educando conseguir aprender na média ou acima todas as habilidades predefinidas para cada recorte dos conteúdos das matérias ou disciplinas, mas não conseguir a média proposta tão somente em uma matéria, será obrigado a repetir o aprendizado das matérias já aprovadas até que em todas as disciplinas simultaneamente atinja a média requerida.

Essa lógica trabalha com tempos predefinidos para cada domínio e habilidade: tempo para aquisição da escrita, cálculo etc. Os programas recortam esses tempos minuciosamente. Toda a formação, as aprendizagens e a socialização dos alunos e alunas são presas a essa sequenciação e, sobretudo, os mestres são forçados a ser fiéis cumpridores dessa sequenciação preestabelecida. O que é programado para cada aula, o para-casa e as provas têm de obedecer a essa sequência rígida, os professores não têm liberdade para redefinir essa sequência. Os alunos manifestam tensões e conflitos constantes entre esses tempos predefinidos e os tempos vividos e possíveis no trabalho e na sobrevivência, como vimos na Parte I.

Essa lógica temporal vem sendo reduzida a tempos cada vez mais curtos. Os conteúdos são predefinidos para serem ensinados e aprendidos em semanas e bimestres. Atualmente a sorte do aluno não é mais decidida como antigamente na prova final – ao final do percurso –, mas a sorte de 20% ou mais dos alunos pode estar selada na primeira prova bimestral. A cada avaliação bimestral ou a cada volta do percurso o educando pode "entrar no vermelho", entrar na categoria dos irrecuperáveis, ou "lentos", dos condenados à repetência.

Essa lógica temporal é dicotômica. Separa a pluralidade dos processos de aprendizagem e de socialização. Separa o tempo de alfabetizar e matematizar do tempo de educação artística, física, de biblioteca, de educação da sexualidade...; separa o tempo administrativo do pedagógico, o tempo de ensinar e de recuperar, o tempo de capacitação e de trabalho, o tempo cognitivo e o tempo cultural, o tempo de transmitir e o tempo de avaliar. Separa o profissional docente do educador.

Entender essas características do sistema escolar onde trabalhamos nos deixa a sensação de impotência diante de uma lógica tão férrea, tão amarrada e institucionalizada. Um professor comentou: "entrar na escola é entrar no túnel do tempo". Melhor, na "máquina do tempo". Os alunos(as) vivenciam essa lógica e frequentemente saem despejados por essa máquina.

Esse caráter instituído de alguma forma é percebido pela categoria quando depois de tantas lutas não consegue o controle de seus tempos, exatamente porque estão atrelados a uma lógica temporal cristalizada na organização seriada de nosso rígido sistema escolar. Conseguimos tempos de formação e planejamento, mas como libertá-los dos tempos de aula, da rigidez curricular, dos rituais das provas...? Uma professora destacou que as primeiras vítimas dessa máquina do tempo ou dessa lógica temporal férrea são as professoras e os professores. Os depoimentos foram mostrando como estamos tão acostumados com essa lógica temporal instituída que nem a questionamos e até a defendemos como se fizesse parte de nosso ritmo temporal docente e humano. Não percebemos que muitos dos problemas de nosso trabalho têm sua origem na lógica temporal a que está submetida nossa docência. Se nossos tempos fossem organizados de outra maneira não seríamos mais livres? Não seriam tão parcelados e não gastaríamos tantas energias. Somos as primeiras vítimas. Por que resistimos a repensar essa lógica temporal? Por que defendemos todas essas características dessa férrea lógica linear, seriada? Talvez porque nela nos sentimos tão seguros quanto o passado que nasceu na gaiola. Duvidamos e até resistimos a questionar essa férrea lógica temporal porque termina ficando mais cômodo mantê-la do que reinventar outra? Porque quebrando essa lógica temos medo de nos quebrar? Reinventar outra exigirá reinventar-nos? Estes são os impasses vivenciados por muitos coletivos docentes diante do desafio de reinventar outra lógica que organize os tempos de aprendizagem dos alunos e nossos tempos de trabalho e de docência.

Para muitos professores(as) não está sendo cômodo manter a lógica temporal que organiza nosso trabalho. Estão convencidos da necessidade de repensar nossos tempos de ensinar. Tarefa que não depende de cada um, mas exige propostas coletivas não apenas de cada escola, mas das redes de ensino. Como reinventar outra lógica temporal para nosso trabalho?

Um pouco de história

Vivemos tão imersos no tempo escolar, internalizamos tanto sua lógica que nos parecem naturais, encobrindo para nós mesmos que esses tempos e essas lógicas são construções históricas. Nossas práticas docentes se parecem mais com essas lógicas temporais do que com nossas progressistas concepções políticas e pedagógicas. Quanto mais conhecemos sua construção histórica mais nos conheceremos. O sistema escolar foi sendo constituído por múltiplos e contraditórios interesses.

A introdução das séries e das classes escolares, a divisão sistemática dos tempos, dos programas vem desde as origens da constituição dos modernos sistemas de ensino no século XVI. Os conteúdos vão sendo sequenciados, os alunos separados em função das diversas etapas e tempos de aprendizagem dos conteúdos sequenciados. O trabalho docente vai acompanhando essa sequenciação temporal dos conteúdos e das classes de alunos. Vai se organizando o trabalho de modo a destinar um mestre para cada etapa da sequência dos conteúdos e para cada classe de alunos. A parcelação do trabalho docente nasceu aí. A mesma lógica temporal que organiza os conteúdos e sua aprendizagem vai determinando a organização dos alunos e, consequentemente, do trabalho dos mestres. A organização temporal dos conteúdos, dos alunos e do trabalho docente, nasceu atrelada à mesma lógica. É ingênuo tentar reorganizar nosso trabalho mantendo essa divisão temporal dos conteúdos e dos alunos. São inseparáveis. O sistema escolar que hoje temos é a culminação dessa férrea articulação entre organização dos conteúdos, dos alunos e de nosso trabalho. Hierarquizados os conteúdos de maneira tão graduada, gradeada e disciplinar, tiveram de ser criados diversos graus ou anos de aprendizagem e de ensino e os alunos tiveram de ser agrupados em turmas separadas e em locais restritos, salas de aula, separados por nível e série. Como decorrência veio o recorte e o parcelamento do trabalho dos mestres. Mestres específicos para cada recorte dos conteúdos em cada grau, nível, disciplina e em cada agrupamento de alunos. Tudo segmentado e hierarquizado de acordo com a lógica temporal estruturante. A divisão do dia em horários vai se sofisticando até a divisão dos conteúdos em bimestres, semestres, anos letivos.

André Petitat[1] nos traz um texto dos inícios da organização do ensino, em 1540. Um texto que pode ser confundido com tantos pareceres e normas de

---

1. PETITAT, A. *Produção da escola, produção da sociedade.* Porto Alegre: Artes Médicas, 1994.

conselhos de educação de hoje. Surpreende-nos constatar que a organização escolar com que nos debatemos hoje é a mesma proposta faz 464 anos:

"Até o momento não tivemos qualquer preocupação quanto à ordem mais conveniente dos conteúdos a serem ministrados e misturamos e confundimos tudo. Estes hábitos viciados serão banidos na nova escola, na qual requerer-se-á um método [...] mais apropriado aos diversos graus de desenvolvimento da criança e à natureza das matérias que ela deve estudar [...]. A escola se dividirá em classes de acordo com a idade e o desenvolvimento dos alunos. O ensino das crianças pequenas será diferente daquele dos adolescentes e ambos terão seu início, sua marcha progressiva e seu final [...]. Chegando à escola ao redor dos cinco ou seis anos de idade, o aluno nela permanece até os quinze anos, percorrendo um grau por ano" [...] (p. 79).

O Brasil estava sendo descoberto quando a lógica da organização dos tempos, dos conteúdos, dos educandos e dos mestres já estava sendo arquitetada. 464 anos depois essa lógica continua estruturando nosso fazer e pensar pedagógicos. A que concepções e interesses tão permanentes ela serve?

André Petitat, analisando esse e outros documentos, nos mostra que a organização temporal do sistema escolar obedece a várias motivações. No início se justifica na natureza das matérias, no desenvolvimento dos educandos e no respeito a suas idades. "A graduação das matérias justifica-se pela preocupação em adaptar os conteúdos ao desenvolvimento das crianças. Esta noção é compartilhada pela maior parte dos pedagogos da Renascença. O discurso dirigido aos adolescentes torna-se diverso daquele destinado às crianças" (p. 79). Poderíamos ver nessa motivação o reconhecimento dos diversos tempos da vida, a especificidade de seu desenvolvimento e consequentemente a proposta de adequar os tempos da escola e os conteúdos a serem ensinados e aprendidos a essa especificidade dos tempos humanos: "o ensino das crianças pequenas será diferente daquele dos adolescentes... o ordenamento é pensado para atender à diversidade de idades e de aptidões".

André Petitat nos lembra que não é puramente esta reflexão pedagógica a qual endossa as ideias comumente admitidas hoje em psicologia e em pedagogia a única razão a levar os organizadores do ensino a adotar os graus e as classes. Nos traz outro texto de 1540: "neste momento reina nas escolas uma grande desordem e como a audácia dos estudantes menospreza a autoridade dos mestres e o bom andamento dos trabalhos, sou da opinião que se deve agrupar em classes os alunos grandes e sujeitá-los a um maior respeito pelos professores e a uma maior docilidade em tudo o que se refere aos estudos [...]. Deve-se ter uma lista com os nomes dos alunos e proceder a uma chamada na abertura das aulas" (p. 79).

Tudo tão atual, 464 anos depois, alunos indisciplinados, menosprezando a autoridade dos seus mestres. Petitat comenta: "Assim, os graus e as classes têm também a vantagem de introduzir uma maior ordem e de manter os estudantes sob a supervisão constante dos mestres" (p. 79). Ao longo dos séculos de história do sistema escolar estas motivações terminaram se impondo sobre o respeito às idades e ao desenvolvimento dos educandos. A especificidade de cada tempo humano vai se diluindo e crianças ou adolescentes serão submetidos ao mesmo regime. "É preciso que os mestres das classes unam à capacidade de instruir seus alunos também a de castigá-los de acordo com as faltas cometidas. Os alunos devem mostrar-se em relação a eles obedientes, respeitosos, afetuosos como os filhos em relação aos pais... Nada de indulgência que corrompe e da dureza que aterroriza. O que eles (os mestres) devem obter das crianças é um temor temperado de afeição e uma afeição temperada de temor" (p. 101). Mais um documento de tempos tão distantes e tão parecido ao que se espera hoje. Teriam sido e continuarão sendo as condutas das crianças e adolescentes o motivo para estruturar as escolas com a rigidez que temos até hoje? A impressão que nos dão esses documentos sobre as origens do sistema escolar é que as boas intenções, respeitar as idades dos educandos e seu desenvolvimento, teriam ficado perdidas nos primórdios da pedagogia moderna e motivações outras ter-se-iam imposto para a graduação das matérias, o agrupamento de alunos e a divisão do trabalho docente: o controle das condutas, a moralização e adestramento das crianças e adolescentes, o aprendizado do temor e respeito aos adultos sejam pais ou mestres.

Não parece suficiente tentar adequar os tempos da escola aos tempos da vida das crianças e adolescentes; tudo, ao final, vai ter a cara da maneira de encarar a infância e a adolescência. O que foi determinante na configuração do sistema escolar ao longo destes séculos foi a visão ou as representações de infância, adolescência, juventude e sua relação com os adultos, com a sua autoridade, seu poder. Formar um protótipo de criança, adolescente e jovem será a motivação determinante na organização dos tempos escolares. André Petitat vai mostrando com eloquentes documentos históricos que a repartição do tempo em períodos anuais, em horários restritos, a adoção de relógios e sinetas já presentes no século XV e muito difundidas no século XVI, vão marcando as atividades escolares.

"Os alunos dispõem de um tempo limitado para assimilar determinadas matérias, para entregar os temas e para apresentar-se aos exames. É o princípio dos prêmios pelo desempenho escolar, das censuras e recompensas dos alunos brilhantes e dos preguiçosos" (p. 79).

Os rituais, o enquadramento temporal dos conteúdos, dos alunos e mestres tudo tão amarrado, tão solidamente arquitetado desde a Renascença, a ponto de que depois de quase cinco séculos de escola moderna ela continua tão sólida quanto um sólido casarão renascentista. Uma lógica temporal tão sólida e amarrada que resistiu a novos conteúdos, novos alunos(as), novos mestres ou novas concepções progressistas de educação. A motivação mais determinante e permanente parece ter sido e continua sendo: a conformação de um protótipo de criança, adolescente e jovem, e a seleção mais moral e social do que intelectual. Objetivos atrelados ao enquadramento temporal institucionalizado, objetivos que continuam muito pesados ainda no sistema educacional atual e na cultura docente.

Acompanhando esse percurso histórico e as suas continuidades organizativas tanto dos conteúdos quanto dos alunos e do trabalho dos mestres, uma questão se impõe: Por que essa ênfase nessa lógica temporal e essa rigidez em sua manutenção? Se mestres e alunos a contestam com suas ausências e faltas, com suas indisciplinas e seus mal-estares, por que se mantêm tão igual por séculos? Por que resiste apesar de vultos do Renascimento como Erasmo em sua obra *Da educação das crianças* já terem criticado esse ordenamento, a disciplina e os castigos?

O tempo escolar e a produção dos tempos da vida

Uma explicação ou uma resposta tem merecido a atenção de sociólogos e historiadores. Tentemos uma síntese que possa nos auxiliar na compreensão da estreita relação entre o ordenamento do tempo escolar e a construção das idades e tempos da vida.

As ciências humanas vão descobrindo em suas pesquisas que as idades da vida têm uma base biológica, mas são construções culturais que vão se configurando ao longo da história. Que papel coube e ainda cabe às instituições escolares nessa conformação das idades da vida?

A história da pedagogia moderna destaca que um dos grandes acontecimentos dos tempos modernos é o reaparecimento ou a retomada das preocupações educacionais. Estratégias educacionais tornam-se centrais na conformação do homem moderno. Sobretudo sua formação desde as primeiras idades da vida. Hoje esta visão nos resulta consensual, porque já assumimos esses tempos da vida com naturalidade. "O pequeno" homem está separado do adulto. Na Idade Média, crianças viviam misturadas com adultos, participando das ocupações, do trabalho e das festas, as idades não tinham demarcação. O jovem trabalhador, o aprendiz, as crianças e adolescentes compartiam a vida dos mais velhos, seus trabalhos, cultura e valores. Participavam das mesmas estratégias socializadoras. Ainda nos povos do campo, as crianças e adolescentes compartilham a vida dos adultos.

A pedagogia moderna se propõe separar as idades e criar estratégias educativas apropriadas para cada idade. Criar instituições e tempos específicos de socialização e formação de crianças, adolescentes e jovens. Na base dessas estratégias educativas está o reconhecimento da existência de uma especificidade das idades da vida, de uma diferenciação entre o mundo infantil e adolescente e o mundo adulto. A criança não é um ser maduro para a vida, é um ser imaturo, perigosamente influenciável pelos maus exemplos dos adultos, é preciso submetê-lo a uma quarentena, a um tempo de preparo sob um corpo de tutores, pedagogos e mestres, recluído em espaços e tempos separados do convívio adulto. "A separação que se torna absoluta nos internatos, entre o mundo dos adultos e o das crianças e adolescentes, está na base da pedagogia moderna... O reaparecimento das preocupações educacionais deve ser vinculado ao processo através do qual crianças e adolescentes são separados da vida dos adultos, o que significa um novo ordenamento social da vida dos indivíduos" (PETITAT, 1994: 90-91).

O ordenamento do tempo nas instituições escolares corresponde e reforça um novo ordenamento social da vida dos indivíduos. Novas categorias sociais são afirmadas: a infância, a adolescência-juventude. Parece haver consenso entre sociólogos e historiadores que as escolas não foram criadas para atender idades da vida já constituídas e legitimadas, mas para constituir e legitimar a infância, adolescência-juventude como idades específicas. Ao longo de cinco séculos as escolas e a pedagogia continuam recortando, configurando e legitimando essas idades da vida no imaginário social. Essa tem sido e continua sendo uma tarefa social das escolas e de seus profissionais. As escolas refletem os novos ordenamentos sociais e também os anunciam e até a eles se adiantam. O tempo de escola produz a infância como categoria social e cultural, não apenas ensina e educa a infância. A produção do tempo escolar e a produção dos tempos da vida são inseparáveis. Sempre que os significados sociais e culturais da infância, adolescência são recolocados, os tempos da escola são chamados a repensar-se. Estamos em um momento em que os significados de ser criança, adolescente e jovem estão sendo repostos pelo protagonismo dessas idades e pela sua desconstrução social. Aí podemos encontrar um dos sentidos para que as ciências humanas se voltem para essas idades e para que a pedagogia repense os tempos escolares. As tentativas de adequar os tempos da escola aos tempos da vida encontram aí uma de suas mais sérias motivações.

Podemos, ainda, perguntar-nos por que a ênfase nos tempos da vida e no ordenamento social da vida dos indivíduos? Por que a ênfase nas novas estratégias pedagógicas? André Petitat nos lembra: "A pedagogia rege uma parte da vida dos indivíduos confinados a instituições. Dentro das paredes da escola, o aluno se vê regulamentado por uma nova temporalidade, ignorada no ambiente familiar ou na rua. Há, para ele, estranha disposição dos horários, das classes e dos graus, está contudo vinculada a um profundo movimento de transformação das noções de tempo [...]" (p. 91).

A expansão dos colégios e das escolas nos últimos séculos contribui com as tentativas do homem moderno de apropriar-se do tempo, separando os tempos humanos dos ritmos naturais, cósmicos. O controle do tempo abre condições para a planificação da vida individual e social. Uma nova cultura do tempo se torna necessária para novas formas de organização do trabalho[2]. Este exige novos comportamentos para a nova regularidade dos tempos sociais e dos tempos de trabalho. O tempo é ouro, não pode ser desperdiçado. O tempo é produção de riqueza, deve ser controlado e explorado ao máximo. A nova ética da produção e do trabalho exigirá uma nova cultura do tempo. Desde a infância terá de ser aprendida a nova cultura do tempo. Novas estratégias educacionais são inventadas para a educação da nova cultura do tempo. A estratégia educacional vista como mais eficiente será submeter a infância e a adolescência a rígidas vivências de tempos institucionalizados. "O colégio (desde o início da Modernidade) nos oferece o aspecto institucional: a apropriação do tempo pelos pedagogos, o controle físico

---

2. THOMPSON, E.P. O tempo, a disciplina do trabalho e o capitalismo. In: SILVA, T.T. da (org.). *Trabalho, educação e a prática social* – Por uma teoria da formação humana. Porto Alegre: Artes Médicas, 1991.

dos alunos e dos espaços – com vistas a obter certos resultados morais e culturais nas novas gerações – significam ao mesmo tempo expropriação do tempo e dos movimentos dos alunos. O colégio é certamente um dos melhores exemplos de regulamentação social do tempo, nesta época. Dias, semanas e anos são inscritos em grades de horários [...]" (p. 91).

Thompson, no texto citado, vai mostrando as várias instituições formadoras da nova cultura do tempo. As formas de organização do trabalho serão determinantes, as longas e extenuantes horas de trabalho inclusive para crianças tinham por finalidade criar hábitos de trabalho, valorizar o tempo. E acrescenta: "Há outra instituição externa à fábrica cujo auxílio teria de ser pedido para se inculcar a noção de 'economia do tempo' – a escola..." nos lembra Thompson (p. 70), e vai mostrando com documentos históricos queixas sobre ruas cheias de garotos esfarrapados e desocupados, que não andam apenas a perder tempo, mas adquirindo hábitos de jogo. O que se espera das escolas diante dessa infância e adolescência? Que ensinem ofícios, frugalidade, ordem, pontualidade: "os escolares são obrigados a levantar-se cedo e a observar horários com grande pontualidade... Eles estarão agora mais dóceis e obedientes, e menos briguentos e vingativos". Thompson mostra com vários documentos que nas normas das escolas a pontualidade já nos séculos passados tinha centralidade: "A primeira norma a ser aprendida pelos alunos era: Eu devo estar presente na escola uns minutos antes da hora. Nas salas de aula observe-se uma disciplina militar etc." Uma nova organização temporal das escolas para contribuir a educar a nova cultura do tempo.

Trazendo, ainda que em grandes traços, essa história da construção moderna do tempo escolar, podemos entender melhor as tensões que mestres e alunos experimentam diante da lógica temporal que ainda regula os sistemas escolares. É impossível entender nossa docência e entender as instituições onde trabalhamos sem entender a centralidade da lógica temporal que as estrutura. Dessa lógica temporal decorrem muitas das práticas pedagógicas que reproduzimos no cotidiano escolar. A noção moderna do tempo, a nova cultura penetraram na organização dos conteúdos, na sua transmissão e aprendizagem. Penetraram nos agrupamentos dos alunos, no trabalho docente, nos rituais de avaliação, repetência, reprovação, até no julgamento que fazemos dos bons ou maus alunos. Bom aluno será aquele acelerado, que aprende os conteúdos preestabelecidos nos tempos preestabelecidos. Mau aluno será o lento, não tanto aquele que não aprende os conteúdos, mas aquele que não os aprende nos tempos e ritmos predeterminados. Na base da classificação e julgamento dos alunos poderemos encontrar um parâmetro: a relação dos tempos dos educandos com os tempos predefinidos pela escola. No capítulo sobre as trajetórias humanas e escolares vimos que as grandes tensões vividas pelos educandos populares passam pela incompatibilidade entre a imprevisibilidade de seus tempos de vida, de sobrevivência e trabalho com os tempos rígidos, previsíveis do ordenamento escolar. O que se espera desde os primórdios da pedagogia e das escolas modernas? Que as crianças, adolescentes e jovens, e até os mestres, aprendam a nova cultura e valor do tempo. Este será o grande aprendizado esperado.

Tempos da vida-tempos da escola, uma relação tensa de profundos enraizamentos históricos, culturais e pedagógicos, como ignorá-la?

O estudo sobre o tempo resultou mais familiar do que tínhamos pensado. Talvez porque ele está na cara de nossos filhos e dos alunos. Ele nos acompanha na nossa vida, da chegada até a saída. Mas o tempo resultou familiar porque existe uma preocupação constante nos professores(as) com seus tempos profissionais. Horários de ensino, de trabalho, de estudo, de qualificação... Horários de família, de convívio... Seus tempos humanos. O direito a seus tempos. Sobretudo o estudo do tempo resulta necessário diante das novas formas de viver os tempos da vida com que lidamos: a infância, adolescência e juventude.

Depois de dias de estudo e de reflexão sobre nossa docência, nos sentimos mais próximos de entender por que em tantas propostas das redes e em tantos projetos pedagógicos das escolas passou a ser central a tentativa de respeitar os tempos da vida, do ensino, da aprendizagem e da formação. A sensação do coletivo era de que estávamos mais próximos da compreensão da centralidade dos tempos humanos em nossa humana docência.

2
O que ensinar, o que aprender e em que tempo

Sempre soube que tinha de planejar o tempo de minha aula, prever o que ensinar e o que aprender em cada bimestre e série, porém ignorei os tempos dos alunos.

Falamos mais da escola do que de nossa docência. Podemos amar nosso trabalho e odiar a escola. Os alunos gostam mais de professoras e de seus professores do que da escola. A repetida frase: "a escola são seus mestres e seus alunos", só é verdadeira em parte. A escola é uma instituição, são práticas, valores, condutas, modos de relacionamento e convívio, são rituais, hábitos e símbolos institucionalizados. A instituição escola materializa hábitos, rituais, valores, condutas no cotidiano, nos espaços e nos tempos, nos calendários, nos níveis e nas séries, nas provas, nas sequências e hierarquias, nas grades e disciplinas. Podemos estar de bem com nossa docência e estar de mal com seu caráter instituído.

Porque a escola é uma instituição, podemos falar da cultura escolar. A escola materializa modos de pensar, de simbolizar e de ordenar as mentes e os corpos, as condutas de mestres e alunos. A eficácia formadora da escola está nessa vivência inexorável do caráter instituído da cultura escolar. Mestres e alunos podem gostar mais ou menos dos conteúdos ensinados, mas não lhes será dado fugir, nem ficar à margem das vivências, dos valores, dos rituais e dos símbolos, dos hábitos e do ordenamento dos espaços e tempos. Viverão por horas e anos imersos na cultura escolar instituída. Terminarão conformando formas de pensar, hábitos, valores e condutas. Poderão sair conformados ou formados até nas alternativas de reação a essa cultura e organização.

A história da escola, como vimos, é a história de sua conformação como instituição e organização e como cultura instituída. No texto anterior acompanhamos em grandes traços a história da organização sequenciada dos conteúdos e dos educandos, o que levou inevitavelmente à segmentação do trabalho docente. Vimos como desde os procedimentos de concurso, de seleção e de provas de entrada no sistema escolar, até as políticas de salário e de carreira, passando pelo prestígio social e acadêmico de cada corpo docente, tudo está condicionado à história do ordenamento dos conteúdos, das disciplinas e dos alunos. Entretanto, toda essa segmentação e sequenciamento de conteúdos, de alunos e do trabalho dos mestres só foi possível e duradoura porque foi acontecendo em um determinado espaço, o espaço escolar e em um tempo, o tempo escolar. O espaço e o tempo escolares são a materialização e concreção das concepções e práticas modernas de educar. Quando a sociedade e as famílias, os alunos e os mestres pensamos a escola, logo pensamos em um lugar e em um tempo. Será na vivência, adaptação ou reação a esses espaços e tempos que nos formamos como profissionais da escola e como alunos.

Na escola se cruzam muitos tempos

Sendo tão determinantes essas dimensões instituídas, espaciais e temporais da moderna educação, por que não ocupam o lugar central em nossa formação, em nossas lutas e em nossos sonhos progressistas de inovação? Constatamos com esperança que essas dimensões vão ocupando maior atenção das pesquisas, da reconstrução histórica, da sociologia das organizações e da antropologia das práticas cotidianas. Vão ocupando mais espaços na história cultural e na psicologia cultural. Qual a centralidade do espaço e do tempo nos processos de educação?

Vimos que o ordenamento temporal dos conteúdos, das disciplinas, das séries e das turmas e, consequentemente, o ordenamento temporal do trabalho de mestres e de alunos é uma construção histórica, cultural que obedece a contraditórias motivações. Destacamos com sociólogos e historiadores a intenção de conformar os valores do trabalho e do tempo, internalizar hábitos, controlar as condutas desde a mais tenra infância. Vimos também que o ordenamento temporal tem por finalidade encontrar o tempo mais apropriado ao ensino e ao aprendizado dos conhecimentos, encontrar o tempo mais apropriado ao desenvolvimento da criança e do adolescente. Vimos ainda que o ordenamento temporal dos colégios e das escolas visava o reconhecimento de uma diferenciação entre as idades, entre crianças, adolescentes e adultos.

O tempo escolar nasce inseparável da formação de uma nova cultura do tempo e da descoberta da centralidade do tempo, não apenas nos novos processos produtivos, mas também na construção, formação e desenvolvimento do ser humano. Estas dimensões tão centrais, presentes nos primórdios da construção da moderna pedagogia ficaram secundarizadas e estão sendo retomadas nas ciências ocupadas com as artes de ensinar e de aprender e com os processos mentais, com o desenvolvimento, a aprendizagem e a socialização.

O tempo escolar não apenas contribui para a aprendizagem da cultura do tempo, mas é condição para o ensinar e o aprender. Como todo tempo é uma construção cultural, política e também pedagógica. Pode traduzir e materializar concepções sobre os processos pedagógicos mais adequados à mente humana. O tempo escolar é um tempo a interiorizar e aprender, mas também deveria ser o tempo adequado, pedagógico de ensinar e de aprender. O tempo escolar pode ser repensado em função do tempo mental, social, cultural dos educandos(as). Tempo etário e tempo escolar sintonizados. Não apenas a instituição tem seus tempos predefinidos, ritualizados, instituídos, mas também cada profissional e cada educando, cada coletivo social e cultural têm seus tempos pessoais, coletivos.

Aqui radica uma das tensões mais sérias no cotidiano escolar: Como articular tempos instituídos, sequenciados num ordenamento temporal, com tempos pessoais, de grupos etários, sociais, culturais? Como articular um tempo escolar prescrito, previsível, uniforme e mensurável, fragmentado, hierarquizado, seriado e gradeado com um tempo pessoal e grupal imprevisível, contínuo e informal em que reproduzem sua vida, sua socialização e aprendizagem tantas crianças, adolescentes, jovens e adultos que tentam adaptar-se aos tempos escolares?

Na escola se cruzam muitos tempos. Os tempos dos mestres e dos alunos. Ainda os tempos das professoras e dos professores, os tempos da infância, da adolescência, da juventude e da vida adulta. Se cruzam tempos tão distantes quanto são diversas as formas de viver as idades humanas em cada raça, classe, gênero, cidade ou campo. Essa diversidade termina condicionando os tempos de aprender, de ensinar, de socialização e formação. Tem sentido manter uma periodização rígida permanente do tempo escolar, do sequenciamento de níveis, séries, conteúdos, agrupamentos de alunos se os tempos humanos destes são tão diversos?

O tempo escolar é uma construção cultural, tem suas permanências, mas também suas limitações, de acordo com as mudanças que vão acontecendo na própria concepção das idades da vida. Este é um ponto fundamental: desde os primórdios da história da pedagogia e mais recentemente desde os primórdios da história da instituição escolar moderna a sequenciação dos tempos escolares está intimamente atrelada à conformação cultural das idades-ciclos da vida. Como veremos, esta conformação cultural das idades-ciclos da vida não é estática, está em permanentes mudanças. Não é exatamente isso que repetimos aos docentes? "As crianças são outras." "Os adolescentes e jovens são outros." As idades da vida não são naturais, estáticas, são constituídas social e culturalmente com a história. O tempo escolar, sua periodização são pressionados a se repensarem quando os tempos humanos são outros. Estamos em um desses momentos, consequentemente se impõe esta questão: Como repensar um diálogo pedagógico entre os tempos da vida e os tempos da escola? Poderemos começar pela centralidade do tempo nos processos de ensinar e de aprender.

O que ensinar e em que tempo

Está posta como questão pedagógica a centralidade do tempo nos processos de ensinar e de aprender. Tenho percebido que estas questões passaram a ser objeto de frequentes debates e dias de estudo nas escolas e em congressos. Como conduzir esses debates?

Podemos dedicar dias de estudo para melhor entender a importância do tempo em nossa docência. Começamos percebendo que o tempo já é uma categoria familiar. Sabemos que cada conteúdo e cada conhecimento e competência tem seu tempo para ser ensinado. Cada professor(a) sabe que, dependendo da série ou do bimestre, terá de privilegiar determinados conteúdos na hora de preparar sua aula, e dependendo da diversidade dos alunos e das turmas terá de programar tempos diversificados de ensino. Sabe, ainda, que dependendo da complexidade de cada matéria terá de alargar ou encurtar o tempo de ensino.

Partindo dessa constatação que o tempo é uma categoria familiar a nossa docência, avançamos para uma questão: Mas quais seriam os tempos mais adequados para ensinar? De outra maneira, saber que cada conteúdo exige seu tempo de ensino nos obriga a perguntar-nos pelo tempo mais adequado. Para avançar nesta direção nada melhor do que reconhecer o quanto avançamos nas últimas décadas na consciência do direito ao conhecimento. Nos reconhecemos profissionais do conhecimento, mas como garanti-lo a todos?

O domínio do conhecimento, socialmente produzido e acumulado, passou a ser visto não como uma mera exigência do mercado, mas como um direito de todo cidadão. Na consciência dessa dimensão democratizante do ensino, da apreensão do conhecimento, avançamos bastante desde a década de 1980. Inúmeros professores encontram o significado social e político de sua docência nessa função democratizante da socialização do conhecimento. Aí encontra sentido a preocupação pelo domínio das teorias e das artes de bem ensinar.

A questão que muitos coletivos docentes se colocam é se será suficiente ensinar bem, competentemente para garantir a socialização do conhecimento para todos os alunos e alunas. Se não será necessário perguntar-nos como profissionais pelos tempos mais adequados para ensinar. Respeitar o tempo apropriado a cada conhecimento não será decisivo para que o conhecimento seja aprendido e socializado? Se não respeitamos esse tempo de ensinar podemos estar negando a milhares de cidadãos o seu direito ao conhecimento socialmente produzido. A questão qual o tempo mais adequado passa a ser uma questão profissional. Poderíamos responder que o tempo mais adequado depende da natureza do conhecimento a ser ensinado. Durante décadas foi assim, porém aí estão os aprendizes a nos lembrar que também depende deles, educandos, de sua mente e de suas faculdades humanas que entram nos processos de ensino-aprendizagem. Ensinamos conhecimentos que exigem seu tempo, porém ensinamos a seres humanos que estão em seus tempos. Uma das causas das indisciplinas e desinteresse dos alunos pelos conteúdos não será o desencontro entre os tempos de ensinar e seus tempos humanos?

Quando a infância, a adolescência são outras somos obrigados a perguntarnos: a lógica temporal instituída em que ensinamos é a mais adequada aos tempos dos educandos? Consequentemente, as propostas político-pedagógicas que investem na crítica à lógica temporal seriada e buscam entender a lógica dos tempos humanos podem estar buscando formas organizativas mais apropriadas à garantia do direito de todos ao conhecimento. Este pode ser um dos sentidos democráticos dessas propostas. Encontrar o tempo mais adequado para bem ensinar. Perguntar-nos que lógica temporal do ensino-aprendizagem garante melhor a socialização do conhecimento. A rígida lógica temporal seriada ou uma lógica mais flexível e adequada ao conhecimento a ser aprendido e aos tempos dos aprendizes? Um terreno fecundo onde orientar nosso estudo. Quando os coletivos se defrontam com os tempos de ensinar uma questão sempre aflora: Somos livres para escolher os tempos mais adequados? É interessante constatar que quanto mais avançam os professores(as) na consciência do trato profissional do conhecimento mais percebem o pouco domínio que têm de sua docência. Perceber que nem todo tempo é adequado para ensinar tudo nos leva à necessidade de escolher os tempos mais adequados para o ensino. Aí surge o impasse.

O estudo do tempo de ensinar nos leva a questões que sempre são postas nos coletivos escolares. Primeiro, qual a margem de liberdade que os professores(as) têm para decidir o que ensinar e em que tempos. Segundo, o que vem sendo feito nas escolas, nas salas de aula, nas redes de ensino para alargar as margens de liberdade. Terceiro, quais os referenciais teóricos para a escolha dos tempos adequados. Estas questões merecem prioridade nos dias de estudo, nos seminários e congressos. Não é suficiente discutir o que ensinar e como reorientar currículos enquanto as grades predefinam o que ensinar e enquanto a lógica seriada e precedente predefina o tempo oportuno para ensinar. Quando se tem coragem de colocar na agenda docente a centralidade do tempo em nosso trabalho terminamos chegando às limitadas margens de liberdade e de controle dos docentes sobre os tempos mais oportunos.

Uma professora mostrou esses limites: "o ano inteiro fico atrás de dar conta da matéria, correndo com a matéria". A matéria está predeterminada para cada bimestre, série e até para cada semana. A matéria tem seu tempo que se impõe inexorável. O que resta aos professores é correr atrás. Mas quando numa turma os alunos são indisciplinados, "não querem nada", não atendem, não acompanham esses tempos predeterminados da matéria, os professores que alternativas têm? Dialogar com os alunos sobre suas motivações, motivá-los, partir de seu tempo humano, mental, ou seguir o tempo inexorável da matéria? A tendência de alguns será articular os tempos do ensinar a matéria e dos educandos. Mas a tendência mais frequente será correr com a matéria e quem acompanhar acompanhou. Aquele grupinho mais próximo da mesa do professor(a) e do quadro. Muitas das dificuldades da docência e muitas das indisciplinas e desinteresses têm por base essa "disritmia" entre os tempos predefinidos da matéria e os tempos de aprender dos educandos e de ensinar de seus mestres.

A autonomia das escolas e de seus profissionais tem de chegar à gestão dos tempos da docência. Tem de se chegar a explicitar tanto os entraves a essa autonomia quanto os esforços concretos que vêm sendo feitos para alargar as margens de liberdade e controle sobre o tempo de ensinar. Em muitos coletivos docentes se ensaiam formas concretas de avançar nesse controle. Sem esquecer que o referencial para nossas escolhas serão os tempos dos educandos.

Apenas lembrar que as propostas que tentam dar centralidade aos tempos dos educandos terminam somando na colocação dos tempos de ensinar como uma das questões nucleares na agenda das políticas educativas.

O que aprender e em que tempo

Perceber a centralidade do tempo em nossa docência, perceber inclusive que não temos controle do nosso tempo, que estamos atrelados a uma lógica temporal feroz pode nos levar a tentar desconstruir essa lógica para sermos mais senhores de nossos tempos. Sentir a necessidade de repensar a lógica temporal que amarra nossa docência pode nos levar a sentir a necessidade de encontrar outra lógica temporal mais adequada aos tempos de ensino e também de aprendizagem. Não apenas nós docentes temos direito a nosso tempo de ensinar, também os alunos têm direito a que sejam respeitados seus tempos de aprendizagem e de formação. São os tempos de educar muito mais complexos e delicados do que os tempos de ensinar. Educar exige fina sensibilidade para lidar com o tempo humano. Saber o que ensinar e em que tempos. Saber também o que aprender e em que tempos. Se reconhecemos que o tempo é central nos processos de ensino, seria necessário enfrentar coletivamente a seguinte questão: Que centralidade tem o tempo nos processos de aprendizagem?

Equacionar essa questão exige estudo, leituras, reflexões individuais e coletivas. E mais, cultivo da sensibilidade e paciência pedagógica para esperar os tempos do aprender. Exige aproximar-nos das ciências que vêm se voltando para a compreensão dos processos de aprendizagem humana. Uma das referências tem sido os textos da Professora Elvira Souza Lima, lidos e debatidos em dias de estudo[3]. Especificamente em relação ao tempo a Professora Elvira escreveu, em *Ciclos de formação, uma reorganização do tempo escolar* (2000):

---

3. Entre a produção da Professora Elvira Souza Lima podemos citar: "Desenvolvimento e aprendizagem na escola: aspectos culturais, neurológicos e psicológicos"; "Ciclos de formação – Uma reorganização do tempo escolar"; "Quando a criança não aprende a ler e a escrever"; "A criança pequena e suas linguagens"; "Avaliação na escola". In: *GEDH – Grupo de Estudos do Desenvolvimento Humano*. São Paulo: Sobradinho 107.

"Os movimentos de reforma e de análise crítica da instituição escolar levantam, hoje, questões que foram muito pouco mencionadas durante grande parte do século, como é o caso da organização e gerência do tempo e do espaço na instituição escolar" (p. 3).

Se os professores já reconhecem que o tempo faz parte dos processos de ensinar, Elvira nos lembra que, entretanto, o tempo ainda é esquecido nos processos de aprender. Na formação docente falta uma base teórica sobre como a organização do tempo é determinante das aprendizagens. Elvira, no mesmo texto, nos mostra a centralidade que o tempo vem adquirindo nas ciências que estudam o ser humano.

"[...] novas formas de organização temporal surgem, também, em consequência das conquistas obtidas nas áreas que estudam o desenvolvimento do ser humano (neurociências, psicologia, psicolinguística) e sua inserção no contexto sociocultural (antropologia, sociologia, comunicação). Os conhecimentos produzidos pelo conjunto das neurociências, nas últimas décadas, dão uma outra dimensão aos processos de aprendizagem do ser humano ao revelar como o fator tempo pode ser decisivo na realização de aprendizagens. Recente, mas fundamental na reflexão sobre a questão de tempo e espaço na escola, temos a antropologia aplicada à educação, que oferece, hoje, um acervo considerável de conhecimentos sobre como os processos de aprendizagem na escola são função do tempo, da organização espacial, do discurso do professor situado no tempo e revela como a vivência cultural tem um papel determinante na temporalidade e na ocupação do espaço na escola" (p. 3-4).

As áreas que estudam o desenvolvimento do ser humano revelam como a gerência do tempo, a organização temporal ou o fator tempo pode ser decisivo na realização das aprendizagens. Este ponto chama a atenção dos docentes – os processos de aprendizagem na escola são função do tempo e são afetados pela organização temporal da escola. Mais ainda, os processos de aprendizagem na escola são função do tempo que damos para aprender.

Aí tem uma de suas bases a preocupação com a organização dos tempos escolares, levando em conta os tempos dos educandos. A pedagogia, a didática e a docência hão de levar em conta os progressos trazidos pelas diversas ciências em relação à importância do tempo nas aprendizagens. Lendo esse texto de Elvira Souza Lima, uma professora indagou: "Será porque reconhecemos a importância do tempo que estamos mais preocupadas na diversidade de ritmos de aprendizagem?" Outro professor indagou: "Os ciclos pretendem dar mais tempo aos alunos mais lentos e àqueles que têm problemas de aprendizagem?" Esta imagem dos ciclos se espalhou nos anos de 1980. O CBA (Ciclo Básico de Alfabetização) tinha como inspiração dar um ano a mais aos alunos que tinham problemas de aprendizagem da leitura. Sempre se esperava que a criança fosse alfabetizada nos 1º e 2º anos do Ensino Fundamental; diante dos altos índices de alunos que não aprendiam a ler no tempo previsto se adotou como medida ampliar mais uma série para alfabetização. Dar mais tempo aos lentos, aos que apresentavam problemas de aprendizagem. Seria esta a filosofia que inspira nos anos de 1990 a reorganização dos tempos escolares em ciclos? Há diferenças significativas entre os CBAs dos anos de 1980 e os ciclos de formação dos de 1990, contudo, há em comum a percepção de que os processos de aprender estão atrelados a tempos que têm de ser levados em conta e respeitados. Fomos percebendo que era pouco profissional reprovar milhares de alunos como incapazes ou com problemas de aprendizagem. O mais profissional é sabermos dos tempos de aprender. Dar o tempo devido a todos. Elvira nos adverte: "Educação por ciclos de formação é uma organização do tempo escolar de forma a se adequar melhor às características biológicas e culturais do desenvolvimento de todos os alunos. Não significa, portanto, 'dar mais tempo para os mais fracos', mas, antes disso, é dar o tempo adequado a todos" (p. 10).

Esta advertência é muito importante. A preocupação com o tempo de aprender não tem como motivação o fato de alguns alunos exigirem tempos mais longos para aprender porque os rotulamos como lentos, desacelerados, fracos ou alunos com problemas de aprendizagem. Não reorganizamos os tempos escolares em ciclos para dar mais tempo a esses alunos, mas para dar o tempo adequado a todos. Porque as ciências têm mostrado que o tempo adequado é precondição para toda mente humana aprender.

Na experiência familiar aprendemos que uma criancinha de 8 meses tem seus tempos de aprender, com 8 ou 18 anos terá seus tempos de aprender. Logo será uma postura profissional respeitar a especificidade do tempo de aprender e de adquirir os instrumentos culturais

A especificidade da escola em relação a outros espaços de formação e aprendizagem está no trato pedagógico, planejado, sistematizado e profissional dos tempos de aprender e de adquirir os instrumentos culturais. Saber dar a todos o tempo adequado de aprender é uma das funções da docência. É um saber tão profissional quanto dominar os conteúdos. Propiciar na escola, na sala de aula e em cada atividade planejada as condições necessárias à aprendizagem exige dos profissionais do ensino uma competência especial para lidar com o tempo de aprender e não só de ensinar. Exige evitar rupturas nos processos temporais de realização das aprendizagens e do desenvolvimento em toda sua extensão. Exige superar lógicas temporais (seriada, por exemplo) que não respeitam esses tempos, que os quebram e recortam com a maior facilidade. Exige perguntar-nos se a melhor forma de respeitar os tempos do aprender humano é reprovar, reter, repetir. Se essa cultura da reprovação-retenção-defasagem não é uma forma perversa, antiprofissional de tratar os tempos do aprender humano.

Elvira Souza Lima retoma a centralidade do tempo em outro texto – *Desenvolvimento e aprendizagem na escola: aspectos culturais, neurológicos e psicológicos*. Lembrando-nos da contribuição das chamadas neurociências, nos diz:

"Deste conjunto de trabalhos nós podemos tirar uma série de elementos importantes para a prática educativa. Estes elementos nos informam das questões importantes do tempo e do espaço relacionadas à aprendizagem [...]. Eles nos informam também que a memória é aspecto central do processo de aprendizagem e que seu funcionamento é bastante complexo. Alguns estudiosos sugerem que o tempo de exposição a um determinado assunto é o elemento-chave para que este assunto seja ou "trabalhado" pela memória imediata (o que provoca seu rápido esquecimento) ou pela memória a longo prazo. Procede daí a hipótese de que não basta somente planejar situações de aprendizagem para uma aula, mas de que este planejamento deve incluir também a projeção temporal. O planejamento do tempo deve incluir não somente a realização da ação, mas também a reflexão sobre ela [...]. Alocar tempo para "pensar", neste caso, seria tão importante como definir o conteúdo e o método" (p. 7-8).

Nos vários trabalhos, Elvira nos relembra que a pedagogia, a didática e a docência têm de estar atentas às contribuições das ciências que estudam o ser humano, seus processos de construir e aprender o conhecimento. Temos de saber mais sobre as funções que entram em jogo no aprendizado: atenção, percepção, memória, pensamento, imaginação. Levar em conta e tratar profissionalmente o tempo de exposição dessas operações (a memória, por exemplo) a um determinado assunto a ser ensinado e aprendido. Saber planejar o tempo para que os alunos pensem seria um saber docente tão importante quanto saber definir o conteúdo e o método de ensino.

Quase sempre que os professores(as) se defrontam com estas questões alguns comentam: "Por aí os horizontes de nossa docência se alargam". "Nossos saberes docentes passam a ser outros..." De fato o estatuto da docência passa a ser outro na medida em que assumimos como tarefa ser mediadores nos tempos de aprendizagem.

Colocar os ciclos da vida como uma questão pedagógica e docente tem tudo a ver com a recuperação da centralidade do tempo nos processos de ensinar e de aprender. As ciências humanas nos aproximaram dessa centralidade. Reorganizar a escola em ciclos da vida somente encontra significado pedagógico se for encarado como uma tentativa de recuperar, respeitar e tratar profissionalmente a centralidade do tempo na aprendizagem dos "conteúdos curriculares". Se levarmos mais a sério o respeito aos educandos e a especificidade de seus tempos mentais.

O tempo na produção e na apreensão do conhecimento

Quando os professores vão tomando consciência da centralidade do tempo nos processos de aprender e de ensinar, vai-se colocando outra questão próxima: Os tempos da vida, a infância, a adolescência, a juventude, a vida adulta não têm sua especificidade como tempos de aprendizagem? Qual o tempo adequado para aprender em cada tempo biológico, cultural? Os processos de aprendizagem na escola não serão também função dos tempos de vida, de vivência social e cultural dos educandos? Em outros termos, como se dão as aprendizagens do ser humano nos vários períodos de sua formação e do seu desenvolvimento?

A centralidade ou não dos ciclos-tempos da vida dos educandos nos processos de ensinar e aprender é uma das questões mais debatidas nos coletivos docentes. De fato essa é uma ideia-mestra da organização da escola em ciclos da vida. Como aproximar-nos dessa questão? Ajudados pelos avanços que vêm sendo feitos pelas ciências. Também pode ser um bom caminho ressignificar os avanços que o pensamento pedagógico e as práticas docentes vêm fazendo nas últimas décadas. O encontro desses dois caminhos, das práticas e da reflexão das ciências, nos tem ajudado a equacionar essas questões e ao menos a deixar-nos com a certeza de que estamos atentos. Estudar mais e debater é o caminho para dar aos tempos de vida a centralidade que têm nas aprendizagens humanas.

Alguns coletivos começam se perguntando por alguns percursos já feitos pela categoria nas últimas décadas. Descobrimos que desde os anos de 1980 temos repetido que todo cidadão tem direito ao saber, ao conhecimento *socialmente* construído. Como temos interpretado em nossa docência essa constatação? Assumindo que temos de garantir a todos o direito ao conhecimento. Entretanto, percebemos que é pouco parar por aí. Essa constatação traz outras consequências para nossa docência. Uma delas é reconhecer que o conhecimento a que todos têm direito é um produto social, em permanente construção e reconstrução. Não é um produto dado, pronto, acabado, coisificado a ser repassado. A expressão passar a lição pode não ser a mais apropriada quando reconhecemos desde a década de 1980 que todo conhecimento, inclusive o escolar, é uma produção social. Criado e recriado na dinâmica social, na história. No tempo. Inclusive nos tempos de ensinar e de aprender.

Reconhecer essa condição social, histórica, temporal do conhecimento e de sua produção exige mudanças radicais em nossa docência, no trato do currículo e dos conteúdos de que somos profissionais. Elaborar um currículo não é listar competências e habilidades neutras a serem repassadas e ensinadas. Preparar uma aula não é preparar um cardápio, menos ainda requentar pratos ou enlatados a serem repassados a alunos atentos ou desatentos, com fome ou sem fome do conhecimento. Quando reconhecemos o caráter histórico, inacabado, do conhecimento, nos resultam desencontradas essas concepções tão fechadas do conhecimento, pratos prontos apetecíveis e assimiláveis para qualquer mente "normal", desde que sejam repassados com didáticas apropriadas. Nos coletivos constatamos que ainda não tiramos todas as consequências do reconhecimento desde a década de 1980 de que todo conhecimento é socialmente constituído. É uma produção histórica, dinâmica. Em construção no tempo.

Nossas trajetórias docentes pararam por aí? Na década de 1990 reconhecemos que não apenas a produção do conhecimento é social, histórica, temporal, mas também sua apreensão e apropriação por parte do ser humano, dos educandos é social, histórica. Obedece a uma dinâmica temporal. É uma construção e apreensão no tempo. A apropriação de conhecimentos é uma atividade dos sujeitos. Estes poderão apropriar-se unicamente daqueles significados da cultura que se encontram em seu entorno imediato. Aprender é um processo ativo, criativo e seletivo de apropriação dos elementos da cultura a que em cada tempo humano temos acesso. É o reconhecimento do caráter ativo, histórico, cultural do processo humano de aprender que nos obriga a não esquecer a especificidade de cada tempo dos educandos. Nos obriga a levar em conta os momentos históricos, biológicos e culturais que vivenciam os sujeitos da aprendizagem. Os conhecimentos não se aprendem em um tempo predefinido de fora. Essa é a lógica seriada: quem aprendeu nesse tempo será aprovado, quem não, reprovado. Os aprendizados se constroem em contextos múltiplos, variáveis ao longo dos tempos-ciclos da vida. Os contextos vividos, os relacionamentos, os diálogos próprios de cada ciclo permitirão a construção de novos significados. Os múltiplos contextos sociais e o uso dos instrumentos culturais e dos conhecimentos vão abrindo novas possibilidades de sua apropriação. Haverá aprendizados que não poderão ser esperados em determinados tempos-ciclos da vida. Se assumimos que no ato de aprender os educandos colocam em jogo estratégias que supõem a apropriação de elementos e ferramentas da cultura teremos que estar atentos a que elementos são ou não apropriados por uma criança, um adolescente, um jovem ou um adulto.

Não há como ter uma visão atemporal quando aceitamos que os processos de produção e de apreensão do conhecimento são históricos, temporais, culturais. O trato cotidiano com familiares e alunos nos ensina que os recursos culturais são de acesso diferenciado, dependendo das suas idades e vivências sociais e culturais. Sabemos que a relação entre os educandos e os conhecimentos não é estática. É dinâmica. Aprendemos desde as vivências sociais e culturais que variam em cada tempo do percurso humano. Os saberes, as práticas, as palavras, as ferramentas adquirem significados diversos em cada tempo. Devemos estar atentos(as), como profissionais das aprendizagens, aos processos por que passam os educandos na compreensão dos significados que têm esses saberes, palavras, ferramentas da cultura com que vão se deparando no seu percurso humano e escolar. Como ignorar esses processos? Somente se sua complexidade nos assusta ou se os cursos de formação não nos capacitaram para entendê-los.

Se reconhecemos que os processos de produção e apreensão do conhecimento são culturais não tem sentido ignorar os processos culturais vivenciados pelos educandos em cada tempo da vida e em cada contexto. Os conhecimentos podem ser os mesmos, mas os alunos(as) os reinterpretarão a partir desses contextos culturais. Na reconstrução das trajetórias dos alunos vimos como se queixam de que a escola e os mestres os ignoram como sujeitos sociais e culturais. Em cada tempo da vida haverá estratégias variáveis para construções e apropriações de significados por parte desses sujeitos. Uma criança, um adolescente ou um jovem ou adulto, por estarem em tempos e vivências diferentes, gerarão práticas diferentes de apreensão dos conteúdos previstos nas disciplinas e no currículo. No processo de aprender, colocarão em ação saberes, processos, lógicas e instrumentos da cultura adquiridos e acumulados em suas trajetórias de vida. Saberes e processos, lógicas e instrumentos acumulados por um jovem ou adulto, mas possivelmente ainda não por uma criança ou adolescente. Além do mais, sabemos que os aprendizados têm tudo a ver com as vivências, representações, lógicas e culturas escolares em que são ensinados e aprendidos. Não é difícil perceber que essas vivências, lógicas e culturas escolares são aprendidas de maneira diversa por uma criança iniciante ou por um adolescente ou jovem com vários anos de aprendizado do ofício de aluno.

As experiências escolares são diversas, não apenas de acordo com os grupos sociais, mas também das "idades escolares". Aprender a ser aluno é aprender a aprender ou aprender estratégias de sobrevivência como estudantes, mas também como aprendizes. Essas aprendizagens e estratégias diferenciadas de acordo com os tempos de escolarização e de vida condicionam os processos de aprendizagem dos conhecimentos. Como ignorar esses tempos? Dependendo do trato que o ordenamento escolar der a essa heterogeneidade de vivências estaremos abrindo ou bloqueando possibilidades de construção e apreensão do conhecimento.

Na reconstrução das trajetórias escolares dos alunos(as), percebemos como estão marcadas pela diversidade de suas trajetórias humanas. Poderíamos dizer que as trajetórias temporais de aprendizagem dos alunos são inseparáveis da diversidade de suas trajetórias humanas.

O trato dado a esta diversidade de vivências temporais dos alunos poderá ser determinante de como e quanto aprendem. Situar as aprendizagens nesta direção nos distancia das tradicionais classificações de alunos em lentos ou rápidos, com distúrbios ou com problemas ou não de aprendizagem. Classificações que culpabilizam os educandos quando o problema está nas nossas opções por respeitar ou não seus tempos humanos.

Quando as propostas pedagógicas optam por reordenar os tempos de aprendizagem levando em conta as temporalidades dos educandos têm consciência de que o ordenamento temporal da escola pode ser muito mais determinante das aprendizagens dos alunos do que o "capital social e cultural" que levam para a escola. Arquitetar um ordenamento escolar que respeite as diversidades de vivências sociais e culturais que são próprias de cada tempo-ciclo do desenvolvimento humano é adotar uma postura profissional na condução das aprendizagens na escola. Vimos como são diversas as trajetórias humanas dos educandos. Atribuir trato diferenciado a essa diversidade de trajetórias humanas e temporais dos aprendizes é uma forma de se comprometer com o direito de todos a aprender. A opção pelo ordenamento por ciclos representa uma opção política. Representa assumir que o conhecimento não é neutro, nem ensiná-lo e aprendê-lo são processos neutros, alheios à diversidade de trajetórias dos sujeitos que aprendem. Não estamos sugerindo que se deem tempos diferentes, porque as trajetórias humanas são diferentes, mas que se dê o tempo adequado a todos.

Nos coletivos se avança no consenso de que o tempo de aprender deve ser reconhecido em nossa cultura docente. Entretanto, as ciências nos chamam a atenção para a necessidade de superar concepções primárias e classificatórias como a de dar mais tempo aos mais lentos. As ciências nos apontam a radicalidade de reconhecer que todos os processos de aprendizagem são temporais, sociais, históricos. Como nos lembrava a Professora Elvira, reconhecer essa condição temporal de toda aprendizagem não significa dar mais tempo aos mais lentos, mas dar o tempo adequado a todos.

Porque todo aprendizado obedece a uma dinâmica temporal. Todas essas concepções nos defrontam com o caráter social, temporal tanto da construção quanto da apreensão do conhecimento humano. Esta dimensão, se percebida, poderia ser uma grande contribuição para a superação de concepções fechadas, atemporais ainda dominantes na cultura docente.

3
Tempo e formação humana

...se houve uma primeira pedagogia, ela foi uma reflexão sobre a ética... (Lílian do Valle).

Encontrar os vínculos entre tempo e ensinar, tempo e aprender resulta familiar aos coletivos docentes. Encontrar os mesmos vínculos entre tempo e formação do ser humano resulta distante. A dificuldade está na falta de familiaridade com a formação. Vimos na Parte I que os educandos nos trazem questões prementes em relação à formação de suas condutas, valores, padrões morais. Nas reflexões sobre formar o sujeito ético descobrimos que não é fácil assumir essa formação como tarefa da docência, nem sequer da escola. Estaria aí uma das resistências docentes a reconhecer que cada tempo da vida é um tempo-ciclo de formação?

Para encontrar os possíveis vínculos entre tempo e formação teremos de começar por assumir a formação dos educandos em nosso universo profissional e em nosso campo de estudo, reflexão e debate. Somente situados nesse campo e assumida essa tarefa como nossa poderemos encontrar a centralidade do tempo nos processos de socialização, desenvolvimento e formação dos educandos. Pela minha experiência muitos dos impasses e até muitas das rejeições em relação a estruturar a escola respeitando os tempos dos educandos decorrem da incompreensão e até rejeição dessa tarefa como nossa: formar, acompanhar a formação plena, respeitando seus tempos. Fica difícil aceitar e entender propostas educativas que pretendam respeitar os tempos-ciclos de formação humana quando o próprio termo formação nos resulta estranho a nossa docência.

Muitos coletivos resolvem enfrentar a questão: Será que o termo formação é estranho mesmo a nossa docência? Por que, se educação e formação sempre caminharam tão próximas? Sabemos bastante sobre o que e como ensinar e até sobre processos de aprendizagem, porém sobre a formação dos educandos como sujeitos totais, como sujeitos cognitivos, éticos, culturais, estéticos, afetivos, sabemos muito pouco. Entretanto, os educandos se revelam nas escolas como sujeitos totais e exigem que demos conta dessa totalidade. Os currículos das escolas normais, das licenciaturas e até da pedagogia não se ocuparam com essas questões. Ao menos não foram centrais. Porém, acompanhando a história da construção do direito à educação, entre as promessas esperadas da educação obrigatória, podemos encontrar a formação dos educandos. Fica destacada a função formadora esperada da educação obrigatória. Um amplo leque de promessas apontam nessa direção: a emancipação social e individual; o disciplinamento simbólico dos indivíduos; construir seres humanos plenos; fazer homens felizes (Rousseau); cultivar o povo, libertá-lo do obscurantismo, da tirania, da dependência dos poderes irracionais e da minoria de idade intelectual e política (Ilustração); desenvolvimento da solidariedade e da compreensão entre os seres humanos; decréscimo da agressividade e respeito à ordem social; desenvolvimento da inteligência, da racionalidade e do progresso humano; afiançar identidades culturais; difundir visões de mundo etc. Ensinar, aprender, socializar, desenvolver, enfim formar esse conjunto de dimensões em cada criança, adolescente ou jovem tem sido ao longo dos séculos as esperanças depositadas na educação e na docência. Hoje esperanças e exigências dos educandos e da sociedade.

Poderíamos fazer um percurso de volta na trajetória histórica da construção do direito à educação obrigatória e perguntar, por exemplo, à Paidcia, à Rcnascença, à Ilustração, ao ideário socialista etc., que importância atribuem à formação em seus ideais de educação, de escola e de docência. Muitos dos coletivos docentes que tentam organizar a escola em ciclos de formação ou tentam propostas educativas mais radicais entendem que o que estão precisando é fazer esse percurso de volta à teoria pedagógica. Reencontrar algumas das constantes da história do pensamento educativo. A ideia de formação pode ser considerada como uma dessas constantes?

Reflexão pedagógica e formação humana

A volta à Paideia sempre nos surpreende. Nesse ousado projeto político-pedagógico descobrimos, em cada releitura, novas orientações para os enigmas da educação e da aprendizagem. Os questionamentos postos em torno da Paideia acompanharão a construção do pensamento e da prática pedagógica ao longo da história.

Qual é o foco da construção da Paideia como projeto pedagógico? A vida em comunidade, a *polis* democrática tem por base a formação que deve ser comum a seus membros, os cidadãos. A construção da *polis* democrática é um projeto político-pedagógico. É uma empreitada formadora. A ideia de formação está na base da Paideia.

Mas o que formar? Formar a virtude política que é o bem comum da *polis* democrática. Lílian do Valle (2002: 260)[4] sintetiza: "[...] a questão da virtude é central para a reflexão pedagógica da época. Assim, pode-se dizer que se houve uma 'primeira pedagogia', ela foi uma reflexão sobre a ética. Mas a indagação ética e educacional tem um objetivo bastante explícito: a construção da sociedade em bases democráticas [...]. Se foi questão aqui, pela primeira vez, de questionar os valores instituídos, e também interrogar o sentido e os procedimentos da educação, outra não era a finalidade, senão a construção da *polis* democrática pela formação de seus futuros cidadãos [...]. Da virtude de cada um depende a própria cidade".

A pedagogia nasce tendo como finalidade a formação do filhote do homem. A grande questão que ocupa a reflexão política, filosófica e pedagógica será que virtudes, que atributos formar: a sabedoria, a justiça, a prudência, a sensatez, a piedade, o espírito público, a participação, a arte de governar e de ser, a capacidade de deliberação, a autonomia, a liberdade, a emancipação, a cognição, o conhecimento do bem, "o trabalho de toda a alma..."

A "primeira pedagogia" vai se constituindo em torno dessa questão nuclear: formar o ser humano, formar todas essas virtudes ou atributos, "transformar o pequeno animal em homem, na cidade". Tudo isso pela Paideia, pela educação. Colocado o foco nessa função formadora, a pedagogia vai girar em torno das questões que a acompanharão durante vinte e cinco séculos: A virtude pode ser aprendida? O ser humano é educável? Nasce pronto, formado como humano ou precisará de tempo para se conformar, constituir como humano? A consciência da temporalidade desses processos está na raiz da pedagogia: partir da infância, desse tempo primeiro, acompanhar cada tempo no percurso de um ser assumido como não feito, mas educável. Sem esse pressuposto da temporalidade da formação humana a educação perde seu sentido. O sentido primeiro da pedagogia é reconhecer que a virtude, a formação do ser humano se torna possível ao longo

---

4. VALLE, L. do. *Os enigmas da educação*. Belo Horizonte: Autêntica, 2002.

do tempo, ao longo de um processo educativo. Aceita a possibilidade de educar, de trans-formar o pequeno animal humano, a pedagogia irá avançando em suas interrogações: mas como formar, educar o ser humano, o cidadão da *polis*? As mesmas interrogações que parecem colocar-nos os educandos com suas condutas: não estou pronto, mas não me condene, acompanhe minha formação.

As tentativas de resposta ocuparão a pedagogia em sua trajetória. Como formar? Pelo diálogo, pelo conhecimento, pela experiência, pela imitação, pelo ensino? Fabricar o mundo humano, a *polis* e formar o cidadão, trans-formar o filhote humano é uma tarefa espontânea ou é um projeto? A pedagogia nasce quando se reconhece que essa formação, essa fabricação é um projeto, uma tarefa intencional, consciente. É uma arte. Uma arte que vai além do autoconhecimento. Uma tarefa antes de tudo da própria *polis*, da cidade, do mundo tornado humano. É a sociedade educativa, que educa e humaniza. É o espaço público que enquanto público, democrático, é educativo. Se a cidade, o mundo, para serem humanos, dependem da virtude de cada um, a Paideia nos aponta para algo mais radical: da humanização do mundo, das virtudes da *polis* depende a formação dos cidadãos. A grande questão pedagógica passa a ser: A *polis* é ou não é educativa, é formadora? A cidade educativa é a Paideia. Como o ser humano em cada tempo de sua vida se insere e relaciona com a *polis*, com a cultura, com o entorno social, seja na cidade ou no campo, será determinante de como se forma. Quando chegamos a esta compreensão da formação entendemos quão determinantes são na formação ou deformação das crianças, adolescentes ou jovens as condições e as formas como se relacionam com a cidade, a rua, a sobrevivência, as lutas pelo espaço, pela terra. Como exigir formação, valores de crianças que vivem em uma cidade ou em um campo tão deformadores?

Quando os coletivos docentes se voltam para a teoria pedagógica fica fácil reconhecer que educação e formação caminharam juntas. Docência, educação, formação são inseparáveis. Interrogar-nos pelos tempos, pela lógica temporal dessa formação é realimentar nossa docência nas raízes mais fecundas da teoria pedagógica. Quando o foco dos questionamentos educativos é a formação, a pedagogia teve de se colocar quem são os educadores, os pedagogos, os formadores do filhote humano. São os sábios, os filósofos ou os especialistas? São as famílias, os pedagogos ou as escolas? É a própria cidade, o campo, a sociedade?

A "primeira pedagogia" logo reconhece a pluralidade de espaços e tempos, de pessoas e instituições que vão con-formando o ser humano desde a infância e ao longo dos sucessivos tempos da vida. Cada tempo humano carrega sua especificidade formadora. Nos diálogos encontramos: "Na verdade, começa-se desde a infância, e durante toda a vida lhe são fornecidas lições e exortações. Assim que a criança aprende a falar, a ama, a mãe, o pedagogo e o próprio pai buscam incessantemente torná-la a mais perfeita possível; a propósito de tudo o que se faz ou diz, lhe oferecem explicações: sobre o justo e o injusto, sobre o belo e o feio, sobre o piedoso e o ímpio; faz isso, e não aquilo [...]" (VALLE, 2002: 231).

Quando lemos esses difusos processos de educação e formação da criança grega podemos lembrar de nossa formação. Mas, poderemos pensar, esses são os difusos processos de socialização, de formação dos valores, da ética, da estética, da justiça e das virtudes, porém da escola não se esperavam outras funções? Ensinar a escrita, a ginástica, a música, a literatura ou a gramática era pensado como parte dessa formação? Transcrevo o comentário de Lílian do Valle (p. 231-232): "Em seguida, envia-se a criança à escola onde o mestre lhe ensina a música e a escrita, a poesia e grandes obras da literatura, sendo constantemente exortada a contemplar o exemplo dos heróis, buscando tornar-se como eles. Da mesma forma, o citarista buscará, por meio do ensino do ritmo e das melodias, formá-la na palavra e, pelo conhecimento das belas obras, inspirar-lhe a sabedoria. Mais tarde ainda, a criança é enviada ao mestre da ginástica, para que à boa formação espiritual una-se um corpo igualmente são [...]".

O dualismo tão arraigado em nossa cultura docente: a escola ensina, a família e as igrejas educam e formam, não aparece na Paideia. As lições e as exortações acompanham tanto a educação familiar quanto escolar. Tornar a criança, filho ou filha, aluna ou aluno o mais perfeito possível, dar-lhes explicações sobre o justo ou injusto, o belo ou feio, o piedoso ou ímpio são práticas formadoras em toda relação adulto-criança, fora ou dentro da escola e da sala de aula. Quem de nós mestres experientes consegue não educar ou formar, não exortar com as lições de literatura, matemática, biologia, história, artes, educação física ou geografia? Também em nossas escolas, vinte e cinco séculos depois, as crianças e adolescentes ou jovens e adultos aprendem dos seus mestres mais do que competências e habilidades, técnicas e ciências aprendem; a sabedoria, a sensibilidade estética, o justo ou o injusto, o belo ou o feio. Poderíamos registrar a quantidade de vezes que nos descobrimos dizendo a nossos alunos(as) como o mestre grego: faz isso, não faz aquilo.

Formar o filhote do homem

A cultura docente se apega a suas crenças. Tínhamos avançado na compreensão da centralidade dada à formação desde os primórdios da pedagogia. As resistências a incorporar em nossa docência a função de formação continuavam. Resolvemos levantar as questões pendentes.

As ideias educativas e formadoras da Paideia, da Renascença e da pedagogia moderna não ficaram para trás? Quem se preocupa hoje com aquelas questões? São questões interessantes que vimos de passagem na história da educação, mas o foco de nossa formação não foi esse. O pensar atual não é mais pragmático? Fomos preparados para ensinar, capacitar para o mercado, para passar de série, para passar no vestibular ou no concurso. Aos filhos do povo temos de transmitir competências para sobreviver. São essas as questões que nossa sociedade nos coloca. Não podemos pensar como pensavam os educadores da Paideia, da Renascença nem do século XVIII. Por acaso o pensamento contemporâneo continua vinculando educação com as grandes interrogações da formação humana?

Estas podem ser umas boas e pertinentes questões para uma oficina ou um curso de formação. Foi um professor que nos colocou essas questões, sugerindo que aqueles vínculos tão estreitos entre docência-educação-formação eram coisas do passado, arquivadas pela nossa sociedade pragmática orientada pela ciência e pela tecnologia, pela concorrência do mercado.

Resolvemos enfrentar as questões que o professor nos colocava: selecionar, ler com atenção e debater alguns textos de intelectuais contemporâneos, que pensam o ser humano hoje, nesta sociedade e pensam na educação do ser humano contemporâneo, nossos filhos, netos, as novas gerações.

Encontramos que pensadores e filósofos, sociólogos, psicólogos e educadores continuam atentos aos problemas da educação e seus vínculos com a socialização e a formação, com a ética e a cultura, com a identidade e a condição cidadã.

É significativo, por exemplo, que Hannah Arendt, autora do livro *A condição humana* (1987)[5], reflita também sobre a crise da cultura e a crise da educação, como a nos dizer: é impossível repensar a condição humana sem repensar a formação do filhote do homem. "[...] a criança, objeto da educação, se apresenta ao

---

5. ARENDT, H. *A condição humana*. Rio de Janeiro: Forense Universitária, 1987.

educador sob um duplo aspecto: ela é nova em um mundo que lhe é estrangeiro, e é devir [...]. Se considerarmos a vida e sua evolução, a criança é um ser humano em devir, exatamente como o filhote do gato é um gato em devir. Mas a criança só é nova em relação a um mundo que existia antes dela, que continuará após sua morte e no qual deve passar sua vida. Se a criança não fosse um recém-chegado neste mundo dos humanos, mas somente uma criatura vista ainda inacabada, a educação não seria senão uma das funções da vida e não teria por finalidade mais do que assegurar a subsistência e ensinar a cuidar de si na vida, o que todos os outros animais fazem por seus filhotes."

H. Arendt nos lembra a nós educadores que educar, formar, desenvolver a criança é mais do que cuidá-la e mais do que ensiná-la a sobreviver. A metáfora do jardineiro que cuida da tenra planta não dá conta da educação do filhote humano. É verdade que o pequeno ser humano é, entre os filhotes, o mais despreparado e o mais necessitado de cuidados, porém educar é mais do que cuidar e ensinar a sobreviver. A criança é nova em relação ao mundo da cultura que já existe antes dela no qual deve passar sua vida. Educamos os recém-chegados no mundo humano, cultural, social. Educamos um ser humano em devir humano. Como não ver a centralidade do devir a ser, do tempo nos processos de formação?

Lílian do Valle (2002)[6] comenta: "no caso da educação nada podemos afirmar, *a priori*, sobre o que vai acontecer, mas é sempre na expectativa desse devir a ser, que nos situamos. A educação trata de um devir, mas, se fosse possível determinar por antecipação o que advirá, a mãe e o mestre seriam apenas aqueles que nutrem, que cuidam para que nenhum elemento exterior falte à maturação de um ser que, em potência, já é o que deve vir a ser". "Mas o começo da vida é sempre, a cada vez, a emergência de uma novidade, de um *novo começo* no mundo dos homens [...]" (p. 102).

Este mundo humano para o qual educamos é mais do que um mercado onde devemos aprender a sobreviver. É um mundo de cultura, de valores, de representações coletivas, de normas, de "modelos" de homem e de mulher, de criança, de jovem ou de adulto. Onde está a diferença entre cuidar, adestrar o filhote do animal e o filhote humano? "[...] não é tanto o entendimento que faz, entre os animais, a distinção específica do homem, mas sua qualidade de agente livre. A natureza

---

6. VALLE, L. do. *Os enigmas da educação*. Belo Horizonte: Autêntica, 2002.

comanda o animal e a besta obedece. O homem experimenta a mesma impressão, mas se descobre livre para aquiescer ou resistir [...]", nos lembra J.J. Rousseau. O que há de novo em cada criança que chega ao mundo? (Ou que chega à escola?) A essência do novo é a liberdade de que é dotado o pequeno ser humano.

Uma das músicas que os educadores e as educadoras do MST cantam em seus encontros diz: "aprender a liberdade na cartilha do abc". Será essa a função de toda educação humana e da escola? Educar a liberdade, aprendermos a ser livres? Aí, nos lembra Lílian, está o enigma da aprendizagem e da educação "exatamente na medida em que se leva em conta a liberdade humana, a educação aparece, necessariamente, como *constrangimento* dessa liberdade" (p. 108). Não é esse o constrangimento que se coloca a cada um de nós educadores docentes? Não é esse o dilema, o paradoxo docente que se coloca a função social e cultural da escola e da docência e das políticas curriculares? Educar para a liberdade e, ao mesmo tempo, educar para que cada filhote humano interiorize os valores de todos, a cultura, o que nossa sociedade institui como sentidos para sermos humanos. E mais, colaborar para que se descubra livre para aquiescer ou resistir. Esse o enigma de toda ação educativa.

Quando olhamos para as crianças e adolescentes não sabemos o que advirá. O tempo dirá. Eles serão sujeitos de seu próprio devir? Seu devir está predefinido pela condição de raça, de gênero ou de classe? Serão livres para aceitar ou resistir às normas, aos preconceitos, à cultura, aos valores e até à educação dos mestres? O pequeno ser humano é dotado de liberdade. Educar a liberdade é mais do que cuidar, mais do que treinar e do que informar. Paulo Freire vê toda educação como prática da liberdade. Mas a educação e a vida também podem ser controle, negação da liberdade. Aqui reside o constrangimento ou o paradoxo docente. Um dos professores nos chamou a atenção para a dimensão temporal desses processos de formação do filhote do homem nas reflexões de Hannah Arendt. Nos fala que o objeto da educação é o ser humano em um tempo-ciclo da vida. Nos fala que essa criança nova é um devir na vida como evolução, inacabada, sobretudo a criança como um recém-chegado no mundo de humanos, de cultura onde irá sendo introduzida. O trato profissional desse tempo-infância e de sua inserção temporal no mundo humano exige artes, competências. É a arte de educar entendendo cada tempo de inserção na cultura, no mundo humano. Somos profissionais das artes de acompanhar cada filhote do homem que chega. Acompanhar cada novo começo no mundo dos homens. Acompanhar esse devir desde os começos exige artes e competências muito especiais: trata-se de um devir em que não é possível antecipar o que advirá. Exige tratar cada tempo desse devir como uma novidade. Acompanhamos seres humanos livres para aquiescer ou resistir. Como se dão essas formas de aquiescer ou resistir em cada tempo-ciclo da vida?

Como docentes, educadores, podemos ignorar estes questionamentos que pensadores de outras áreas nos colocam com tamanha profundidade? Esses questionamentos sobre a educação-formação do filhote humano não fazem parte de nosso ofício de mestres? De nossa humana docência? A relação entre docência--educação-tempo-formação humana não passará de moda enquanto cada recém--nascido possua a capacidade de iniciar algo novo. Aí H. Arendt situa a educação. "A essência da educação é a natalidade, o fato que seres humanos nasçam no mundo..." A mesma visão que W. Jaeger tem da Paideia, "...criação do filhote do homem e educação do pequeno grego"[7].

O tecnicismo e cientificismo tentam desterrar do universo pedagógico e docente estes constrangimentos, talvez para nos aliviar ingenuamente do "paradoxo do ensino". Em vão. Cada docente sabe que é impossível conviver por mais de umas horas com trinta ou quarenta filhotes humanos nas salas de aula e não ter de enfrentar esse constrangimento: Como formar esses filhotes para a cultura, o conhecimento e os valores socialmente produzidos e ao mesmo tempo para a liberdade? O termo tempos-ciclos de formação tenta apenas trazer de volta para nossa responsabilidade profissional os enigmas que o modo de ser humano coloca para a educação e a docência.

A formação vem do berço

Os alunos com suas condutas trazem à tona seus conhecimentos e desafiam nossas artes de acompanhá-los em seu devir humano, em sua inserção no mundo da cultura. Onde está nossa resistência? Talvez tenhamos de encontrá-la na cultura elitista e no desprezo pelo povo tão arraigado em nossa tradição. Podemos sair das leituras convencidos de que o ser humano está em um permanente processo de formação, de aprendizado de valores e da cultura, porém a visão

---

7. JAEGER, W. *Paideia – A formação do homem grego*. São Paulo: Martins Fontes, 1995.

preconceituosa que temos do povo exclui os setores populares como sujeitos de valores e de cultura, de formação e de educação. Quando as dimensões formadoras da pedagogia e da docência vão ficando mais claras à luz da teoria pedagógica, vamos percebendo onde se localizam as resistências: no campo dos preconceitos sociais e políticos que contaminam a docência.

Um grupo de professores resolveu analisar outras questões pendentes: temos uma dificuldade especial em assumir a formação quando lidamos com os setores populares. Que imaginário nós fazemos das pessoas formadas? A formação se aprende, se adquire ou é uma herança? Entre as várias respostas nos detivemos em uma: quando falamos em pessoas formadas, no sentido de educadas, cultivadas, entendemos no imaginário social que nos referimos a pessoas que têm os valores ou as virtudes da sabedoria, do juízo, da serenidade, da prudência, da liderança, da sensatez, da justiça, da honestidade, da conduta intocada.

Em nossa cultura política, essas são virtudes, valores, atributos das elites, dos bem-nascidos. Virtudes e formação que vêm do berço, de família. Em nossa cultura racista, são atributos que vêm da raça. A formação vem da família, do berço, da classe, da raça. Aí se aprende ou recebe como uma das mais preciosas heranças. Se transmite pelo sangue e se reforça em educandários privados merecedores da confiança, porque sintonizados por religião, visão moral e social com esses atributos de família, de classe e de raça. Entre os professores(as) não é fácil chegar a um consenso sobre essa visão herdada da formação. Muitos(as) já superaram essa visão tão preconceituosa, mas ainda esse imaginário é pesado na sociedade e na docência.

No imaginário social a escola pública não merece essa confiança; ao contrário, merece desconfiança. A escola pública não é vista como um centro de formação e de cultura. Primeiro porque o povo que a frequenta não é visto como possuidor e herdeiro desses atributos, valores e virtudes. Não tem a formação dos bem-nascidos, de berço, de família e menos de classe e de raça. A escola pública poderá ter tanta competência quanto a escola privada, seus mestres poderão ser os mesmos da escola privada, mas nunca será vista como um educandário igual na formação dos valores e dos atributos de família, de raça e de classe, das elites políticas, sociais, econômicas que se julgam a reserva moral da nossa sociedade. Mas por que a escola pública não garantirá essa reserva moral? A visão conservadora nos dirá: Primeiro, porque é frequentada pelo povo que não levará à escola qualquer valor, atributo de família, de berço, de classe (elite) e de raça (branca). E segundo, e sobretudo, porque a formação, os valores, as virtudes sempre serão atributos de poucos – de berço – de família. O povo não é para ser formado, não é o depositário nem o destinatário dos valores e atributos de família, das elites. A escola pública não tem de formar, cultivar por um único motivo, porque o povo não está preparado, nem deverá sê-lo, para ser guardião da cultura e dos valores, das virtudes e dos nobres atributos.

Quando nos dias de estudo vamos mexendo no imaginário social sobre o povo e seus valores e sobre a escola pública e sua relação com a cultura e a formação, um grande mal-estar se instala nos coletivos. Às vezes por sentir-nos atingidos, mas sobretudo porque percebemos como esse imaginário condiciona as reações diante de políticas públicas e de propostas que tentam garantir o direito popular à cultura e à formação humana plena. As reações não são contra ou a favor de reprovar ou não reprovar, reter ou não reter, mas a favor ou contra uma escola popular que alargue seus horizontes e garanta o direito à formação e à cultura. Como pesam as imagens sociais sobre nossas práticas docentes! Imagens de povo, de conhecimento, de cultura, talvez trincadas, mas difíceis de serem quebradas.

O povo em nossa perversa cultura política e por vezes pedagógica é apenas para ser adestrado, controlado e habilitado com as competências elementaríssimas para continuar sendo povo, subserviente, empregável e ordeiro. Aceitarão que o povo seja alfabetizado, que domine a lectoescrita, as contas, noções de ciências (noções primárias no sentido de vulgares) que entre na escola pública, que complete o Ensino Fundamental, porém não aceitarão que o povo seja cultivado, formado, que tenha acesso à formação, à cultura, aos valores, às virtudes, aos atributos reservados a poucos. Herança de poucos berços e de poucas escolas.

Ter eliminado a formação de nossa teoria pedagógica, dos currículos, das políticas educativas e sobretudo dos currículos de formação dos profissionais da educação básica universal não é um acaso. É uma das formas mais perversas, seletivas e antidemocráticas de excluir o povo de uma herança civilizatória, cultural que em nossa tradição foi apropriada como uma sesmaria, como um latifúndio pelas "famílias de bem". Desde a Paideia está em jogo o direito ou não de todo membro da *polis* à virtude. O que nunca esteve em jogo foi formar os excluídos da *polis*. A longa trajetória da construção do direito à educação básica, obrigatória, universal se deu nesse embate: o direito de todo ser humano à formação plena como humano. A defesa da educação universal se contrapõe de frente a todo apropriamento do conhecimento, mas também de todo tipo de apropriamento dos valores, das virtudes e da cultura, da ética e da estética, de todo atributo humano. Se contrapõe a toda tentativa de vincular essa formação, esses valores e atributos a diferenças naturais, de nascimento, de origem, de raça ou classe social. Educação universal em duplo sentido: direito de todos, mas também direito igual a todo o conhecimento universal, a toda a cultura, à civilização, às artes, às letras, à memória, à formação universal. Aceitar a educação como direito de todos – "toda criança na escola", "toda criança aprendendo na escola" – sem colocar-nos para aprender o quê, ou limitando seus aprendizados às primeiras letras e contas, excluindo a formação plena, os valores e a cultura universais, será uma forma de negação do direito à educação básica universal.

A secundarização da função formadora da escola e da docência é um grave indicador de quão distante está nossa cultura social, pedagógica e docente da incorporação do que historicamente tem sido o cerne da defesa da educação como direito universal: a igualdade de todos. Direito que inclui muito, mas muito mais do que os domínios elementares das habilidades e competências primárias a que em nossa tradição foi reduzido. Nos indignamos com que o povo não domine o alfabeto e temos toda razão, mas ficamos satisfeitos quando o domina e reduzimos a educação básica a esses primórdios.

No fundo, a construção do direito à educação básica não conseguiu, entre nós, furar a visão excludente e pejorativa que as elites – inclusive modernas – mantêm do povo e das políticas e instituições a ele reservadas. A visão da escola pública é uma das expressões mais elucidativas de quão arraigada é a visão e o lugar reservado ao povo quando equacionamos o direito à cultura, ao conhecimento, aos valores, à formação. Ao povo arroz com feijão, leitura, escrita, contas. Será capaz de outros pratos? Temos motivos suficientes para nos indignarmos diante de milhões de analfabetos e de centenas de adolescentes que não sabem ler, porém será lamentável se nossa indignação parar aí. Devemos indignar-nos de que aos milhões que dominam a leitura lhes tinha sido servido um cardápio formador tão pobre. Esta realidade pouca indignação provoca. Por quê? Não teria o povo direito a sua formação como sujeito ético, estético, de cultura e memória e de identidade?

Trazer ao debate político e pedagógico o direito popular à formação plena pode ser uma forma de furar essa cultura política, escolar e docente. Pode ser uma forma de irmos construindo outra imagem do direito à educação básica. Falar em tempos-ciclos de formação tem essa intenção política e pedagógica, familiarizar-nos com a ideia de que o povo tem direito, a que essas competências estejam inseridas no direito maior a sua formação como sujeito humano pleno. Em outros termos, entender a dimensão cultural, formadora do domínio dessas competências. Ver o direito à educação como direito a toda rica herança formadora de sua condição humana, porque essa herança é patrimônio universal, não é patrimônio de berço, de família, de classe ou de raça. Este é o sentido mais revolucionário da construção moderna do direito à educação básica universal.

Na mídia tem sido frequentes artigos criticando políticas e propostas educativas de escolas ou de redes que têm pretensão de formar a pluralidade das dimensões humanas nos alunos que frequentam a escola pública. Nos embates pré-eleitorais as elites conservadoras se contrapõem à pretensão de incorporar outras dimensões formadoras plurais na escola pública: cultura, artes, estética, ética, memória, emoção, sentimento, corpo, linguagens múltiplas... Toda sua crítica gira em torno da imagem da marmita: "o povo quer e precisa do arroz com feijão em sua marmita. Seu paladar, seus gostos e seu estômago estão acostumados a esses pratos..." Lembro de ter levado esses artigos a algumas reuniões docentes. Para minha surpresa encontrei professores que estavam de acordo: "essa história de formação plena não cola, se conseguirem aprender as letras e as contas está demais", confirmou um professor.

Vários preconceitos aí se misturam. Primeiro, ver a leitura e as contas como algo rudimentar – arroz e feijão na marmita do direito popular à educação. Contra esta visão preconceituosa devemos defender o direito à leitura, à escrita e as contas como parte do direito à educação básica. Destacar suas dimensões culturais, formadoras. Segundo, superar essa ideia preconceituosa de que o domínio dessas competências basta. Contra essa visão, defender o direito popular a toda herança cultural, científica e tecnológica produzida e acumulada pela humanidade. Elaborar currículos e propostas educativas que alarguem o direito popular à educação é tarefa dos seus profissionais. Enfatizar os tempos-ciclos de formação pode significar um confronto político com a visão preconceituosa que ainda vê a leitura e as contas como o arroz com feijão na marmita do direito popular à educação. Para que mais? Como profissionais da educação temos o dever de entrar nesse confronto político mostrando uma visão positiva do povo. Em sua origem e condição popular constroem uma riqueza cultural e humana. Sua cabeça, seu paladar intelectual estão cultivados e aptos a aprender todos os saberes e valores.

Afirmar que os tempos-ciclos de formação podem e devem estruturar propostas de educação popular vai na contramão de estreitas e excludentes visões do povo e de seu direito à educação, ao conhecimento e à cultura. À formação. Reconhecer que toda criança, adolescente, jovem ou adulto, sem distinção de raça ou classe, é um ser humano capaz de socialização, de aprendizagens múltiplas, de formação plena como sujeito social, mental, ético, estético, identitário, sujeito de memória, sensibilidade, emoção, raciocínio, juízo ético... não é uma tarefa fácil em nossa cultura política excludente e elitista. Daí a resistência que essas propostas enfrentam na cultura conservadora.

O termo formação pretende chamar nossa atenção de um lado para essa rica trajetória da construção de um direito tão prenhe de promessas, e de outro lado chamar a atenção para a urgência de superarmos a estreiteza a que reduzimos essas promessas quando pensamos e decidimos sobre a escolarização do povo. Tempos-ciclos de formação para afirmar essa intencionalidade pedagógica, cultural e política. Para afirmar o direito de todos à formação plena como seres humanos. Para quebrar imaginários sociais e pedagógicos que veem a cultura e a educação como uma herança que vem do berço. De poucos berços.

4
Gaveta dos guardados

As coisas estão enterradas no fundo do rio da vida.
Na maturidade, no acaso, elas se desprendem e sobem
à tona, como bolhas no ar... (Iberê Camargo).

Esse é o título do livro de memórias do pintor Iberê Camargo[8]. Dele são também estas frases: "A memória é a gaveta dos guardados... Viver é andar, é descobrir, é conhecer. No meu andarilhar de pintor, fixo a imagem que se me apresenta no agora e retorno às coisas que adormeceram na memória, que devem estar escondidas no pátio da infância. Gostaria de ser criança outra vez para resgatá-las com as mãos. Talvez tenha sido o que fiz, pintando-as".

Tenho percebido que as oficinas de memória são frequentes nos cursos de formação de educadores(as). Seria uma forma de remexer na gaveta dos nossos guardados? No nosso andarilhar de mestres nos acompanham imagens de magistério, que adormeceram na memória e que devem estar escondidas no pátio da infância, no pátio da escola, nas salas de aula e nas vivências de alunos(as). As oficinas de memória pretenderiam resgatá-las? Talvez seja o que fazemos em cada aula que damos, em cada gesto e trato com a docência e com os educandos(as). As imagens docentes enterradas se desprendem e dão a tonalidade à forma como somos mestres agora.

A oficina que passo a relatar tinha uma finalidade especial, foi programada para questionar o sentido do termo formação colado ao termo ciclos. Ciclos de formação, por que não de ensino? O termo formação não aparece como familiar na linguagem docente. A oficina se propunha mexer nas gavetas de nossa memória e resgatar, nos guardados, as lembranças de nossa formação. Resgatá-las no coletivo pode ter outros significados. Professoras e professores se distribuíram

---

8. CAMARGO, I. *Gaveta dos guardados*. São Paulo: Edusp, 1998.

em grupos pelas salas. A tarefa: buscar nas gavetas de seus guardados, nas lembranças escondidas no pátio da infância os processos de formação vivenciados como alunos(as). Tarefa melindrosa. Evocar lembranças é mexer com emoções. Retemos na memória o que foi associado à emoção. Seria mais fácil reunir-se para falar de currículos, de carga horária ou do governo, do que mexer em nossas emoções e lembranças. Porém depois de tantos debates sobre se a função da docência e da escola é apenas ensinar ou também formar alguém sugeriu que voltássemos a nossas trajetórias escolares e buscássemos nas gavetas de nossa memória as vivências de formação que experimentamos ou padecemos nos tempos de escola. Talvez remexer em nossos guardados fosse mais convincente do que reler textos da Paideia, da Ilustração. Lembrar dos tempos de escola é lidar com tempos de nossa formação.

Que marcas deixaram em nós as vivências da escola?

O diálogo foi fluindo e foram "subindo à tona, como bolhas no ar", a pluralidade de significados que a vivência da escola teve nas vidas dos mestres. Remexendo no seu imaginário infantil, a ida à escola aparecia com um leque de significados. Ir à escola sintetizava expectativas familiares, aspirações de classe e de raça. Sintetizava formas de relacionar-se, de amizades, de afirmação e de estranhamento. Na escola experimentaram, pela primeira vez alguns, o orgulho do sucesso, muitos(as) a humilhação do fracasso. Alguns provaram ser capazes e se afirmaram, sentiram o gosto do reconhecimento dos mestres. Outros(as) experimentaram o avesso, a humilhação da constante reprovação. Entre as bolhas da memória não faltaram lembranças de experiência de segregação pela cor, pelo cabelo, pelo uniforme singelo, pelo material pobre e incompleto, pelo dever de casa nunca terminado, pela infrequência e não pontualidade... Lembranças misturadas ao trabalho precoce e exaustivo em casa, na rua... Os guardados da infância brotavam do pátio da escola e também da rua, da casa. Espaços tão desencontrados. Lembranças tão misturadas de tantos espaços e tempos em que realizamos aprendizagens diversas. Em que fomos nos formando.

Quando toda essa variedade de significados aflora é fácil reaprender, a partir dos próprios guardados, a pluralidade de sentidos formadores que tem a experiência escolar. A pluralidade de marcas deixadas na formação de nossa personalidade. Nossas lembranças trazem nova luminosidade aos textos dos filósofos e dos pensadores sobre o papel formador da escola. Podemos secundarizar as reflexões sobre a educação como formação do filhote do homem. Podemos secundarizar o legado formador da Paideia. Será difícil, porém, engavetar as marcas formadoras ou deformadoras que guardamos nas lembranças dos pátios de nossa infância. Como secundarizar o papel formador da escola? Repetindo Iberê Camargo, esses guardados, enterrados no fundo do rio da vida, no acaso, se desprendem e sobem à tona como bolhas no ar. A vida, a família, o trabalho, a rua formam. A escola forma. Nas oficinas de memória aparece com nitidez que a escola deixou marcas na formação de nossas identidades de classe, de raça, de gênero. A escola forma autoimagens positivas ou negativas. Reforça imagens aprendidas na família, no bairro, na rua, na luta pela sobrevivência. Remexendo nas gavetas de tantos guardados os coletivos docentes vão percebendo quão determinante foi a experiência escolar em nossa formação. Carregamos da escola valores, emoções, posturas e convicções. Sentimentos de nós, dos outros e do mundo.

Se a escola forma, nossa docência também forma. As lembranças mais fortes trazidas pelo coletivo eram de seus mestres. Carregamos seus ensinamentos, suas competências e suas ferramentas culturais para interpretar a natureza, a sociedade, o espaço e a história. Entre os guardados da memória havia um lugar especial para os que foram seus mestres.

As lembranças mais guardadas da relação com os professores(as) eram com o trato humano ou nem tanto, amigo ou autoritário, compulsivo, estimulante ou segregador e condenatório. As marcas mais positivas que carregamos dos professores que tivemos eram como figuras humanas: sua humanidade, sua ética, seu compromisso, sua amizade, seu carinho e cuidado, sua compreensão. Cada membro da oficina tinha sua lembrança: "aquela professora, sua integridade como pessoa, como mulher me marcou para a vida toda"; "até hoje não sarou aquela ferida, me senti incapaz, fui reprovada"; "aprendi a trabalhar, a levar a vida com seriedade"; "experimentei pela primeira vez a segregação de ser negra"; "aquele professor me incentivou tanto que passei a acreditar em mim mesmo..."

Passamos a analisar e refletir sobre a diversidade de lembranças e sobre as coincidências. As figuras dos professores(as) aparecem para além de uma docência neutra. Não dá para separar a imagem docente da imagem humana. Nem como separar os saberes aprendidos dos valores, dos comportamentos, das condutas e dos hábitos, da ética, da autoestima, do orgulho, ou da humilhação, do estímulo e do preconceito. Estamos na escola na totalidade de nossa condição humana. Os alunos nos veem como gente. Eles se veem como gente, entram na relação docente como totalidades humanas. Tem sentido profissional refugiar--nos em concepções assépticas de docência? A docência forma ou deforma. Essa remexida nas gavetas dos guardados deixou um sentimento forte: carregamos as lembranças e as marcas formadoras ou deformadoras vivenciadas na rua, na família e no trabalho e também vivenciadas na escola, sobretudo no trato com os mestres. Como ignorar agora como mestres as marcas que nossa docência e a experiência da escola estarão deixando ou poderão deixar nos alunos e nas alunas? Somos profissionais da formação. Por que não assumi-la com profissionalismo?

Nesse exercício de memória foi se revelando que as lembranças da escola eram diferentes em cada um dos tempos de vida. De quando crianças a memória guarda lembranças mais positivas, mais lúdicas, mais cuidadosas e afetivas da escola e das professoras. De quando adolescentes e jovens as lembranças são mais misturadas, às vezes predominando tratos duros, incompreensões, reprovações. A escola, a relação com as disciplinas, o conhecimento e os mestres, toda essa experiência tão intensa é vivenciada de maneiras bastante diferentes de acordo com os tempos de vida por que passamos. A própria lógica escolar trata de maneira bastante diferenciada os educandos na diversidade de seus tempos de vida.

Nas gavetas guardamos outras lembranças que afloram nas oficinas de memória. Como alunos, crianças, jovens fomos guardando as experiências vividas na escola, as imagens dos mestres, suas marcas em nossa formação. Como professores(as) também fizemos nossos guardados. Eles afloram nas oficinas. É difícil separar as lembranças dos tempos de alunos(as) das lembranças do exercício do magistério. Temos uma memória acumulada das demandas que a sociedade nos coloca, das funções sociais esperadas da escola e da docência. Serão funções formadoras? Que peso dá a sociedade a nosso papel formador?

Nossas trajetórias de formação

Além das lembranças como alunos(as) de nosso tempo de escola passamos a lembrar nossas trajetórias humanas, docentes e pedagógicas. Esta passou a ser uma das funções da oficina. Por mais que os vínculos entre docência-educação--formação tenham ficado secundarizados no discurso, eles têm estado presentes em nossas trajetórias como categoria e nos embates que se prolongam desde a década de 1980 sobre a função social do magistério. Participamos desses debates em que nossa imagem social estava em jogo. É bom fazer um exercício coletivo de memória e reconstruir nossos percursos de formação. Através dos depoimentos lembramos que ao longo dessas décadas a escolarização, a docência e o ensino foram associados a funções sociais, políticas e culturais que ultrapassam o imediatismo da passagem de série, da inserção no mercado e do treinamento e da capacitação. Da oficina participavam docentes com idades diferentes. Vimos como foi mudando o perfil de nossa formação. Lembramos que da docência se espera ao longo destas décadas que contribua na inserção social e cultural das camadas populares, que conscientize para a emancipação e a liberdade, que prepare trabalhadores ordeiros, que eduque para a cidadania consciente, que supere preconceitos de raça, gênero, classe. Dos professores se espera que eduquem para a diversidade, que formem valores modernos, que cultivem a nova ética do trabalho, que colaborem na inclusão social, que formem o trabalhador polivalente exigido pela reorganização produtiva, que cuidem da infância e reeduquem a adolescência e a juventude supostamente violentas, que os vacinem moralmente contra o vício e a droga etc. Muitos docentes lembraram como nestes tempos de exclusão e de violência se espera deles que deem conta dessas tarefas.

Na agenda social e pedagógica posta para nós professores(as) vêm sendo colocadas essas funções socializadoras e formadoras das novas gerações. Lembramos das críticas e das cobranças que a mídia faz de nós. O discurso pesado da crítica à escola se alimenta desse imaginário social que se tem dos seus mestres. Somos responsabilizados, lembraram os docentes, de que não ensinamos, que não preparamos para o mercado, para o concurso ou para o vestibular. Sobretudo somos responsabilizados porque não formamos, não damos conta da expectativa maior que sempre a sociedade deposita na escola e nos seus mestres: formar as novas gerações. Sobretudo civilizar os bárbaros, o povo, na visão mais conservadora. Nas lembranças afloraram também esperanças e utopias de como esperar dos educadores a libertação, emancipação, conscientização, politização, inclusão do povo na riqueza, no trabalho, no conhecimento ou na cultura. Realizamos aprendizados diversos durante essas trajetórias docentes. A docência nos forma.

É interessante perceber como cada docente destaca aspectos com os quais mais se identifica social e politicamente. Do imaginário social sobre a docência alguns professores(as) privilegiavam a tarefa de conformar o modo de ser dos alunos(as), as formas de comportar-se, de inserir as novas gerações, sobretudo os filhos(as) do povo nos mundos do trabalho, na ética produtiva. Outros(as) privilegiavam a tarefa de formar para a cidadania consciente, para sua identidade de gênero, raça e classe. Nas oficinas vai se construindo um consenso coletivo: como profissionais da educação não podemos abdicar desse projeto formador. A sociedade nos cobra essa função. Os docentes terminam cobrando dos cursos de magistério, pedagogia e licenciatura o preparo que não lhes deram para dar conta dessa cobrança. Se realmente a escola forma e a sociedade nos cobra a formação das novas gerações, que peso deveria ter nos currículos desses centros de qualificação as teorias da formação humana?

Nas oficinas de memória não faltam as lembranças da participação no movimento docente onde reaprendemos as dimensões formadoras da docência. Nos formamos em múltiplos tempos e espaços, na escola, na família e no movimento docente, negro, feminista, sem-terra... É sintomático que a sensibilidade para as dimensões formadoras da docência e a habilitação adquirida para um trato sério dessas dimensões formadoras estejam acontecendo no movimento docente, na educação social, política e cultural da categoria ou na inserção nos movimentos sociais. Trazemos as marcas da formação aprendida nos movimentos sociais. O movimento docente, as lutas pela escola pública, os movimentos em defesa dos direitos em suas diversas manifestações têm recuperado os vínculos entre a educação, a política e a ética, entre educação e emancipação, autonomia e liberdade, participação e igualdade, identidade e memória, etc. Na medida em que milhares de profissionais da educação se inserem nessa diversidade de movimentos reencontram os perenes vínculos entre docência-educação-formação? Tentei introduzir essa questão no debate. As análises não foram consensuais.

Quando transitamos nos campos da política e da educação como milhares de docentes vêm fazendo nas últimas décadas, podemos cair numa separação ingênua. Colocamos, de um lado, o campo da educação escolar responsável apenas pelo preparo de competências para a produção e o mercado, e de outro lado o campo da política responsável pela formação do cidadão, da autonomia, da deliberação e participação. Nossa própria trajetória pode levar-nos a cair nessa separação de campos. Nas memórias da participação dos docentes nos seus movimentos aparece o reconhecimento da função formadora da militância, mas aparecem também dificuldades de assumir a função formadora da docência. Um professor reconheceu que via sua militância sindical e política como a grande escola onde se formou, mas não conseguia pensar seus tempos de sala de aula como espaços formadores dele e dos jovens alunos. Outro professor lembrava dos esforços de vários colegas para fazer da escola e da docência um campo de formação política, mas desvinculado dos tempos de docência. Para uma professora sua docência é formadora quando politiza, conscientiza os alunos, quando introduz nas suas aulas denúncias sobre a realidade social e econômica.

No coletivo ficou manifesto que a categoria vem redescobrindo as funções formadoras, porém não tem sido fácil articular essa formação com o cotidiano da ação escolar e docente e com os conhecimentos curriculares. O processo de reorganização da escola tendo como eixo estruturante os tempos-ciclos de formação puxa o foco da formação para os currículos, a docência e o cotidiano escolar. Tenta encontrar esses campos por vezes tão desencontrados – docência e formação. É significativo que inúmeros docentes engajados nos movimentos sociais, trabalhista, racial, feminista e, especificamente, no movimento docente se identificam facilmente com as propostas que enfatizam a função formadora da escola e da docência, como se estivessem à procura desses encontros. Quando não fizeram esse percurso formador nos movimentos sociais fica mais difícil ter essa sensibilidade para a função formadora da escola e da docência. A visão mais global da formação dos educandos pode ser encarada como uma incômoda invasão, resistindo a colocá-la em seu horizonte profissional. Essa diversidade de percursos se reflete na facilidade ou dificuldade de assumir a função formadora da docência.

Não será difícil reconhecer que tanto o medo a essa "invasão" como a aproximação entre o campo da política, da docência e da educação tem trazido, entre outros belos produtos, um fecundo debate na categoria sobre se educar e formar é também nosso ofício. Estamos aprendendo que os vínculos em que a Paideia se debateu entre *polis*, república, democracia, ética, educação, formação do cidadão virtuoso continuam aflorando sempre que a pedagogia e a docência se abrem a um projeto social, político e democrático. Quando a escola e a docência se fecham e só são sensíveis às demandas do mercado, os horizontes formadores se perdem.

Recolocar na agenda pedagógica e política a sensibilidade para os processos formadores dos educandos e o respeito a seus tempos de formação pode ser uma opção política bastante radical. Pode ser uma estratégia para traduzir na organização escolar os avanços e embates em que milhares de professoras e professores nos envolvemos nas últimas décadas.

O movimento docente feito de lutas, de embates, de encontros, de congressos e conferências tem sido nas últimas décadas a grande experiência formadora da categoria. Não sem orgulho os docentes reconheciam que como categoria de professores(as) de educação básica estão hoje mais feitos. Uma categoria mais moderna? Sem dúvida. Retomando Iberê Camargo, no nosso andarilhar de mestres e de militantes quantos guardados enterrados no rio de nossas vidas. Na maturidade, não ao acaso, eles se desprendem e sobem à tona, como bolhas no ar.

Entre os guardados do pátio da infância, da escola, das imagens dos mestres, de nossas trajetórias docentes e políticas a oficina de memória destacou uma marca: foi nessa trajetória onde nos formamos, como gente. Talvez, depois dessa remexida em nossa gaveta dos guardados, estejamos mais convencidos de que os tempos da escola são tempos de formação. Inseparáveis de nossas vivências das idades da vida.

Formação e docência

Quando chegamos a estas constatações nos debates e dias de estudo as coisas vão ficando mais claras. "Realmente é difícil separar a formação de nossa docência", comentava um professor. "Mas por que não assumimos como nossa tarefa a formação dos alunos se de fato o fazemos?", se perguntava outro. Talvez porque nossa cultura escolar faz uma dicotomia entre docência e ensino, de um lado, e formação e educação, de outro. Todos temos consciência que nós mesmos desde crianças passamos por processos de socialização e formação, como nossos filhos(as), alunos(as) passam pelos mesmos processos nos diversos tempos de suas vidas fora da escola e até dentro da escola, porém pensamos tratar-se de um processo diferente do processo de ensino-aprendizagem escolar. O processo formador seria espontâneo, o processo de ensino é intencional, tem um conteúdo, um método, uma didática, um planejamento.

Estaria nessa visão dicotômica e nessa separação um dos motivos do nosso desinteresse pelos processos de formação e desenvolvimento humano dos educandos? Estaria nessa dicotomia nossa insensibilidade e despreparo profissional para tratar da formação plena dos educandos? Voltando aos ciclos, estaria aí um dos motivos por que nos resulta pouco familiar estar atentos aos tempos-ciclos de sua formação? Estaria aí a surpresa, o susto diante das condutas dos educandos? Quando os professores(as) mexem em suas trajetórias de formação e de formadores sentem a necessidade de maior base teórica.

Em vários coletivos temos lido e discutido os textos que Elvira Souza Lima vem produzindo sobre formação, desenvolvimento e aprendizagem. Sugerimos deter-nos na relação entre desenvolvimento humano, as aprendizagens da vida e as aprendizagens escolares, a partir do texto *Desenvolvimento e aprendizagem na escola*.

Na leitura e debate coletivo do texto alguns pontos aparecem mais destacados pelos professores: os educandos ao chegarem à escola vêm de tempos e espaços onde também fazem aprendizagens.

"O ser humano realiza aprendizagens de naturezas diversas durante toda a sua vida. O que o ser humano aprende está, primeiramente, ligado à sua sobrevivência e à da espécie; o que inclui tanto o desenvolvimento biológico como as conquistas culturais [...]. O ser humano desenvolve, em seus primeiros anos de vida, os sistemas simbólicos e expressivos que estarão na base de suas aprendizagens posteriores [...]. A direção que tomará seu desenvolvimento é função do meio em que nasce, das práticas culturais, das instituições de que participa e das possibilidades de acesso às informações existentes em seu contexto."

Estas observações do texto resultam um tanto chocantes à cultura escolar e docente que têm uma imagem bastante negativa do meio e contexto social e cultural onde nascem e sobrevivem os alunos dos setores populares. Como ver aprendizagens nesses contextos?, perguntava-se uma professora.

Outro ponto que desperta preocupação nos coletivos docentes é a relação entre a experiência escolar e as experiências de aprendizagem em outros contextos vividos pelos alunos.

"Estas colocações iniciais têm duas implicações importantes para a educação na escola: uma é que a experiência escolar insere-se em um processo contínuo de desenvolvimento do sujeito que se iniciou antes da entrada na instituição. Todas as experiências na escola ganharão significado quando articuladas ao processo global de desenvolvimento do indivíduo e não quando concebidas como um conglomerado de experiências independentes, vividas exclusivamente no âmbito escolar. Outra, decorrente desta, é que a escola não é um espaço independente de socialização e aprendizagem, mas um espaço que vem se somar aos outros nos quais o ser humano transita."

Se em todo lugar se aprende, qual especificidade de minha docência?, perguntava-se um professor. Parece ameaçador à função da escola e da docência reconhecer que os educandos aprendem, se socializam e se formam em outros contextos e espaços. O texto da Professora Elvira enfatiza que a escola e a docência têm uma especificidade nessa pluralidade de processos.

"[...] Enquanto meio de desenvolvimento humano, a escola tem sua especificidade. O processo de escolarização (independentemente de ser considerado um sucesso ou um fracasso) transforma as experiências concomitantes, vividas na comunidade, no local de trabalho, na família etc." "Há desta forma uma relação dialética entre a vida na escola e fora da escola, mas elas diferem em vários aspectos. Entre eles, um dos mais importantes é o fato de que, enquanto as aprendizagens na vida cotidiana trazem inerentes a si mesmas seus significados, uma vez que decorrem das práticas sociais e culturais, das condições de vida e da organização de cada coletivo humano, as aprendizagens na escola encontraram seu significado na história das ideias e no complexo processo do desenvolvimento da consciência humana, aspectos menos evidentes que os citados no primeiro caso. Não há imediaticidade no conhecimento organizado, ele tem como pressuposto o desenvolvimento do pensamento através da aquisição de processos de trabalho e da construção de conceitos [...]".

A experiência escolar tem sua especificidade enquanto meio de formação e desenvolvimento humano, o que exige dos profissionais da escola capacitação tanto no trato profissional dessa especificidade quanto de sua relação com os processos mais amplos de formação. Se essa formação não estiver no horizonte docente e se não forem compreendidos seus processos, a especificidade das aprendizagens escolares será tratada sem profissionalismo. A relação entre processos de aprendizagem escolares e extraescolares não pode se limitar a um recurso didático: trazer os saberes extraescolares de contas, linguagem, espaço ou natureza para as disciplinas escolares. A relação que o texto de Elvira nos aponta é mais de fundo: todos os sistemas simbólicos expressivos, o desenvolvimento de representações, a formação e o uso de símbolos, todo o desenvolvimento mental e cultural, o desenvolvimento da consciência e todos os processos de aprendizagem aprendidos ao longo da vida entram em jogo na especificidade das aprendizagens escolares. Não são dois seres humanos que aprendem e se desenvolvem, "a experiência escolar insere-se em um processo contínuo de desenvolvimento do sujeito que se iniciou antes de sua entrada na instituição". É um tempo que adquire sentido nesse tempo mais amplo, nesse processo contínuo de desenvolvimento.

A experiência escolar em sua especificidade faz parte de um único processo global de desenvolvimento e de formação dos educandos. Mas não será suficiente conhecer os amplos processos de formação em que os alunos estão inseridos. Será necessário profissionalismo no trato da especificidade dos processos de formação que acontecem na escola e que acontecem em cada idade-tempo social, cultural, biológico dos educandos.

Daí que muitas propostas sensíveis a essa temporalidade usem o termo ciclos de formação com a intenção de reeducar nossa sensibilidade pedagógica e docente para a centralidade da experiência escolar nesse complexo processo global de desenvolvimento dos educandos. Defender a escola como uma das possibilidades insubstituíveis de desenvolvimento. Aqui se enraíza um dos sentidos mais radicais da defesa do direito universal à escolarização básica.

Leituras, debates, remexidas nas gavetas de nossos guardados, todos esses processos vêm acontecendo em muitos coletivos docentes. As tentativas de reorganizar a escola, respeitando os tempos dos educandos, vêm sendo uma de tantas oportunidades de aproximar a cultura escolar e docente das riquíssimas contribuições trazidas pelas ciências do desenvolvimento. Há avanços, mas as resistências a incorporar a formação e o desenvolvimento dos alunos não se diluem tão facilmente. Após dias de estudo e de embates, após leituras e comentários de textos pode se chegar a reconhecer que a escola na totalidade de sua experiência não deixa de ser formadora, mas ainda a cultura docente continuará resistente e se apegando à ideia de que a função da docência é apenas ensinar, transmitir o conhecimento, as ciências e as letras, função que não tem a ver com a pluralidade dos processos de formação. O pensar dicotômico tão arraigado resiste. Muitos docentes continuarão pensando que, ainda que o ato de ensinar aconteça nesse contexto formador, no fundo não se mistura com ele. São duas funções separadas? Tempos separáveis?

Reencontrar os estreitos e históricos vínculos entre formação e docência é uma tarefa urgente. Os caminhos podem ser diversos. Fazer o caminho de volta e aprender com a história da pedagogia a função do mestre. Por exemplo, dar continuidade à releitura da Paideia – a "primeira pedagogia" – e fazer uma releitura sobre a função do mestre, qual seu papel na formação do cidadão.

Nos diálogos entre mestres e entre discípulos e mestres aparecem permanentemente perguntas que nós professores poderíamos fazer uns aos outros e que os alunos talvez não se atrevam a nos fazer: "Qual é a natureza de sua arte, qual é a coisa de que faz profissão de ensinar?" "O que ganharemos te frequentando? Sobre que questões estaremos em condições de opinar, na *polis*?" Perguntas instigantes feitas a milhares de mestres de todos os tempos. Perguntas que nós mesmos nos fazemos à procura de nossa identidade.

Os mestres daqueles tempos respondiam: a natureza de nossa arte, a coisa de que fazemos profissão de ensinar é a virtude, a participação, a capacidade de opinar na *polis* democrática, a capacidade de questionamento, a sabedoria, o conhecimento, habilitar ao conhecimento, à capacidade de conhecer e de interrogar, de argumentar eficazmente, de fazer valer plenamente os direitos e os deveres, ensinar a Verdade, o Bem e o Belo...

Estas respostas e estas autoimagens dos mestres gregos não convencem facilmente aos mestres de agora. Muitos resistem a assumir essas funções. Outros reconhecem e assumem essas funções. Todos os docentes, tanto se assumimos ou ignoramos essas funções, terminamos capacitando os alunos para opinar, questionar, interrogar, argumentar, fazer valer seus direitos, transmitimos conceitos, instrumentos e métodos de conhecer. Habilitamos para o conhecimento, para a Verdade, o Bem e o Belo... Quando os coletivos docentes se dispõem a fazer estes percursos se desencadeiam processos fecundos de formação. O emaranhado em que se sentiam confusos vai se desvendando. Se a volta às teorias pedagógicas é sempre esclarecedora, a volta aos guardados de nossas lembranças da escola é também esclarecedora. Sempre os embates avançam em múltiplos e fecundos desdobramentos até chegarmos às perguntas que aproximam a aparente dualidade: É possível ensinar e transmitir conhecimentos sem formar? Toda transmissão não é uma persuasão? O ensino das ciências, das letras, não abre os alunos para novos significados e valores, novas posturas e novos tratos? Novas possibilidades de ser, de construir, formar sua identidade cultural e social? Mas como sermos mestres desses delicados processos? Como acompanhar e respeitar os percursos, os tempos de formação dos educandos?

Toda transmissão de conhecimento termina sendo, se for conhecimento mesmo, um ato de criação de sentidos, de algo novo, de um sujeito humano novo.

Todo aprender escolar pode ser um apreender-nos. Não apenas um ato de ler o mundo, o livro, o espaço, a natureza, a vida, mas de ler-nos e entender-nos nesse mundo. Na história. Todo ensino-aprendizagem escolar termina sendo uma leitura do humano que há no outro, no professor, nos autores ou no aluno.

Comunicamos letras e ciências humanas, carregadas de culturas, valores, interesses, imagens do humano. Queiramos ou não comunicamos nossos valores, conceitos e preconceitos, nossos sentidos da ciência, da vida, do ser gente. Nos comunicamos. Nos revelamos. Como ensinar sem formar? Por que não falar sem surpresas em tempos-ciclos de formação?

5
Tempos do viver humano

...não tinha ideia de que as idades é um assunto que hoje em dia encontra-se no centro da mais apaixonada atualidade.

Quem teria inventado os tempos-ciclos da vida? Seriam eles tão velhos quanto nossa condição humana? Pensamos a vida referida aos tempos em que a vivemos. Fazemos associações entre nosso tempo e o tempo dos outros, dos avós, pais, ou amigos, filhos ou netos. Aprendemos a tratar as crianças como crianças, os velhos como velhos. Aprendemos a tratar-nos e aceitar-nos nos limites e potencialidades do tempo-ciclo da vida que vivenciamos. Na escola esses tratos são mais difíceis, mas os educandos exigem que os enxerguemos nos seus tempos de vida.

O estudo dos tempos da vida é objeto das diversas ciências. Nas pesquisas e encontros de biologia, psicologia, antropologia, medicina, sociologia e história essa temática é refletida e faz parte dos cursos de formação de pediatra, geriatra, psicólogo, médico ou advogado. A mídia e a literatura, o cinema e o teatro, as artes em geral têm os períodos de vida como um objeto atraente. Mostram a situação da infância, adolescência e velhice, interpretam os estilos de vida e a cultura adolescente e juvenil. Até as políticas públicas, o equacionamento dos espaços urbanos, a moda, as seções dos jornais, das revistas, da TV são direcionadas e programadas em função dos diversos grupos etários. Como a música, o cinema, as artes e as letras podem ignorar o protagonismo da infância, da adolescência e da juventude?

Como não reconhecer que, ao nosso redor, os tempos diversos do viver humano despertam interesses e sensibilidades? O que teríamos a ver como educadores(as) com o que acontece ao nosso redor? Se tantos aspectos da existência são programados em função das especificidades da infância, adolescência, juventude ou vida adulta, como poderemos esquecer dessas temporalidades no repensar de sua educação e socialização, de sua aprendizagem e formação mental, ética e cultural na escola? Como não dar a devida centralidade na produção teórica, na pesquisa, na formação de profissionais da educação que, por ofício, convivemos com educandos que vivem tempos tão diversos? Recentemente os educandos nos obrigam a olhar para sua condição de crianças, adolescentes e jovens, seja para agredir-nos com suas condutas, seja para esperar de nossa sensibilidade que olhemos para as formas em que vivem seus tempos.

As propostas de reorganização da escola em ciclos trazem à tona estas questões. Alguém arguirá, mas teremos de repensar nossa docência e prática educativa, à mercê de modas de outras áreas? As sensibilidades para com as idades e sua especificidade não é uma invenção da mídia, da moda ou do mercado? É frequente ouvirmos que essas modas sobre cultura juvenil, cultura adolescente, e até que essa onda em defesa dos direitos da criança e do adolescente (ECA – Estatuto da Criança e do Adolescente) não passam de invenções da mídia e do mercado. Não passam, até, de invenções neoliberais, para distrair-nos de dar atenção às condições de classe. Várias pessoas têm me perguntado se pensar nos ciclos da vida para reorganizar os tempos da escola não passa de mais uma moda pedagógica que, como tantas outras, logo desaparecerão. Já me disseram que não passa de uma moda dos governos populares.

Com essa visão tão superficial e tão fechada, estaremos ignorando as contribuições das ciências humanas, das pesquisas e da produção teórica sobre a especificidade dos tempos da vida humana. Estaremos ignorando o movimento democrático que vem reconhecendo cada grupo etário como sujeito de direitos. O avanço das diversas ciências, suas sensibilidades para a dinâmica social e cultural e o movimento pelos direitos humanos merecem nossa atenção como fonte de inspiração teórica e pedagógica. Seria infantilismo de nossa parte reduzi-los a modas descartáveis. Para muitos docentes-educadores reconhecer as crianças como crianças, os adolescentes como adolescentes ou os jovens como jovens não é uma moda. É uma prática e uma postura pedagógica coerentes. Sabem que em sua docência convivem cada dia com alunos em tempos de vida diferenciados. A organização da escola em ciclos tem de priorizar estas sensibilidades já existentes. Partir delas e reeducá-las. Olhar para os sujeitos que vivem ou lhes é negado viver esses tempos-ciclos da vida.

Não estamos inventando os tempos da vida, apenas estamos assumindo que sempre foram vividos e tratados como tempos específicos de cuidados, de socialização, de aprendizagens e de educação. Assumir que a precariedade das formas de ser criança, adolescente ou jovem de tantos(as) alunos(as) exige de nós atenção. Pretendemos que seja uma prática comum nas escolas respeitá-los em cada tempo. A postura mais amadurecida pode ser abrir-nos a um diálogo, cada vez mais estreito, entre a pedagogia, as artes e as outras ciências humanas. Esse diálogo poderá despertar novas sensibilidades. Priorizar os ciclos da vida para reorganizar os tempos da escola pode estar revelando que estamos mais sensíveis aos educandos e seus processos de aprendizagem. Acompanhando várias redes de ensino e vários coletivos docentes tenho aprendido que essas sensibilidades vêm crescendo na categoria.

Às vezes me perguntam: Qual o primeiro passo para respeitar os ciclos da vida na escola? Não começar pensando em número de anos de cada ciclo, nem se vai reter ou reprovar e não reprovar, nem o que fazer com alunos que não aprendem, como reorientar o currículo etc. Todas são preocupações legítimas, porém comecemos por pensar nos educandos, conhecê-los mais e melhor e descobriremos que vivenciam tempos humanos diversos e tensos. Refinemos nosso olhar, nossas sensibilidades para com os tempos do viver humano, com as trajetórias sociais e escolares dos educandos. Com as tensas relações entre os tempos do viver e da escola.

Entretanto, não será suficiente refinar e reeducar a sensibilidade dos professores(as) para com os educandos e seus tempos. Será necessário ir além: buscar uma base teórica. Saber mais sobre a especificidade de cada idade vivida. Familiarizar-nos com as pesquisas, os estudos e a produção teórica das diversas áreas que pesquisam e estudam o ser humano. O ideal será que os professores tenham acesso a essa produção, que ela esteja nas bibliotecas, que tenham tempo de estudo. Um dever e um direito.

Um médico pediatra tem direito e obrigação de saber mais sobre a infância com que trabalha como profissional. Não será suficiente ter sensibilidade e afeto para com as crianças que atende. A reorganização da escola tendo como horizonte o respeito aos tempos da vida vai incentivando nos profissionais da escola a vontade de saber mais sobre os educandos e seus tempos. Saber mais como uma obrigação e como um direito. Em cada passo na elaboração das propostas ou na sua implantação surgem questões, dúvidas e indagações não apenas sobre o como fazer, mas sobretudo sobre os significados dos tempos-ciclos da vida, da aprendizagem e da formação. Tratar com respeito essas questões, valorizá-las e sistematizá-las será uma das tarefas permanentes.

Será necessário estarmos atentos a esses percursos. Iluminar essas questões com as pesquisas e a produção das diversas ciências humanas. São vários olhares que se complementam. De um lado uma permanente atenção às sensibilidades docentes para com os educandos e seus tempos. Ainda uma atenção especial às questões e dúvidas que vão surgindo, mas sem parar aí. Avançar confrontando essas sensibilidades e essas questões com a fundamentação teórica que as ciências humanas apontam.

A melhor maneira de descartar a ideia de que ciclos não passam de uma moda e a melhor maneira de não confundir ciclos com amontoado de séries, nem com respeito aos ritmos, nem com progressão contínua ou descontínua, é aproximar-nos do acúmulo teórico que existe sobre as temporalidades humanas. Frequentemente me perguntam: Queremos organizar os tempos da escola respeitando os ciclos de vida dos educandos, por onde começar? Programar como saber mais dos educandos e seus tempos. Perguntar as ciências como a história, a antropologia, a sociologia ou a psicologia, aproximar-nos de sua pesquisa e sua produção. Perguntar as artes e as letras: filmes, teatro, romances, literatura infantil, adolescente e juvenil. Perguntar-nos a nós mesmos sobre nossas lembranças dos tempos vividos, inclusive de cada tempo vivido na escola. Perguntar-nos sobre nossa visão, nosso relacionamento, nossas imagens dos tempos vividos e dos ciclos de formação dos nossos educandos. Perguntar o pensamento pedagógico sobre seu diálogo histórico com a infância e com as diversas idades do ser humano. Nesse diálogo refinamos nossas sensibilidades.

Tenho aprendido que antes de começar por discutir se implantamos ou não os ciclos na rede ou na escola, antes de começar discutindo se ciclos de dois, de três ou quatro anos ou se reter ou não reter etc., o mais conveniente é perguntar às ciências humanas, às artes e às letras sobre a centralidade dos tempos, das idades da vida. Às vezes é preferível não falar nem em ciclos, dadas as conotações escolares que assumiram e pensarmos mais nos educandos e seus tempos humanos. Colocar o foco aí. Deixar de falar em escola "ciclada" para falar em infância, adolescência, juventude, velhice, vida adulta. As idades, os ciclos não são da escola. São dos seres humanos que habitam a escola. São temporalidades humanas.

Como aproximar-nos da riqueza teórica acumulada sobre as temporalidades humanas? Cada coletivo docente tem processos próprios. Socializar esses processos pode ser uma forma de socializar sensibilidades, temáticas, questionamentos e formas de trabalho coletivo. Em cada escola e em cada rede podem ser diferentes as formas de dialogar com as ciências e as artes, de caminhar e de chegar à compreensão da centralidade dos tempos do viver humano.

Trocar experiências sobre como os diversos coletivos se aproximam dessas questões, como as estudam e debatem, que *textos-síntese* elaboram, pode ser uma forma de socializar nosso trabalho. Passo a relatar algumas formas de trabalho que acompanho. Levantados os questionamentos são programadas oficinas, dias de estudo, troca de textos e de experiências. As leituras podem ser escolhidas de acordo com cada coletivo. Alguns textos mais difíceis de acesso por causa da língua, ou por extensos ou outros motivos podem ser adaptados para melhor compreensão. Os coletivos que participam nas oficinas têm por hábito fazer *textos-síntese* das ideias e trechos que despertaram maior atenção e debate, ou que afetam mais diretamente a finalidade do estudo e do curso-oficina.

Reproduzo, de maneira sintética, alguns dos percursos docentes que tenho acompanhado nas tentativas diversas e fecundas de responder a estas interrogações: Como aproximar-nos dos ciclos da vida? Como entender mais as trajetórias etárias dos educandos?

No centro da mais apaixonada atualidade

Em vários cursos-oficina sobre os ciclos da vida e os tempos da escola, iniciamos nossa reflexão perguntando-nos como as ciências humanas, a história, a antropologia, a sociologia ou a psicologia estão pensando as idades.

Iniciamos perguntando-nos como a história tem pesquisado sobre os diversos tempos da vida. Vários textos podem ser trabalhados. Encontraremos uma produção rica na história social da infância e da juventude. Podemos centrar-nos em textos que nos ajudem a compreender como as sociedades caracterizam os diversos grupos de idade; por que esta temática passou a ser objeto da história social; que mudanças de concepção estão impulsionando a história social das idades.

Em um dos cursos-oficina começamos pela leitura do texto de Pierre Caspard[9], *La infancia, la adolescencia, la juventud: para una economia politica de*

---

9. CASPARD, P. La infancia, la adolescencia, la juventud: para una economia politica de las edades desde la epoca moderna. In: MOCTEZUMA, L.M. (org.). *La infancia, la cultura escrita*. México: Siglo Veintiuno, 2001, p. 77-101.

las edades desde la epoca moderna. Trabalhamos com um texto-síntese para facilitar a leitura do autor e a compreensão dos pontos que tocam mais de perto com os objetivos do curso-oficina. Recomendamos que a leitura fosse feita individualmente para ser comentada e debatida no coletivo.

Alguns pontos do texto chamaram mais a atenção do coletivo de professores(as) que acompanhava o curso-oficina. Vejamos algumas ideias mais destacadas nos debates. O autor começa chamando nossa atenção para a atualidade do estudo das idades da vida.

"A definição das idades da infância e da juventude é um assunto que pertence à cultura e às representações, e hoje em dia encontra-se no centro da mais apaixonada atualidade social [...]. No aspecto histórico, o tema foi colocado pela primeira vez por Philippe Ariès, na obra que dedicou, em 1960, à história da criança e da família[10]; contudo, será no final da década de 1960, e sobretudo ao longo da década de 1970, quando os historiadores se apropriaram do tema, multiplicando suas problemáticas e os campos de pesquisa [...]" (p. 76).

Uma professora comentou: "não tinha ideia de que a definição das idades é um assunto que hoje em dia encontra-se no centro da mais apaixonada atualidade". Outra professora acrescentou: "o texto me deixa claro que a preocupação com as idades não é uma moda desta ou daquela ciência. É antes um produto de uma longa trajetória histórica das ciências".

De fato, faz no mínimo quatro décadas que as idades vêm sendo objeto de pesquisa e de problematização. Consequentemente, preocupar-nos como educadores(as) com os tempos da vida não é mais uma moda pedagógica nem é uma invenção da mídia ou do mercado, mas tem raízes teóricas nos diversos campos das ciências. Nos perguntamos como coletivo o que o texto sugere como explicação para essa apaixonada atualidade do estudo das idades. O autor apresenta várias explicações. Em primeiro lugar a mudança de paradigmas, de olhares teóricos.

"O positivismo, o marxismo ou o estruturalismo, que caracterizaram em seu conjunto a historiografia do século XIX até os anos de 1960, não deixavam quase nenhum lugar à infância e a sua história; a importância dada à história cultural, consequentemente, a "volta ao sujeito", levaram, desde então, a

---

10. ARIÈS, P. *História social da criança e da família*. Rio de Janeiro: Zahar, 1998.

interessar-se mais acentuadamente pela história das crianças, dos adolescentes e dos jovens [...]" (p. 77).

"Até meados dos anos de 1960, a criança está muito ausente da historiografia [...]. Os temas prediletos se referem à política, à religião, à economia e à sociedade, destacando as instituições, os grandes heróis e as grandes estruturas econômicas e sociais; de toda essa realidade a infância foi excluída [...]" (p. 79-80).

O positivismo, o marxismo ou o estruturalismo, nos diz o autor, que caracterizaram em seu conjunto a historiografia do século XIX até os anos de 1960 do século XX, não deixavam quase nenhum lugar à infância e a sua história. Nos perguntamos se a pedagogia também esteve influenciada por esses paradigmas, e em que medida nos levaram a não dar o lugar devido à infância e às diversas idades com que trabalhamos. Percebemos que esses paradigmas marcaram de alguma forma nossa formação intelectual e pedagógica. Nosso olhar profissional. Por vezes nos queixamos de que as teorias que aprendemos nos cursos não servem para a prática. Esquecemos que essas teorias são marcantes em nosso pensar e fazer, pois condicionam o que privilegiamos ou secundarizamos. Condicionam nosso olhar sobre a realidade, sobre os educandos e sobre nós mesmos.

A concepção teórica com que olhamos a realidade nos leva a privilegiar umas temáticas e secundarizar ou ignorar outras. Por décadas destacamos as grandes estruturas econômicas e sociais. Para nós educadores esse olhar foi importantíssimo, pois abrimos nosso olhar por vezes demasiado centrado no escolar. Entretanto, passamos a privilegiar tanto as estruturas, as políticas, os sistemas de ensino, os currículos, que esquecemos dos sujeitos, dos educandos e até de nós, seus mestres, enquanto sujeitos. Como vimos na Parte I, os próprios alunos não permitem mais que os ignoremos.

O texto nos lembra que as idades continuaram sendo objeto de atenção marginal de outras áreas e de outros estudiosos como os etnólogos e folcloristas que descrevem os costumes de comunidades "tradicionais", por exemplo os rituais relativos a cada idade da vida: a infância, a adolescência e a juventude. Rituais próprios de cada idade como o nascimento, batismo na primeira infância. Ou como a entrada na escola, a primeira comunhão, o crisma na segunda infância e adolescência. O noivado, o matrimônio na juventude...

Na área do direito nunca faltou o estudo relativo aos direitos da infância, ao nascimento, ao infanticídio, ao abandono de crianças e ao seu cuidado. No direito encontramos a afirmação dos direitos referentes às diferentes idades.

No campo das pesquisas históricas não se deu o esquecimento das idades da vida. O autor nos lembra que a história da literatura estudou as representações sobre a infância mais tarde incluindo a história da literatura infantil e mais recentemente da literatura infantojuvenil. "As representações da infância, da adolescência e da juventude constituem um dos temas recorrentes nessas pesquisas."

O autor nos lembra da história do ensino onde as idades da vida estiveram menos presentes.

"Por último, a história do ensino [...]. Entre os temas preferidos estavam as políticas escolares, as ideias pedagógicas ou monografias sobre a escola; as crianças estiveram bastante ausentes desses temas. A infância aparecia como representação dos pedagogos, ou como unidade contábil dos administradores, ou como futuro cidadão a ser educado. Nem a criança, nem sua família eram consideradas em si mesmas como sujeitos e consequentemente como objetos da história [...]" (p. 81).

Diante destas constatações em que o autor nos mostra que o estudo dos tempos da vida nem sempre merece a atenção dos paradigmas com que as ciências humanas se aproximaram dos seus objetos de estudo, o autor nos leva a esta pergunta: Que concepção teórica ou que outro olhar poderá aproximar-nos dos sujeitos e de seus tempos?

"A história da infância se renovou profundamente ao longo dos anos de 1960. Quando a infância, as idades e os grupos de idades se constituem em um campo de pesquisa [...]. A demografia histórica sentou as bases sólidas para uma história da infância e das idades [...]. Esta disciplina de início essencialmente quantitativa levou a um melhor conhecimento das atitudes e dos comportamentos, das representações e das mentalidades para com as crianças: índices de fecundidade, a importância das práticas contraceptivas, crianças abandonadas ou entregues para adoção. Todos esses dados demonstraram ser reveladores do lugar atribuído às crianças na sociedade. A articulação de dados demográficos com indicadores sociais permitiu escrever uma verdadeira história social da infância [...]" (p. 82-83).

A renovação nas ciências sociais permite uma maior aproximação das idades da vida, dos sujeitos. Alargam seu olhar centrado nas classes paradigmáticas – operários, camponeses, burguesia – para interessar-se por microgrupos sociais ou minorias diversas. Entre eles figuram as crianças. Por outro lado, se alargam as análises para além do "econômico" como determinante absoluto do social e se incorpora o "mental", o que confere um interesse especial à análise dos processos de formação, de educação, de socialização e de inculcação por que passam os diversos sujeitos sociais. O estudo da infância e da educação que recebem nas diferentes idades adquiriu uma importância estratégica peculiar, nos lembra o autor.

O autor destaca a importância dada à história cultural, como ela trouxe de volta os sujeitos, como levou as ciências a interessar-se mais acentuadamente pela história das crianças, dos adolescentes e dos jovens. Em outros termos, a história cultural nos levou ao estudo das idades e ao reconhecimento da centralidade da cultura na formação e na organização das sociedades. A história cultural levou várias ciências a destacar os rituais e tradições relativas às passagens dos ciclos e tempos da vida. O reconhecimento dos sujeitos e seus direitos levou-nos a entender melhor as concepções e representações de infância, de adolescência ou de velhice. O protagonismo dos educandos está nos levando a estarmos mais atentos a suas confusas trajetórias.

Por outro lado, as ciências passaram a reconhecer os sujeitos em sua diversidade e pluralidade. O alargamento de uma visão centrada nas grandes classes vinculadas com os processos de produção foi levando a reconhecer a existência de outras categorias de sujeitos e a ver que nessas classes paradigmáticas se cruzam identidades de gênero, de raça, de idade com sua história social e cultural próprias...

Um outro ponto chamou a atenção do coletivo de professores: o autor diz que o deslocamento do "econômico" para o "mental" conferiu um interesse especial à análise de todos os processos de formação, de educação, de socialização e de inculcação aplicados na sociedade. Não passamos apenas por processos de educação e socialização para a produção e o mercado. A inscrção no mundo produtivo nos forma, mas como esquecer a totalidade dos processos em que nos socializamos e a especificidade de cada tempo-ciclo de socialização e formação? Esse deslocamento do econômico para o mental abriu espaço para a história social e cultural e para a história das mentalidades, o que contribuiu para a pesquisa e o estudo do comportamento, das atitudes e das representações de infância, de juventude, das diversas idades ao longo da história e nos diversos contextos sociais e culturais.

Podemos dizer que o autor aponta o percurso feito pelas ciências para se aproximar dos sujeitos e de seus tempos. Um percurso que tentam fazer a pedagogia e os cursos de formação e qualificação de professores de educação básica: dar maior importância à história cultural, reconhecer a centralidade da cultura, dos rituais de passagem, das representações de infância, adolescência ou juventude; fazer o deslocamento, ou, melhor, entender as articulações do econômico e do mental aproximando-nos dos processos de formação e socialização. Pontos que sugerem o percurso que tentamos fazer para reencontrar-nos com os sujeitos, seus tempos e sua formação.

Pierre Caspard no texto referido traz alguns dados para demonstrar a centralidade que vem adquirindo a história das idades. Ele observa que de 1976 a 1994 a história da educação, incluindo a história das instituições escolares e das ideias pedagógicas, se duplicou. Entretanto, a história da infância e da juventude, nesse mesmo período, teve um incremento de mais de 520%. Entre os temas abordados de maneira mais particular figuram a história da pequena infância (nascimento, lactância, batismo, abandono...), a história das representações de criança (através da pintura sobretudo) e a história da literatura infantil e juvenil. A história da adolescência parece menosprezada; em realidade, frequentemente se confunde com a história da juventude. De 1994 para frente a adolescência passa a ser um objeto cada vez mais específico de estudo. "Trata-se de modo peculiar da definição das classes de idades como categorias constitutivas da vida sociocultural" (p. 86).

As idades mais do que um tema apaixonante são reconhecidas como uma categoria constituinte da vida social e cultural. Não é aí nessa história social e cultural que a escola e nossa docência encontram seu sentido? Conhecer com maior profundidade os tempos vividos pelos educandos pode contribuir para melhor entendê-los e reinventar novos diálogos nos tensos convívios.

Será instigante para a pedagogia e para a docência reconhecer o que as ciências sociais já reconhecem: que as idades da vida com que lidamos não são um dado intemporal, mas são histórica e socialmente construídas.

6
A conformação dos grupos etários

> ...pertencer a determinada faixa etária representa
> para cada indivíduo uma condição provisória... os indivíduos
> não pertencem a grupos etários, eles os atravessam.

Um ponto ficara marcado nos coletivos docentes: a infância é uma construção histórica. E os outros tempos da vida com que lidamos? A obra *História dos jovens*, organizada por Giovanni Levi e Jean-Claude Schmitt[11], é mais uma expressão da atenção prestada à história das idades e a sua conformação. Escolhemos para leitura no curso-oficina algumas partes da obra que nos ajudassem a entender a relação entre as diversas idades e os tempos da vida, em alguns momentos históricos pesquisados pelos autores. No volume 1, selecionamos a Introdução (p. 7-17); Ser jovem em Roma (p. 69-72); Os emblemas da juventude: atributos e representações dos jovens na imagem medieval (p. 245-255), sobretudo o item "Quais idades?"

Seguimos o mesmo processo do texto anterior: leitura individual e em grupos, comentários, análises e referências a nossa prática. Referência sobretudo aos educandos(as) e a suas vivências dos tempos da vida. Distribuímos partes dos textos entre os grupos. Feita a leitura e o debate socializamos os pontos mais destacados e as questões mais debatidas:

- Qual a importância das idades na identificação das pessoas?
- Ao longo da história, sempre tem coincidido as definições dos grupos etários com os ciclos biológicos da vida humana? Por exemplo, sempre se chamam de infância ou juventude os tempos que hoje chamamos de infância e juventude?

---

11. LEVI, G. & SCHMITT, J.-C. *História dos jovens*. São Paulo: Companhia das Letras, 1996.

- Que fatores sociais e culturais interferem na definição dos grupos etários?
- Que significado é atribuído a cada idade em cada momento histórico? Por exemplo, de que maneira a imagem medieval exprime a ideia de juventude? De que maneira se representa essa idade que se situa entre a infância e a maturidade?
- As metáforas e as representações dos tempos da vida mudaram com a cultura? Por exemplo, mudam com a passagem da cultura religiosa para a cultura secular?
- A diversidade de formas de viver cada tempo da vida pode levar a representações diversas sobre a infância, a adolescência, a juventude ou a vida adulta? Por exemplo, na cultura camponesa como são representadas as idades da vida?
- Que papel cumprem as idades no ordenamento jurídico e na organização social?

O coletivo passou a debater essas questões levantadas voltando-nos para os textos, relendo e comentando as partes mais esclarecedoras. Lembrando sempre dos educandos(as). Como vivenciam os tempos da vida? Destaco algumas das ideias que mais chamaram a atenção dos professores e das professoras que participaram do curso-oficina. Pode ser oportuno retomar as observações feitas no coletivo e as partes mais destacadas dos textos lidos.

Atravessamos os grupos etários

As idades não são apenas um tema de atualidade para as diversas ciências, elas servem de base para identificar e classificar as pessoas. Somos enquadrados em uma determinada idade ou em um determinado tempo da vida, na infância, na juventude, na adolescência, na vida adulta, ou na velhice. Como somos classificados em um gênero, em uma raça, em uma classe social. Estas classificações de gênero e raça nos acompanham por toda a vida. Entretanto, pertencer a uma determinada faixa etária é uma condição provisória. Mas sempre seremos classificados em uma delas. Atravessamos pelos diversos grupos etários e não escaparemos de sermos classificados em algum deles. Os autores nos esclarecem: "Dentre os princípios que servem de base para classificar as pessoas, a idade tem uma característica específica e evidente: por definição, do ponto de vista dos indivíduos, é uma condição transitória. Ao contrário do enquadramento em uma classe social (da qual os indivíduos têm dificuldades para sair, a menos que consigam realizar, em certos casos, suas experiências de mobilidade social); à diferença da definição sexual (que é unívoca, fixada de uma vez por todas), pertencer a determinada faixa etária representa para cada indivíduo uma condição provisória. Mais apropriadamente, os indivíduos não pertencem a grupos etários, eles os atravessam..." (p. 8-9).

Não apenas somos classificados de fora em algum dos tempos da vida, nós mesmos nos identificamos como crianças ou não crianças, como adolescentes ou jovens, como adultos, velhos ou idosos. A idade é uma identidade provisória, porém marcante, porque a cada tempo da vida foram assinados, ao longo da história, comportamentos, raciocínios, sentimentos, identificações. Quantas vezes ouvimos: mãe, pai, professora, professor, não sou mais criança, cresci, você não percebeu?

Queremos ser reconhecidos em nosso tempo, vivê-lo e não ser confundidos com tempos deixados para trás, com tempos que vemos como distantes com os quais não mais nos identificamos. Quando comentávamos esse trecho do texto uma professora manifestou sua estranheza: "no cotidiano da escola damos mais importância a outras classificações dos alunos: lentos, aprovados, reprovados, repetentes... do que aos grupos de idades. Não obstante, os textos mostram que os grupos de idades têm uma força identificatória muito maior do que os grupos de repetentes ou aprovados, de aceleráveis, lentos ou especiais". "Será que cada aluno e aluna não espera de nós ser respeitado no seu tempo e identificar-se com seu grupo etário?", acrescentou outra professora.

Uma parte dos textos despertou uma curiosidade especial: Qual a relação entre grupos etários e os ciclos biológicos da vida humana. Há uma coincidência mecânica? O caráter histórico dos textos é muito elucidativo. Classificar ou identificar uma pessoa como criança, jovem ou adulto varia em cada momento histórico, em cada cultura e realidade social e política. Mas, em todas, as representações do ciclo da vida, os recortes de idades e tempos estão presentes. "Em Roma continuava-se *puer* até os 15 anos, a adolescência (*adulescentia*) durava dos 15 aos 30, a juventude (*iuventa*) dos 30 aos 45 anos. Com leves alterações, para Isidoro de Sevilha, no início do século VII d.C., a infância durava até os 7 anos, a *pueritia* dos 7 aos 14, a adolescência (*adulescentia*) dos 14 aos 28, a juventude (*iuventus*) dos 28 aos 50 anos..." (p. 70).

Os critérios para definir esses recortes têm base biológica, mas sobretudo são culturais. Como entender, por exemplo, o excessivo prolongamento em Roma, tanto da adolescência quanto da juventude? Na ordem social vigente, domina o poder paterno sobre os filhos, sobre sua vida e até sua morte. Como se as idades fossem algo fictício, definidas à mercê do poder paterno, detentor de todos os poderes. Os autores nos lembram: "Na tentativa de esclarecer o excessivo prolongamento em Roma, tanto da adolescência quanto da juventude, recorremos à instituição tipicamente romana da *patria potestas*, o pátrio poder. Não é casual que Roma tenha sido definida como uma 'cidade de pais': uma cidade onde não apenas os pais têm sobre os filhos o direito de vida ou morte, como também o de alargar sob a própria *potestas* todas as fases da vida dos filhos. Como se a adolescência e a juventude fossem idades prorrogadas de maneira fictícia com o objetivo de evidenciar a continuação da submissão aos pais, detentores efetivos de todos os poderes [...]" (p. 70-71).

O poder do ditador, do pai, do professor, pretendia definir se o cidadão, o filho, o aluno cresceram ou continuavam crianças, se amadureceram ou continuavam imaturos. Estamos tão distantes daqueles tempos? A leitura desta parte do texto provocou um certo mal-estar no grupo. "Em realidade não estamos tão distantes daqueles tempos. Nos custa reconhecer que os filhos vão crescendo", comentou uma professora. Me atrevi a colocar uma pergunta no debate: "Quando retemos um adolescente com crianças não estamos exercendo o poder de decidir sobre seus tempos de vida?" Não estamos tão distantes daqueles tempos.

Em outros momentos históricos, por exemplo na Idade Média, existem também as classificações para os tempos da vida – muitas "vindas dos confins do saber antigo" –, mas os recortes podem ser diferentes dependendo dos profissionais que os fazem, médicos, juristas, teólogos, literatos ou poetas. A vida pode ser periodizada de maneira diferente dependendo das formas de vivê-la: no mosteiro, no castelo, na universidade ou na escola, no palácio ou nas feiras, nos mercados e nos campos, nas mansões ou nas favelas... A historiografia tem contribuído para chamar-nos a atenção de que as diversas idades da vida e sua periodização não são um dado intemporal, mas foram e são histórica e socialmente construídas e vividas. Sua origem e o percurso seguido podem ser indagados e reconstruídos. Os autores reconstroem esse percurso. "Mesmo no que concerne à divisão tradicional das diferentes idades da vida – um *topos* vindo dos confins do saber antigo – as opiniões podem ser muito divergentes. As opiniões dos juristas nem sempre coincidem com as dos teólogos, muito menos com as dos médicos, dos enciclopedistas, dos literatos e dos poetas. Divide-se diferentemente a vida conforme se esteja no mosteiro, no castelo, na universidade, no palácio da justiça ou nas feiras e nos mercados" (p. 72).

Os textos históricos vão nos aproximando de nossas experiências pessoais e profissionais: os tempos-ciclos da vida são vividos e percebidos de maneira diversa dependendo da classe, do trabalho, do gênero, da raça, da experiência e cultura, rural ou urbana. Também hoje são percebidos de maneira diversa pelos diversos profissionais: médicos, juízes, assistentes sociais, professores. Inclusive são percebidos de maneira diversa pelos próprios sujeitos que vivenciam infâncias, adolescências, velhices tão diversas. Hoje colocamos as pessoas e nos colocamos em uma das cinco grandes idades da vida: infância, adolescência, juventude, adultez e velhice. Foi sempre assim?

As idades da vida e sua classificação acompanham os movimentos intelectuais e culturais, por exemplo, os processos de secularização, o abandono de olhares mais religiosos para olhares mais seculares, eruditos, científicos.

"Dois sistemas, em particular, se opõem: um que distingue quatro idades (por vezes reduzidas a três), e outro seis (estendendo-se por vezes a sete e oito). O primeiro (sistema) estabelece correspondências com as quatro estações e os quatro elementos. A infância é a primavera; a juventude, o verão; a 'idade média', o outono; e a velhice, o inverno. Quando se reduz a três, esse sistema funde a infância e a juventude numa só idade que simboliza a primavera da vida. Associa então a idade madura ao verão, a velhice ao outono e a morte ao inverno. Esse sistema pertence mais à cultura profana" (p. 246).

A classificação em seis (ou sete) provém, ao contrário, da cultura erudita e clerical. Herdada das taxonomias antigas e contaminada pela simbologia dos números (para a qual a cultura medieval tem uma propensão imoderata), ela distingue a *infantia* (do nascimento aos 7 anos); a *pueritia* (dos 7 aos 14), a *adulescentia* (de 14 a 21 ou 28 anos), a *juventus* (de 21 ou 28 a 35 anos), a *virilitas* (de 35 a 55 ou 60 anos) e a *senectus* (acima de 55 ou 60 anos) (p. 246).

"Muitas vezes acrescenta-se uma sétima idade, *senies* (acima de 70 anos), a fim de se obter um septenário que permita estabelecer correspondências com os planetas, os metais, as cores, os dias da semana, as idades do mundo ou os dons do Espírito Santo. Médicos e astrólogos, sobretudo, sublinham os laços que unem cada época da vida a um planeta determinado. Neste código, a *pueritia* é influenciada por Mercúrio, a *adulescentia* por Vênus e a *juventus* pelo Sol" (p. 246).

Até hoje, pensamos os tempos da vida com olhares que misturam esses critérios religiosos, seculares e científicos. Continuamos dividindo os tempos da vida em função de rituais religiosos: o batismo, a primeira comunhão, o casamento. Ou em função de simbologia dos números: de 0 a 7, Educação Infantil; de 7 a 14, Ensino Fundamental; de 14 a 21, Ensino Médio ou supletivo etc. Continuamos identificando as idades da vida com as estações do ciclo da natureza. Falamos na infância como primavera, como idade florida, falamos em jardins de infância. Não conseguimos superar, nem na racionalidade científica, urbana e industrial, os tempos-ciclos da natureza ou as divisões da numerologia. Na classificação das idades continuamos reproduzindo culturas, representações e metáforas vindas dos confins dos saberes mais antigos.

As artes, a pintura e a música, a poesia, as baladas ou as cantigas, usam essas metáforas da natureza para cantar, expressar, representar os tempos-ciclos da vida. A literatura infantil, as histórias e cantigas de escola estão repletas dessas metáforas. Metáforas de cada idade da vida tão arraigadas em nossa cultura social e pedagógica. Articular a vivência real de cada idade, com os imaginários e as metáforas sobre eles, será possível na medida em que avançarem reconstruções históricas e a história social de cada idade e das formas concretas e diferenciadas de vivê-las prevalecerem sobre as visões construídas sobre representações e metáforas. Desconstruir ou quebrar imaginários sobre as idades da vida é tarefa de longa duração. Em que universos sociais foram construindo-se esses imaginários tão persistentes?

Os textos apontam que a classificação e identificação das pessoas em determinados tempos tem tudo a ver com a diversidade de papéis a serem ocupados em uma determinada organização social. Por exemplo, nas práticas comunitárias aldeãs, os tempos representam menos classes de idades propriamente ditas quanto funções sociais. A cada uma destas categorias é atribuído um papel social na comunidade. Formas de identificar as idades que predominam na cultura rural e inclusive na cultura das periferias urbanas.

"Na sociedade camponesa, as divisões são menos especulativas e menos aritméticas. Não são sete, mas oito as categorias que parecem distinguir as práticas comunitárias aldeãs e os rituais folclóricos. Elas representam menos classes de idades propriamente ditas do que funções sociais: os recém-nascidos, as crianças, os jovens e as jovens, os recém-casados, os pais, as mães de família, os viúvos e as viúvas, os velhos, os falecidos. A cada uma destas categorias, inclusive a última, é atribuído um papel específico no seio da comunidade" (p. 247).

Na cultura popular encontramos essa identificação forte entre os tempos da vida e determinadas funções sociais. Ser menina-adolescente é mais do que estar em uma determinada idade, é poder assumir determinados papéis na reprodução social da família: cuidar dos irmãos, da casa etc. Papéis que serão diferentes para um rapaz-adolescente. Os gêneros se cruzam com as idades na atribuição de papéis sociais.

Mais um ponto chamou a atenção do coletivo de professores(as) do curso-oficina na leitura dos textos: as idades como requisitos para ter capacidade jurídica, direitos, ofícios, funções, para entrar na escola, no exército, para ter direitos e deveres, para entrada no trabalho, para a aposentadoria... Idades como requisito diverso para o casamento de rapazes ou moças. "As idades (são requisitos) para possuir esta ou aquela capacidade jurídica, testemunhar em juízo, exercer certos direitos, ofícios ou funções, receber este ou aquele sacramento, casar, entrar na ordem religiosa, ser mandado à prisão etc. Para o direito canônico, as moças podem se casar a partir de doze anos, os rapazes, de catorze" (p. 247).

Quando os docentes se aproximam desse caráter histórico tão presente na representação e classificação dos tempos da vida o imaginário de cada um voa para suas vivências como negros ou brancos, como mulheres ou homens. Suas vivências no campo ou na cidade, nas trajetórias religiosas, batismo, primeira comunhão, crisma... Nas trajetórias jurídicas, menor de idade para o casamento, até carteira de identidade para entrada no cinema. Não faltam comparações sobre suas vivências dos recortes de vida entre eles e elas e seus pais e avós. Cada um traz suas experiências sobre o que pode ou não pode em cada idade e em cada geração. As mudanças culturais e sociais alteram o que é permitido. Como a cada idade e em cada tempo são atribuídos padrões de comportamento sobre o corpo, a sexualidade, o vigor, a autonomia...

Os coletivos docentes percebem que os tempos-ciclos da vida estão internalizados em nossa cultura, em nossos imaginários e em nossas vivências com uma presença mais marcante do que a palavra "ciclos" nos parecia sugerir. "Agora percebo que os ciclos de vida fazem parte de minha história", comentou um professor. "Retomá-los e articulá-los com os tempos da escola me parece agora inevitável", completou uma professora.

Os recortes das idades e dos tempos nos acompanham ao longo de nossa trajetória de vida e tem tudo a ver com a história da configuração dos direitos e deveres sociais. Sabemos como o direito à educação fundamental, básica, por exemplo, estava colado a um tempo da vida – de 7 a 10 anos, até faz poucas décadas atrás, mudou para um tempo mais longo, de 7 a 14 no nosso sistema de ensino, de 6 a 16 em outros sistemas. Os direitos e seu reconhecimento têm tudo a ver com o reconhecimento social que as sociedades dão aos períodos da vida. O alargamento do tempo da educação fundamental tem tudo a ver com o alargamento do tempo da infância nas sociedades modernas.

Ciclos da vida e tempos da escola se entrecruzam na história social e cultural. Ignorar esses entrecruzamentos será ignorar a função social e cultural da escola e de nosso ofício.

7
Significados culturais dos tempos da vida

> ...as formas de periodizar a vida e a definição das práticas
> relacionadas a cada período apresentam variações
> segundo os grupos sociais...

O curso-oficina sobre os ciclos da vida e os tempos da escola passou a ser uma oportunidade para aproximar-nos de outras ciências e de sua visão sobre as temporalidades humanas. Os coletivos docentes demandaram estudar como outras ciências, além da história, se aproximam dos tempos da vida. Escolhemos um texto que nos aproximasse do olhar da antropologia. "Antropologia e o estudo dos grupos e das categorias de idade", da antropóloga Guita Crin Debert[12].

Seguimos o mesmo processo. Recomendamos a leitura individual do texto e dedicamos alguns tempos para as análises e os comentários em grupos. Terminamos elaborando um *texto-síntese* com destaque para os pontos que tocaram mais de perto os docentes.

As idades e a produção e reprodução da vida social

O texto de Guita Crin Debert nos traz o olhar antropológico. Alguns pontos chamaram mais a atenção dos professores e das professoras no curso-oficina:

"As formas pelas quais a vida é periodizada, as categorias de idade presentes em uma sociedade e o caráter dos grupos etários nela constituídos são, do ponto de vista da antropologia, um material privilegiado para pensarmos a produção e a reprodução da vida social [...]" (p. 47).

---

12. DEBERT, G.C. Antropologia e o estudo dos grupos e das categorias de idade. In: BARROS, M.M.L. de. *Velhice* – Terceira idade? Rio de Janeiro: Fundação Getúlio Vargas, 1998, p. 49-67.

"Boa parte da produção antropológica sobre as sociedades ditas primitivas esteve voltada para a descrição da diversidade de formas com que são tratados os indivíduos em diferentes etapas da vida [...]" (p. 50).

As formas como a vida é periodizada é um material privilegiado para pensarmos a produção e reprodução da vida social. Como educadores-docentes trabalhamos diretamente com as formas de produção social e cultural da existência, que importância damos às formas de periodizá-las? É importante que profissionais de outras ciências nos apontem que essa produção e reprodução passam pelas formas de periodização da vida, pelas categorias de idade presentes em nossa sociedade.

O olhar antropológico nos traz o mesmo destaque que vimos nas análises históricas: "dentre os princípios que servem de base para classificar as pessoas, a idade tem uma característica específica e evidente". Estaríamos sendo consequentes com as ciências humanas quando assumimos a periodização da vida como um critério privilegiado para pensarmos a organização do processo escolar?

Outro ponto ocupou a atenção do coletivo docente: a ênfase que a antropologia dá à construção cultural da periodização da vida.

"As etnografias mostram que, em todas as sociedades, é possível observar a presença de grades de idades. Mas cada cultura tende a elaborar grades de idades específicas [...]. A idade não é um dado da natureza, nem um princípio naturalmente constitutivo de grupos sociais, nem ainda um fator explicativo dos comportamentos humanos. Essa demonstração exige um rompimento com os pressupostos que concebem o curso da vida como uma sequência unilinear de etapas evolutivas [...]" (p. 51).

Perguntamo-nos por que nos chama a atenção esse destaque do peso da cultura. Talvez porque não é um referencial destacado em nossa formação, a tal ponto de não ser frequente a inclusão do olhar antropológico nos currículos de formação de licenciados, pedagogos e professores. Não vamos à escola nem à nossa docência com esse olhar da cultura.

A antropologia nos chama a atenção para os significados particulares que adquire em cada contexto social e cultural, a periodização da vida em categorias de idade e a diversidade de formas como são tratados os indivíduos nos diferentes períodos.

Uma consequência dessa ênfase na construção cultural das categorias de idade em sociedades e culturas distintas é a desnaturalização dos tempos da vida.

Tendemos a ver a infância, a adolescência, a juventude ou a velhice como naturais e imutáveis. Trata-se, sem dúvida, de um processo biológico, porém reelaborado simbolicamente. A antropologia nos lembra que as idades não passam de construções sociais e culturais. A história nos mostrava que se trata de construções históricas. Esse alerta para sairmos de qualquer forma naturalizada de ver os tempos dos educandos é uma constante nas contribuições tanto da história quanto da antropologia. As idades não são um dado da natureza, nem um princípio naturalmente constitutivo dos grupos sociais, nem, ainda, um fator natural explicativo dos comportamentos humanos.

Como é recorrente ainda na pedagogia essa visão naturalizada da formação humana, dos comportamentos, das capacidades e aprendizagens. Uma visão reforçada por concepções etapistas e evolutivas de aprendizagem e do desenvolvimento humano. Uma visão naturalizada, linear, etapista, materializada na organização do conhecimento em bimestres, séries, níveis, graus... As idades, tempos-ciclos da vida, não cabem em qualquer concepção natural, nem etapista e evolutiva do desenvolvimento e das aprendizagens. Ciclos não são etapas, sequências evolutivas, estágios, níveis. Com que facilidade escorregamos para essas concepções tão impregnadas na cultura pedagógica. A organização da formação do ensino, das aprendizagens, do conhecimento e dos currículos em estágios bimestrais, anuais ou em séries e níveis é a materialização dessa visão naturalizada e etapista. Até a visão tão sequenciada das séries escolares e dos processos de aprendizagem não coincide com esse olhar antropológico. Termos tão usuais entre nós como ritmos de aprendizagem, progressão continuada ou descontínua, acelerada, desacelerada ou acelerável não resistem à pesquisa antropológica que se contrapõe a concepções do curso da vida como uma sequência linear de etapas evolutivas, de estágios que todos passamos, porém em ritmos ou progressões diferenciados. O olhar antropológico nos pode ajudar a desfazer concepções de ciclos confundidos com etapas evolutivas, progressão continuada, ritmos de aprendizagem etc. Desfazer seqüências lineares dentro de cada ciclo: 1º ano do 1º ciclo, 3º ano do 2º ciclo...

A antropologia nos mostra as idades e temporalidades da vida como uma reelaboração simbólica do processo biológico. Este está na base, e com muito peso, mas é ressignificado simbolicamente, pela cultura, através de rituais que definem para cada idade fronteiras, passagens, papéis, práticas, condutas, direitos e deveres.

"A pesquisa antropológica é rica em exemplos que servem para demonstrar que fases da vida como a infância, a adolescência, a juventude, a vida adulta e a velhice não se constituem em propriedades substanciais que os indivíduos adquirem com o avanço da idade cronológica. Pelo contrário, o próprio da pesquisa antropológica sobre os períodos de vida é mostrar como um processo biológico é elaborado simbolicamente com rituais que definem fronteiras entre idades pelas quais os indivíduos passam e que não são necessariamente as mesmas em todas as sociedades [...]" (p. 51).

Se há uma reelaboração simbólica do processo biológico teremos de tentar entender esse processo biológico e as representações, a posição social, os significados culturais, os tratamentos específicos dados a cada tempo-ciclo da vida humana em cada sociedade. Um conhecimento que bem merecia fazer parte dos currículos de formação de educadores(as), de pedagogos(as) e também de docentes licenciados(as). Como trabalhar pedagogicamente com as diversas idades sem conhecer essa base biológica e sua elaboração simbólica e cultural?

Há um ponto tratado de passagem no texto da autora anteriormente citada sobre o qual teremos de voltar nosso olhar: "as formas de periodizar a vida e a definição das práticas relacionadas a cada período apresentam também variações segundo os grupos sociais de uma mesma sociedade" (p. 51). Hoje se fala em infâncias, adolescências, juventudes, velhices... A condição social, a raça, a etnia, o gênero podem levar a periodizar a vida e definir práticas e condutas diferentes para a infância ou velhice pobre, para a infância ou juventude negra, para as meninas ou os meninos, as jovens ou os jovens. Esta diversidade nas formas de periodizar as idades deve merecer nossa atenção especial, sobretudo para o trabalho na escola pública popular onde a diversidade é mais acentuada. Diversidade de formas de periodizar a vida por vezes marcada por preconceitos de gênero, raça, classe.

O debate em torno destes aspectos sempre é acalorado nos cursos-oficina. Como organizar uma escola e sobretudo uma rede municipal ou estadual de ensino se nos deparamos com infâncias, adolescências, com tantas variações na vivência dos ciclos da vida? Como libertar-nos dos preconceitos acumulados em nossa cultura política? Olhamos igual um adolescente de famílias e escolas "bem" do que um adolescente popular, de escola pública?

O grupo que fez a síntese selecionou uma parte do texto que parece recolocar as coisas no lugar. Se tudo é uma construção cultural, se as formas de periodizar a vida são tão diversas, como pensar a organização do trabalho escolar nessa diversidade de formas de periodizar e de viver os tempos da vida? "Afirmar que as categorias de idade são construções culturais e que mudam historicamente não significa dizer que elas não tenham efetividade", nos lembra a autora do texto. Por onde passaria essa efetividade?

"Essas categorias são constitutivas de realidades sociais específicas, uma vez que operam recortes no todo social, estabelecendo direitos e deveres diferenciais de uma população, definindo relações entre gerações e distribuindo poder e privilégios. A fixação da maioridade civil, do início da vida escolar, da entrada no mercado de trabalho é, em nossa sociedade, fundamental para a organização do sistema de ensino, a organização política, a organização dos mercados de trabalho. Mecanismos fundamentais de distribuição de poder e prestígio no interior das classes sociais têm como referência a idade cronológica. Categorias e grupos de idade implicam, portanto, a imposição de uma visão do mundo social que contribui para manter ou transformar as posições de cada um em espaços sociais específicos [...]" (p. 53).

As categorias de idade operam recortes no todo social, estabelecendo direitos e deveres, definindo relações entre gerações, distribuindo poder e privilégios, no interior das classes sociais. Passam uma visão de mundo, das trajetórias de vida, contribuem para manter ou transformar as posições de cada um em espaços sociais específicos. As categorias de idade fazem parte da trama social, política e cultural. Fazem parte da fixação de direitos, de sua consolidação. Teria avançado o reconhecimento do direito universal à educação básica sem o reconhecimento social, político e cultural do direito universal a ser criança, adolescente ou jovem?

Todas essas questões recheadas de depoimentos, de silêncios, de anotações e de emoções afloraram no curso-oficina. O importante destes exercícios coletivos de leitura e debate é que dirigimos nosso olhar para os sujeitos e seus tempos e, refinados nossos olhares, saímos mais sintonizados com os avanços e as contribuições das ciências humanas. Saímos mais profissionalizados para o trato com os educandos(as) nas especificidades de seus tempos.

8
Artes e letras e os tempos do viver humano

O cinema permite que cada espectador conte-se a si próprio, veja-se, julgue-se... (Betton).

As artes e a literatura sabem da especificidade de cada tempo da vida. Há literatura infantil e infantojuvenil, como há filmes sobre e para crianças, adolescentes e jovens. Os tempos da vida são recortes explorados nas letras e nas diversas linguagens artísticas, cênicas e cinematográficas. Se acompanharmos, ainda que de longe, a produção nessas áreas, encontraremos farto material para realimentar nossas sensibilidades para as peculiaridades de cada um desses tempos. Poderemos perceber que há uma preocupação por enfocá-los e mostrar com múltiplas linguagens quem são e como vivem as crianças, os adolescentes e os jovens. Como lutam contra o tempo. Como são violentados em seus tempos de vida. Uma fonte fecunda para construirmos uma imagem mais real das vivências dos tempos da vida.

Passou a ser bastante frequente nas escolas usar as linguagens artísticas como recursos didáticos e como material nas diversas áreas do conhecimento. A troca dessas práticas tem sido formadora. Nos vemos e nos contamos a nós próprios. Vai se tornando também frequente usar essas linguagens como material nos cursos de formação de professores. Em várias escolas e redes participei de momentos de trocas, de seminários e de encontros, de oficinas e cursos onde professoras e professores e às vezes também alunas e alunos buscam entender os ciclos da vida através da literatura e das artes. Tentam quebrar imagens e construir novas.

Na programação de coletivos são trabalhadas áreas como a leitura de romances, a análise da literatura infantojuvenil, a apresentação e debate de filmes e de obras de teatro etc. O trabalho dos coletivos se propõe captar e analisar como são vistos os educandos, como são caracterizados os diversos tempos da vida, os comportamentos, as culturas adolescentes e juvenis. As crônicas e as reportagens sobre livros ou filmes também são aproveitadas como material dos cursos e oficinas.

O protagonismo dos tempos da vida

Transcrevo e comento um exercício de trabalho coletivo realizado em algumas escolas. Começamos incentivando professores e alunos a pesquisar e levantar material, reportagens, comentários ou propagandas de filmes onde aparecessem com certo protagonismo a infância, a adolescência, a juventude e também a velhice. Onde aparecessem com certo destaque as relações entre idades e gerações. A resposta foi animadora, não apenas pela riqueza de material coletado, mas animadora no sentido de ter dado ânimo ao coletivo para sentir a centralidade dada pelas artes aos tempos da vida e às relações entre idades. Através desse exercício do qual participaram mestres e alunos outras sensibilidades estavam sendo descobertas e cultivadas. Nos adolescentes-jovens alunos por ver-se e saber-se objeto tão central da literatura e das artes. Nos mestres por descobrir ou reconhecer que as artes e a literatura têm sensibilidades que vão fazendo parte da pedagogia e da docência.

Um bom começo para um trabalho de pesquisa ou para uma oficina pode ser constatar a abundância de filmes tratando o chamado choque de gerações. Um tema clássico na história do cinema. Poderíamos perguntar-nos por que essa temática se tornou tão recorrente. Poderíamos ir além e pesquisar os diversos "choques" de gerações priorizadas. As diferenças temporais. Cada tempo tem sua especificidade. Seria um choque de tempos? As diferenças culturais que separam as gerações é outra das temáticas destacadas. Cada geração é produto de um tempo cultural. É filha de seu tempo. Uma cultura tradicional, rígida aparece em contraposição a uma cultura moderna, aberta. O campo aparece como o *locus* da cultura tradicional, a cidade *locus* da cultura moderna. O confronto de gerações como expressão da tensão entre tradição e modernização? Exposto como tensão entre cultura rural e urbana? Por vezes exposto como tensão entre a cultura adulta dos mestres e a cultura rebelde dos alunos.

Podemos constatar, ainda, que determinados filmes tratam o choque de gerações como tensão entre éticas, entre valores de generosidade, de colaboração (padronizados nas velhas gerações) e valores juvenis de competição, egoísmo, sucesso a qualquer preço. Polarizações classificatórias, moralistas e preconceituosas entre gerações? Entre campo e cidade? É frequente um tratamento doutrinário: reproduzir e legitimar um protótipo de adolescente e de jovem. Condenar condutas. Retratar uma geração em contraposição a outra.

Encontraremos filmes que preconizam a tensão como irremediável e irreconciliável. Tensão inerente à visão dicotômica entre tradição e modernidade. Entre culturas. Entre valores e condutas, entre cidade-campo. Encontraremos filmes que apostam na reconciliação, na aproximação e no diálogo. A diversidade de gerações representaria uma das expressões da diversidade cultural? Pesquisar essas visões poderia trazer elementos ricos para a compreensão da diversidade dos tempos da vida com que convivemos na escola. Quanto mais rica for a diversidade, maior a riqueza do diálogo e convívio de gerações?

Feito o levantamento, escolhemos trabalhar com algumas reportagens de filmes sobre adolescentes e jovens. A preocupação ficou centrada em alguns pontos: o primeiro, como essas linguagens veem a infância, a adolescência e a juventude, como veem essas idades da vida? Que representações predominam, que aspectos destacam? O segundo ponto: como os próprios adolescentes e jovens reagem a filmes sobre eles? Se reconhecem nessas imagens e nessas formas de tratar suas existências, seus valores e sua cultura? Sentem-se bem focalizados? O terceiro ponto: se o olhar das artes, do cinema sobre a infância, adolescência ou juventude coincide com nossos olhares docentes. Nos mostram novas dimensões?

Analisamos as reportagens a começar pelos títulos. Destacam traços, por vezes, os mais chocantes, de maior apelo: "Jovens loucos e rebeldes", "Adolescentes voltam a ser desajustados em novos filmes em cartaz", "Jovens se iniciam na produção de eventos culturais", "Vidas sem rumo?", "Os donos da rua..."

Uma análise mais atenta das reportagens feita pelos grupos foi levantando os traços mais repetidos. Predomina uma visão estereotipada da adolescência e da juventude: aquela que de manhã frequenta monótonas atividades colegiais e passa a tarde inteira no tédio, sem ter nada para fazer; que tem todo o dinheiro do mundo, mas não consegue se relacionar com os pais, nem com os professores; que não consegue ganhar a atenção do garoto ou da garota por que se apaixona... O coletivo de professores e alunos vai configurando as imagens que as reportagens têm sobre a adolescência e a juventude.

Nem toda literatura e nem todos os filmes têm essa imagem tão monótona e estereotipada da adolescência e da juventude. Há os que "tratam a gente como gente", comenta um jovem. Há filmes que não tratam o espectador adulto como adolescente e o adolescente como criança. Trazem personagens jovens que pensam, em papéis desconcertantes, com atuações fortes. "Espero que o mercado se convença que vale a pena investir em filmes para e sobre adolescentes e jovens que sejam inteligentes", completa outro jovem. Comentando as imagens que deles se passam, os próprios adolescentes e jovens reagem: "não somos tão problemáticos". "Não vivemos no tédio". "Não somos tão babacas". "Queremos ser tratados como gente". "Muitos vivemos experiências dramáticas". "Os adolescentes são mais radicais do que complicados". "As coisas não estão fáceis para os adultos, nem para nós. Nossos mundos não são tão separados. É o mesmo mundo, imundo"...

As análises das reportagens nos levaram a sentir que há imagens dos tempos da vida veiculadas pelos filmes, pela literatura e pela mídia. Imagens que nem sempre coincidem com as autoimagens daqueles que vivem esses tempos. O coletivo passou a discutir se o abismo tão propalado entre pais e filhos, mães e filhas, mestres, alunos e alunas é ou não tão profundo e intransponível quanto a mídia e alguns filmes deixam aparecer. "Nossos mundos não são tão separados. É o mesmo mundo imundo". Será nesse patamar onde as distâncias tão destacadas se aproximam? As imagens criadas nos separam, enquanto as realidades – "as coisas nada fáceis para os adultos e para nós" – nos aproximam.

Caminhamos para um certo consenso de que as idades têm sua especificidade, mas as coincidências entre idades aparecem com destaque quando todos nos vemos e "queremos ser tratados como gente". Nessa condição de gente convivendo com gente há mais proximidades do que abismos. As incertezas, a falta de horizontes, a labuta cotidiana de muitos adultos-professores(as) não é muito diferente das vivências dos jovens, adultos e adolescentes das escolas. Essas realidades e tensões humanas aproximam as gerações. Terminam aproximando mestres e alunos.

Outra questão motivou o debate: a produção artística e a mídia trabalham principalmente com vivências da classe média e alta, será que a infância, adolescência e juventude populares se enquadram nesses modos de viver esses tempos? As tensões entre gerações e entre mestres e alunos são as mesmas? Sobretudo os limites e as possibilidades de viver cada ciclo são as mesmas? As formas de resistência e contestação são as mesmas? A globalização estaria nivelando todas as formas de viver? Caminhamos para uma única cultura adolescente e juvenil? As artes, o cinema, a mídia trabalham para esse nivelamento? Ou em realidade ocultam a brutal diversidade existente entre as classes, os gêneros e as raças nos modos de viver cada tempo da vida?

Um professor comentou, ao final do dia de estudo: "estou impressionado de como os alunos têm participado no debate dessas questões". Coincidimos em reconhecer que nas questões que tocam suas vivências se revelam mais maduros do que pensamos. Saímos impressionados sobre a consciência que alunas e alunos têm da especificidade dos tempos da vida que estão vivenciando.

Através da análise de várias reportagens e das lembranças de vários filmes fomos percebendo que os sujeitos com que as artes, as letras e a mídia trabalham tendem a ser bastante diversificados. Fica impossível não perceber e representar a diversidade de formas de viver cada tempo em uma sociedade tão diversificada como a nossa. Os próprios alunos(as) mostraram que nem sempre se identificam com as imagens de adolescentes e jovens que a mídia, as novelas, os filmes e a literatura escolhem como protótipos. Não aceitam ter de representar imagens pré-fabricadas. A infância e a adolescência têm sido sempre figuras bastante estereotipadas. Os alunos querem olhares mais realistas.

A visão infantil da infância e a visão adolescente da adolescência não se enquadram em trabalhadores de rua, nem na infância e adolescência não vividas, nem na juventude forçada a ser precocemente adulta. Nem nas crianças e jovens que participam em tensas lutas pela terra ou pelo teto. Muitos dos chavões estereotipados não têm mais originalidade para adolescentes e jovens que trabalham para sobreviver. A brutalidade da vida bateu pesado sobre eles desde a infância. Amadureceram e não se deixam iludir tão facilmente pelo brilho fugaz dos velhos clichês de adolescente ingênuo e de jovem rebelde sem causa. Os alunos nos levam para tempos de realismo mais do que de utopias?

O trabalho com reportagens sobre filmes que tocam nos tempos da vida, nas imagens e representações de cada tempo e na relação entre grupos de idade funcionou. Se mostrou um recurso fácil e atraente, tanto para professores como para alunos. Um professor sintetizou um certo consenso: "a partir de agora estarei mais atento a esses filmes e a essas reportagens. Aprendi muita coisa sobre meus alunos adolescentes. Minha relação não será a mesma".

Roteiros de filmes, nossos roteiros

Alguns coletivos de escola vão à procura de filmes onde as crianças, adolescentes e jovens populares sintam-se refletidos com suas trajetórias humanas e escolares, com as formas concretas em que vivem seus tempos da vida. Um livro pode ajudar-nos na escolha desses filmes e pode subsidiar-nos com análises capazes de animar oficinas e dias de estudo de mestres e alunos. O trabalho coordenado por Inês Teixeira e Miguel Lopes analisa 11 filmes que tocam na escola, no ofício de mestres e de alunos, nos roteiros humanos e escolares de tantos professores(as) e alunos(as) tão parecidos como os milhões que frequentam nossas escolas. O livro *A escola vai ao cinema*[13] nos mostra como um filme pode ser um espelho onde também podemos encontrar refletidos nossos rostos humanos e profissionais e os rostos de crianças, adolescentes e jovens tão iguais a tantos e tantas com que convivemos por longas horas. O cinema permite que nos contemos a nós mesmos, nos vejamos e julguemos.

Qualquer um dos filmes comentados no livro pode despertar estudos e debates, sensibilidades e emoções sobre quem somos, quem são os educandos[14], quais são nossos imaginários de escola, de nosso ofício e dos tempos da vida. Sobretudo no realismo estético de tantos filmes sobre escola, professores, educandos, crianças, adolescentes e jovens podemos ver a realidade poética e trágica em que reproduzem seus tempos. Quando os filmes são vistos e comentados em encontros de mestres e alunos, funcionários e famílias os debates são mais apaixonadamente fecundos.

Vendo o filme *Filhos do paraíso*, por exemplo, é significativo constatar que alunas e alunos se identificam com as trajetórias humanas e escolares das crianças e adolescentes protagonizados no filme. As trajetórias de pobreza, de sobrevivência, a esperança na escola, os esforços para atender as exigências da instituição escolar nos limites de pobre. Um detalhe tão comum amarra todo o roteiro: a existência de apenas um par de sapatos para o irmão e a irmã para cumprir as formalidades da entrada na escola. As difíceis estratégias para chegar na hora.

---

13. TEIXEIRA, I.A.C. & LOPES, J.S.M. (org.). *A escola vai ao cinema*. Belo Horizonte: Autêntica, 2003.
14. Os filmes comentados no livro *A escola vai ao cinema*: Adeus, meninos, Billie Eliot, Sarafina, Gattaca, Bicho de sete cabeças, Infância, O jarro, Mandadayo, O carteiro e o poeta, Filhos do Paraíso, Central do Brasil, Nenhum a menos; Quando tudo começa.

Seria a escola o paraíso sonhado? Ou perdido por não terem sapatos para nele entrar? *Filhos do paraíso*, uma história singela de duas crianças, tentando conjugar pobreza e escola. Pobreza, dignidade, sonhos de infância. Do paraíso.

Depois de ver filmes como esse, é difícil seguir pensando que criança e adolescente pobre não se esforçam por estudar. Para milhões de crianças pobres chegarem a esse paraíso muitas barreiras têm de ser transpostas a cada dia. O diretor da escola apegado a formalidades sabe dessas barreiras e dos malabarismos de duas crianças pobres para transpô-las? O único que importa é que cheguem na hora? O mundo da escola e o mundo da pobreza infantil parecem tão distantes. Lembramos dos relatos de alunos sobre suas trajetórias escolares, as mesmas distâncias.

Impressiona a mestres e alunos que as trajetórias humanas e escolares de duas crianças pobres possam interessar tanto ao roteirista e ao diretor de um filme. Um aluno levantou a pergunta: Por que Filhos do paraíso? Expulsos do paraíso seria um nome melhor, acrescentou outro. Melhor, Lutando pelo paraíso, sugeriu uma aluna. Um título ambíguo, como a escola é ambígua e a vida é carregada de ambiguidades para toda criança pobre. A tensão entre os formalismos da escola e o cotidiano da pobreza vai se tornando insustentável. O filme nos mostra como a vida de duas ou de milhões de crianças vira e revira essas tensas relações entre escola e a sobrevivência. Crianças populares de Teerã ou de qualquer de nossas cidades brasileiras ou dos nossos campos. As escolas são iguais nos campos e periferias do mundo. As tensões pelo acesso e permanência são as mesmas entre os pobres do mundo.

Alguns adolescentes destacaram o que mais gostaram do filme: como essas crianças persistem, inventam jeitos de não faltar à escola, de superar as dificuldades. De fato, o menino e a menina não desistem do paraíso. Se ajudam e se apoiam. São cúmplices, na procura de becos de inclusão. A maioria das crianças e adolescentes torce pela menina e pelo menino. Se identificam com seis roteiros. Se espelham no trato tão humano da infância. De seus tempos. Um filme que privilegia os esforços das crianças por abrir frestas em um presente sem esperanças. Seria por aí que crianças e adolescentes se espelham no filme? Não tanto na distância do paraíso, de suas dificuldades de acesso, mas da persistência por aceder. Da solidariedade mútua por serem filhos do paraíso, do conhecimento, da cultura. Da dignidade.

Professores e alunos nos perguntamos se será suficiente essa solidariedade e persistência de duas crianças por garantirem seu direito à dignidade e à educação. Que responsabilidade cabe à escola, seus gestores e mestres, à sociedade e aos governantes? Ser ou não ser filhos do paraíso, ter acesso ao conhecimento é uma responsabilidade política. Como deixá-la por conta de crianças?

A relação entre o contexto social e escolar, entre alunos e famílias de desempregados e pobres, podemos encontrá-la também em filmes como *Quando tudo começa*[15]. Como são tensas essas relações para as famílias, a infância e também para os profissionais da escola. Até nas periferias do Ocidente próspero. O filme vai nos mostrando momentos de tensão tão densos como corriqueiros nas escolas da França, como nas brasileiras. Tensões vindas da degradação da existência a que as famílias desempregadas e trabalhadoras são expostas e como essas tensões invadem a relação com as crianças e consequentemente a escola e seus profissionais. Como é impossível ficar à margem das trajetórias humanas e escolares da infância e das famílias populares. Elas trazem à escola, a seu diretor e aos professores tensões e emoções, reações e sentimentos cada dia mais inevitáveis. Tensões materiais e simbólicas. Éticas. O filme *Quando tudo começa* nos mostra "as histórias de vida das crianças e do cotidiano escolar amarradas em torno da figura do diretor". Os roteiros humanos dos educandos e de suas famílias vão se enredando nos dramas, sentimentos, reações dos professores e do diretor. Um enredar-se inevitável na maioria das escolas populares, públicas do mundo. Enredos de sentimentos de rejeição, de distanciamento impossível, de identificação cúmplice, de solidariedade ética, de carinho, cansaço, desesperança, violência, emoção... De espanto ao descobrir o mundo de sofrimento dos oprimidos. De surpresa descobrindo também a ética dos profissionais da escola. Um filme – homenagem ao afinco do professor-herói, a sua lealdade pública. A sua ética.

Uma homenagem à escola pública. Ao menos uma rara sensibilidade para o momento vivido no presente e a incerteza de seus destinos. Quando os destinos das famílias e da infância se tornam tão incertos como continuar nas certezas dos destinos da escola pública e dos profissionais da infância? Vários professores destacaram no texto de Léa Paixão o seguinte trecho: "Se o filme toca o público em geral pela narrativa, emociona, mais particularmente, aqueles que são

---

15. Antes de trabalhar e comentar esse filme, recomendo a belíssima leitura que dele fez Léa Pinheiro Paixão, no livro *A escola vai ao cinema*, p. 17ss.

sensíveis aos destinos da escola. Para além das cores locais, das diferenças de contexto, coloca em pauta incertezas que não são só francesas. São as da escola no mundo contemporâneo. No pós-guerra ela foi vista como libertadora. Nos anos de 1970, como reprodutora. E agora? Que pode fazer? Muitos professores sentem-se perdidos e se culpam" (p. 178).

O sentimento da escola e da docência está mudando com o sentimento dos educandos. Os professores destacaram a diversidade de reações da escola e de seus profissionais: medo, culpa, fechamento de olhares, exclusão, desesperança, dureza... Também inclusão, repensar-se, repensar a escola, as políticas públicas, delicadeza no trato dado à infância e às famílias populares, atenção a suas trajetórias escolares e humanas, novas competências, velhas ternuras e cuidados... "Esperança?... apenas dar-lhes afeição, pois sou apegada a eles. Enfim, é só a esperança que resta... Uma crítica ao desânimo, à inércia, à apatia e uma convocação à ação", arremata Léa Paixão, ao final de sua leitura do filme *Quando tudo começa*. A velha luta pela sobrevivência das crianças, adolescentes e jovens populares estaria repondo um outro começo para a escola?

Outros filmes como *Nenhum a menos*, *O jarro* nos defrontam com as mesmas tensões entre a proximidade da pobreza, da escola, dos mestres, das famílias e da infância e adolescência. Os mesmos limites para sobreviver sem água, sem horizontes. Escolas, mestres e infância cada vez mais próximos nas cercas do sobreviver. E nas tentativas de quebrar cercas. Filmes como *O jarro* nos deixam a melancólica impressão de que a infância pobre, as comunidades pobres e as escolas e mestres pobres são deixados cada vez mais jogados a sua sorte. O jarro quebrado, metáfora desses mundos humanos e escolares quebrados. De novo, por si só, tentando salvar-se nessa quebradeira social.

Se o olhar da maioria dos filmes é bastante pessimista sobre o povo e a produção da vida de suas crianças e adolescentes, a visão dos sujeitos sociais é animadora. Entre as múltiplas surpresas que a maioria desses filmes provoca nos educandos(as) e nos professores(as) está o interesse pelas crianças, adolescentes e jovens. Um trato dos seus tempos humanos muito diferente daqueles filmes que os mostram desajustados, loucos, rebeldes sem causa, enredados no consumismo, no tráfico e na violência gratuita. Nem sequer tratam esses tempos de vida de maneira adocicada. Filmes que podem ajudar a ir construindo novas imagens sobre a infância, adolescência e juventude. Sobre a escola pública e seus profissionais. Imagens carregadas de ambivalências, de dureza e ternura, de limites e sonhos. Uma infância que se defronta tão cedo com os grandes dilemas humanos. Professores que se debatem com estes dilemas e os incorporam em sua docência.

Outras metáforas? A infância como metáfora do Brasil, fazendo o caminho do reencontro com suas origens na companhia de uma professora em *Central do Brasil*, ou a adolescência e juventude negra como metáfora da liberdade em *Sarafina*, dois dos filmes comentados no livro *A escola vai ao cinema*.

No filme *Central do Brasil*, uma criança, Josué, como metáfora da redescoberta das origens, do pai, da terra, que nunca conheceu. Volta nada romântica, mas através de longa, empoeirada e incerta viagem. Em companhia de uma professora. Encontramos a metáfora da velha relação adulto-pedagoga-criança. Porém redefinida. Desta vez a professora viverá um processo de mudança ética e identitária, como que conduzida pela interlocução com a criança. Imagens de infância e de pedagogia quebradas e reinventadas? Imagens tão parecidas com os roteiros humanos das crianças com que convivemos. Fazendo percursos tão semelhantes aos adultos. Tão semelhantes aos tensos e incertos percursos de seu país. A imagem idealizada de que para a infância são reservados caminhos mais prazerosos e românticos fica longe no trato que esses filmes dão a esses tempos primeiros da vida. Inclusive os roteiros morais por que vão passando essas crianças. Compartindo opções morais com adultos e professores. As distâncias entre gerações vão se aproximando na vivência cotidiana de complicadas opções humanas.

Como tinham observado os alunos adolescentes: "muitos vivemos experiências dramáticas", "as coisas não estão fáceis para os adultos, nem para nós. Nossos mundos não são tão separados. É o mesmo mundo imundo". O que esses filmes nos advertem é que entre adultos, crianças, adolescentes e jovens há também vontades, gestos, escolhas de dignidade: de entrar no paraíso, de reencontrar suas origens, suas raízes, sua identidade. De acertar nas escolhas morais. Nosso olhar sobre os educandos pode ser outro quando vemos esses filmes.

Sarafina – o som da liberdade[16] é outro dos filmes comentados no livro *A escola vai ao cinema*. Se queremos desconstruir, quebrar as imagens de jovens e adolescentes descomprometidos, sem valores, *Sarafina* é um excelente momento.

---

16. Antes de ver o filme recomendo a leitura sensível e comprometida que Nilma Lino Gomes fez – *Os múltiplos sons da liberdade*, p. 59-66.

Sobretudo, porque trata-se de uma garota que compreende que o som da liberdade é o som daqueles que lutam contra a exclusão social e a discriminação racial. Vimos que há imagens de infância, adolescência e juventude muito diversas. Umas carregadas de luz, outras de sombras. Imagens preconceituosas, mais difíceis de quebrar, de tão incrustadas em nossa cultura social e escolar. Sarafina é uma adolescente-jovem-mulher-negra como tantas que frequentam nossas escolas e que pode contribuir para rever e quebrar essas pesadas e negativas imagens que pesam sobre o povo negro ao longo de nossa história.

Onde podemos encontrar a força desse filme para desconstruir essas imagens tão negativas? Nilma, na sua leitura, nos adverte: "O filme *Sarafina – o som da liberdade* não deve ser tomado como um "modelo", uma versão hollywoodiana do que "deve ser" e do "como fazer" para resolução de problemas escolares e familiares das crianças, adolescentes, jovens e adultos negros, de classes populares da nossa escola..." (p. 65). A força pode estar nas personagens, nas imagens de adolescente, jovem, mulher, negra que Sarafina, a mãe, a professora vivenciam e que o filme ressalta. Nilma se pergunta: "Mas quem é Sarafina? É uma jovem negra, moradora do bairro de Soweto na África do Sul, no contexto do regime do *apartheid*. Essa garota vive uma série de experiências e aprendizados individuais e coletivos nos mais diferentes contextos de interação escolar e não escolar. Apesar da escola ocupar um lugar importante na trama do filme, as vivências e aprendizados de Sarafina não se restringem ao espaço escolar; antes, acontecem com muito mais intensidade no seu cotidiano, na admiração pela figura humana de Nelson Mandela que, no contexto dessa narrativa cinematográfica, ainda encontrava-se preso" (p. 60).

O filme nos traz a imagem de adolescentes e jovens negros à procura de exemplos de valores de dignidade e coragem. Que imagens tão diferentes daquelas que nós fazemos dessa adolescência e juventude: violentos, drogados, "não querem nada". Nilma vê em Sarafina valores. "É a história de Mandela que essa garota aprende a respeitar e admirar. Diante de uma foto de Nelson (como ela o chama de maneira íntima) pregada na parede do seu quarto, uma casa-cubículo onde vivia com seus parentes e com seus irmãos menores, Sarafina brinca, conta sua história, tira dúvidas, fala das angústias e sonha com a mesma liberdade que este líder negro revolucionário sonhou. Ele é para ela um interlocutor oculto" (p. 61).

O filme nos sugere que é possível um olhar positivo sobre a infância, adolescência e juventude, sobre os povos negros. Um olhar sobre seu cotidiano de vivências e lutas por valores de dignidade e liberdade. O filme limpa nossos preconceituosos olhos e ouvidos para vermos e ouvirmos os múltiplos sons da liberdade e da dignidade que esse povo carrega. Sons que vêm da vida de líderes negros, de intelectuais, de artistas, professores, professoras, mães, pais, avós. Dos próprios jovens e das crianças. São eles e elas que quebram imagens tão preconceituosas e negativas que pesam sobre a infância, adolescência e juventude negras. Como se o filme nos fizesse uma sugestão pedagógica: se queremos quebrar preconceituosas imagens de infância e adolescência negras e queremos construir imagens positivas nada melhor do que trazer imagens reais como Sarafina, sua mãe, a professora, Nelson Mandela. Imagens fortes não faltam na história dos povos negros. Nilma fez sua leitura de educadora negra: "quando nos defrontamos com uma narrativa como esta, somos induzidos a perguntar-nos pelo espaço que temos dado na escola brasileira à presença de figuras humanas, cuja história de luta tem sido uma referência de vida para nós e para nossos alunos(as). Os setores populares se espelham em figuras humanas de seu próprio meio, que são exemplos de vida na sua luta cotidiana. Dentre estas figuras estão lideranças negras e pessoas anônimas, as quais não estão registradas nos livros didáticos, não são faladas dentro da escola, não são temas das nossas aulas nem na educação básica e tampouco nos cursos superiores. Onde estão nos nossos livros didáticos a história de Zumbi, Dandara, Luiz Gama, Luiza Mahim, Cruz e Sousa, Lélia González e tantos outros negros e negras cuja vida é um exemplo de luta contra a opressão, a escravidão e o racismo? Onde está a história das famílias dos nossos alunos que lutam cotidianamente para manter seus filhos na escola e lhes proporcionar uma vida digna?" (p. 62). Reconhecer valores nos povos negros significará quebrar imagens negativas que ainda habitam em nosso imaginário.

Um filme que pode propiciar dias de encontro, debate, oficinas na longa empreitada com que tantos coletivos docentes se defrontam: desconstruir imagens negativas, quebrar imagens preconceituosas e, sobretudo, construir outras imagens, ouvir outros sons de dignidade e de liberdade. Tarefa que se aplica a todos os coletivos escolares, mas que exige especialíssima sensibilidade quando convivemos com crianças, adolescentes, jovens e adultos negros(as) sobre os que pesam imagens sociais, escolares e docentes ainda tão negativas.

Levar o cinema à escola pode ser mais do que um recurso didático. Está sendo uma experiência de sensibilidade, de ver-nos e contar-nos a nós mesmos, de aprender a ouvir os múltiplos sons de dignidade e liberdade.

A aurora da vida frente ao crepúsculo?

Para outro encontro o coletivo de professores(as) se comprometeu a recolher reportagens sobre livros, romances e literatura infantojuvenil. A organização do trabalho foi a mesma, tanto professores(as) quanto alunos(as) levariam reportagens sobre literatura infantojuvenil ou livros e romances sobre adolescência ou juventude. Foram lidos em grupos. Duas reportagens chamaram mais a atenção e provocaram análises e debates riquíssimos.

A primeira reportagem trazia um título chamativo: "Livro expõe ambiguidades do crepúsculo da vida". Tratava-se de uma reportagem sobre o romance *O legado de Ester*, do autor Saudor Marai. Alguns trechos chamaram mais a atenção do coletivo de alunos e docentes. A protagonista é uma senhora no crepúsculo de sua existência, mas de repente surge uma chance, talvez a última, de mudar o rumo de sua vida. Que interesse para o público pode ter essa idade no crepúsculo da existência? Alguém lembrou das metáforas entre os ciclos da vida e o ciclo da natureza – velhice – crepúsculo. É possível mudar de rumo nessa idade? O coletivo comentou como são fortes os preconceitos, os estereótipos sobre cada uma das idades, sobretudo sobre a velhice.

A reportagem lembra que personagens de idosos, à beira do abismo de sua existência, imóveis frente a decisões cruciais, compõem um recorrente tema literário. Basta citar Garcia Marquez – *"O Amor em tempos de cólera"*; ou Dino Buzzati – *"O Deserto dos Tártaros"*. Talvez porque no final da vida dá para ter uma visão de todo o percurso feito, do sentido de cada tempo percorrido, ou como sugere a reportagem, porque sempre esperamos ter uma chance, a última, talvez, de mudar o rumo de nossas vidas. Alguém do coletivo de professores(as) comentou como as artes e a literatura tocam em dimensões tão humanas. Cada tempo como uma possibilidade de mudar o rumo da vida, de encontrar o sentido sempre procurado e adiado.

Na mesma página outra reportagem sobre o outro extremo do ciclo da vida – a infância. "A aurora da vida frente ao crepúsculo", comentou uma professora. Uma criança não à beira do abismo de sua existência, mas no brotar sorridente?

A reportagem era sobre o livro *Peixe dourado*, de Le Clezio. Alguns trechos foram lidos, relidos e comentados pelo coletivo. O livro tem como protagonista e narradora uma menina negra, Laila, capaz de se mover pelos continentes com a mesma facilidade com que um peixe atravessa de uma corrente para outra. Com essa mobilidade, Laila traduz em tintas fortes e emocionantes o destino de milhares de seres que vagam sobre a face do planeta globalizado. A vida tal como vista por uma criatura sem destino. Laila evoca o momento em que, bem criança, seu corpo foi transformado em mercadoria. Sua vida vai ser uma sensação de fugas e retomadas da posse de seu corpo.

Esses e outros trechos das reportagens sobre dois romances animaram um belo debate no coletivo de professores e alunos. Que imagens refletem da velhice, da infância e dos ciclos da vida? Tanto a senhora idosa quanto a criança negra aparecem como anti-heroínas. Será por isso que os autores as elegem para ser sujeitos de narrativas e romances?

Alguém comentou: Será que os autores pretendem mostrar que a vida também pode ser vista pelos olhos de duas criaturas sem destino? Uma mulher idosa à beira do abismo e uma menina negra sem destino. Tão iguais a tantos anti-heróis? Estas imagens chocam a cultura docente e escolar tão familiarizadas com imagens heroicas, épicas, desde as histórias infantis. Há tantos anti-heróis nas nossas salas de aula vivendo cada ciclo da vida, da aurora ao crepúsculo! Aproximar-nos da literatura ou do cinema pode ser um caminho para aproximar-nos das trajetórias humanas de alunos e mestres.

O que nos chamou a atenção é que, quando um coletivo de alunos e mestres chega a esses níveis de ponderação e percepção das vivências da vida, cada um dá seu palpite, solta sua emoção e ponderação. As distâncias entre mestres e alunos se encurtam. Os ciclos se aproximam. As trocas fluem quando se dialoga sobre anti-heróis. Por proximidade de vivências? Talvez.

Uma professora comentou: "Será coincidência que as duas anti-heroínas sejam mulheres?" "E que a menina seja negra?", acrescentou uma aluna, também negra. Essas interrogações provocaram silêncios seguidos de ricas trocas entre os participantes. Os autores escolheram logo as idades, o gênero e a raça dos quais menos se espera para decidir sobre seus destinos e mudar suas vidas. Seria uma forma de se contrapor ao estereótipo do adulto-homem-branco como a idade, o gênero e a raça capazes de decisões cruciais? Em que criança-velha-mulher-negra podem alterar seus destinos? Duas anti-heroínas sujeitos de história?

Comentamos, ainda, que os dois romances escolheram os ciclos extremos da vida, a infância e a velhice. Os menos valorizados, os tempos anti-ideal da vida plena, a vida adulta. A infância sem fala, sem razão, sem capacidade de decisão e a velhice sem força, no crepúsculo. Os romances vêm na contramão dessas visões tão preconceituosas. Pretendem mostrar que cada idade, cada raça e cada gênero tem seu mistério, sua magia e sua cruel verdade existencial.

As linguagens literárias e cinematográficas captam esses mistérios, essa magia e essas verdades. Uma rica e possível fonte de trocas para toda pedagogia que pretenda recuperar a verdade existencial e também a magia dos ciclos da vida com que convivemos por ofício.

Uma questão ficou inquietando sobretudo professoras e professores: Por que a velhice e a infância são temas literários tão recorrentes na atualidade? Coincidimos em que talvez porque, quando a desumanização é tão brutal, ela repercute de maneira peculiar nessas idades da vida, as idades que ao longo da história sempre exigiram cuidados especiais. As idades mais próximas do ofício de cuidar e educar. Quanto mais perversa é a sociedade com a infância e com a velhice com maior ênfase as artes e as letras terão de proclamar com indignação em múltiplas linguagens a urgência de cuidá-las. Com maior reclamo chamarão aos profissionais da pedagogia e da docência para participar nesses cuidados e nessa indignação.

9
A mídia e os tempos da vida

Grupos de professores e professoras se propuseram acompanhar os noticiários, na mídia, nos jornais e nas revistas. Recortar notícias e reportagens sobre a infância, a adolescência ou a juventude. Constataram que o recorte idades-tempos da vida é muito usado nos noticiários e reportagens. O material era farto: "fome mata 3 crianças por dia na Argentina". Destacando a notícia, uma criança pobre de uns 8 anos segurando no colo sua irmãzinha de meses que sofre desnutrição. O comentário da reportagem: "Todos os dias três crianças argentinas morrem devido à desnutrição ou a doenças ligadas à situação de extrema pobreza e fome... Vêm aumentando os casos de desnutrição aguda e de mortalidade infantil... A estimativa é que 7 em cada 10 crianças nasçam em lares nos quais os pais são pobres e indigentes... Cerca de 20% das crianças no país não têm alimentação adequada..."

A reportagem associa infância, fome, desnutrição e escola: "Em muitas províncias, os restaurantes das escolas não têm recursos... nas mais pobres, muitas escolas não recebem o suficiente para alimentar os alunos".

Os índices de pobreza vêm aumentando assustadoramente na Argentina. A percentagem da população pobre passou de 19,7% em 1999 a 30,3% em 2001. A percentagem de indigentes chega a 11%. Entre as notícias e reportagens trazidas ao coletivo, outra muito parecida: "A pobreza na infância brasileira". "Dados do IBGE mostram que 48,6% das crianças vivem em famílias cujo chefe ganha até dois salários mínimos. Em alguns estados chega a 77%". "Saneamento ruim afeta 54% das crianças". Em alguns estados chega a 92%.

O comentário da reportagem é tão dramático quanto o da Argentina: "quase a metade das crianças brasileiras de zero a seis anos é pobre, 11,2 milhões..." É o que mostram os Indicadores Sociais Municipais divulgados pelo IBGE. "A proporção de crianças em condições de pobreza é muito alta. Elas vivem em famílias sem condições de garantir a elas alimentação, saúde, educação, lazer e o cuidado numa fase fundamental para o desenvolvimento infantil, a chamada primeira infância..." "A situação de pobreza aumenta entre crianças que vivem em famílias chefiadas por mulheres sozinhas: nesses casos, 60,5% das crianças de até seis anos são pobres..." A reportagem destaca: "Triplica o número de mulheres chefiando casa" e comenta: "as mulheres continuam a ganhar salários menores que os homens. O que pode deixar as crianças em situação mais frágil".

Os alunos(as) podem ser orientados a recolher notícias e reportagens sobre a infância, adolescência e juventude. Uma notícia trazida por uma adolescente: "Aids cresce entre garotas de 13 a 19 anos". "Em 2000, as meninas representavam 56% dos casos nesta faixa etária; um ano depois, 63%". Vários adolescentes trouxeram farto material sobre trabalho infantojuvenil. Tanto as ONGs quanto o Estatuto da Criança e do Adolescente têm pressionado a mídia a denunciar situações de trabalho infantil. A imprensa mostrou com destaque os dados da Pesquisa Nacional por Amostra de Domicílios de 2001 divulgada pelo IBGE.

As manchetes são reveladoras: "Criança: 1 milhão trabalha e não estuda"; "Brasil profundo: 5,58 milhões de crianças ainda trabalham no país"; "48,6% das crianças não são remuneradas"; "País tem 1 milhão de crianças e adolescentes que trabalham e não frequentam a escola; outros 4,4 milhões fazem jornada dupla, estudando e exercendo algum ofício". "Maioria dos que trabalham não ganha salário. São, em geral, meninos pobres e de famílias numerosas". A reportagem acrescenta: "esse número pode ser maior porque não são pesquisadas as zonas rurais da região Norte nem a população infantil de rua e dos lixões". A prioridade que a mídia dá às condições em que é vivida a infância e a adolescência nos oferece riquíssimo material para redescobrir a vida real dos educandos(as).

As notícias e denúncias tão frequentes sobre o trabalho infantil mereceram atenção especial dos mestres e dos alunos, sobretudo em escolas dos bairros pobres. Em um dos coletivos uma professora perguntou aos adolescentes se conheciam colegas que estavam entre os 4,4 milhões que estudam e trabalham. Bastantes levantaram o braço. Vários dos alunos presentes dividiam estudo e alguma forma de trabalho. Quando perguntamos se dividiam estudo e trabalho em casa várias adolescentes e até crianças se identificaram.

Os dados do IBGE mostram que a dura experiência de trabalho começa bem cedo: "296 mil são crianças muito pequenas, com idades de 5 a 9 anos. Quase dois milhões de trabalhadores estão entre 10 e 14 anos. O presidente do IBGE, economista, comentou: "crianças e adolescentes inseridos no mercado de trabalho não estão brincando nem estudando". Nem sequer trabalhando em tarefas leves e saudáveis. 51,2% utilizam produtos químicos, máquinas e ferramentas.

Nossa sensibilidade docente ia destacando as consequências do trabalho infantil para a escolarização. 1 milhão trabalha e não frequenta a escola; 4,4 milhões dividem a escola com o trabalho. Um professor leu o destaque do jornal: "Carroceiro, 12 anos, não sabe ler. Meninos e meninas de 9 a 16 anos enfrentam todos os dias as ruas de Fortaleza em busca de matérias recicláveis, caminhando quilômetros sob o sol forte e puxando eles mesmos carroças que têm um peso às vezes maior que seus próprios corpos, para ajudar a família a sobreviver. Os três filhos de Margarida dos Santos, 36, são carroceiros. O mais velho, W.S. de 12 anos, é o que sai com mais frequência para trabalhar. O trabalho o fez ficar bem atrasado na escola. Está na 1ª série do Ensino Fundamental e ainda não sabe ler".

A mídia sabe o que é do senso comum, que as formas de viver ou malviver a infância ou a adolescência (e não problemas de mentes lentas ou desaceleradas) são condicionantes dos processos de aprender. As reportagens coincidem em mostrar que a melhor maneira de entender os chamados problemas de aprendizagem é estarmos atentos às formas de viver os tempos da vida. Uma professora nos alertou como a mídia e nós mesmos educadores lamentamos o trabalho infantil pelas consequências na não escolarização e nos processos de aprendizagem. Nosso olhar deveria ir além ponderando as consequências na socialização, formação e desenvolvimento pleno desses seres humanos. Inclusive em seus corpos. Em que medida essas vivências da infância e da adolescência são formadoras? Não lhes está sendo negado o direito à infância e à adolescência?

Todos esses dramáticos dados mostram que as imagens idealizadas da infância, se algum dia existiram, se quebraram.

As condições tão diversas e adversas do viver

Quando nos defrontamos com esses dados tão chocantes os coletivos tentam projetar seu olhar como educadores(as) e ver os sujeitos humanos que estão por trás desses dados. Lembro que uma professora negra nos chamou a atenção: o adolescente W.S., carroceiro em Fortaleza, cuja imagem aparece com destaque chamando a atenção para a matéria, é um negro catando lixo. A outra imagem de outro jornal, de Alexandre, criança de 5 anos limpando os vidros de carros em São Paulo, é também de um menino negro. Os números, as percentagens tão destacadas nas manchetes não revelam tudo o que essas imagens revelam. Qual o gênero, qual a cor, a raça desses 5,48 milhões de crianças, adolescentes que ainda trabalham no país?

O material recolhido era abundante e riquíssimo. O coletivo se dividiu em grupos para sua análise. Os agrupamentos não teriam de ser necessariamente pela faixa etária em que os docentes lecionavam. Alguém sugeriu: "é bom que todos saibamos como a mídia vê as diversas idades". Algumas questões foram mais ponderadas: "Por que o olhar sobre os problemas sociais, econômicos ou problemas de saúde e trabalho são olhados sob a ótica das idades e tempos da vida?"

Ficou evidenciado no conjunto das notícias e reportagens que já faz parte do olhar dos meios de comunicação e dos analistas ver e destacar que as situações mais variadas da vida afetam as pessoas de maneira diferente: pobres, ricos, homens, mulheres, brancos, negros. Mas também afetam de maneira diferente os grupos de idades: crianças e adolescentes, sobretudo.

A fome, a desnutrição, a Aids, o trabalho, até a morte são experimentadas e sofridas com peculiaridades próprias em cada tempo da vida. Sobretudo afetam de maneira peculiaríssima essas idades quando se trata de crianças e adolescentes pobres e negros(as). Os problemas sociais, o atraso, a estagnação econômica, condicionam a nutrição, a saúde, o desenvolvimento físico, mental e social da infância com que trabalhamos. Condicionam o direito à escola e às aprendizagens. Não dá para não sentir que essa realidade tão perversa e as formas especialmente perversas de destruição dos tempos humanos ou ciclos da vida com que trabalhamos tocam não apenas nossos sentimentos e nossas emoções, mas sobretudo interrogam nossos compromissos profissionais.

É fácil constatar que as sensibilidades da sociedade para as condições em que são vividos, ou malvividos, esses tempos já fazem parte do olhar de repórteres, de comentaristas, de pesquisadores e analistas. Como não fazer parte de nossos olhares e sensibilidades docentes? Os noticiários mostram que a escola é sempre uma referência obrigatória para toda a problemática da infância, inclusive sua fome e desnutrição. São noticiadas sempre como condicionantes das possibilidades de frequentar a escola e de aprender. No imaginário social tudo o que afeta a infância e adolescência afeta a escola. Nos afeta. Porque a sociedade nos vê como profissionais desses tempos de viver humano e sabe que as formas de viver esses tempos condicionam nosso trabalho.

As reportagens nos oferecem o material, os dados e nos mostram como afetam de maneira diferenciada cada tempo da vida. Entretanto, os analistas desses dados não têm necessariamente o olhar que nós temos como profissionais da educação. Para nós esses dados são indicadores das possibilidades e limites do desenvolvimento e da formação de seres humanos. Como é possível o desenvolvimento da mente, do pensamento, da memória, da percepção, da sensibilidade, da corporeidade, enfim o desenvolvimento pleno como ser humano de uma criança ou adolescente submetidos a essas inumanas condições? Essas crianças, adolescentes ou jovens frequentam nossas escolas, como essas formas de viver afetam suas aprendizagens e sua formação plena?

Quando em oficinas como essa cultivamos nossas sensibilidades para a infância real ou a adolescência e juventude que a mídia nos mostra, percebemos como nossas classificações escolares são ingênuas: alunos-problema, lentos, desacelerados, progredindo descontinuamente, novatos, repetentes, defasados, atentos, desatentos, violentos... Um professor comentou que quando os alunos(as) se veem refletidos nessas reportagens não aceitam as classificações com que a escola e nós os rotulamos. Na mídia sentem-se mais compreendidos. "É assim mesmo", disse um adolescente diante da reportagem sobre o trabalho infantil e adolescente. "É assim mesmo", observou um adolescente negro diante da foto do adolescente negro carroceiro.

Houve um consenso no coletivo: as reportagens mostravam de um lado que não há como ficarmos insensíveis às especificidades de cada tempo do viver humano, de outro lado não há como não perceber que os tempos da vida são vividos de maneiras muito diversas em nossa sociedade. Não dá para tratar os educandos e as educandas com uma visão abstrata, estereotipada de criança, adolescente ou jovem. A imagem real é essa que os dados mostram. Não há lugar para idealizações. Convivemos com infâncias, adolescências e juventudes em plural. Os próprios educandos têm consciência da diversidade de vivências de seus tempos. O compromisso de reorganizar a escola em ciclos para respeitar os tempos dos educandos nos leva ao imperativo de estarmos atentos às formas concretas de viver esses tempos. Sobretudo as formas tão precárias a que a infância, adolescência e juventude populares são condenadas.

Outro ponto chamou atenção na oficina. Os próprios alunos tinham se interessado em recolher notícias e reportagens, curiosos por saber como a mídia os vê. As crianças e sobretudo os adolescentes e jovens estão interessados em saber sobre eles. Têm uma identidade de coletivo de idade, se preocupam com a imagem que a mídia reflete sobre eles. Têm sua autoimagem e a confrontam com as imagens sociais. Uma forma de apropriar-se de si mesmos e de seus tempos.

O coletivo se comprometeu a manter atualizado um mural com notícias e reportagens sobre os diversos tempos da vida. Seria incentivada a pesquisa entre os alunos(as) para que cada ciclo tivesse seu mural e recolhesse as notícias e reportagens sobre como crianças, adolescentes, jovens ou adultos vivem seus tempos. Uma professora lembrou que as várias disciplinas não trazem aos alunos elementos para seu conhecimento. O que cada grupo etário sabe sobre si mesmo não vem do saber escolar, vem de fora, dos colegas, da rua, da mídia. Na escola não poderia cada grupo etário adquirir conhecimentos sistematizados e significados, pedagogicamente trabalhados sobre a condição de crianças, adolescentes, jovens ou adultos que eles e elas vivenciam? Saber mais e de maneira mais sistematizada sobre si mesmos é uma forma de direito ao conhecimento. Ao conhecimento de si mesmos. Como contribuir nesse direito ao conhecimento de si mesmos se nós profissionais do conhecimento sabemos tão pouco sobre a história social da infância, adolescência e juventude? Como trabalhar com profissionalismo esse direito ao conhecimento de si mesmos se nos cursos de formação não dialogamos com a diversidade das ciências que estudam a especificidade das idades da vida? É um dever da escola e da docência. Saber mais sobre os educandos e termos interpretações mais fundamentadas deveria fazer parte de nossa qualificação profissional. A sensibilidade para com as especificidades dos tempos dos educandos passa a ser uma vivência formadora.

Outro compromisso do coletivo foi avançar para estudos mais aprofundados sobre os gravíssimos problemas anunciados na mídia. As análises das reportagens exigem aprofundamento. Novos dados e sobretudo análises que nos ajudem a entender as dimensões educativas, formadoras ou deformadoras dessas dramáticas condições em que a infância, adolescência e juventude são vividas. Como são vividos os tempos da vida em condições tão diversas e tão adversas? Uma pergunta da mídia e sobretudo nossa.

Aproximar mundos tão distantes

Trazer o olhar da mídia e das pesquisas sobre as formas concretas do viver dos educandos resulta bastante constrangedor para a escola e seus profissionais. "Sabemos que a realidade dos alunos lá fora é essa, mas preferimos vê-los apenas como alunos". "Nos limites das condições em que trabalhamos não dá para pensar nas condições em que eles vivem". "A escola tem seus ritmos, não dá para pensar no que cada um dos 35 alunos fazem lá fora". "Minha matéria é uma coisa, a vida deles é outra". "Vou deixar de dar aula e virar assistente social preocupado com sua fome e desnutrição?"

Esses e tantos outros momentos de sinceridade mostram como a realidade vivida pelos educandos quando entram nas escolas provoca incômodos, levanta questionamentos sobre os sentidos da escola e da docência. Não apenas para as crianças, adolescentes e jovens é difícil acertar a vida lá fora e dentro da escola, para os mestres parece impossível aproximar esses mundos. Entretanto, como vimos em vários filmes, crianças, adolescentes e jovens tentam articular esses mundos e os professores também. Podemos encontrar esforços individuais e coletivos de articular os saberes das matérias e os saberes, a cultura e os valores dos alunos, ampliar os significados sobre as formas do viver dos educandos, ajudar-lhes a entender e responder aos questionamentos humanos que a vida lhes coloca... Há propostas de redes escolares que redefinem a lógica temporal escolar para respeitar os tempos dos educandos, no ensinar, no aprender, na sua formação, socialização e desenvolvimento pleno. Há propostas em milhares de escolas para adequar os tempos escolares às especificidades e diversidades das formas de viver a infância e a adolescência, a juventude e a vida adulta.

O trato das vivências dos educandos no cotidiano da sala de aula e da docência se torna cada vez mais familiar no pensamento pedagógico e docente. As reportagens da mídia, os dados do IBGE, das pesquisas e estudos sobre a infância, adolescência e juventude incomodam a alguns docentes, mas interessam a muitos que sentem a necessidade de conhecer a vida real dos educandos(as) que acompanham como profissionais. O interesse por dias de estudo, oficinas, leituras sobre as formas reais, as possibilidades e limites de viver cada tempo da vida passou a ser encarado como uma obrigação ética da docência. Outras imagens docentes estão sendo construídas na medida em que construímos imagens mais reais dos educandos(as).

Como os educandos reagem a essas reportagens e a esses dados e pesquisas? Com bastante interesse e curiosidade coletam notícias e reportagens para as oficinas e para os jornais da escola, defendem que a escola e os professores se preocupem por saber mais de suas vidas. Eles mesmos querem saber mais sobre si próprios. Por vezes passam anos assistindo a aulas onde se explica tudo, menos suas vidas. Por que a escola e seus professores que sabem tanto sobre tantas matérias pouco sabem e explicam sobre a infância, a adolescência, a juventude, suas trajetórias, impasses, medos, questionamentos, cultura, valores?

Diante de reportagens que carregam as tintas sobre desemprego, fome, trabalho infantil, violência, drogas, prostituição ficam perplexos. "Não sabia que tinha tantos milhões de crianças aidéticas", comentava assustada uma adolescente. "Nem que tantas crianças trabalham ainda como escravos", comentou outro adolescente. "Nem que tantos jovens são exterminados cada fim de semana", destacou um jovem. Diante dessa dura realidade a primeira reação é querer saber por quê. Porquês que os tocam tão de perto e que têm direito de entender para se entender e entender o mundo em que lhes toca viver. Esses conhecimentos seriam impróprios do currículo escolar? De nossas matérias?

Entretanto, encontramos reações de adolescentes e jovens que pedem para saber mais sobre sua cultura, sua participação na sociedade, seus esforços e valores e não apenas sobre seus problemas. Poucas reportagens nos trazem essas imagens positivas; daí identificar-se mais com aqueles filmes onde aparecem como protagonistas de esforços, de resistências pela dignidade e liberdade. Uma jovem ponderou: "antes não se falava de nós, agora se fala para mostrar apenas nossos problemas, nossa violência, indisciplina, drogas..." Outro jovem completou: "não somos todos violentos e drogados, nem tão violentos".

Essas reações dos adolescentes e jovens diante das reportagens da mídia provocaram diálogos fecundos. As imagens da juventude corajosa, da adolescência sonhadora se quebraram. Não aparecem mais na mídia, nos discursos, nem na literatura e cinema e estão cada vez mais distantes da escola, da pedagogia e da docência. Outras imagens estão sendo impostas bem distantes, contrárias: adolescência e juventude como violentas, descomprometidas. De metáforas da coragem, dos sonhos, da vitalidade, honestidade e sinceridade, a adolescência e juventude passaram a ser metáforas da violência. A maioria dos jovens e adolescentes reagem tanto às velhas imagens e metáforas como às novas. "Ver-nos como violentos, drogados só provoca a repressão sobre nós", comentava um jovem.

Os educandos reagem também ao caráter moralista e doutrinário que está presente em muitas reportagens sobre jovens, adolescentes e até crianças. A infantilização da violência muda não apenas as imagens sobre a infância, mas também seu trato pedagógico. Seu direito ao conhecimento vai sendo trocado pela necessidade de controlá-los, moralizá-los, segregá-los do convívio, recluí-los. "Muitas dessas reportagens só pretendem nos dar lições, como devemos ser". A maioria deles preferem reportagens que reconheçam suas frustrações, mas também suas esperanças e vontades de mudança. Ser apresentados no que fazem ou no que não lhes é permitido fazer, nem dizer. Seus silenciamentos. "Nem nas ruas, nem na escola nos ocultamos atrás de máscaras", sentenciou um dos jovens. "Muitas vezes somos condenados porque não sabemos fingir", completou uma jovem. Preferem ser vistos como tentam ser ou como podem ser: nos limites que a sociedade lhes impõe. "Temos de aprender muito cedo o jogo da vida". Com frases como essas reagem às reportagens negativas da mídia.

Professores(as) saímos desses diálogos sobre as imagens que a mídia nos passa sobre os tempos da vida com a sensação de que os educandos esperam mais. Esperam outras imagens da escola e de seus mestres. Nem idealizados, nem satanizados. Seres humanos, que esperam apenas ser compreendidos e acompanhados no duro aprendizado do jogo da vida. Demasiado transparentes, talvez não aprenderam, ainda, o jogo das máscaras. Não aprenderam a ocultar-se. Serão condenados por condutas que os adultos aprenderam a ocultar? Que máscara será a mais apropriada para o papel que lhes toca representar na família, na escola, na rua, no trabalho, na sobrevivência, no conjunto musical?

Há momentos em que parecem nos dizer que ao menos na escola esperariam poder tirar a máscara, se revelar e ser reconhecidos como gente. Como humanos, frágeis e fortes, com medos e esperanças. Contraditórios. Como corresponde aos humanos.

10
Lembrar é lidar com tempos

Ser y no ser resultan
Ser la Vida (Pablo Neruda).

O estudo de pesquisas, textos e análises das diversas ciências humanas, das letras, da mídia e das artes sobre a periodização da vida nos deixa uma certeza: é um assunto que se encontra no centro da mais apaixonada atualidade. Estudos não faltam. Os coletivos de professores(as), independente da área de sua docência, saem dos cursos-oficina com vontade de saber mais, de estarem atentos(as) e de acompanhar a produção teórica sobre essa apaixonada atualidade.

Entretanto, não se trata apenas de um tema objeto de estudo. Os períodos da vida fazem parte de nossas vivências e de nossas lembranças pessoais e coletivas. Nas artes, na poesia ou na literatura é frequente a reconstrução desses tempos como lembranças. Podemos citar algumas testemunhas desse exercício de memória: *A infância*, de Graciliano Ramos; *Memória dos velhos*, de Eclea Bosi; *A infância em Berlim*, de Walter Benjamim; *Confesso que vivi*, de Pablo Neruda; *Gaveta dos guardados*, de Iberê Camargo.

Fazer esse exercício de lembrar nossas próprias vivências dos tempos da vida pode ser um bom exercício para melhor entender sua centralidade em nossa formação e até melhor entender os educandos. Vários professores têm comentado que quando têm de tomar uma decisão sobre o que fazer na sala ou como tratar os alunos têm como hábito tentar situar-se no lugar deles, lembrando de quando eram crianças, adolescentes ou jovens. Lembrar que fomos alunos e alunas, adolescentes ou jovens pode ser uma maneira de redimensionar nossos comportamentos docentes. Vivemos essas experiências de maneira tão diferente? Lembrar de nossos tempos, um exercício formador. Por que não fazer esse exercício coletivamente? Talvez as lembranças dos tempos vividos adquiram novos significados quando lembrados coletivamente.

Alguns coletivos de professores resolveram organizar cursos, oficinas e encontros para lembrar de seus tempos da infância, adolescência ou juventude. Trocas de lembranças. Tenho participado de alguns desses momentos. Tentarei reconstruir esse exercício de memória e destacar como pode ajudar a reeducar nossa sensibilidade para com os tempos da vida dos educandos e com suas trajetórias humanas e escolares.

Como é feito esse exercício? Cada um dos participantes do curso-oficina é instigado a escrever alguma lembrança de cada tempo de sua vida. Colocar por escrito ou registrar uma recordação implica uma aproximação com o ato presente de recordar e de registrar. É uma releitura. Uma prestação de contas. Um momento denso e, às vezes, tenso. Mexe com vivências nem sempre prazerosas.

Que pontos aparecem com maior destaque nesse exercício coletivo de memória de nossos tempos da vida?

Constatamos que reconstruir essas lembranças é um exercício bastante frequente na vida de cada um. As mães, as avós, os irmãos maiores se encarregam desse processo de volta. Os dias de aniversário, as fotos, a volta a certos lugares tocam em nossas recordações. Alguém apontou que em realidade não lembramos exatamente dos anos que tínhamos mais de um determinado tempo-ciclo. Situamos nossas lembranças em um dos tempos da nossa vida: "eu era criancinha ainda", "já não era mais criança", "da minha infância guardo boas lembranças", "na minha adolescência vivi uma experiência pesada", "quando era jovem..." Periodizamos nossas lembranças ou as remetemos aos períodos da vida. Estes são os marcos de nossas recordações. Os tempos da vida são fortes quando os vivemos e continuam fortes na memória. De onde viria esse caráter tão marcante? Vimos nas trajetórias humanas dos educandos que ocupam lugar destacado as lembranças de seus tempos de infância e adolescência e juventude: minha infância não foi ruim... Nos limites de pobre... Trabalhava, trabalhava... Não caí na malandragem... Fortes lembranças de fortes vivências?

As lembranças da infância e adolescência de muitos docentes não são tão diferentes. Estudando e trabalhando. Suas lembranças não estão para imagens de tenras infâncias. Suas nostalgias não são de ter perdido o paraíso. Poucas relembram sua infância e adolescência em imagens romanceadas.

Outro ponto foi colocado no início do trabalho: que diferença há entre lembrar nossos tempos solitariamente e fazer um exercício coletivo de memória?

Assim começa Graciliano Ramos seu livro de memórias – *A infância*: "A primeira coisa que guardei na memória foi um vaso de lousa vidrada, cheio de pitangas, escondido atrás da porta. Ignoro onde vi, quando o vi, e se uma parte do caso remoto não desaguasse em outro posterior, julgá-lo-ia sonho. Talvez nem me recorde bem do vaso: é possível que a imagem brilhante e esguia permaneça por eu a ter comunicado a pessoas que a confirmaram..."

O exercício da memória é sempre uma atividade social de comunicação e confirmação. As imagens permanecem por tê-las comunicado a alguém. As lembranças dos tempos vividos adquirem sentido nos tempos posteriores nossos e dos outros, quando os comemoramos e celebramos coletivamente. Em todas as culturas a memória coletiva é transmitida e vivida quando celebrada e comemorada. A pedagogia escolar também tem suas celebrações e suas comemorações não apenas da memória da própria escola, mas da memória coletiva. São os dias da bandeira, do índio, da consciência negra, da árvore... A escola é também guardiã da memória coletiva para as novas gerações.

Retomar coletivamente no curso-oficina os tempos vividos não foi uma volta solitária à infância, adolescência ou juventude. Nem um exercício de saudosismo romântico. Nem sequer uma volta ao paraíso perdido, idealizado. O que pode representar esse exercício na oficina é a tentativa de compreender a centralidade dos tempos em nossas vidas e de elaborar coletivamente uma reflexão sobre seus significados coletivos. Inclusive pedagógicos.

Em outros termos, esse exercício coletivo de memória não pode ser uma parada solitária, ociosa, saudosista, sem consequências, antes, pode ser um exercício para melhor entender os tempos dos educandos com que lidamos e até para melhor entender-nos como mestres desses tempos. Ao decifrar coletivamente o novelo de nossas lembranças podemos terminar por melhor entender-nos como pessoas, como nos formamos, por que percursos passamos. É um exercício de cúmplice lembrança.

Outro ponto que sempre aparece nessas oficinas: terminamos destacando vivências-lembranças da escola. Parece ser impossível voltar-nos à infância, adolescência ou juventude sem lembrar-nos da escola como uma experiência marcante, tensa, coletiva e identitária. Os mesmos entrecruzamentos vimos na reconstrução das trajetórias humanas e escolares dos educandos(as).

Seria interessante voltar-nos para os autores que citávamos antes e que fizeram seu exercício de memória e escreveram: Neruda, Walter Benjamim, Graciliano Ramos, Paulo Freire ou Eclea Bosi, que reconstrói as lembranças dos velhos. Os tempos da escola, o primeiro dia, as provas, as festas, a infância e adolescência tal como vividas na escola, estão sempre presentes. As vivências dos tempos da vida ficaram de tal maneira associadas às vivências da escola, dos mestres e colegas que é impossível fazer um exercício de memória dos tempos da vida sem lembrar dos tempos de escola. Talvez porque entre os vários tempos as vivências da escola estejam carregadas de medos, sonhos, emoções. Guardamos na memória o que nos emocionou.

Essas lembranças nem sempre são pacíficas, deixaram marcas, condicionaram com bastante profundidade as vivências daqueles tempos. Quando o coletivo toca nessas marcas sempre alguém externa uma inquietação que passa a ser coletiva: "se essas são as lembranças que guardamos de nossos mestres, quais serão as lembranças que terão de nós nossos alunos?" A memória transpõe o passado e se projeta no presente e no futuro: "Gostaria que meus alunos tivessem uma lembrança mais positiva da escola..." "Gostaria que tivessem uma lembrança menos dura de sua adolescência..." Este momento é sempre denso no exercício de memória.

Outro ponto que sempre aparece é que nesse clima denso é fácil perceber como as lembranças de um tempo remetem a todos os outros. Lembramos a infância ou a adolescência e juventude no futuro das vivências da vida adulta. Um ciclo da vida se projeta sobre os outros. Como sermos mais sensíveis a essas interdependências?

Nas oficinas não faltam aqueles e aquelas que lembram da infância ou adolescência não vividas. As travessias não feitas, as pistas e trilhas não seguidas. Proibidas. A infância ou adolescência negadas marcaram também o que somos e marcarão o que serão nossos alunos e alunas. "Ser y no ser resultan ser la vida", no dizer de Pablo Neruda.

O exercício de memória pode ser uma releitura do que foram os tempos da vida e o que poderiam ter sido. Um aprendizado. O que nos permitiram ser no passado condicionou o que podemos ser no presente e poderemos ser no futuro. Uma releitura do possível no passado ajuda a entender-nos no presente. Lembrar é lidar com tempos. Um bom exercício para aqueles que lidamos, por ofício, com os ciclos da vida. Dos outros, o que ainda é mais complicado.

Memória e projeto

Um dos momentos mais densos e fecundos acontece quando percebemos que começamos fazendo o caminho de volta e terminamos projetando nosso fazer profissional para o presente e o futuro. A memória coletiva termina sendo uma retomada do caminho docente e de nossas relações com os educandos. O que poderia reduzir-se a um exercício saudoso ou incômodo da infância, adolescência ou juventude e da escola termina se convertendo em um exercício de ressignificação do presente. Como nossos alunos vivem seus ciclos de vida e seus tempos da escola? Sobretudo se converte em uma projeção para o futuro: que lembranças terão um dia de sua infância e adolescência e terão de nós, seus mestres?

Mais do que uma volta saudosista para o passado, esse exercício de lembrança cúmplice termina se tornando um projeto de intervenção sobre nossa prática docente. Para além de um exercício de reencontro com nossos períodos vividos e sua importância na nossa formação, terminamos reencontrando-nos com os períodos vividos ou não vividos por nós e pelos educandos. Passamos a pensá-los e percebê-los como crianças ou adolescentes, jovens ou adultos, vivendo os mesmos tempos por nós vividos e memorados. Os mesmos tempos humanos em tempos sociais bem mais tensos e violentos.

Nesse momento estamos situados em um novo patamar de onde projetar nossa ação educativa e docente. Reconhecer a centralidade dos ciclos da vida, nossos ou dos educandos, traz um sentido, um horizonte novo para nossa ação. Reconhecer e assumir a centralidade dos tempos em nosso passado traz um apelo para o presente e para o futuro.

Professoras e professores sempre projetam suas lembranças nos filhos(as), alunos(as): "gostaria que suas vivências fossem melhores do que as minhas". "Que fazer para que suas lembranças da escola e dos mestres sejam melhores do que as nossas?", como se a memória despertasse em nós uma vontade de remir nosso passado intervindo no presente e no futuro de nossos filhos e alunos.

Walter Benjamim nos lembra: "o passado traz consigo um índice misterioso que impele a redenção. Pois não somos tocados por um sopro de ar respirado antes? Não existem nas vozes que escutamos ecos de vozes que amadureceram?... O passado dirige um apelo. Este apelo não pode ser rejeitado impunemente" (In: BRANDÃO, 1998)[17].

---

17. BRANDÃO, C.R. *Memória sertão*. São Paulo: Cone Sul/Uniube, 1998.

O exercício dos coletivos de professores(as) voltando-se para sua infância, adolescência ou juventude e seus tempos de escola pode ser um exercício fecundo se ele "nos impele a redenção". Se escutamos seu apelo e não o rejeitamos. Se através de nossas vivências passamos a entender melhor o que fazemos no presente com os alunos e com as vivências de seus tempos. Se articulamos lembrança e projeto. Esse exercício coletivo é tenso, se defronta com a cultura escolar e docente.

Carlos Brandão (1998) nos aponta essa direção: "não devemos esquecer que a lembrança não reconstrói apenas o passado ou uma fração do passado. Ela funda a cada vez um presente ao restabelecer as suas origens..." (p. 11). A lembrança não é um exercício estéril, pode ser um exercício fundante de um projeto de presente e de futuro.

Alguns professores reagiram a esse exercício coletivo de memória. O futuro exerce um fascínio na cultura docente. "Estamos perdendo tempo com o passado. O que importa é preparar o futuro desvinculado das experiências do passado", comentou um professor. É isso que aprendemos e introjetamos como cultura docente. Na cultura escolar o passado é desqualificado como tradição estática, para que lembrá-lo? Os tempos da vida não são para serem lembrados, mas esquecidos. É para a vida adulta, para o trabalho, para o mercado, para o progresso e para o futuro que formamos os alunos. "Esse é nosso papel social. Nosso e da escola", observou uma professora de Ciências. Vários depoimentos reafirmaram esta cultura docente. É das exigências da vida adulta, das competências técnicas para o futuro que devemos saber e entender como docentes. Que sentido tem voltar-nos para tempos da vida já atravessados? Que sentido tem entender dos tempos da infância, adolescência e até juventude se é para a vida adulta que formamos nossos alunos?

Esta cultura é um dos maiores bloqueios da docência para reconhecer a apaixonada atualidade do estudo dos tempos da vida. Inclusive é um bloqueio para aceitar a reorganização de nosso trabalho profissional estando atentos às especificidades humanas e culturais dos ciclos de formação.

Um professor externava com sinceridade esses bloqueios: "A função da escola não é preparar para a vida adulta, para o futuro? Se assim é, que me acrescenta como profissional saber mais sobre minha infância ou sobre a adolescência e a juventude de meus alunos? Esses tempos não são o referencial de nossa docência". Talvez nem da pedagogia moderna. Nem da modernidade que tanto nos marcou com sua visão negativa do passado e com sua exaltação do futuro e do progresso. Que tanto marcou a pedagogia com a exaltação da vida adulta como o tempo por excelência do viver humano. Vimos na primeira parte que os alunos parecem nos dizer o contrário: olhem para o presente em que estamos atolados, tão igual ao nosso passado.

No fundo a questão posta pelos alunos é a cúmplice relação entre projeto e memória, entre passado, presente e futuro. Quando projetamos nosso trabalho, quando elaboramos o projeto pedagógico da escola ou quando selecionamos conteúdos curriculares, qual a direção de nosso compromisso profissional? O futuro, o presente ou o passado? A infância, a adolescência ou a vida adulta? A questão posta pelos alunos expressa a moderna tensão entre experiência e expectativa, entre projeto e lembrança. Entre infância, adolescência, juventude, velhice e vida adulta. A tensão entre os diversos tempos da vida. A reorganização da escola para dar conta das especificidades de cada tempo vivido pelos educandos abriu o caminho para percebermos essas ricas tensões. Entretanto não basta parar aí. Reconhecer a especificidade do presente dos educandos poderá induzir-nos a novos projetos pedagógicos?

Um texto de Carlos Brandão (1998) – "Walter Benjamim: a dívida solidária para com o passado" – nos ajuda a entender possíveis vínculos entre memória e projeto pedagógico.

O que faz Benjamim?, se pergunta Carlos Brandão. "Ele obriga a consciência da história a reverter de uma maneira radical o eixo de sua direção, e submeter o imaginário sobre o futuro ao compromisso do presente para com o passado, submetendo, por consequência, o *projeto à lembrança*. Pessoas do presente, em uma modernidade que anseia surpreender-se projetando a si mesma como futuro, somos todos responsáveis desde já e sempre pelas gerações que seguidamente realizarão o presente deste futuro. Mas se isto é verdade, e toda a complicada discussão sobre o futuro do planeta traz no seu bojo a evidência de nossa responsabilidade diante de tudo o que, acontecendo agora, determinará a direção do que vai acontecer, é também verdadeiro que devemos ser solidariamente responsáveis pelas gerações que nos antecederam" (p. 28).

As trajetórias humanas e escolares dos educandos nos mostraram que no seu presente pagam dívidas ainda não remidas com as gerações que os precederam.

A dívida com o passado

O comentário de Carlos Brandão explicita posturas que aparecem nos coletivos docentes. De um lado, a preocupação com o futuro das novas gerações. De outro lado, a preocupação de como vivem as novas gerações o presente desse futuro. Esta preocupação não aparecia antes no horizonte da docência, mas aparece agora diante da precariedade das formas de viver a infância-adolescência. Entretanto, Brandão aponta uma terceira preocupação: devemos ser solidariamente responsáveis pelas gerações que nos antecederam. O projeto educativo e social deve estar submetido à lembrança. Deve levar em conta o peso do passado no presente e no futuro. Não é este o pedido vindo dos alunos populares?

De alguma forma esta terceira preocupação aparece nas oficinas sobre nossa memória. Uma professora negra comenta emocionada: "A infância, adolescência e juventude que eu vivi foi tão parecida a que meus pais e meus avós viveram? Tão igual à vivida pelos meus alunos negros e pobres?" Outra professora negra completou: "O passado de nosso povo é muito pesado no nosso presente. Por esse passado podemos prever nosso futuro". Como ignorar as formas de vida das gerações que nos precederam? Como ignorar o passado em um projeto de presente e de futuro? Somente terá sentido um projeto de presente e de futuro para a infância, adolescência e juventude populares se incluir ações afirmativas para remir seu passado. Se levamos em conta o peso do passado no presente e no futuro como ser contra políticas afirmativas?

Os coletivos docentes avançam em um clima denso, percebendo que a volta a nossas lembranças toca em dimensões de nossos projetos de escola, de currículo, de inclusão. Toca em nossos valores e culturas. Se trata de projetar o futuro mas sem esquecer como os alunos realizam o presente desse futuro. O que acontece agora, as formas como vivem seu presente, sua infância, adolescência e juventude determinará a direção do que vai acontecer. Nos coloca a necessidade de equacionar presente e futuro em todo projeto de escola ou de rede. Como equacionar a reorientação curricular, os conhecimentos, as didáticas de ensino e até os problemas de aprendizagem a partir das formas concretas e até dos limites de viver o presente.

Entretanto, as lembranças das professoras negras nos mostraram que um bom equacionamento entre presente e o futuro não é suficiente. Devemos ser solidariamente responsáveis pelas gerações que nos antecederam. Reconhecer que para os setores populares que frequentam a escola pública, pobres, negros, o passado se projeta pesadamente sobre o presente e o futuro. Qual a sugestão das professoras negras? A mesma que Brandão vê em Walter Benjamim: reverter de maneira radical o eixo da direção em que nos ensinaram a pensar nossos projetos e nossas intervenções. Nos ensinaram a construir a orientação para o futuro dos alunos ignorando seu presente e sobretudo seu passado. A cultura docente e escolar e o estilo de formular políticas introjetaram essa direção. É possível outra orientação para nossas políticas, projetos e intervenções? Benjamim e as lembranças das professoras negras apontam a direção: submeter o imaginário sobre o futuro ao compromisso do presente para com o passado, submetendo, por consequência, o projeto pedagógico e as políticas à lembrança do passado. Remir o passado com ações afirmativas no presente.

A oficina sobre nossas memórias nos apontou nessa direção. As lembranças positivas e negativas da infância, adolescência e juventude nos levaram ao presente dos alunos. Mas nos levaram mais longe, à permanência do peso do passado. Um exercício bastante incômodo, pois nos pressiona para repensar o projeto de escola, de currículo, de docência. A repensar as políticas sociais e educativas. Depois desse exercício de memória será difícil elaborar políticas e projetos apenas comprometidos com o futuro sem levar em conta o presente de vida dos educandos e sem levar em conta o peso de um passado tão persistente na condição de raça e de classe.

Nosso projeto docente pode ser outro se tiver um compromisso com as lembranças do passado. Se conhecermos mais e melhor as formas concretas de viver a infância, adolescência e juventude dos alunos populares. Sem esquecer que essas formas possíveis de viver estão profundamente condicionadas pelos limites impostos pela sociedade a seu grupo social e racial. Sobretudo, as lembranças de infância não vividas, de adolescências destruídas, deverá motivar projetos pedagógicos para que as novas gerações sejam respeitadas em sua infância e adolescência. Para que sejam compensados positivamente do peso negativo do passado. Remir o passado?

Carlos Brandão cita Habermas: "...Benjamim inverte em torno do 'agora' o signo da orientação radical em direção ao futuro que caracteriza, em geral, a modernidade, até o ponto de trocá-la por uma orientação ainda mais radical, em direção ao passado". E comenta Brandão: para que esta radicalidade de direções de compromisso fique estabelecida de maneira dramática, a esperança de um "novo futuro" só poderá ser cumprida mediante a memória "do passado oprimido"... Todo projeto de construção do futuro só poderá ser motivado e, depois, realizado como um plano de história, mediante uma reconstrução solidária do passado vivido pelas gerações antecedentes (p. 28).

Como educadores deveremos guiar-nos pela esperança de futuro para nossos alunos, porém, para não cairmos em uma idealização abstrata do futuro, a memória do passado oprimido pode ser um bom guia. A motivação para uma pedagogia comprometida com o futuro pode estar em uma reconstrução do passado vivido ou malvivido pelas gerações do passado. Passado malvivido pelo grupo, pelos pais, avós e que teima em se projetar nos filhos no presente, anunciando que persistirá no futuro.

A esta altura da oficina, um professor comentou: "Agora entendo por que a promessa do futuro que tanto repetimos aos alunos e alunas não parece entusiasmá-los. Sabem que seu futuro repetirá o presente de seus pais e o passado de seus familiares ou o presente e passado de seu povo". Pedagogicamente, essa direção pode ser mais radical. Quando o coletivo de docentes-educadores fazia esse exercício de voltar-se para seu passado e o passado de outras infâncias foi percebendo o que estava em jogo: as direções do nosso compromisso profissional e pedagógico. O estudo das relações entre os tempos da vida termina sendo um eixo para repensar-nos.

Repor os tempos atuais vividos pelos educandos como núcleo estruturante da direção de nosso projeto pedagógico traz à tona essas tensões que pareciam pacíficas em nossa cultura docente. Qual a direção de nossos compromissos? Por que perder tempo com nosso passado, nossas vivências da infância e adolescência e com os tempos presentes dos educandos, se na vida adulta encontra-se a direção de nosso compromisso profissional? Quando debatemos essas questões estamos tocando na direção de nosso compromisso docente e no compromisso da escola pública. Tem sentido trocar essa direção da pedagogia moderna por uma orientação ainda mais radical em direção ao passado? Que interesse pedagógico e profissional podem ter tempos que logo vão ser passado e lembrança? A infância, adolescência e juventude em pouco tempo não passaram de uma lembrança na vida dos alunos, como não passam de uma lembrança em nossas vidas, como fazer delas a base de um projeto? Que sentido tem reorganizar tempos, trabalho, aprendizagem nessa direção dos ciclos da vida tal como vividos no presente?

Quando o coletivo docente avança nesta densidade de reflexões vamos percebendo que muitas das resistências a organizar nosso trabalho em função dos educandos e da especificidade de seus tempos de vida têm aí sua explicação mais profunda. São pouco convincentes os argumentos tão repetidos de que muitos professores resistem à organização em ciclos porque não poderão reprovar os alunos, porque estes ficarão desinteressados pelo estudo, ou porque perderão o controle das turmas etc. As resistências são mais de fundo. Fincam raízes na cultura docente, cientificista e progressista. "Moderna". Estão enraizados (como nos lembra J. Habermas, comentando Walter Benjamim), na direção ao futuro que caracteriza, em geral, a modernidade. Tem sentido que profissionais sérios, competentes em suas áreas se apeguem a essa direção ao futuro e resistam em repensar-se em uma direção ainda mais radical, em direção ao passado e ao presente vivenciados pelos educandos. Mas tem sentido, também, olhar para os educandos e para nós e repensar essa direção. Eles exigem que os enxerguemos. Como os vemos? Volta a pergunta da primeira parte destas reflexões.

Para educadores e docentes da escola pública estas questões estão postas com uma premência especial: um retorno ao passado dos oprimidos, de infâncias não vividas pelos alunos(as), por gerações antecedentes e por grupos sociais e raciais pode levar-nos a uma orientação ainda mais radical: Qual a capacidade do modelo de futuro a que nos apegamos para remir essas infâncias não vividas no passado e no presente? A direção dada ao futuro não é responsável por essas infâncias não vividas? A memória de seu passado e as vivências de seu presente dão alguma legitimidade às promessas de futuro a que a escola tão facilmente adere? Mexer no baú da memória sempre traz surpresas incômodas.

Parte III

Reinventando convívios

1
Reinventando convívios

A organização está sempre em construção em função dos processos pedagógicos. Ela possibilita uma certa flexibilidade na enturmação dos alunos.

A tarefa do coletivo docente era simples: observar como os educandos(as) se agrupam nos tempos e espaços em que estão por sua conta. As professoras e os professores observaram o tempo do recreio, os passeios e saídas à cidade, ao bairro, a entrada e saída da escola... Na apresentação das observações feitas constatamos o óbvio, nem sempre percebido: educandos e educandas se enturmam por pares de idades e de gênero, independentemente de série, da condição de repetentes ou não, de lentos ou acelerados. Quando estamos atentos aos educandos aprendemos a importância humana dos convívios entre pares. Eles fazem parte da malha fina das relações humanas nas escolas.

Uma constatação tão óbvia nos levou a sentir a necessidade de pesquisar e estudar um pouco sobre o papel do convívio entre pares de idades e de gênero para a socialização e para o desenvolvimento de aprendizagens. Que importância pedagógica damos a esses convívios? Na organização das turmas e no planejamento do trabalho, dos tempos e espaços respeitamos e incentivamos essa tendência ao convívio entre pares de idade? Sentimos a necessidade de reeducar nossas sensibilidades para as dimensões formadoras dos agrupamentos. Esta sensibilidade vem aumentando na medida em que o convívio escolar tende a ser mais tenso. Quando as indisciplinas e as violências nos amedrontam porque quebram o convívio pacífico nas escolas, cresce a preocupação com as formas de agrupar os educandos(as). A tendência fácil é segregar os indisciplinados e violentos, criar turmas especiais não tanto por problemas de aprendizagem, mas de condutas. Uma diretora ponderava: "é melhor diluir essas condutas, não segregá-las, mas trabalhá-las em formas mais flexíveis de enturmação". Por múltiplas motivações as escolas ensaiam formas mais ricas de convívios e de agrupamentos. Respeitar em vez de quebrar as identidades e proximidades dos tempos humanos parece ser a tendência.

O coletivo da escola programou oficinas de pesquisa e estudo para levantar como se organizam os convívios nas escolas da rede e na própria escola. Se existem experiências de organização dos tempos e espaços e de enturmação, ou se existem propostas pedagógicas que levem em conta a aproximação entre os pares de idade. Um dos grupos ficou encarregado de fazer o mesmo levantamento nas propostas de outras redes que passaram a organizar os tempos escolares a partir dos ciclos de vida dos educandos.

Convívios controlados

Os grupos constataram que nas escolas organizadas em séries há experiências isoladas preocupadas em criar tempos mais flexíveis e abertos a novos convívios dos alunos, mas que ainda prevalecem critérios rígidos de enturmação. Os alunos convivem quase exclusivamente com os pares das turmas organizadas no início do ano e mantidas por todo o ano letivo. Os convívios são limitados quase exclusivamente à sala de aula. Como critérios de enturmação ainda prevalecem a proximidade de competências e o domínio dos conteúdos escolares.

O trato dado nas redes e nas escolas à enturmação condiciona a possibilidade de termos convívios ricos ou pobres, flexíveis ou rígidos durante todo o ano letivo. Constataram também que as equipes diretivas das escolas preferem essa rigidez, pois é mais fácil administrar turmas rígidas, definidas no início do ano e mantidas quase inalteradas por todo o ano letivo. O critério de enturmação pode variar, mas a rigidez se mantém. Administrar a escola como uma cadeia de produção é mais fácil, ainda que não seja o mais educativo, ou ainda que empobreça os processos de aprendizagem.

Sobretudo esse modelo rígido de enturmação é o mais fácil para controlar o trabalho docente. Pelos mapas enviados pelas escolas às secretarias logo no início do ano saberão o número de turmas e consequentemente o número de docentes e seu custo. A turma passa a ser a unidade administrativa. Pouco importa o número de alunos que frequentam a escola. O importante é saber o número de turmas para providenciar o número de professores.

Desde o primeiro dia de aula cada aluno saberá qual é sua turma, quem são e serão seus colegas. Como cada docente saberá qual é sua sala, seus horários, sua turma ou os alunos com os quais conviverá por todo o ano. Alunos e professores terminam isolados em estreitos convívios humanos. Sem dúvida que para todos essa regularidade e rigidez na administração dos convívios é a mais fácil, porém será a mais oportunizadora de aprendizagens sociais, culturais, humanas? Quando nos colocarmos como horizonte a formação plena dos educandos, será aconselhável quebrar essa rigidez? Esta é a pergunta que se fazem muitos profissionais. Seria possível administrar propostas de enturmação que propiciem tempos e espaços mais ricos tanto para o convívio dos educandos como dos educadores? Estes também são vítimas desse trato empobrecedor dos convívios.

O coletivo reunido na oficina levantou as normas sobre enturmação e constatou que é uma das áreas mais controladas e normatizadas. Tudo chega às escolas regulamentado: critérios de enturmação e reenturmação, número de alunos por turma na Educação Infantil, nas primeiras séries, número de alunos das turmas de 5ª à 8ª no Ensino Médio, na EJA. Critérios de alocação de professores para cada coletivo de alunos. Se é permitido ou não alocar professores para tempos de aprendizagem extraturma, em turmas ou tempos de aceleração e recuperação etc. O cumprimento dessas normas é vigiado e cobrado com toda rigidez. Nem sempre por motivos pedagógicos, mas porque estão em jogo custos financeiros.

Constatamos que tanto nas redes organizadas em séries quanto em ciclos esta é uma das áreas mais controladas. Por que será que os convívios entre docentes e entre discentes são tão controlados? Constatamos que talvez por esse rígido controle a procura de formas mais ricas e flexíveis de convívio é uma das áreas onde a criatividade e a transgressão docente é grande. Há nas escolas inúmeras tentativas de flexibilizar os agrupamentos e de criar outros tempos de convívios além dos espaços da turma e da sala de aula.

Propiciar convívios múltiplos

Constatamos que muitas equipes diretivas das escolas e das redes se propõem conhecer essas tentativas sérias de abrir novos tempos e espaços para os convívios. Se propõem incentivá-las em vez de controlá-las. Há propostas pedagógicas apoiadas pelas equipes diretivas que assumem uma postura não controladora, antes incentivadora de formas mais flexíveis de agrupamento e de trabalho docente e discente.

O coletivo reunido na oficina passou a pesquisar e mapear essas experiências e propostas, onde se diversificam os critérios de enturmação e de convívio e as bases teóricas que os inspiram. Um critério constatado merece destaque: reorganizar os agrupamentos e os convívios em função da natureza da atividade pedagógica a ser desenvolvida. Quando a escola ou os docentes programam atividades são também programadas as formas de agrupamento mais adequadas.

O levantamento feito constatou que a maior parte das escolas que se propõem respeitar os ciclos-tempos de vida dos educandos tem como um dos objetivos explorar pedagogicamente a importância que o convívio tem no desenvolvimento e nas aprendizagens. A enturmação inicial tem como critério básico a proximidade de idades dos alunos. A centralidade dada a propiciar seu pleno desenvolvimento leva a privilegiar o convívio entre pares de idade na hora de formar as turmas.

O mais importante na oficina foi constatar que está aumentando a sensibilidade docente para com a centralidade dos convívios nos processos educativos. Consequentemente tanto na organização por séries ou ciclos, experiências diversas estão acontecendo para rever os critérios de enturmação e agrupamento, para diversificar os tempos e propiciar espaços múltiplos de convívio entre pares. Notamos que uma das práticas é trocar o critério, proximidade de domínio de conhecimentos escolares pelo critério proximidade de idades. Porém, a maioria das propostas não para aí. Podemos ter mudado o critério e continuar com a mesma rigidez. Os alunos agrupados por idades continuarão convivendo apenas com seus pares de idade por todo o ano? As escolas diversificam os critérios para propiciar convívios múltiplos. A natureza da atividade pedagógica poderá aconselhar privilegiar uns critérios ou outros.

Haverá atividades que aconselham organizar os alunos em grupos mais numerosos ou menos numerosos, em grupos mais homogêneos ou mais diversificados. Haverá atividades que aconselham privilegiar mais a proximidade de idades ou ao contrário a diversidade. A natureza da ação pedagógica a ser desenvolvida passa a ser em muitos coletivos docentes um dos critérios para garantir processos eficazes de aprendizagem e socialização. Este critério tem exigido que quando os coletivos ou cada docente programam as atividades de um período não esqueçam de equacionar a organização dos alunos que for mais pedagógica para as atividades programadas. Programar os agrupamentos passa a fazer parte do planejamento constante das atividades pedagógicas. Essa postura docente pressupõe que a direção e coordenação pedagógica criem condições de tempos e de espaços, sobretudo para administrar essa flexibilidade. Exige que as equipes diretivas das secretarias deixem de querer administrar a organização e enturmação por decretos e portarias, impondo critérios rígidos. Os coletivos docentes sentem necessidade de pesquisar como em outras escolas e em outras redes outros coletivos estão caminhando para formas flexíveis de organização dos educandos. Formas que articulam tempos mais permanentes de convívio entre pares com tempos mais esporádicos.

Organização do trabalho e flexibilidade na enturmação

As escolas têm sido muito criativas para reinventar formas de organização do trabalho e de criação de novos espaços de convívio e sociabilidade[1].

Transcrevo como um coletivo de professores(as) de uma escola da Rede Municipal de Belo Horizonte foi equacionando essas formas flexíveis de organização. Trata-se da Escola Municipal União Comunitária situada em um bairro popular, que passou a se organizar tendo como norte o respeito aos tempos-ciclos da vida dos educandos. No seu projeto dedicam um item longo à "Organização do trabalho e flexibilidade na enturmação". Apresentam vários mecanismos: intervenção, livre-escolha, momento coletivo do ciclo etc.

Intervenção

"Tomando como eixo norteador do trabalho pedagógico a lógica do ciclo de formação, temos como critério de enturmação a idade e a não retenção ao longo do processo. Diante disto há que se pensar em estratégias para atender aos alunos que se encontram em diversos níveis de aprendizagem em uma mesma turma.

Visando atender esses alunos, fizemos a opção de nos organizarmos, garantindo tempo e espaço para atendê-los, visando a superação de suas dificuldades.

---

1. A Rede Municipal de Belo Horizonte, que vem implementando desde 1994 a Proposta *Escola Plural*, criou uma Rede de trocas de experiências educativas entre as escolas. Aproveito alguns dos relatos mimeografados que as escolas apresentam nos encontros da Rede de trocas.

Dentro da rotina semanal da escola, organizamos dois horários em dias alternados (primeiro horário de terça-feira), onde os alunos são reenturmados dentro do ciclo, constituindo agrupamentos diversificados, aproximando-se os níveis de conhecimento e habilidades específicas.

Avaliamos como positivo este trabalho, pois o que estamos fazendo coletivamente e contribuindo para que os alunos vençam suas dificuldades individuais, sem excluí-los do convívio de seus pares?"

O primeiro ponto que merece destaque é que o coletivo todo está comprometido com reavaliar sua prática e intervir no percurso de enturmação ou organização dos alunos. Fogem da prática tradicional de organização e distribuição de turmas no início do ano, que se lastram intocadas durante todo o ano escolar. Assumem que é preciso saber intervir nesse ponto tão decisivo ao longo do processo. Decidem inventar coletivamente intervenções. O critério central é não excluir os educandos de seus pares ainda que apresentem dificuldades de aprendizagem.

A Escola Municipal Aurélio Pires, de Belo Horizonte, define como "uma experiência em movimento" a organização dos agrupamentos em função dos ciclos de formação. "A organização está sempre em construção e é proposta em função dos processos pedagógicos. Ela possibilita, entre outras coisas, uma certa flexibilidade na enturmação dos alunos. Todo aluno possui uma turma-referência (cujo critério de formação é a idade), porém não será sempre a mesma durante o ano. Os reagrupamentos são constantes dentro dos ciclos e têm como objetivo principal possibilitar a convivência dos alunos. Eles podem ser feitos a partir de diferentes critérios, desde os aleatórios como a primeira letra do nome, a cor da roupa etc. até pela competência, por opção do aluno, por opção do grupo de professores ou para atender algum projeto específico. A organização do trabalho no Aurélio Pires vem sendo discutida a cada ano. Essas discussões fazem com que a escola reflita, avalie e seja propositiva..."

A preocupação por propiciar ricos e flexíveis convívios passa a ser um dos critérios da enturmação. A Escola Municipal Paulo Mendes Campos também destaca este critério: "O grupo de professores chegou à conclusão da necessidade de outro critério para a enturmação que, ao mesmo tempo, garantisse a construção do conhecimento sem perder sua condição formadora de identidades e de hábitos de convívio na diversidade".

Intervir na organização das turmas é intervir nos tempos e espaços de nosso trabalho. Intervir na enturmação é intervir no trabalho discente e docente. Intervenções que julgamos devem ser feitas sempre que o bom-senso pedagógico o exigir. Reconhecem a diversidade dos educandos não tanto de ritmos, mas de vivências socioeconômicas. Diversidades que se refletem no cotidiano escolar e consequentemente nas aprendizagens. A intenção é promover a integração entre os pares de idade que carregam essas diversidades para a escola. O convívio na diversidade é visto como um valor pedagógico. Este passa a ser o critério central orientador da intervenção. Consequentemente se a idade é o parâmetro, a intervenção buscará criar agrupamentos diversificados que tornem o convívio flexível e rico. Trata-se de administrar pedagogicamente convívios diversificados.

A referência será a turma de idade. Nesse tempo e nesse espaço acontecerão a maioria das ações, mas estando sempre abertos a tempos, espaços ou horários de reagrupamentos diversificados. Reagrupamentos que poderão variar por ciclos ou por coletivos de alunos ou professores. As avaliações conjuntas destes coletivos garantem uma dinâmica flexível e pedagogicamente responsável. Uma flexibilidade profissionalmente conduzida.

Livre-escolha

"O Projeto Livre-escolha é um projeto global da escola, que atende os alunos dos três ciclos do diurno. Constitui-se de cursos oferecidos pelos professores, de acordo com seus interesses e habilidades, considerando também os interesses dos alunos.

O desenvolvimento do projeto visa oportunizar momentos de vivência do lúdico e da representação, de investigação e ampliação dos conhecimentos, aliados a exercícios da autonomia e da cooperação.

Ocorrem em dois momentos específicos, um no primeiro semestre e outro no segundo semestre, com duração definida de acordo com o calendário da escola e as possibilidades do trabalho a ser realizado. As oficinas acontecem uma vez por semana, com uma hora de duração, sendo um tempo flexível, sujeito a alteração, definido por cada turno de trabalho, de acordo com suas necessidades.

Antes de iniciarmos o trabalho, fazemos uma sondagem junto aos alunos, para verificação da demanda. Com este levantamento em mãos, os professores montam suas oficinas e as divulgam nas salas de aula, seja por meio de murais, livretos ou de cartazes. É um trabalho rico, de discussão dos objetivos e conteúdos das oficinas e de exercício de escolha.

O desenvolvimento do trabalho permite que alunos de idades diferenciadas participem de uma mesma oficina, proporcionando interações cognitivas e sociais, o desenvolvimento da solidariedade e da autoestima, integrando as idades e os ciclos, constituindo-se, assim, novos agrupamentos.

A avaliação se dá de forma constante para redimensionar os cursos, de modo a adequá-los ao ritmo e demanda de seus participantes".

O coletivo da Escola Municipal União Comunitária encontrou no Projeto Livre-escolha outra forma de diversificar a organização dos tempos, dos espaços e dos convívios.

As possibilidades de novos agrupamentos e de novas formas de convívio se dá pela diversificação de campos formadores e de aprendizagens. O tradicional modelo de enturmação permanente, desde o início do ano até o final, esteve associado à rigidez dos currículos e ao enclausuramento de professores e alunos nos quintais disciplinados da docência. O predomínio da forma transmissiva privilegiou a sala de aula como o único espaço de aprendizagem. Na medida em que as áreas se abriram e novos campos do conhecimento e da cultura vão ganhando espaços e tempos na formação básica, novas possibilidades de agrupamentos e de convívios vão surgindo. Novos espaços são incorporados aos processos de ensino-aprendizagem. Esta é a ideia de o Projeto Livre-escolha integrar as idades nos ciclos, construindo, assim, novos agrupamentos, mais flexíveis que a enturmação fixa inviabilizava. Esta abertura para escolhas livres poderá ser feita também dentro de cada campo ou área do conhecimento ou em campos de interseção entre áreas. Na graduação e pós-graduação é normal que os alunos possam escolher disciplinas optativas, atividades, pesquisas e estágios de acordo com seus interesses. Será que uma criança, adolescente ou jovem não tem direito à livre-escolha?

Essa possibilidade aberta aos alunos(as) de escolher um grupo de estudo ou uma oficina de trabalho é por si mesma formadora. Toda escolha exige pensar, ponderar. Supõe um gesto de autonomia, exige um compromisso pessoal com a temática escolhida, com os professores e colegas da mesma empreitada. Supõe um clima humano, socializador, com múltiplas possibilidades formadoras a serem exploradas. As crianças e adolescentes, os jovens e adultos deverão sentir-se mais sujeitos da aprendizagem. Podem decidir coletivamente com seus mestres os aspectos das temáticas a serem destacados, os processos, a divisão de responsabilidades, as parcerias de trabalho, as formas de convívio mais adequadas.

As formas de agrupamento condicionam a dinâmica pedagógica da escola. Tanto no sentido de freá-la quanto de incentivá-la. Não há dúvida que uma oferta de conhecimentos mais variada, com diversos campos opcionais, onde se agrupam mestres e alunos, termina dando à organização escolar outra dinâmica. Novas oportunidades de convívios se abrem. É interessante não esquecer que essas formas mais flexíveis de organizar o currículo, de abrir opções já existem nos cursos de graduação e pós-graduação; essa prática mostra ser aconselhável na organização da educação básica.

Momento coletivo do ciclo

Na mesma escola União Comunitária encontramos outra forma de agrupamento e convívio extremamente promissora.

"Por estarmos sempre nos preocupando com o envolvimento de todos os alunos do ciclo em diversas atividades, com o objetivo de maior interação entre eles, é que fizemos opção por um encontro semanal onde todo o ciclo se reúne, ora para apresentar algo (teatro, jogral, poemas, músicas, danças, advinhas, dramatizações...), ora para apreciar os trabalhos apresentados pelos colegas, ou ainda para construir e/ou definir combinados para o coletivo do ciclo e também apresentação de projetos desenvolvidos em sala."

No primeiro e segundo ciclos, cada turma se responsabiliza pela preparação do encontro. No terceiro ciclo os encontros são variados: primeiramente foi organizada uma gincana de conhecimentos gerais, onde todos os alunos, professores do ciclo e a coordenação pedagógica se envolveram; nos últimos encontros têm sido discutidas questões variadas (postura do aluno do 3º ciclo, frequência, participação, combinados do turno, trabalho com livros de literatura, olimpíadas, Feira de Cultura...).

Este tem sido um momento e espaço privilegiados para desenvolver gradativamente diversos aspectos do processo de convivência: respeito em saber ouvir e apreciar, oralidade, cooperação, afetividade, desinibição, construção de regras, envolvimento em brincadeiras e conhecimentos.

A intenção é trabalhar com todos os alunos e as alunas que estão em um determinado tempo-ciclo de vida e de aprendizagem sem cair no formalismo em que caem muitas escolas que, apesar de se dizer organizadas em ciclos, em realidade trabalham separadamente os alunos de cada ano dentro do ciclo. Se fala nos alunos do 2º ano do 1º ciclo ou nos alunos do 1º ano do 3º ciclo... Os professores se responsabilizam apenas com sua turma em um desses anos do ciclo. A rigidez da lógica seriada pode continuar apesar de usarmos o termo ciclo. Não seria conveniente programar trabalhos com os alunos enquanto coletivos que vivenciam os mesmos tempos, da infância, da adolescência ou da juventude? Esta é a proposta dos professores: propiciar ao menos um encontro semanal de trabalhos, de atividades comuns ou de socialização da produção que vem acontecendo nas salas de aula. Os grupos de idade se abrem a vivências no coletivo maior do ciclo. Adolescentes de 12, 13 ou 14 anos, ou crianças de 6, 7, 8 anos, convivem e trocam saberes, produtos e vivências com outros adolescentes ou crianças independente do seu ano de idade.

Estes momentos coletivos exigem uma preparação esmerada por parte do conjunto de professores do ciclo. Podem exigir dias de estudo, leituras sobre que dimensões da formação e que aprendizagens nos propomos desenvolver. Nada melhor para sairmos da estreiteza de nossos quintais do que programar ações coletivas. Através do envolvimento em ações coletivas iremos nos formando como profissionais da educação da infância, da adolescência ou da juventude. Profissionais de um tempo da vida, das especificidades do desenvolvimento e do aprendizado em um determinado tempo humano.

Dias de interidades

Em algumas escolas da Rede Municipal de Blumenau encontramos a preocupação em articular de maneira mais permanente o trabalho com cada coletivo de idade e com o coletivo do ciclo. Por exemplo, três dias da semana os alunos trabalham na turma de idade com a professora de referência e dois dias se reorganizam misturando as idades dentro do ciclo. Dias de interidades.

Estas experiências devem ser olhadas como audazes. Tentam romper com esquemas organizacionais e, mais do que isso, rompem com modelos mentais onde estamos aprisionados. Conseguiremos escapar deles? Ensaiando formas outras de convívio entre os pares de ciclo, interidades, por exemplo, conseguiremos não abdicar de um trato sério, profissional dos complexos processos de aprender? Essas formas mais flexíveis de agrupamento e de convívio entre educandos(as) e professores(as) exigem muita seriedade. É com seriedade que muitos coletivos vêm agindo.

"Nos alunos não encontramos qualquer resistência. Ao contrário, gostam dessa alternância de trabalho com outras professoras e outros colegas", comentava uma professora. O fato de trabalharem juntas crianças de 6, 7, 8 anos, diversas entre si em alguns domínios e competências, não marginaliza umas ou outras; ao contrário, reeduca os mais avançados em idade ou competências, de leitura e escrita, por exemplo, e incentiva os menores ou os que não dominam essas habilidades. Sobretudo são momentos densos de socialização.

Tudo vai depender das artes e competências dos mestres em planejar e trabalhar atividades adequadas à rica diversidade dos alunos de um determinado ciclo da vida. Essas formas de agrupamento exigem que as professoras ou professores trabalhem em coletivo. Todos programam o que será trabalhado nos grupos de interidades e também o que será trabalhado em cada dia nos grupos da mesma idade, 6, 7 ou 8 anos. Sem dúvida que cada professora regente fará sua programação especial, detalhada, mas o coletivo sabe e planeja as linhas básicas do que acontecerá com os educandos em cada agrupamento por idade. Somente com esse trabalho coletivo será possível que nos dias de interidades cada professora e o coletivo como um todo saibam o que deverá ser trabalhado nesses agrupamentos. Da mesma forma, cada professora que trabalha com cada idade terá de saber o que foi ou será trabalhado com esses alunos nos agrupamentos interidades. "O trabalho exige demais do coletivo e de cada um, mas compensa", comentava a coordenadora. "É o melhor exercício de formação".

Esta proposta acrescenta aspectos novos ao Momento Coletivo do Ciclo que comentávamos antes. O Momento Coletivo é um encontro semanal em que todo o ciclo, crianças, pré-adolescentes ou adolescentes e seus professores(as), se reúne para apresentar algo: teatro, jogral, poemas, músicas, danças... ou para apresentar ao coletivo a produção das aulas de cada turma de idade. O Momento Coletivo do Ciclo não se dá na estrutura da aula, mas em um outro espaço. Entretanto, na proposta de alternância de agrupamentos de idades e interidades, no ciclo, os dias de interidades têm a mesma estrutura das aulas de turmas de idades. Por exemplo, a mesma professora que trabalha com uma turma de 6 ou de 7 ou de 8 anos durante três dias passa a trabalhar na sua aula com uma turma ou com um número previamente programado de alunos(as) de 6, 7 e 8 anos durante dois dias. Um trabalho programado coletivamente dentro do currículo para agrupamentos de alunos das diversas idades dentro do ciclo. Não se configuram como dois dias extra, para atividades lúdicas, culturais etc. Poderão acontecer momentos desses com todos os alunos do ciclo. As turmas de interidades são turmas regulares, iguais às turmas de idades. O único que muda é sua composição e, claro, as atividades programadas para idades diversas.

Intercâmbio entre turmas de várias escolas

A flexibilização dos agrupamentos pode chegar a programar tempos e atividades pedagógicas envolvendo outras escolas da rede. Os professores da Escola Municipal Professor Hilton Rocha, de Belo Horizonte, definiram, coletivamente, alguns projetos a serem desenvolvidos em todas as turmas e que propiciassem o intercâmbio entre turmas de várias escolas, Projeto Giroletras, Projeto Jornal e Projeto Identidade.

Cada um destes projetos incorpora uma riquíssima variedade de atividades que não são específicas de cada professor e de sua turma, nem cabem no espaço e tempo da sala de aula. Consequentemente exigem planejar novos tempos, novos espaços e novos agrupamentos de alunos e de professores. A programação extrapola cada escola. Foi uma programação do coletivo de uma regional, consequentemente foram programadas atividades, trocas de trabalhos e socialização de experiências entre escolas e coletivos de alunos e professores de várias escolas. No planejamento são explicitados esses objetivos pedagógicos: propiciar o intercâmbio de correspondências entre alunos de nossa escola com alunos de várias outras; criar um grande evento regional para apresentação das matérias produzidas em cada escola; criar recantos de oralidade e escrita, de contação de histórias, de dramatização, de confecção de personagens, de pintura, de exposição de material produzido, de declamação e encenação de poesias... ler jornais, escolher e recortar notícias, ilustrar e encenar notícias, classificar e organizar gravuras, criação de anúncios para produtos diversos, produção de um jornal, escolha do nome, divisão e programação de seções, produção de logotipo, produção de notícias, comentários, artigos...

Essa diversidade de atividades e de espaços educativos cria uma dinâmica de agrupamentos e reagrupamentos, de convívios diversificados entre alunos e entre estes e o coletivo docente. O ideal é que essas atividades não sejam realizadas com os mesmos alunos(as) de cada turma nem apenas com a mesma professora(or) da turma ou da disciplina. Quais serão os agrupamentos mais proveitosos para cada atividade? Por turmas, por idades, por livre-escolha, por interidades? Que profissionais acompanharão esses agrupamentos? A riqueza maior desses projetos é que tanto alunos como professores saem de sua escola, se abrem ao convívio, ao trabalho e programação coletiva com profissionais e alunos de outras escolas. Esse trânsito espacial e de trabalho pode ser extremamente rico se conduzido pedagogicamente.

No decorrer da oficina aparece uma certa descrença no controle dos alunos se flexibilizamos os convívios escolares. Se com agrupamentos rígidos tão comuns na organização seriada acontecem tensões entre alunos da mesma turma nas salas de aula e entre alunos e professores, essas tensões poderão ser mais frequentes ou menos controláveis quando os agrupamentos são flexíveis e diversificados? Ponderamos que todo agrupamento humano entre pares de idades ou de interidades e intergerações podem ser tensos. Entretanto o clima de medo e apreensão em relação às condutas dos alunos tende a retrair nossa autonomia e criatividade para intervir na escola. Estamos em tempos em que se perdeu a visão romântica das relações intergeracionais, familiares e também escolares. Estamos em tempos em que na mídia e até em nosso discurso docente aparece a escola como violenta e tensa. O espetáculo da escola está mais para drama existencial do que para comédia ou romance e poesia. Mas é bom não dramatizar. A escola sempre foi espaço de tensos convívios de relações autoritárias, mas também amorosas e respeitosas. Há escolas e profissionais que têm dificuldade em equacionar pedagogicamente os convívios, mas cada vez se avança mais nas tentativas de um equacionamento pedagógico, humano. Dramatizar tensões, condenar os alunos por indisciplinados e violentos, controlar seus convívios para uma docência e uma escola pacíficas são atitudes que estão sendo superadas. O maior protagonismo dos alunos nas escolas pode ser amedrontador para alguns, mas pode ser incentivador para muitos.

A flexibilização e diversificação de agrupamentos pressupõe um trato dos educandos e educadores na totalidade de sua condição humana, inclusive suas trajetórias sociais, tensas e violentas. A escola não será uma praia serena se a sociedade estiver agitada. A escola enquanto encontro de centenas e, às vezes, milhares de crianças, adolescentes, jovens e adultos tão diversos será sempre tensa, dinâmica, plena de trocas amorosas ou agressivas. Que fazer, enrijecer as turmas, fechá-las ainda mais, reprimir essas trocas, abafar tensões? Tratá-las pedagogicamente, o que supõe deixar que aflorem. Este pode ser o sentido da flexibilização dos agrupamentos.

Há um segundo ponto que sempre aparece quando se pretende um trato pedagógico dos convívios: temos as condições físicas, os espaços escolares, as condições de trabalho para esse trato? Frequentemente profissionalismo não falta. Faltam condições materiais, físicas, espaciais, de trabalho. A rígida organização do trabalho a que estamos submetidos nos impele ao controle dos convívios dos educandos. Esta falta nos coloca frequentemente em choque com os alunos e estes entre si. São esses limites que nos levam a reproduzir formas de agrupamentos rígidos e de relacionamentos duros e autoritários. Muitas das formas de convívio tão controladas e rígidas que reproduzimos nas escolas correspondem a estrutura material, física, de trabalho não correspondem a nossos ideais pedagógicos, nem aos convívios que sonhamos e que seríamos capazes de criar e recriar. Como equacionar esses limites para que convívios mais humanos e formadores sejam possíveis? O que acontece em muitas escolas prova que é possível ensaiar agrupamentos e convívios mais pedagógicos enquanto a categoria continua lutando por melhores condições de trabalho. Inclusive muitos coletivos escolares entendem que as tensões trazidas pelas condutas indisciplinadas dos educandos são um motivo a mais para incentivar formas mais diversificadas e respeitosas dos convívios. Sentir-se respeitados como crianças, adolescentes, jovens ou adultos poderá incentivar convívios mais humanos.

A oficina que iniciou com uma observação cotidiana na vida da escola: como os alunos e as alunas se agrupam quando estão soltos para decidir seus convívios, terminou ampliando o olhar para a pluralidade de convívios que as escolas vêm propiciando. A oficina termina sendo um momento denso de pesquisa, estudo, debates, programação e intervenção.

A diversidade de práticas que estão acontecendo nas redes e nas escolas buscando formas de flexibilização dos agrupamentos passa a desencadear processos formadores nos coletivos docentes e pedagógicos. Um processo formador que redefine não apenas normas, critérios de enturmação etc., mas que redefine formas de pensar e de agir, redefine concepções, significados e culturas escolares, sociais e docentes. Redefine o que nos é mais caro, novas formas de trabalho. Olhar com maior atenção os educandos e propiciar convívios em que revelam sua condição de sujeitos sociais e culturais nos leva como educadores a olhar-nos e repensar--nos. Nos forma. Nos incentiva a intervir na rígida organização de nosso trabalho.

Reinventando convívios para os educandos reinventamos nossos convívios como educadores. Criamos para nós mesmos uma dinâmica de trabalho mais humana, menos solitária.

2
Propiciando aprendizagens significativas

Negro e pobre têm ritmos de aprendizagem mais lentos e níveis cognitivos inferiores?...

O coletivo docente reunido na oficina encontrou outra motivação forte para orientar e reorientar os agrupamentos dos alunos e dos professores: que os alunos(as) aprendam. A preocupação com as artes de bem-ensinar sempre foi uma das motivações da docência. Mais recentemente a preocupação com os processos de aprendizagem vem adquirindo relevância. Como os alunos aprendem? Sobretudo, por que há alunos que não aprendem ou têm dificuldades de aprendizagem? Professoras e professores sofrem, e muito, quando os alunos não aprendem. Inventam e reinventam didáticas, metodologias, estudam, debatem, sentem-se realizadas(os) ou fracassadas(os).

A pesquisa feita na oficina constatou que mais recentemente muitas professoras e professores se perguntam se não seria conveniente repensar as enturmações rígidas e reinventar formas de agrupamento que ajudem nos processos de aprendizagem. Enturmamos em função de supostas capacidades de aprendizagem. Não seria oportuno perguntar-nos se as formas como agrupamos os alunos condicionam suas aprendizagens?

Sabemos que agrupar por supostas capacidades de aprendizagem sempre foi um dos critérios de enturmação e reenturmação. Supostos níveis ou ritmos de aprendizagem têm orientado e ainda orientam a divisão dos educandos e a hierarquização dos coletivos ou turmas. Convivemos nas escolas com turmas ou agrupamentos de alunos(as) catalogados como avançados, acelerados, considerados como a nata que toda professora e professor quer. Mas convivemos, também, com agrupamentos de alunos(as) catalogados como repetentes, fracos, especiais, lentos, aceleráveis, considerados como o entulho que apenas profissionais "comprometidos" querem, ou que docentes recém-chegados na escola "ganham" para sua iniciação.

O que há de novo nessa velha prática de agrupamentos seletivos, hierárquicos e preconceituosos? O que há de muito novo é uma interrogação: essas formas de agrupamento contribuem para que toda criança e adolescente aprendam? Agrupamentos e convívios tão fechados e seletivos não seriam mais um empecilho para a aprendizagem? Quais são as possíveis formas de convívio mais propícias à aprendizagem? Cada vez mais o repensar dos agrupamentos e dos convívios encontra uma grande motivação na vontade docente de que os alunos aprendam.

Flexibilizar os agrupamentos, mas com que critérios?

Seria conveniente pesquisar se realmente as escolas estão buscando e ensaiando formas diversas de agrupamentos visando estimular as aprendizagens. O coletivo assumiu a tarefa de levantar experiências nas escolas da rede e em outras redes.

Podemos encontrar bastante material nas propostas pedagógicas e nos projetos das escolas e, também, em relatórios de avaliação e em dissertações sobre as propostas que se organizam levando em conta os ciclos-tempos de vida dos educandos.

Uma das constatações feitas é que há grande criatividade no repensar dos agrupamentos dos alunos em função das aprendizagens. Os tradicionais modelos que dividiam os alunos em turmas dos que aprendem, dos que têm dificuldades de aprendizagem e dos que não aprendem está deixando lugar para uma engenhosa flexibilização das formas de agrupar. Muitas propostas pedagógicas das redes e muitos projetos pedagógicos das escolas estimulam posturas flexíveis. Estão se quebrando rotinas e, sobretudo, estilos rígidos de administrar as aprendizagens dos educandos.

Encontramos critérios mais flexíveis, mas ainda dentro da lógica classificatória por "níveis cognitivos". A dita proximidade quanto ao nível cognitivo continua muito forte como critério de enturmação. Vários projetos de escola[2] assumem esse critério: "Nas reuniões pedagógicas e nos conselhos de classe percebemos grande heterogeneidade no nível cognitivo das turmas. Sentimos a necessidade

---

2. Aproveito relatos mimeografados que as escolas apresentam na Rede de Trocas de suas experiências.

de intervir para reagrupar os alunos de acordo com seu nível de desenvolvimento e seu ritmo de aprendizagem..." "Nossa escola optou pelo respeito à progressão continuada dos alunos ao longo do ano, os reagrupamos de acordo com os ritmos com que vão progredindo..."

Reagrupar tendo por critério os ritmos de aprendizagem virou moda, ou melhor, repete velhas modas. Em nenhuma proposta e em nenhum projeto encontramos qualquer justificativa teórica séria para saber o que é nível cognitivo de um ser humano, como captar o nível de uma mente humana. Não encontramos bases teóricas sérias para justificar que as mentes progridam contínua e descontinuamente, que o desenvolvimento cognitivo, ético-estético, social ou cultural dos seres humanos se dê em ritmos acelerados ou em ritmos lentos. Que progridem ou param de progredir. Não obstante a falta de explicitação de bases teóricas sérias, esses chavões pedagógicos vêm justificando a flexibilização e vêm servindo para enturmar e reenturmar os educandos.

Em realidade não passam dos velhos critérios seletivos, classificatórios, hierárquicos, preconceituosos e excludentes com que as normas das secretarias nos obrigavam a enturmar. Há uma diferença: agora são os próprios coletivos docentes orgulhosos de terem conquistado sua autonomia, mas para seguir enturmando com os mesmos preconceituosos critérios, apenas revestidos das roupagens da moda. Com novas roupagens classificatórias: turmas aceleradas, turmas desaceleradas, turmas de nível cognitivo A ou Z, ou turmas de ritmos lentos ou rápidos de aprendizagem, turmas de progressão contínua ou descontínua.

Esta constatação surpreendeu o coletivo da oficina: Constatamos que não é suficiente conquistar autonomia para enturmar, nem sequer é suficiente pensar uma maior flexibilização se os critérios que usamos com autonomia continuam tendo as mesmas funções classificatórias, seletivas e hierarquizadas dos educandos. Uma professora comentou na oficina: "fizemos questão de constatar o nível social e a cor das turmas classificadas como lentas e aceleráveis, em sua maioria eram pobres e negros".

Seria interessante aprofundar essas constatações e perceber que se esses critérios-níveis cognitivos, ritmos, progressão contínua não têm base teórica séria, têm, sem dúvida, bases sociais, raciais seriíssimas. Somente essa constatação lembrada oportunamente pela professora desmontou crenças tão ingênuas que povoam nosso universo escolar. Um professor tirou as conclusões: "se é verdade que existem níveis cognitivos, ritmos de progressão e aprendizagem teremos de concluir por um simples olhar sobre os alunos(as) que compõem essas turmas, que negro e pobre têm ritmos de aprendizagem mais lentos e níveis cognitivos inferiores. Poderíamos ser denunciados por segregação social e racial".

Encontramos propostas e projetos pedagógicos das escolas e das redes que partem de bases teóricas mais sérias e de bases sociais e culturais menos segregadoras e preconceituosas. Mais igualitárias. Toda criança, adolescente ou jovem pode aprender, mas vários fatores de ordem biológica, social, cultural e pedagógica intervêm nos processos de aprendizagem. O olhar muda. Não é a criança ou o adolescente que são lentos, progridem devagar, ou têm níveis cognitivos inferiores. A mente humana é a mesma, a capacidade de aprender, de socializar-se, de inserir-se na cultura é a mesma, independente da diversidade racial ou social. As formas como o cérebro humano processa as aprendizagens são de grande complexidade, mas essa complexidade não pode nos levar a simplificadas classificações: cérebros acelerados e lentos, cérebros que progridem contínua ou descontinuamente, mentes que aprendem ou param de aprender.

Uma boa receita para superar essas ingênuas e funestas simplificações poderia ser estudar, estudar e estudar mais para termos uma base profissional sobre a grande complexidade das formas como o cérebro humano aprende. Estudar e compreender mais os fatores de ordem cultural que participam dos processos de aprendizagem. Mas o fato de uma criança ou adolescente serem pobres, na cidade ou no campo, não nos permite concluir que sua mente pare de aprender, se socialize de maneira mais lenta ou não esteja se desenvolvendo como sujeito cultural, ético, de memória, sentimento e identidade. Quanto mais fraca for nossa base teórica com maior força e persistência rebrotam essas visões frágeis e preconceituosas. Como profissionais das artes de ensinar-aprender temos direito a estudar mais. Estudar, sobretudo, as especificidades de cada tempo-ciclo do desenvolvimento humano. E nunca esquecer de estudar com extremo capricho o papel mediador da escola, dos coletivos pedagógico-docentes nos processos de aprendizagem. Talvez seja nossa mediação que é lenta, não contínua, nem sequenciada. Pode ser que nossa mediação docente e a mediação da escola enquanto espaço cultural e prática de intervenção não estejam dando conta das complexas capacidades de aprendizagem de todo aluno.

O contexto de aprendizagem, socialização e desenvolvimento que oferecemos nos longos tempos de escola pode ser extremamente determinante das dificuldades de aprendizagem. Avaliamos, catalogamos e agrupamos os alunos como se fossem eles os responsáveis. Como se carregassem para a escola motores cerebrais lentos ou acelerados quando seria mais profissional avaliarmos a qualidade de nossa mediação. Qualidade da mediação que depende da qualidade de nossa formação, das condições de trabalho, mas também da qualidade que como profissionais podemos ou deixamos de imprimir às nossas intervenções docentes. Muitos dos problemas de aprendizagem são problemas de ensino.

O contexto onde aprendemos é decisivo. O contexto escolar, as formas de enturmar, as posturas rígidas ou flexíveis na construção e reconstrução dos agrupamentos podem ser encaradas como um componente da qualidade profissional de nossa mediação nos processos complexos de aprendizagem. A mediação é nossa como mestres, mas também da organização escolar. Uma coisa é agrupar ou reagrupar partindo do suposto de que os alunos são motores cerebrais lentos ou acelerados e outra tratar com todo esmero os agrupamentos humanos, buscando o contexto, as formas mais propícias para que com as capacidades de aprender, que todo ser humano tem, todos aprendam. Se toda criança ou adolescente pode aprender, porém, se não é em qualquer situação que o ser humano aprende, como fazer para que a escola, a sala de aula, o convívio, a turma, os agrupamentos diversos... sejam uma "situação" de aprendizagem? Esta é a forma teórica e pedagogicamente correta de encarar a flexibilização dos agrupamentos, como "situações", contextos e intervenções mediadoras propícias às aprendizagens. Nesta direção tem sentido estimular a autonomia dos coletivos docentes para escolher os agrupamentos mais propícios para cada situação de aprendizagem. Mas se a flexibilização e autonomia das escolas for apenas para decidir como continuar classificando, hierarquizando e segregando os alunos, até social e racialmente, estaremos brincando irresponsavelmente de autonomia e de flexibilização.

Reagrupar para corrigir problemas de aprendizagem?

Na pesquisa feita na oficina constatamos que há um trato cada vez mais sério e profissional da flexibilização dos agrupamentos. Observamos que vem se tornando "normal" reagrupar os alunos em função de propiciar tempos específicos de "superação de dificuldades de aprendizagem", especificamente de leitura, escrita e matemática. (Por que será que continuamos sendo sensíveis às dificuldades de aprendizagem apenas nessas áreas?) São as aprendizagens em que os professores mais investem, mas sem esquecer de nossa obrigação de propiciarmos o desenvolvimento pleno dos educandos.

Encontramos vários documentos das escolas que mostram as intervenções que estão sendo feitas. Podemos citar vários exemplos: "As turmas podem ser alteradas em função de uma atividade planejada como oficinas de leitura e escrita, ou de linguagem matemática..."; "agrupamos por dificuldades em determinadas competências como por exemplo: interpretação de textos... esses agrupamentos são flexíveis. Quando um grupo de alunos, ou um aluno, vencer essas dificuldades deverá, depois de avaliado pelo coletivo de professores, passar para um novo agrupamento... A flexibilidade dos agrupamentos não se define apenas no sentido de estimular a mobilidade dos alunos, mas, também, da necessidade da construção do conhecimento..." Dois pontos nos chamaram a atenção nestes depoimentos. Primeiro, a consciência que as professoras têm de que seu papel é intervir nos processos de aprendizagem. Segundo, que intervir exige planejamento, escolha das atividades mais adequadas e também dos agrupamentos mais adequados. A flexibilidade está a serviço dos processos de construção do conhecimento. "Além das aulas com uma professora-referência, em que os alunos pertenciam a uma turma de referência, havia outros, em que eram reagrupados de formas diferentes. Duas vezes por semana, por exemplo, todos os alunos do 1º ciclo eram divididos em turmas menores, por competência na leitura e na escrita. Nesses momentos, as seis turmas transformavam-se em dez grupos, que eram assumidos pelas nove professoras que atuavam no ciclo e pela coordenadora pedagógica..."

Esses reagrupamentos, as professoras denominavam de "enturmação flexível". Vários documentos, propostas e relatórios mostram como a preocupação com o domínio da leitura e da escrita é central nas escolas. Há um suposto de que é nessas áreas que os problemas de aprendizagem aparecem. A constatação de que bastantes alunos não adquirem esses domínios no tempo esperado leva os coletivos docentes a intervir nos processos de reagrupamento. Uma intervenção coletiva. Os processos de aprendizagem são demasiado complexos como para ficar por conta de um único profissional exigem-se intervenções coletivas.

Outro relato de escola explicita os motivos da importância dada aos reagrupamentos nos delicados processos de aprendizagem da leitura e escrita:

"Consideramos importante o investimento na leitura e na escrita, não apenas pela grande demanda social e cultural em torno dessas competências, na sociedade contemporânea, mas, também, para superar certos efeitos excludentes sobre aqueles que não tenham demonstrado, ainda, o domínio no uso da leitura e da escrita... Uma das preocupações do segundo ciclo tem sido o desenvolvimento da leitura e da escrita dos alunos. O grupo de professores fez opção de criar os agrupamentos para esse trabalho. São nove grupos de alunos acompanhados por uma professora cada um. Nesses momentos, os alunos ficam em contato com vários produtores de textos, com várias formas de produção textual. Nesse processo os alunos convivem com a escrita criativa e social. Caso recente foi o Projeto Carta. Os alunos tiveram oportunidades de ler e escrever diferentes tipos de carta, foram ao correio, postaram as cartas, enfim, conviveram com todo o processo..."

A importância dada pelos coletivos docentes às formas de agrupar encontra seu sentido na compreensão social e cultural que os docentes têm das aprendizagens escolares. Quanto mais se alarga essa compreensão ou quanto mais se percebe que toda aprendizagem, leitura, escrita, matemáticas, ciências... toca no desenvolvimento social e cultural, cognitivo e humano dos educandos, maior a compreensão da necessidade de intervenções profissionais coletivas. A intervenção adquire objetivos menos pontuais, menos emergenciais. A preocupação deixa de ser dar conta de problemas de aprendizagem. Os docentes estão preocupados com a centralidade social e cultural da leitura e escrita. Reagrupam os alunos(as) em oficinas de leitura e escrita, não apenas nas primeiras séries ou no 1º ciclo, mas ao longo dos ciclos e da EJA:

"As oficinas de leitura e escrita têm como ponto de partida nossa crença de que a aprendizagem escolar é fundamentada na leitura, entendida aqui não como decodificação de um código, mas como interação e compreensão de uma realidade simbólica [...] desenvolvemos atividades que trabalham aspectos cognitivos envolvidos na compreensão e leitura de textos [...]. Essas oficinas acontecem no terceiro ciclo e na EJA. Conta com a participação de todos os professores do grupo de trabalho, que planejam, executam e avaliam as atividades propostas semanalmente [...]. Para o atendimento dos anseios dos alunos procura-se tratar de temas que sejam de seu interesse [...]".

Quando se dá centralidade às formas de agrupar os educandos se passa a dar centralidade ao trabalho coletivo dos mestres. Os termos com que descrevem as intervenções revelam a consciência de que ações tão complexas exigem novas formas de intervir. Formas mais coletivas: "o grupo de professores fez a opção...";

"os grupos eram assumidos pelas nove professoras que atuavam no ciclo e pela coordenadora pedagógica..."; "essas oficinas contam com a participação de todos os professores do grupo de trabalho que planejam, executam e avaliam as atividades propostas semanalmente..."

Agrupamentos flexíveis para o aprender humano

Os relatórios nos revelam que algumas experiências de reagrupamentos ainda são motivadas por dificuldades localizadas de aprendizagem. Como era de se esperar as escolas dão centralidade às dificuldades de leitura, escrita e matemática. Entretanto, a preocupação não se limita a enfrentar problemas de aprendizagem, mas a preocupação se orienta a dar conta da formação plena de todos os educandos. Várias experiências destacam menos a solução de dificuldades e mais a relevância social e cultural dessas áreas e seu papel na inclusão social e cultural. Encontramos outras motivações. Em algumas propostas, os reagrupamentos estão motivados pelas vantagens que podem trazer para a aprendizagem interagir com turmas menores, duas vezes por semana, e pelas vantagens de inserir todos os professores e professoras e até a coordenação pedagógica nesses convívios.

Outra motivação muito importante apontada para o reagrupamento dos alunos vem da compreensão da importância de tempos de produção coletiva para a aprendizagem. Por exemplo, agrupamentos menores para oficinas, contato com produtores de textos, acompanhamento de processos específicos de comunicação – Projeto Carta etc. São reagrupamentos de trabalho onde alunos e professores se envolvem em trabalhos, produção, acompanhamento de processos de produção social ou cultural etc.

É importante perceber que reorientar os grupos não tem por motivação a tradicional separação dos que aprendem mais rápido daqueles que aprendem mais lentamente ou têm dificuldades. Quando a preocupação com os agrupamentos tem como objetivo facilitar o fluxo, resolver ou minorar "problemas" de aprendizagem a tendência é criar um sistema paralelo de enturmação para os alunos-problema; por exemplo, turmas especiais, de reforço, de aceleração etc. Como se a flexibilização dos agrupamentos e a criatividade docente e pedagógica só entrassem em ação diante dos alunos tidos como problema. O que vemos nestes relatos é que a preocupação por formas mais diversificadas e dinâmicas de agrupamento e de trabalho docente é uma exigência de todo processo de aprendizagem. Todo educando(a) tem direito a essas formas mais flexíveis e dinâmicas de interagir, aprender e se socializar. Essas formas de agrupamento e de trabalho deixam de ser paralelas ou periferias aos agrupamentos dos alunos ditos "normais". Passam a ser processos normais para todo aluno e de toda a equipe docente.

Os relatos das experiências das escolas deixam claro que outras motivações vão sendo orientadoras da convivência e da flexibilização: vincular os processos de aprendizagem a coletivos menores de produção, criar interações produtivas mais próximas entre alunos e professores etc. Em outros termos a reorganização de coletivos não vem apenas do fantasma das dificuldades de aprendizagem, mas da própria natureza dos processos de desenvolvimento e de aprendizagem humanos. A rigidez das turmas e dos agrupamentos vem se revelando antipedagógica independente de termos ou não grupos de alunos com as supostas dificuldades de aprendizagem ou, no jargão atual, independente de termos alunos lentos, aceleráveis ou descontínuos na suposta progressão continuada. Os reagrupamentos flexíveis se impõem como inerentes ao aprender humano.

O coletivo sintetizou seu trabalho: a preocupação com os processos de aprendizagem dos alunos vem crescendo. Essa preocupação leva a intervenções nas formas de agrupar. Intervenções algumas mais pontuais e emergenciais, outras mais totalizantes.

As propostas e práticas pontuais de flexibilização dos agrupamentos são frequentes e vão construindo um estilo novo de equacionar e administrar os complexos processos de aprendizagem e de formação. Entretanto, encontramos formas menos pontuais, mais orgânicas ou que fazem parte de intervenções mais abrangentes na escola e nas redes. O que leva a essas intervenções nos agrupamentos escolares? A convicção de que se todo ser humano pode aprender não será em qualquer situação que ele aprenderá. As situações de aprendizagem são diversas, ainda que as capacidades sejam as mesmas. A função da escola, das redes, dos profissionais do ensino-aprendizagem é criar situações-mediações propícias. Estas situações não podem ser emergenciais, quando o problema aparece. Não somos bombeiros chamados em situações de emergência. Tudo na escola e em nossa docência tem de ser encarado e programado com o intuito de criar contextos e situações propícias ao desenvolvimento pleno de todos os educandos. Somos estrategistas profissionais das aprendizagens humanas. Não bombeiros.

Encarar os complexos processos do aprender humano como problemas no ensino de alguma área ou de alguma das competências escolares e apenas intervir nesses pontos não é a melhor maneira de equacionar a docência e a escola enquanto momentos propícios às aprendizagens e à formação.

Esta constatação vale também para intervir na enturmação. Se apenas lembrarmos de como enturmar, reenturmar quando alguns ou bastantes alunos apresentam problemas estaremos dando uma de bombeiros. Se apenas reenturmamos para resolver problemas de fluxo ou de defasagem estaremos caindo em soluções emergenciais. As intervenções nessa área tão delicada como os agrupamentos têm de ser equacionadas na totalidade de uma proposta pedagógica para a escola e para a rede. Não para resolver problemas, mas para criar as formas de organização mais propícias para o desenvolvimento pleno de todos os educandos. Para que toda capacidade humana de aprender aconteça.

É interessante constatar que quando as formas de agrupamento fazem parte desse equacionamento mais total dos processos de educar, formar, aprender e ensinar a enturmação, o reagrupamento traz um significado com nova qualidade, mais pedagógica e profissional. Um exercício interessante pode ser levantar o que é proposto em relação aos agrupamentos nos projetos das escolas e sobretudo nas propostas político-pedagógicas das redes e ainda mais especificamente das escolas e redes que se organizam respeitando os tempos de vida dos educandos.

Constatamos que há sinais cada vez mais explícitos do trato dos reagrupamentos como parte de uma proposta ou projeto mais abrangentes. Tudo o que acontece na escola e na rede pode ser uma situação-mediadora da aprendizagem ou da não aprendizagem. Os projetos ou propostas político-pedagógicos das escolas e das redes tentam equacionar todos os componentes da docência: currículos, didáticas, tempos, espaços, organização seriada ou por ciclos de formação, trabalho docente, tempos de estudo e planejamento dos docentes e também tempos dos alunos, organização de seu trabalho, agrupamentos, enturmação etc. Todos equacionados como contextos de aprendizagem.

A consciência que vem se criando de que é uma função dos coletivos docente e discente e de toda a comunidade escolar elaborar propostas e projetos de rede e de escola vem levando a uma consciência de intervenção e ação menos pontual, menos de bombeiros, e mais totalizante. Que alguns alunos aprendam ou não aprendam é resultado de múltiplos fatores e mediações. Tudo que acontece na escola, na rede, na sala de aula, na biblioteca, no recreio, no relacionamento entre professores, alunos e entre pares... tudo é mediador. Interpretações pontuais são formas ingênuas de simplificar processos humanos, mentais, culturais e socializadores que todas as ciências demonstram serem extremamente complexos. Há uma maior sensibilidade para o trato dessas complexidades de que somos profissionais.

Tem sentido equacionar os agrupamentos, falar em flexibilização nesse trato profissional dos complexos processos do construir aprendizagens mais significativas para todos os educandos.

3
Reprovar, classificar, segregar

*Não sou eu que classifico os alunos, eles são
diferentes, chegam à escola diferentes.*

Tínhamos chegado a um certo consenso: as resistências à organização da escola em ciclos não estão em aceitar que cada tempo da vida tem de ser respeitado. As resistências estão em ter de tratar todos os alunos como iguais. Não classificá-los nem hierarquizá-los. Classificar, hierarquizar faz parte de nossa cultura e prática social e inclusive de nossa cultura e prática profissional. Estaria aí o impasse? Em cada uma destas reflexões venho tentando revelar o que estou aprendendo: que toda proposta ou projeto pedagógico tocam em aspectos bem mais profundos do que muitos debates sugerem. Mexem nas práticas mais corriqueiras de nossa docência, mexem em nosso trabalho e consequentemente põem em xeque nossas crenças, valores e culturas. A prática e a cultura da classificação dos alunos está profundamente arraigada em nós. Esse é um dos patamares onde chegamos quando decidimos respeitar os tempos de vida e de formação dos educandos. Onde se dão os embates?

Recentemente, além de classificar os alunos(as) por seu rendimento na aprendizagem, passamos a classificá-los por suas condutas. As classificações morais invadem as escolas e reforçam a velha cultura da classificação. Tornam-nas mais perversas. Onde situar os embates diante de uma prática tão incrustada na cultura docente? Em realidade não temos problema em respeitar os tempos de aprendizagem e de socialização. O problema está na dificuldade de aceitar que todos os alunos têm a mesma capacidade de aprender os saberes e os valores. O difícil para a cultura social, pedagógica ou docente é aceitar a igualdade da condição humana. Os embates sobre se ciclos ou não ciclos nos situam aí. Se partirmos do suposto de que as capacidades humanas, mentais, cognitivas e morais são diferentes, não daremos conta de pensar e organizar nossa prática sem classificar, hierarquizar, separar e até segregar. Uma prática que foi tranquila por décadas, mas que passamos a questionar. Para muitos docentes classificar passou a ser uma prática incômoda. Mas por que nos incomoda classificar agora se fizemos isso sempre? Talvez tenhamos dificuldade de continuar catalogando e segregando quando avançamos tanto em visões e práticas democráticas. Haveria um descompasso entre nossas convicções democráticas e nossas práticas seletivas e classificatórias? Essa hipótese foi levantada por uma professora: "depois de tantas lutas por nossos direitos, meu pensar é mais democrático, me incomoda classificar, hierarquizar turmas e alunos – os mais capazes, os menos capazes, os mais lentos... Existe essa história de mais capazes, menos capazes?"

A organização da escola respeitando os alunos e suas temporalidades traz essas questões à tona. Como acompanhar as trajetórias humanas e como respeitar os tempos humanos e continuar classificando os alunos? Mas como não classificar e hierarquizar se sempre foi assim? Respeitar os ciclos de formação e ter sensibilidade para com os educandos nos defronta com nossas culturas classificatórias. Confronto nada fácil. Sobretudo, quando na atualidade é retomada outra classificação mais complicada e arriscada, a classificação moral. Os bons e os maus, os do bem e os do mal, os ordeiros, disciplinados e os indisciplinados, drogados, violentos... Das classificações no campo das aprendizagens passamos para as classificações no campo da moral. Como estão sendo enfrentadas estas questões nas escolas? O debate, no coletivo, sugere alguns aspectos para nossa reflexão: primeiro, identificar a variedade de práticas classificatórias que acontecem no cotidiano de nossas escolas. Classificar faz parte de nossa cultura e prática docentes? Segundo, identificar o mal-estar que provocam essas práticas ou os questionamentos que vêm sendo feitos a essa prática classificatória. Terceiro, confrontá-las com ideais e valores democráticos, igualitários.

Classificados, segregados, mas por quê?

Quanto ao primeiro ponto não foi difícil reconhecer que é uma prática rotineira agrupar, classificar os alunos em hierarquias, estratos, às vezes em castas morais. Desde que a criança entra na escola aprende a ser rotulada e classificada. Sabe que irá para uma turma, mas para que turma que eu vou?, nos perguntará. Para muitos responderemos: Vocês vão para a turma dos repetentes, dos lentos, dos indisciplinados, dos desacelerados ou aceleráveis ou dos indisciplinados e violentos. Nenhum desses alunos e dessas alunas terá ousadia de perguntar-nos: E por que eu? Mas possivelmente pensem para si mesmos: estamos entre os lentos e repetentes porque somos iguais: pobres, negros, meninos de rua, adolescentes trabalhadores de rua? Ano traz ano irão aprendendo o que os mestres não têm coragem de lhes dizer: Vocês irão para a turma dos repetentes, ou dos lentos ou dos aceleráveis ou indisciplinados, porque pensam, aprendem lentamente, porque não progridem continuamente ou porque não têm boas condutas. Talvez os alunos não acreditem e continuarão perguntando-se pelas coincidências entre as classificações escolares e as classificações sociais, raciais e morais que sofrem na sociedade, nos campos e cidades.

Um dos momentos mais tensos do ano letivo é a hora de enturmar e agrupar os alunos. Nesse momento exercemos o papel classificador da escola e da sociedade e somos obrigados a escolher critérios de classificação. Apenas critérios de idade? Respeitar o tempo humano de cada um? Seria o mais neutro e democrático? O coletivo escolar dificilmente aceita apenas esse critério e termina usando outros. Por exemplo, as supostas diferentes capacidades de aprendizagem. Seriam capacidades inatas? Mas nascemos uns com maiores capacidades de aprender do que outros? Capacidades sociais, capital social e cultural? Mas como prejulgar que determinados grupos sociais teriam mais ou menos capacidades de aprender, de socializar-se e desenvolver-se como humanos? Não descartamos classificar, inclusive por critérios morais – os alunos bem ou malcomportados, dedicados, disciplinados, estudiosos, pacíficos ou violentos... Os mestres nunca lhes dirão que os classificam como lentos, repetentes ou desacelerados por serem pobres, negros ou socialmente excluídos. As classificações escolares ocultam os critérios reais. Alguns alunos podem não ser tão lentos, mas fizeram méritos para serem catalogados como indisciplinados, desinteressados, até violentos. Serão segregados para não contaminarem os bem-comportados, atentos e interessados. Mais uma classificação coincidente com a classificação social. Mas por que cada vez mais alunos engrossam essa categoria dos violentos, indisciplinados, malcomportados tanto nas escolas quanto na sociedade e na mídia? Será porque respondem à violência com que a sociedade os trata? Será porque nasceram sem valores? Será por pertencerem a uma raça preconceituosamente vista como carente de valores? Porque foram embrutecidos precocemente pela vida? Não importa. O fato é que terão de ser catalogados e segregados por não terem a sensibilidade para com a disciplina e a vontade de aprender. Sobretudo, por chegarem à escola sem educação, sem bons comportamentos, sem valores. Não é essa a visão do povo que as elites têm? Não é essa a visão preconceituosa que a pedagogia herdou das elites?

Entretanto, a outras crianças, adolescentes ou jovens lhes será dito em cada início de ano letivo: Vocês irão para as turmas dos cérebros precoces, dos que nasceram ou se fizeram para as ciências, para as letras, dos que desde o berço aprenderam os valores e a disciplina social, moral e intelectual.

Aprender a ser aluno é aprender a ser classificado. É internalizar ao longo do percurso escolar que cada um pertence a uma categoria, a uma turma, a um grupamento. A uma classe, não apenas escolar, mas a uma classe social, a um grupo racial, a um coletivo moral. Civilizado ou bárbaro. Aprender (que surpresa ou coincidência!) que desde bem criança, na escola como na sociedade, será sempre classificado e rotulado. Talvez essa seja a lição magna da vida e da escola. Os coletivos docentes constatam, não sem pesar, que essas práticas classificatórias são muito parecidas em todas as escolas. Constatam ainda que são tão rotineiras e familiares que por décadas não as questionamos.

Porém, os coletivos docentes não param nessas tristes constatações. Sentem-se cada vez mais incomodados ao constatar que essa perversa lógica excludente e classificatória faz parte da cultura escolar e docente. Poderíamos tentar desconstruí-la? Cresce a consciência de que é urgente desconstruir essa cultura classificatória.

Chegamos ao segundo ponto: O que está mudando? Constatamos que recentemente passamos a questionar e interrogar essas práticas classificatórias. Nos perguntamos: Seria inerente à ação educativa classificar os educandos? Seria inerente aos processos de ensino-aprendizagem reprovar, segregar os aprendizes? Por décadas nem nos fizemos essas perguntas, tão espontânea e corriqueira se tornou a prática de classificar. Tínhamos certeza de nossa prática. Prática oficialmente reconhecida e exigida até nas normas e decretos e nos prontuários que a escola tem de preencher e enviar às secretarias.

A organização da escola, privilegiando o critério do respeito aos ciclos-tempos humanos dos educandos, desestabiliza nossas certezas. A classificação e seus critérios se tornam inseguros. Os momentos de agrupamento não são mais pacíficos. Os velhos critérios classificatórios perdem legitimidade. O que há de animador? Que sentimos necessidade de desconfiar e questionar essas práticas classificatórias. Que os alunos se revelam contra serem classificados. Enquanto não desconfiemos dessas formas de catalogar e hierarquizar os educandos não sairemos do mesmo lugar. A organização da escola, respeitando os tempos-ciclos, ao propor que os alunos sejam agrupados simplesmente por idades, que se respeitem seus tempos humanos, acelera as dúvidas e os embates sobre as práticas classificatórias. Insisto, muitas das reações à organização da escola, respeitando os tempos dos alunos, não são contra o respeito aos tempos dos educandos. A dificuldade está em aceitar que todos alunos e alunas têm a mesma capacidade de aprender os conhecimentos e os valores. Resistimos a rever os pressupostos que por décadas legitimaram nossas práticas classificatórias.

E nossas concepções democráticas e igualitárias?

Em todo exercício classificatório de seres humanos revelamos nossas concepções humanas, sociais, morais. Revelamos até onde vão nossas concepções democráticas e igualitárias. Classificar alunos é julgar pessoas humanas.

Quando se pretende reorganizar a escola respeitando os educandos e seus tempos, uma das áreas onde as reações são mais tensas é exatamente nossa prática classificatória. Respeitar todos os alunos como iguais em suas capacidades de aprender e agrupá-los por um critério tão objetivo quanto a sua idade, tempo ou ciclo de vida produz reações. Por que essas reações? É importante trabalhar essa pergunta. A pergunta pode ser colocada em outros termos: O problema é apenas escolher entre critérios diversos de agrupamento e classificação? Ou o problema é mais de raiz? Um professor foi ao ponto nuclear: "se enturmamos ou classificamos por idades e pronto, em realidade não estamos exercendo nosso poder de classificar". Faz parte de nossa cultura escolar e docente classificar, hierarquizar os alunos. Como faz parte de nossa cultura social e política classificar e hierarquizar os grupos sociais. O que está em jogo é essa cultura e essas práticas. Nossas concepções igualitárias.

Este é o ponto a ser trabalhado com mais cuidado: o substrato ideológico da classificação não foi inventado pela escola nem por seus mestres, forma parte da consciência cultural de nossa sociedade ver a humanidade escalonada em tipos superiores e inferiores, mais capazes e menos capazes, mais éticos e menos éticos. Ideologia recriada em pseudocientíficas teorias de aprendizagem. Sem desmontar esse substrato ideológico será difícil desmontar práticas tão arraigadas na cultura escolar e docente, como avaliação, classificação e os sempre renovados dualismos hierárquicos com que catalogamos os educandos. Falta-nos pesquisas que revelem as nuanças escolares desse substrato ideológico. Há até resistências a revelá-lo, pois teremos de desmontar e deslegitimar rituais e liturgias classificatórias arraigadas no cotidiano escolar. Teremos de rever nossos valores.

Teríamos de erradicar de nossas metáforas e representações um conjunto de hierarquias expressas em uma quantidade de símbolos que se transmitem nas histórias, na literatura infantil, nas listas de bons alunos, nos quadros de *honor*, nos destaques acadêmicos... Até nas figuras nada inocentes de cigarras preguiçosas e de formigas prevenidas, de lobos maus, de reis e vassalos. Simbologias sempre polarizadas do bem e do mal, das do alto e do baixo. Símbolos de culturas atávicas, de sociedades extremamente hierarquizadas. Todo tipo de dualismo com grande valor simbólico, pedagógico e didático encontra acolhida na cultura escolar e se reproduz em uma parafernália de rituais, histórias, símbolos, hierarquias e classificações.

Por que esse universo dualista, hierárquico se incrustou e se reproduz com tanta facilidade na pedagógia escolar? Talvez porque é um recurso extremamente útil para o controle dos alunos nas precárias condições em que trabalhamos. Talvez porque as vítimas de tantas preconceituosas classificações não sejam os mestres, mas crianças e adolescentes indefesos, sem poder, sem fala, diante de um corpo de gestores e de adultos também sem demasiado poder sobre seu trabalho. Esse substrato está vindo à tona e se revela como uma ideologia excludente e segregadora, antipedagógica e antidemocrática, na medida em que avançamos em práticas e concepções democráticas e igualitárias.

Que papel cumpre essa ideologia da classificação? Cumpre o papel de perpetuar as polarizações sociais, de classe, raça, gênero, cultura, naturalizá-las e legitimá-las. Tentar convencer aos indivíduos e grupos que sempre foi assim, que as hierarquias vêm da natureza, do berço, da origem, do gênero ou da raça. As classificações na escola reproduzem todas essas funções e ainda desempenham o papel de controle das condutas. Porém, quando as classificações e hierarquias tocam nos limites dos indivíduos e dos grupos sociais dentro e fora da escola perdem sentido e se revelam extremamente antipedagógicas. Por exemplo, o que louvamos ou rejeitamos, aprovamos ou reprovamos quando julgamos um aluno ou um coletivo de alunos de uma raça ou de uma classe social? Louvamos ou rejeitamos mais do que um aluno e julgamos ou trazemos à tona prejulgamentos sobre sua classe, sua raça, sua cultura, sua história e trajetória pessoal e coletiva. Todo julgamento escolar apenas concretiza prejulgamentos sociais, raciais, de gênero ou classe. Será por acaso que a maioria dos reprovados(as) é pobre e negro(a)? Ninguém é imparcial, carregamos esse substrato ideológico classificatório para a docência. Dá para ter insônia quando classificamos, reprovamos e retemos.

Quando os coletivos chegam a rever esses pressupostos o diálogo fica bastante tenso e ao mesmo tempo denso. Vamos percebendo que, em realidade, talvez inconscientemente estamos pressupondo e assumindo que os seres humanos são desiguais nas capacidades cognitivas, ou nas capacidades morais e comportamentais. Percebemos que quando catalogamos ou não o que está em jogo são concepções segregadoras ou democráticas, igualitárias ou não. Quando os coletivos docentes chegam a este ponto notamos que estamos tocando em coisas muito sérias: em nossas convicções e em nossos valores. Nos colocamos a nós mesmos como questão: até onde avançamos na construção de saberes e valores, de concepções e fazeres democráticos e igualitários? Nos perguntamos, inclusive, se o movimento em prol da gestão democrática da escola não foi tímido. Ficou em formas participativas de gestão, mas deixou intocadas concepções e práticas classificatórias, excludentes, segregadoras, antidemocráticas e anti-igualitárias tão arraigadas no cotidiano escolar e nas culturas docentes.

É interessante constatar que na década de 1980 avançamos na defesa da gestão democrática da escola. O movimento docente teve um papel decisivo nestes avanços. Fomos sensíveis à descentralização do poder, mas a gestão democrática deixa encobertas estruturas e práticas excludentes e totalitárias. Na década de 1990 descobrimos que a escola pode chegar a ser mais democrática nas formas de gestão, porém pode continuar seletiva, segregadora, antidemocrática nas práticas mais rotineiras como enturmação, reprovação, retenção, defasagem, classificação. Se é necessário repartir o poder gestor na escola, é urgentíssimo pensar todas as práticas e rituais que reproduzem cotidianamente formas sociais de coerção interna. Práticas e rituais coercitivos, antidemocráticos, instituídos e reproduzidos como rotinas escolares e docentes. O sinistro dessas práticas é que estão tão internalizadas que nos parecem naturais. Podemos ter democratizado as formas de gestão. Podemos eleger democraticamente os gestores, não temos mais proprietários(as) vitalícios das escolas, porém, independente de quem comanda, podem continuar intocados os rituais, as práticas e estruturas classificatórias, hierarquizantes e seletivas. Como se agissem com autonomia. Fazemos greve contra as classificações e hierarquias salariais, ou sai diretor(a) entra novo diretor(a) eleitos e as práticas classificatórias, seletivas antidemocráticas continuam. Por quê? Porque os pacientes são os alunos silenciados?

Chegam à escola diferentes

Quando os coletivos chegam a este ponto, uma forma de avançar e aprofundar pode ser dedicar dias de estudo para compreender como se dá historicamente o movimento democrático. Chegamos ao terceiro ponto. As sociedades somente avançaram para a democracia substantiva na medida em que foram além da troca de gestores e foram superando – superação incompleta e tensa – todas as concepções e práticas sociais baseadas na desigualdade natural e social, de gênero ou raça, classe ou idade. Quando vão reconhecendo e respeitando o princípio de igualdade. Quando suas instituições, inclusive a escola, se inspiraram no princípio do respeito à igualdade da condição humana. Quando questionaram modelos fechados e abstratos de igualdade e incorporaram as diferenças. Quando se propuseram superar todas as formas de classificação, segregação e todos os resquícios de crença nas desigualdades de natureza, gênero, raça ou classe. Se nas sociedades esses avanços são lentos e tensos, na escola não é diferente. Sabemos como as teorias da aprendizagem e os sistemas de ensino têm dificuldade em avançar ao ponto de reconhecer que todo educando e toda educanda são iguais nas capacidades de pensar, raciocinar e aprender. São iguais nas capacidades de ser sujeitos éticos, culturais, humanos, cognitivos e de aprendizagem. A democratização da escola e das teorias de aprendizagem ainda não está acabada. A vigilância democrática tem de ser mantida.

Daí que provocar nas redes e nas escolas intervenções corajosas nos critérios e práticas de agrupar os educandos pode ser uma das formas mais radicais e mais duradouras de inovar estilos e concepções, culturas e valores democráticos e igualitários. As reações e resistências que estão acontecendo ao reordenamento das séries e a procura de critérios de agrupamento que respeitem os tempos-ciclos de vida e de formação dos educandos é um sinal inequívoco de que mexer nos reagrupamentos humanos e nos velhos critérios classificatórios é mexer fundo nas bases democráticas ou antidemocráticas de nossas crenças, valores e culturas.

Uma das críticas mais constantes à organização dos educandos respeitando seus tempos de formação e aprendizagem é que não há mais reprovação e retenção. Que todos passam. Consequentemente, destruímos um dos velhos critérios de classificação e seletividade. Em realidade a crítica não é reprovar ou não reprovar, reter ou não reter. Nenhum professor é tão sádico que encontre qualquer prazer pedagógico em reprovar seus alunos. O que está em questão é aceitar que todos os educandos são iguais em capacidades mentais, morais, culturais. As reações a favor ou contra a classificação, retenção, não passam de reações ao pressuposto de que todo ser humano é capaz de aprender e de ser humano. Como crianças e adolescentes que classificamos como lentos, desacelerados, burros, indisciplinados e violentos vão ser agrupados como iguais com os acelerados e disciplinados? Uma professora assim justificava a retenção: "se eu agrupar os inteligentes com os burrinhos, os acelerados com os desacelerados, os atentos com os desatentos estarei sendo injusta com os inteligentes, os acelerados e os atentos". Se as mentes e vontades humanas não nascem iguais, como tratá-las e agrupá-las como iguais? A palavra retenção é muito expressiva. Reter, separar o que por capacidades e condutas não é igual. A justificativa do professor para continuar reprovando e classificando sintetiza essa visão naturalizada das diferenças: "Não sou eu que classifico os alunos, são eles que são diferentes e chegam à escola diferentes". Diferentes por natureza. Logo, à escola só resta assumir as diferenças de natureza. Podemos dormir em paz com nossa consciência.

No fundo são resquícios naturalizantes, de culturas e práticas anti-igualitárias. Resquícios pré-modernos, que ainda pensam que nem todos os seres humanos nascem iguais, em dignidade e capacidades intelectuais e morais. Logo terão de ser agrupados como desiguais. São os resquícios mais perversos de segregação social, cultural, racial, sexual ainda não superados na sociedade e na escola. Essas culturas de retenção, reprovação, segregação e enturmação estão distantes dos ideais que inspiraram a defesa da educação básica universal como direito inerente à igualdade de todo ser humano. A pedagogia moderna nasceu para dar conta da reconhecida igualdade da condição humana. Quantas culturas, valores e práticas escolares e docentes continuam ainda pré-modernas. Será esta pré-modernidade que se revela irritada quando se pretende respeitar e reconhecer a igualdade de capacidades de toda criança, adolescente, jovem ou adulto com que lidamos, inclusive nas escolas públicas populares? Ou será que o projeto de modernidade e o ideal de igualdade nasceu excluindo os diferentes?

A expressão mais brutal e evidente dessa excludência está nas estatísticas sobre retenção, segregação, defasagem idade-série em nosso sistema educacional. Não será necessário trazer essas estatísticas. Seria bom que os coletivos docentes nos cursos de formação e nos dias de estudo retomassem esses produtos de nossa cultura da reprovação, retenção e segregação. Quantos? 50%, 40%, 30%, 15% de reprovados e retidos e até 70% ou mais de defasados?

O grave não são apenas os dados, o mais grave é que ainda encontramos justificativas para esses dados nas diferentes capacidades e ritmos de raciocinar e de aprender, de internalizar valores e condutas. Nas diferentes capacidades de desenvolver-nos como humanos.

Essas chocantes estatísticas revelam algo mais chocante – nossa pré-modernidade nas formas de pensar a igualdade da condição humana. Por que durante décadas não nos irritamos e indignamos contra essa perversa retenção e defasagem? Contra esse desrespeito aos tempos da vida? Por que não a considerávamos como produção nossa, de nossa indecente cultura social, docente e escolar, mas a considerávamos como natural. Inscrita na diversidade natural ou social entre os gêneros, as raças, as classes, ou simplesmente na diversidade de capacidades intelectuais e de inclinações morais. Se aceitarmos que todo educando é igual em suas capacidades cognitivas e morais teríamos de assumir que as diversidades de aprendizagem e de comportamento são produtos dos contextos em que se dão, da sociedade e também da escola e de nossa docência. Em vez de agrupar pela suposta diversidade de capacidades e de condutas, agruparemos por critérios não classificatórios e segregadores, por critérios afirmativos, da superação de históricas desigualdades. Critérios de estímulo, de acompanhamento da diversidade de contextos, de referências culturais, de vivências formadoras e de aprendizagem. Em vez de políticas e práticas classificatórias, políticas afirmativas. Não são ações afirmativas o que reivindicam os movimentos sociais?

Não deixaremos de reconhecer e estar atentos à diversidade de contextos de aprendizagens, estar atentos às trajetórias humanas, sociais de cada educando e de cada coletivo racial, social, porém não interpretaremos essa diversidade como alunos-problema, como lentos, burrinhos, ignorantes, menos capazes de aprendizagem e de formação. Planejaremos com profissionalismo políticas e estratégias afirmativas que deem conta dessas diversidades de contextos de aprendizagem, de socialização, de trajetórias humanas. Que deem conta do trato perverso dado por séculos a determinados coletivos sociais.

A diversidade de contextos a que os seres humanos são submetidos passa a ser um problema para nós profissionais da aprendizagem e da formação. Passa a ser um desafio para nossa competência profissional. Uma obrigação a mais para garantir para todos os educandos(as) seu direito a aprender, a superar os contextos que os condicionam. Se houver necessidade de agrupamentos visarão garantir a igualdade, as capacidades iguais de aprender. Agrupamentos afirmativos de igualdade. Democráticos, nunca segregadores. Nesta direção as práticas e a cultura escolar e docente estão avançando. Por aí a escola se torna mais democrática. Mais pública.

4
Reprovação-retenção na agenda escolar e social

Já reprovei e dormi em paz, hoje penso nos custos humanos para os alunos, tenho medo de reprovar...

Teriam se colocado todos de acordo? A maioria das críticas se concentra no mesmo ponto: os ciclos acabam com a reprovação. Um absurdo! Inconcebível! Desestimulante para os alunos e para os professores. Teremos alunos que passam de ano, até de ciclo, sem saber. Sem reprovação a indisciplina andará solta. A qualidade do ensino cairá ao fundo do poço... Classificar, segregar e reprovar tornaram-se práticas rotineiras entre os profissionais, a tal ponto que tocar nelas é tocar em nossa cultura política e social, escolar e docente, o que provoca reações e críticas apaixonadas. É como profanar rituais sagrados.

Críticas repetidas que vêm de políticos e gestores, de famílias, acadêmicos e professores. Críticas que estão na mídia, em assembleias, em teses e dissertações, em avaliações. Logo, críticas que devem ser levadas a sério. Alertas preocupantes que têm merecido dias de estudo, seminários, debates e oficinas.

Tenho participado desses momentos em que coletivos de profissionais da educação tentam equacionar e aprofundar essas críticas à organização das escolas que pretendem respeitar os tempos-ciclos da vida dos educandos. Entender por que reprovar não reprovar passa a ser a grande questão. Haverá outras questões mais de fundo nas reações à reprovação-não reprovação? São frequentes momentos coletivos para estudar, ponderar e ressignificar essa prática. Para tratar esse mal-estar docente e de grupos sociais diante da não reprovação. Por que será que por décadas não tivemos o mesmo mal-estar docente diante da reprovação? Será oportuno aproveitar esses embates para provocar um processo de ressignificação dessas práticas e desses rituais tanto entre os profissionais da escola quanto entre as famílias e os diversos grupos da sociedade. Como não ficar na superfície e ir mais fundo em uma prática tão delicada?

É necessário encontrar tempos para o estudo de uma prática tão séria. Encará-la com profissionalismo. Não aceitá-la como natural. Pensar naqueles(as) que padecem de maneira tão perversa a reprovação, os educandos pobres, negros, excluídos sociais. Pensar essa prática nas exigências do movimento democrático e igualitário. Em várias escolas começamos levantando algumas questões orientadoras do estudo: Que significados pode ter o fato da reprovação estar no debate escolar e social? Por que incomoda tanto? Por que polariza posturas o fato de manter ou não manter a reprovação? Em que sentido o incômodo da reprovação-não reprovação está sendo um processo de repensar-nos como docentes, em nossas competências e condutas, em nossos valores e em nossas culturas? As tentativas de superá-la estão sendo um processo de requalificação e formação? Nos forma em quê? Mudamos ou reafirmamos nossa forma de pensar e agir? A sociedade é tocada, reeducada?

A primeira constatação que fizemos é que em realidade os embates sobre reprovar ou não reprovar não surgem com a organização da escola em ciclos, esses embates já estavam acontecendo na organização seriada. Consequentemente ponderamos que seria conveniente instalar dois grupos de trabalho: um responsável por pesquisar se nos projetos das escolas seriadas ou nas práticas de seus professores está em pauta repensar a prática da reprovação, que estratégias estão sendo implementadas e como reagem os coletivos docentes das escolas seriadas. Outro grupo de trabalho ficaria responsável por pesquisar como as propostas de organização da escola em ciclos tratam a prática da reprovação-retenção, qual a centralidade que o embate tem nessas propostas.

Tensões na organização seriada

O grupo que identificou como nas escolas seriadas é equacionada a reprovação-retenção constatou que se a organização em ciclos tem trazido ao debate social a questão da reprovação, faz um tempo que esse debate está posto nas escolas, ao menos está posto nas inquietações de inúmeros docentes. Na escola seriada há um questionamento pedagógico que vem de longe. Muitos docentes se perguntam se tem algum sentido educativo reprovar e reter centenas, milhares de alunos. A atitude irresponsável que prevaleceu por décadas, "reprovo e durmo em paz com minha consciência", está sendo substituída por uma atitude inquietante: "me incomoda, me dói ter que reprovar". A postura displicente das escolas que nem se preocupavam com os seus índices de reprovação está mudando para olhares atentos e preocupantes diante dos seus altos índices de reprovação-retenção, defasagem. Percebemos que somos responsáveis por esses índices. É a escola e seus docentes que reprovamos. Em quase todos os projetos pedagógicos de organização seriada uma das metas mais ambiciosas é acabar, ao menos diminuir, a reprovação-retenção.

Os embates havidos na organização seriada sobre se reprovar ou não reprovar, reter ou não reter, vem quebrando mitos e concepções que estavam bastante arraigados – "durante anos pensei que ser bom professor era ser exigente, tive orgulho de ser duro". "Escola boa é a que reprova." Estas crenças estão perdendo crentes e adeptos. Não haverá outros critérios de medir a qualidade de nossa docência e da escola? Quando esta pergunta se instala em um coletivo, mudanças profissionais sérias estão acontecendo. Depois de décadas de convívio displicente com os índices de retenção-reprovação e depois de noites dormidas em paz apesar de reprovar a um quarto ou mais dos alunos, estamos com insônia, acordamos e somos obrigados a justificar pedagógica e teoricamente se tem sentido reter milhares de adolescentes fora de seu tempo da adolescência. Quando um coletivo docente se defronta com estes questionamentos pode estar redefinindo o significado de sua docência.

É conveniente superar a imagem de que nos quintais da organização escolar em séries, grades e disciplinas, tudo são flores. Há muitas e fecundas inquietações e práticas transgressoras nessa aparente paz. Um dos campos onde essas tensões se manifestam é nas velhas práticas de classificar e segregar, reprovar e reter os educandos(as). Coletivos docentes tentam flexibilizar essas práticas, porém se defrontam com as lógicas hierárquicas inerentes às séries.

Estamos aprendendo muitas coisas sobre as frias sentenças reprovadoras. Por trás dos frios índices há muita frieza humana, mas também se escondem sentimentos e até processos de culpabilização. O que sentem os professores quando reprovam? O que sentem quando têm de se posicionar a favor ou contra a prática da retenção? Que emoções entram em jogo? Estão sendo reafirmadas ou redefinidas? Uns têm orgulho de ser duros, outros se emocionam quando veem seus alunos passando de ano. Outros têm um sentimento de culpa quando não passam. Possivelmente o que está em jogo nos embates sobre a reprovação-retenção são as dimensões emocionais da docência. Emoções tão humanas como orgulho, ansiedade, culpabilidade, frustração. Sentimentos que afloram de maneira mais intensa diante do número de aprovados ou reprovados. Sentimentos diante do produto de um ano de trabalho. Lembro de uma professora que confessou fazer tudo para que seus alunos aprendessem para ela não cair em depressão ao final do ano: "Tenho vergonha, me sinto profundamente frustrada quando não passam. Entro, até, em depressão". A ansiedade diante da aprovação é uma das causas de doenças mentais de muitas professoras e professores dedicados(as).

As tensões e embates em torno da reprovação-não reprovação revelam que entramos nesse campo delicado dos sentimentos e das emoções. Dos valores. Da consciência. Sentimentos que se revelam mais do que individuais, coletivos. Como tratar esse delicado campo para que seja um embate formador, incentivador e não destrutivo? Será necessário respeito para saber até onde chegar e onde parar. Culpabilizar a docentes sobre a reprovação é injusto, mas uma certa culpa pode ser um incentivo a rever posturas e práticas, que exigem mudanças urgentes. Durante décadas encontramos des-culpas para reduzir nosso sentimento de culpa e continuar reprovando. Des-culpas para ocultar um fundo de culpabilidade. Em outros termos enfrentar a prática da reprovação pode ser um excelente exercício de reeducação de valores, sentimentos e emoções tanto de orgulho como de culpabilidade.

A questão da reprovação-retenção tem sido nas últimas décadas um dos campos mais fecundos de embates, questionamentos de crenças, emoções, valores e concepções sobre a educação e o ofício de mestre. Tem sido um campo formador exatamente porque não é uma prática externa aos docentes, eles e elas são ao mesmo tempo sujeitos e pacientes dessa prática. Discuti-la e enfrentá-la é ter de enfrentar-se consigo mesmo como pessoa e profissional. Aí estão suas virtualidades formadoras. Como conduzi-las e explorá-las pedagogicamente? Será necessário que esses processos sejam socializados em momentos coletivos de oficinas, estudos, pesquisas, que os sentimentos sejam respeitados. Sem culpa, mas também sem des-culpas.

Correção de fluxo, diminuição de custos...

Foram ricas também as contribuições do grupo de trabalho que pesquisou sobre como especificamente encaram a reprovação-retenção as propostas que organizam a escola em ciclos.

O grupo constatou que não há coincidências no trato e relevância dada à reprovação-não reprovação no conjunto dessas propostas. Como vimos ao longo deste trabalho, as concepções de ciclo são bastante variadas e até desencontradas. Esta variedade de concepções e de trato dos tempos-ciclos da vida vai condicionar o peso e o trato dado à prática da reprovação-retenção. Há um consenso na visão dos docentes, das famílias e da sociedade: que os ciclos acabam com a reprovação, até o ponto de reduzir a visão dos ciclos à ideia de não reprovação, não retenção. Passar todo mundo. Um olhar bastante reducionista, superficial que não leva em conta a diversidade de tratos dos tempos-ciclos dos educandos.

Realmente todas as propostas de reorganização escolar em ciclos têm dado o mesmo destaque a não reprovação e não retenção? O grupo que pesquisou sobre esta questão encontrou que aquelas propostas que concebem os ciclos como agrupamento de séries, como sequenciação de conteúdos e aprendizagens, e como progressão automática e até continuada, e como respeito à diversidade de ritmos de aprendizagem etc. tem colocado de fato e com destaque, como uma das motivações centrais para implantar essa concepção e organização de ciclos, a diminuição e até eliminação dos índices de retenção e defasagem. Nesses agrupamentos de séries, chamados impropriamente de ciclos escolares, ciclos de ritmos de aprendizagem, de progressão continuada, se equaciona a não reprovação como um dos mecanismos de correção de fluxo, às vezes para barateamento dos custos que acarretam a retenção e a defasagem.

De fato, as estatísticas mostram que no sistema escolar brasileiro a retenção e a defasagem são altíssimas, que as artérias da escola estão entupidas, que o fluxo é lento, que o custo é alto, que o número de anos necessários para completar a 8ª série é de quase 11 anos letivos etc., etc. Quando no diagnóstico se privilegiam essas dimensões é normal fazer o seguinte equacionamento: se o que retém o fluxo escolar é a prática da retenção-reprovação a solução é simples: eliminemos a prática da reprovação e o fluxo fluirá. Era de esperar que a mídia, a academia, os professores e as famílias e até os sindicatos docentes reagissem a esse diagnóstico tão simplista dos crônicos problemas da retenção e reagissem à eliminação por decreto da reprovação como solução. É normal reagirem aos ciclos reduzidos a esse simples agrupamento e colagem de séries para reduzir custos.

O grupo constatou que nem sempre as reações são à não reprovação, mas à forma impositiva, sem debates, como foi proibido reprovar. As reações são aos motivos financeiros que tentam justificar a não reprovação: rebaixar os custos com a escolarização pública. As reações dos docentes contra a imposição da não reprovação estão motivadas sobretudo na falta de condições para trabalhar dignamente com alunos que passam sem dominar as habilidades básicas requeridas para acompanhar o percurso seriado. Como não reprovar se essa organização em ciclos não altera a organização seriada de seu trabalho? As famílias não defendem que seus filhos sejam reprovados, retidos, mas temem que se passados sem saber não tenham condições de competir nas escassas oportunidades de trabalho. Que adianta passar sem saber em uma lógica sequencial, seriada ou contínua? Uma preocupação legítima.

Em síntese, amontoar séries, chamadas de ciclos, sem alterar a lógica seriada, linear, sequencial, e apenas proibir reprovar e reter em cada ano ou ao final de um amontoado de séries, é uma medida inconsistente que produz legítimas reações, resistências e críticas sérias da comunidade escolar e da sociedade. Parece haver uma intuição de que uma vez que a reprovação-retenção é inerente à lógica seriada e linear, progressiva e sequencial do trato do ensino e das aprendizagens, não pode ser tratada como um ato pontual, gratuito que pode ser alterado sem alterar a concepção de educação que o legitima e a lógica organizativa escolar que o materializa e perpetua. Sobretudo não pode ser repensada sem repensar as condições de trabalho dos docentes e discentes.

A retenção não é um simples problema de custos, um problema gerencial, é um problema pedagógico, de concepção de educação básica, de respeito aos percursos de formação, de direito a não interrupção dos processos socializadores etc. As reações críticas ao trato simplista dos profundos enraizamentos sociais, humanos e pedagógicos da reprovação têm de ser estimuladas. Ainda bem que as famílias, os docentes, a mídia, os intelectuais, os sindicatos vêm reagindo a esse trato pouco sério da eliminação da reprovação escolar e a essa concepção pouco séria de ciclos. Amontoar séries apenas para não reter, para normalizar o fluxo escolar, para rebaixar custos merece críticas contundentes. Esse amontoado de séries não merece o nome de ciclos. A lógica seriada não é superada. A reprovação, retenção, defasagem são inerentes à lógica temporal seriada. São alguns dos seus produtos mais nefastos.

Quem paga os custos humanos da reprovação-retenção?

Será esse o trato dado à reprovação-retenção nas propostas que concebem os ciclos como tempos da vida, temporalidades humanas de formação, de desenvolvimento, de socialização e de aprendizagens? O grupo que ficou com a incumbência de levantar se as propostas que organizam a escola em ciclos de formação davam tanta relevância à reprovação ou não reprovação não encontrou essa relevância nas redes e escolas que partem dos tempos dos educandos e se propõem organizar o trabalho docente, as aprendizagens, os espaços e tempos escolares tentando respeitar esses tempos-ciclos da vida. Buscam uma lógica organizativa diferente da lógica seriada e também uma lógica diferente dos ciclos como amontoados de séries. Ainda que o custo fosse o mesmo e que o fluxo fosse normal, e que não tivéssemos retidos e defasados, o respeito aos tempos humanos dos educandos teria sentido e deveria ser o eixo estruturante da organização escolar.

A reprovação e retenção não cabem nessa lógica educativa, não por seus custos financeiros serem altos, mas por serem práticas que não respeitam os tempos mentais, culturais, sociais, identitários, os tempos de aprendizagem e socialização que fazem parte da vida humana, da formação do ser humano. A reprovação-retenção não são problemas pontuais e menos de custos econômicos, mas de custos humanos. Nunca tinha pensado nos custos humanos da retenção-reprovação, foi um professor que nos alertou com seu sincero depoimento: "já reprovei e dormi tranquilo, hoje penso nos custos humanos para os alunos, tenho medo de reprovar..." Pensar nos custos que pagam os alunos vistos como seres humanos pode ser um caminho para desconstruir culturas sociais arraigadas nas culturas escolares e docentes. Ter medo, duvidar de nossas práticas não é uma postura fácil. Criamos a imagem de que professor tem de produzir perante os alunos a convicção de que nunca nos equivocamos. São gravíssimos os custos pagos pelos educandos enquanto sujeitos de formação, socialização e aprendizagem. Tributo irreversível pago pelos milhares de retidos, defasados, separados de seus pares, desrespeitados no seu direito a viver com normalidade seus tempos humanos de aprendizagem e de formação. São igualmente gravíssimos os custos pagos pelos próprios professores pelo esforço que desenvolvem e pela culpabilidade que carregam diante de si e da sociedade.

Nesta ótica dos custos humanos para um adolescente ou jovem retidos-reprovados e para os mestres, as propostas criticam a reprovação e retenção. Uma crítica não tão direta, mas nem por isso menos radical. Nas propostas de organização da escola em ciclos de formação a reprovação é criticada como uma prática de extrema seriedade, não tanto pelos custos econômicos que pode trazer ao sistema, mas, é bom acentuar, pelos custos humanos que terminam pagando os milhares de crianças, adolescentes e jovens, sobretudo pobres e negros, os eternos retidos e defasados. As estatísticas deixam claro que são estes coletivos sociais os que pagam os mais elevados custos humanos e sociais da prática da reprovação-retenção-defasagem. Estas práticas têm repercussões políticas, sociais e raciais seriíssimas. São formas de violência étnica, discriminatória e segregadora. Sem esquecer os custos profissionais que pagam os profissionais da escola pública que atendem esses educandos.

Os alertas preocupantes sobre a reprovação-retenção têm sentido. É formador reeducar a sensibilidade da sociedade, da pedagogia, dos docentes, dos centros de formação e das famílias para equacionar os altos custos humanos da reprovação. Sensibilidade que aparece nos coletivos docentes, nas teorias pedagógicas e da aprendizagem e que a organização da escola em ciclos de formação incorporou. A defesa do respeito aos tempos humanos de formação, de aprendizagem e de socialização se enraíza nessas ponderações sobre os custos humanos educativos e socializadores já percebidos e denunciados no movimento de renovação pedagógica. A organização da escola em ciclos-tempos de formação contribui para operacionalizar essas sensibilidades. Contribui para abrir o debate, trazê-lo para a sociedade e mostrar o tumor que corrói o nosso sistema escolar. Tumor oculto e silenciado por décadas, apenas constatado em frias estatísticas, mas nunca levado a sério como questão pedagógica, humana, ética e social.

Um dos aspectos mais trazidos pela organização da escola respeitando os tempos dos educandos é ter feito da reprovação-retenção um problema social, sobre o qual foram obrigados a debater políticos, famílias, intelectuais, formuladores de políticas, conselhos tutelares da infância e da adolescência, mídia, Congresso Nacional e movimentos sociais. Esse tumor ocultado está agora exposto. Virou temática da agenda social e não só da agenda escolar. Reprovar, reter nos processos de aprendizagem e socialização têm repercussões sociais, éticas, raciais, democráticas ou antidemocráticas, igualitárias ou segregadoras, includentes ou excludentes. Logo, é sim um problema da agenda social e política. A sociedade entrando no debate de uma prática escolar e docente poderá reeducar os mestres, a escola e a pedagogia. Pode nos incomodar que nossas práticas entrem no debate social e político sobretudo uma prática em que cada professor se julgava senhor absoluto. Colocada a reprovação-retenção na agenda social e política seu equacionamento extrapola nossos quintais, mas não exclui nossa responsabilidade profissional. Afinal, quem sentencia se reprovados ou aprovados, se retidos e defasados somos nós; logo, seremos os mais afetados pelo fecundo debate. A nossa tarefa será deixar claro à sociedade que se somos nós os que sentenciamos, a lógica que nos leva a sentenciar não é só docente nem escolar, é a lógica seletiva e excludente que a sociedade nos impõe. Neste sentido, nós podemos ser educadores da sociedade, mostrar os perversos efeitos de sua lógica excludente e seletiva nas escolas e na sociedade.

Se os embates dentro das escolas entre os docentes a favor ou contra estavam sendo formadores, questionadores não apenas de práticas, mas de emoções e sentimentos, de crenças e concepções, de valores e culturas docentes e escolares, o fato de ter trazido a prática da retenção para a mídia e para a intelectualidade, para os políticos e as famílias poderá significar um embate reeducativo de crenças e valores, culturas e concepções sociais e políticas. A escola educando a sociedade e sua cultura excludente e seletiva.

Pode ter um significado cultural promissor que a sociedade e não apenas as escolas debatam os sentidos ou sem-sentidos de que um terço ou mais das crianças, adolescentes e jovens de nosso país sejam interrompidos em seus percursos de formação, aprendizagem e socialização. Um problema demasiado sério como para ficar apenas por conta de embates e decisões das escolas e dos coletivos docentes. A retenção é uma prática social que extrapola a escola em suas lamentáveis causas e consequências. Os docentes, os pedagogos, as famílias, os diversos atores sociais e culturais estamos repensando as bases sociais, pedagógicas, políticas e culturais dessa prática da reprovação-retenção tão incrustada em nosso sistema escolar e já faz tempo abolida em tantos sistemas escolares de qualidade social e democrática. Não será possível ensinar e aprender com práticas mais igualitárias e democráticas e menos seletivas e segregadoras?

Em síntese, não ter medo às críticas e aos embates em torno da reprovação-
-retenção. Não esquivá-los. Enfrentá-los e aproveitá-los como um tempo propício
à formação dos docentes, das escolas e da sociedade. Estes embates mostram que
as formas de intervir na escola podem significar intervenções na sociedade e que
os processos de repensar nossa docência podem ser processos em que a sociedade é levada a repensar seus valores e crenças. A escola educando a sociedade na
medida em que ela se reeduca.

Cultura da reprovação, a face antidemocrática da docência?

Podemos avançar e colocar-nos outras questões nos dias de estudo. Por
exemplo: a cultura e a prática da reprovação podem conviver com o avanço do
movimento democrático e igualitário? Este poderia ser o enfrentamento mais
contundente para questionar e superar a cultura da reprovação: confrontá-la com
o avanço da cultura democrática. Um bom exercício para dias de estudo. Vejamos
as dimensões que esse confronto pode nos trazer.

Poderíamos iniciar por algo bem familiar à nossa docência, o conhecimento.
O domínio do conhecimento, socialmente produzido e acumulado, passou a ser
visto não como uma mera exigência do mercado, mas como um direito de todo
cidadão. Na consciência dessa dimensão democratizante do ensino, da apreensão
do conhecimento, avançamos bastante desde a década de 1980. Inúmeros professores encontram o significado social e político de sua docência nessa função
democratizante da socialização do conhecimento. Aí encontra sentido a preocupação pelo domínio das teorias e das artes de bem ensinar. Aí se concentram as
dúvidas sobre continuar ou não a velha prática da segregação, retenção, reprovação: Se acabarmos com essas práticas será negado o direito ao conhecimento?
Colocar o debate com profissionalismo nesse campo do direito ao conhecimento
pode ser uma forma de tratar com seriedade questões tão delicadas. Porém, incor-
porando os avanços das ciências do aprender humano e da centralidade do tempo
no ensinar e no aprender e a centralidade das idades-temporalidades humanas nos
processos de socialização e formação. Inclusive escolar.

A questão que muitos coletivos docentes se colocam é se será suficiente ensinar bem, competentemente, para garantir a socialização do conhecimento para
todos os alunos e alunas. Se não será necessário perguntar-nos como profissionais

pelos processos de apreensão do conhecimento por parte dos educandos. Que componentes fazem parte do aprendizado? Respeitar o tempo de aprendizagem, como vimos, é decisivo para que o conhecimento seja aprendido e socializado. Se não respeitamos esse tempo de aprendizagem podemos estar negando a milhares de cidadãos o seu direito ao conhecimento socialmente produzido. De fato, é isso que mostram os milhares de reprovados e retidos, truncados em seu direito ao conhecimento. Consequentemente, as propostas político-pedagógicas que intervêm na lógica temporal seriada e buscam entender a lógica dos tempos humanos de aprendizagem podem estar buscando formas organizativas mais apropriadas à garantia do direito de todos ao conhecimento. Este pode ser um dos sentidos democráticos dessas propostas. É precipitado vê-las como formas de negar ou secundarizar o direito ao conhecimento. Em concreto, que lógica temporal do ensino-aprendizagem garante melhor a apreensão do conhecimento? A lógica temporal seriada ou a lógica temporal que respeita os ciclos de formação? Este pode ser um terreno fecundo onde orientar nosso estudo.

Nos capítulos anteriores analisamos as características da lógica temporal na organização seriada: é transmissiva e acumulativa, precedente e linear, rígida. É uma lógica de tempos e ritmos médios de aprendizagem, supõe a simultaneidade das aprendizagens, trabalha com tempos para o domínio de todas as habilidades, competências e processos mentais, os mesmos tempos para a diversidade social e cultural dos educandos. É uma lógica que reduz as exigências de aprendizagem a tempos cada vez mais curtos: a matéria a ser aprendida por todos em cada bimestre, cada prova, cada ano letivo etc. Fiéis a essa lógica temporal justificamos a reprovação e retenção. Uma boa pergunta para estudo: Essa lógica que legitima a retenção-reprovação é realmente a lógica temporal mais democrática? É a melhor garantia de todos ao conhecimento? As estatísticas mostram que não é uma lógica democrática. Aí estão os altíssimos índices de reprovação, repetência e defasagem produzidos por décadas nas escolas fiéis a essa lógica temporal. O que nos leva a inocentar essa lógica hierárquica, disciplinar, seletiva se estamos cansados de constatar os persistentes índices de retenção-reprovação que por décadas vêm produzindo? Partamos de critérios igualitários e éticos e nos perguntemos: Essa lógica tem respeitado os tempos mentais, de aprendizado para todos os educandos? É a lógica mais igualitária e inclusiva? É neste campo do direito igual ao conhecimento que as propostas de ciclos de formação puxam nossa reflexão como profissionais sérios da democratização do conhecimento. Por que 15%,

20% até 40% dos educandos, sobretudo populares, são retidos, reprovados e mais de 70% defasados de suas idades ao longo do percurso da educação fundamental e média? Por que são truncados seus percursos de acesso ao conhecimento? Não será porque a lógica temporal seriada não respeita seus tempos mentais, socializadores, de aprendizagem? Não são vítimas da lógica temporal rígida de tempos curtos, predefinidos...? São questões legítimas, próprias de profissionais que pretendem levar a sério o direito de todos ao conhecimento.

A nossa sensibilidade pedagógica, política e social na defesa do direito igual de todos à apreensão do conhecimento tem de nos levar a repensar a lógica temporal a que submetemos as aprendizagens de cada um e da diversidade dos educandos. Sem descer a essa concretude das lógicas temporais em que aprisionamos os processos de aprendizagem, a defesa acalorada do direito de todos ao conhecimento vira discurso fácil. É extremamente contraditório e cômodo defender com ardor igualitário o direito ao conhecimento e reprovar-reter, defasar, truncar o percurso do conhecimento de milhões de crianças, adolescentes e jovens. Por que os retemos? Por que não são capazes de aprender? Em realidade, não. Os retemos porque não aprendem no tempo instituído na rígida lógica temporal, bimestral, seriada. O discurso democrático vem sendo negado a milhões de cidadãos, por décadas, em nome dessa lógica temporal. Revê-la e redefini-la é uma opção democrática que milhares de profissionais vêm fazendo para serem fiéis a seus princípios igualitários. Os argumentos trazidos pelos coletivos docentes, pelos projetos das escolas e pelas propostas das redes para justificar a opção pelo direito aos tempos de formação dão destaque à procura de maior igualdade nos processos e tempos de aprender.

As propostas que priorizam o respeito aos tempos de vida, de desenvolvimento e aprendizagem dos educandos, tentam levar a sério o direito ao conhecimento e ao domínio das competências básicas. Não o secundarizam nem o banalizam. O respeito às especificidades dos tempos dos educandos é pensado como uma precondição para o respeito a seu direito ao conhecimento, à cultura e à formação plena. Reter um adolescente é desrespeitá-lo em seu direito a aprender em seu tempo humano. Suas indisciplinas teriam algo a ver com esses desrespeitos a seus tempos humanos?

Possivelmente estejamos de acordo em respeitar os tempos humanos dos educandos como uma estratégia de garantia do direito ao conhecimento, porém a pergunta persistirá, e se alguns não dominarem os conhecimentos e competências no tempo previsto na hierarquia seriada? Se não aprenderem sobretudo a leitura e escrita no tempo da infância, assim mesmo passarão para o seu tempo-ciclo da adolescência? Não ficarão retidos como crianças no 1º ou 2º ciclo enquanto não dominarem essas competências? São questões seriíssimas que exigem um trato profissional.

O realmente democrático será fazermos tudo para que na infância dominem competências tão básicas para todo cidadão. Tratar com todo profissionalismo o ensino-aprendizagem dessas competências tão básicas no tempo da infância. Estudar, pesquisar e capacitar as equipes coordenadoras e docentes. Entretanto se feito tudo, se avançando, e há muito por avançar nos processos de ensino, no trato profissional da aprendizagem da leitura e da escrita, se tudo feito para criar condições para que a criança aprenda e ela não aprender, o que será mais democrático, retê-la enquanto não aprenda? Quebrar seu percurso humano? Negar sua condição de adolescente? De novo uma questão que exige mais do que profissionalismo e competência nas artes de ensinar. Exige olhar essas crianças na totalidade de sua condição humana. Se olhamos para os tempos da vida, para sua condição biológica e cultural, essas crianças deixarão de ser crianças, seu corpo, sua mente, suas vivências sociais e culturais, suas funções simbólicas, sua memória, suas emoções, sua história não será mais de criança. A adolescência chega e não pede licença à professora. Não somos os pais, ou os mestres que autorizamos a passagem da infância para a adolescência. É uma passagem biológica e cultural. Será democrático e pedagógico ignorar sua condição, seu tempo humano de adolescente? Será democrático e pedagógico teimar em que aprenda como criança, conviva com crianças e aprenda no universo simbólico e mental, corpóreo, cultural da criança que não é mais?

Estas questões exigem de todos nós profissionais da educação (e exigem especificamente dos profissionais que têm como seu objeto de pesquisa e teorização sobre o ensino e aprendizado da leitura e da escrita) um tratamento profissional e humano para ser democrático. O que impede que os milhares de crianças que não aprendem a ler e escrever quando crianças, mas pela lei da vida deixam de ser crianças, possam aprender como adolescentes, jovens ou adultos? Por que teremos de retê-los e separá-los de seus pares de vida, de cultura, de socialização e aprendizagem? Por que teremos de violentá-los em seus tempos humanos? O democrático será respeitar esses educandos na totalidade de seu desenvolvimento humano, na especificidade de seu tempo de aprendizagem e fazer tudo para que nossas metodologias, didáticas e enturmação e nossos agrupamentos, nossas artes de ensinar a ler e escrever se adaptem à especificidade de seus tempos corpóreos, sociais e mentais, culturais e simbólicos. Se adaptem a seus tempos humanos. A seu ciclo de vida. Poderemos colocar nos coletivos de professores(as) que trabalham com o ciclo da adolescência profissionais especializados nas artes de ensinar a ler e escrever adolescentes. O que impede essa solução?

Conheço muitas escolas e redes que adotam essa solução tão respeitosa para os educandos(as). Desde os anos de 1960, Paulo Freire e o Movimento de Educação Popular nos mostravam que jovens e adultos aprendem se respeitada sua condição cultural e mental de jovens e adultos. A nova LDB reconhece a especificidade desses tempos humanos na garantia do direito à educação básica. Ao longo das últimas décadas, avançamos no reconhecimento da especificidade de cada tempo humano nos processos de aprender. O que impede que tantos avanços nos ensinem que tem sentido não reter adolescentes e jovens com crianças e tem sentido pedagógico respeitar a especificidade de seus tempos humanos de aprender e conviver? Em vez de retê-los fora de seus tempos exigimos das secretarias de educação profissionais e tempos capazes de ensinar e socializar adolescentes, jovens ou adultos para garantir-lhes seu direito a aprender em seus tempos humanos.

A organização dos processos pedagógicos visando respeitar os tempos dos educandos tem trazido à tona estas questões nucleares que estavam ocultas. É normal que despertem emoções, reações, sustos. Faltam-nos debates sérios e profissionais mais abertos. Possivelmente descobriremos que há maiores coincidências do que divergências entre tantos que por décadas viemos lutando pelo direito básico de todos ao conhecimento e à cultura. O direito ao conhecimento de crianças, adolescentes, jovens ou adultos exige como precondição o direito a ser respeitados em seus tempos sociais, mentais, culturais, humanos.

Exige repensar com radicalismo práticas e crenças excludentes e seletivas. A retenção de adolescentes, jovens ou adultos fora de seu tempo humano nunca foi nem será a melhor maneira de garantir seu direito ao conhecimento e à cultura.

5
Presos a essa engrenagem

...pensei que a escola era assim tão rígida apenas para os alunos, aprendi que a escola é tão rígida ou mais para nós professores.

Os dias de estudo sobre como olhamos os alunos e sobre se fomos formados para colocar os educandos como centro da ação educativa tinham provocado um certo desconforto. Ficara a impressão de que tudo dependia de nós, de nosso olhar, de nossa formação e de nossas condutas. Era necessário colocar uma pergunta mais estrutural: A escola nos ajuda a ver os educandos como centro da ação educativa? A lógica estruturante dos tempos, dos conteúdos, das avaliações, da enturmação e de todo nosso trabalho cotidiano é uma lógica que parte dos educandos? Inclusive, é uma lógica que parte de nós como docentes, educadores? "Nós também temos nossas trajetórias e nossos tempos", observou uma professora.

Em vários debates sobre as indisciplinas e desinteresses dos educandos, a tendência é culpá-los e até culpar os professores pela falta de diálogo e de compreensão das suas difíceis trajetórias humanas e escolares, entretanto sempre alguém levanta uma hipótese: E a estrutura escolar não é culpada? "Convenhamos, ponderou um professor, se para nós essa estrutura é insuportável, imagina para crianças e adolescentes". É frequente sugerir que as indisciplinas dos alunos podem ser uma resposta à rigidez dos tempos e do trabalho cotidiano que a estrutura escolar não tem coragem de rever.

Estas questões têm merecido pouca atenção, em seminários, congressos e cursos de formação. Inclusive pouca atenção nas lutas sindicais. A impressão que dá é de que a escola será diferente desde que seus mestres queiram ou desde que sejam reformados e conscientizados, ou sejam reflexivos e compreensivos. Várias propostas pedagógicas tentam superar essa visão ingênua e voluntarista, que deixa tudo por conta de uma espécie de conversão dos professores e dos alunos.

Várias propostas sabem ser urgente mexer nas estruturas e lógicas de nosso sistema escolar. Partem do suposto de que sem mexer nessa estrutura inúmeros projetos e vontades dos mestres terminam bloqueados. Torna-se necessário dar a devida centralidade ao peso da estrutura e colocá-la no foco de nosso olhar.

Relato as análises feitas em dias de estudo em que os professores se defrontam com esta questão tão delicada e tão pouco debatida: Qual o peso determinante da estrutura escolar e da engrenagem férrea que articula e submete o trabalho dos mestres e alunos? O mal-estar nas escolas é apenas um problema de condutas dos alunos? Da falta de diálogo e compreensão mútua?

Para trabalhar essas questões os coletivos usam estratégias múltiplas. Um dos grupos se propôs que cada um lembrasse sua chegada à escola quando crianças. Os relatos são muito coincidentes. Quando chegamos à escola pela primeira vez, ainda crianças, tudo estava marcado, a sala de aula, a turma, os colegas, a carteira, os horários, a professora, as provas, o recreio... Estavam definidos os trilhos onde fomos aprendendo a fazer o longo percurso como alunos(as). No início de cada ano letivo e de cada dia encontramos tudo pronto. A imagem da escola guardada por todos e todas é de uma instituição pronta. Onde tudo está preestabelecido. A todos, mestres e alunos, só fica uma alternativa: entrar nos trilhos onde esse "trem" corre certinho, com horário de partida e de chegada. A rede escolar se enquadra tão bem com a imagem que temos da rede ferroviária! A palavra rede é mais do que uma metáfora.

Aprender as engrenagens escolares

Um dos aprendizados que todos lembrávamos é ter de aprender a ser alunos(as) ou a familiarizar-nos com essa organização. Adaptar-nos a essa engrenagem. A direção e supervisão assumem com todo cuidado essa adaptação dos alunos. Lembro de uma reunião dos pais e das mães com a orientadora e a supervisora, quando nossos filhos estavam passando para a 5ª série. Fomos aconselhados a ajudar nossos filhos e filhas "a se adaptarem à organização da 5ª à 8ª séries, tão diferente da organização da 1ª à 4ª". Teriam de aprender a ser outros alunos, em outra organização dos tempos, dos horários e das disciplinas. Pensei para mim: E por que crianças de 10-11 anos teriam de se adaptar a essa organização do conhecimento, do ensino e da aprendizagem tão recortada por áreas e disciplinas se são tão crianças? Coloquei a pergunta: Por que eles se adaptarem e não ao contrário, a escola adaptar sua organização à condição de crianças? Uma pergunta um tanto ingênua. Com tantos anos de percurso no trem da escola deveria saber o que a supervisora me respondeu: "sempre foi assim, professor". Sempre foi assim, os alunos terão de aprender a se adaptar à escola, a suas lógicas estruturantes. Não o contrário. Pouco importam os sujeitos e seus tempos humanos, cognitivos, culturais, todos terão de se adaptar a essa engrenagem predefinida. Olhei para os rostos das mães, dos pais e da supervisora e orientadora. Percebi que todos tinham interpretado minha pergunta como ridícula. Como duvidar de que nossos filhos e filhas vão cada dia à escola para aprender a ser alunos? Aprender o tenso aprendizado das artes de se adaptar à organização escolar, seriada e disciplinar?

Nos foi lembrado que da 5ª à 8ª séries a escola tem de ser mais rígida, pois os conteúdos são mais complexos e cada dia terão várias matérias, cada uma sob a responsabilidade de um docente licenciado em sua área. Nos lembraram, ainda, que muitas crianças que passaram com facilidade desde o pré-escolar costumam sair-se mal na 5ª série por dificuldades de se adaptar à nova organização escolar. Lembraram que as dificuldades de adaptação eram sobretudo ao ritmo de trabalho e à nova disciplina.

Realmente essas especialistas são extremamente sábias. Teriam aprendido essa sabedoria no curso de pedagogia? Há uma lógica estruturante da vida dos alunos(as), a lógica dos conteúdos. Se os consideramos menos complexos, primários, apenas competências e noções elementares, a organização dos tempos, dos espaços, de trabalho docente e discente será mais leve, mas se consideramos que os conteúdos vão se tornando mais complexos, mais científicos, a lógica estruturante da organização desses conteúdos, dos horários e espaços e do trabalho docente e discente passará a ser mais rígida. Como vimos em capítulo anterior assim pensavam os educadores desde o século XVI. É a mesma lógica. Não importam os educandos(as), suas culturas, sua mente, seus tempos de aprendizagem ou de socialização. A lógica humana, mental, socializadora, cultural dos educandos não é a lógica estruturante da escola. São os conteúdos, ou melhor, concepções pré-aceitas ou predefinidas dos conteúdos escolares e suas lógicas de organização e complexificação científica o que estrutura tudo no sistema escolar. Todo profissional da escola aprendeu e internalizou isso desde criança como aluno(a) e mais tarde como mestre ou como especialista. Essa lógica estruturante nos resulta tão familiar, tão natural que minha pergunta resultou estúpida. Pretender inverter essa lógica e colocar os educandos, seus processos humanos, mentais, formadores como a lógica estruturante do processo educativo realmente, ou lamentavelmente, resulta estranho.

Todo mestre sabe dos tensos aprendizados para internalização das lógicas escolares. Aqueles que não se adaptarem serão rotulados de indisciplinados, resistentes às normas, aos regimentos e às disciplinas escolares. Aqueles que se adaptarem serão os bons alunos e as boas alunas. Talvez candidatos(as) a serem um dia bons professores e boas professoras ou bons especialistas. Um professor nos chamou a atenção para um fato: as condutas indisciplinadas dos alunos podem ser uma resistência à rigidez do ordenamento escolar. Mas o curioso é que essas indisciplinas terminam enrijecendo ainda mais a rigidez escolar. Estávamos caminhando para uma certa flexibilização das disciplinas escolares, porém diante das indisciplinas dos alunos as escolas estão de volta à velha rigidez.

Outro grupo se propôs que cada um lembrasse sua chegada à escola como professor(a). As lembranças foram também coincidentes. Encontramos tudo predeterminado, como os colegas que lá trabalhavam encontraram faz cinco ou vinte anos tudo predeterminado. Sem qualquer margem para repensá-lo. Tudo segundo as normas e os regimentos rígidos. Um professor comentou: "pensei que a escola era assim tão rígida apenas para os alunos. Aprendi que é tão rígida ou mais para nós professores".

Tanto uns quanto outros encontram o sistema escolar pronto. O mesmo, repetindo-se por décadas. Quando mestres chegam cada dia e cada ano letivo às escolas, elas já estão prontas, funcionando. Encontram tudo definido previamente: o calendário, as áreas, as disciplinas, o número de aulas para cada conteúdo, os minutos de duração de cada aula ou do trato de cada temática, o número de alunos por turma, os espaços, as salas de aula, os conteúdos, sua hierarquia e sua sequenciação seriada, as provas, os critérios de aprovação-reprovação-retenção, as séries, os níveis de ensino, os critérios e exigências de passagem, as exigências de frequência...

Alguém observou que os professores(as) mudam, os alunos também. Trazem suas trajetórias humanas, sociais e culturais. Quanto mudou a origem social e racial dos professores(as). Quanto mudaram sua consciência política, seu preparo e qualificação. Porém na escola tudo continuará predefinido, independente da especificidade e diversidade dos sujeitos da ação educativa. Ultimamente os profissionais da escola são estimulados a elaborar projetos pedagógicos, mas desde que toda essa engrenagem predefinida seja respeitada. Uma diretora observou: "nos animam a fazer o projeto pedagógico da escola, assumimos essa tarefa com todo entusiasmo, decidimos mudar uma série de coisas. Nosso projeto não foi aprovado porque não respeitava a duração de 50 minutos de cada aula".

Relatos como esse aparecem para nos convencer do peso estruturante da organização escolar. Não faltam relatos das reações, adaptações ou resistências a essa engrenagem. Trazer essa pesada realidade para tempos coletivos não é muito agradável, sobretudo no momento inevitável em que alguns começam a relatar como se sentem, reagem ou se acomodam.

Relatos sobre reações a essa engrenagem aparecem dispersos ao longo das reuniões. É importante tentar trabalhar nossos sentimentos e reações de maneira cuidadosa. Nesses relatos afloram valores, imagens de escola e de docência e imagens de alunos. Sempre carregadas de sentimentos pessoais que merecem um trato cuidadoso. Abrir espaços para que esses sentimentos aflorem. Dar a voz a alunos e mestres. A maioria revela que muitas vezes se perguntaram em silêncio por que teria de ser assim, mas "calados fomos nos adaptando".

Em determinado momento alguém levantou uma surpresa: "me adaptei em silêncio para não ser pichado como indisciplinado". Fomos percebendo que a lógica escolar não apenas estrutura tempos e espaços, horários, grades e disciplinas ou áreas, ela estrutura nossas autodisciplinas desde quando alunos. Disciplina nossas autoimagens. De fato, na escola catalogamos os alunos e somos catalogados como mestres em relação à adaptação ou não a essa lógica estruturante. Cada um se alocava entre os bem ou malcomportados, disciplinados ou adaptados. O peso dessas classificações é marcante. Relatos mostraram vivências de advertência, expulsão, reprovação, quando alunos e até marcação quando professores. A lógica estruturante da escola ignora os tempos humanos dos sujeitos da ação educativa, mas não os ignora para rotulá-los ou marcá-los no seu desenvolvimento e socialização.

No cotidiano escolar circulam rotulações de alunos(as) em função de seus ritmos e supostas capacidades mentais, ou de seus problemas de aprendizagem dos conteúdos. Há outras imagens de alunos(as) ainda mais presentes e mais perversas: disciplinados ou indisciplinados, adaptados ou não à lógica que estrutura os conteúdos e seus tempos de aprendizagem. Alunos(as) que podem não ter problemas de aprendizagem dos conteúdos, mas terão problemas de aprendizagem das lógicas estruturantes dos tempos de escola. Cada professor terá sua lista de alunos com problemas de aprendizagem, de comportamento, de conduta, de resistência a essas lógicas. Quanto a aprender competências e conhecimentos podem não ter problema algum, seu problema não é mental, mas de conduta.

Alguém levantou outra observação que anotei no meu caderno: "na década de 1990 falamos muito em construção do conhecimento. Esquecemos de tudo isso e hoje estamos mais preocupados com os comportamentos dos alunos". Fomos percebendo, não sem surpresa, que os rótulos hoje frequentes são mais comportamentais do que cognitivos: alunos indisciplinados, desinteressados, violentos, insuportáveis. De fato em todo encontro dos mestres o tema se repete: os alunos mudaram demais, são mais indisciplinados, menos atentos, não respeitam os horários, os espaços, as hierarquias, não conhecem nem cumprem seus deveres. Os adolescentes e jovens e até as crianças não aceitam ocupar seu lugar na engrenagem escolar.

Passamos a refletir se não seria um indicador a mais de uma tensão entre os educandos e a estrutura que organiza o cotidiano de seu trabalho e de suas vivências na escola. Uma tensão entre seus tempos humanos e os tempos da escola. Dados os avanços das culturas infantil, adolescente e juvenil na sociedade, na família e na escola está ficando mais difícil adaptar-se à cultura organizativa escolar que não mudou e permanece inalterada desde o Império. Antes, desde as origens do moderno sistema escolar no século XVI. Está ficando mais difícil aos novos sujeitos sociais, crianças, adolescentes ou jovens internalizarem o velho ofício de aluno. Os alunos estariam nos alertando com suas resistências que é urgente dar a devida importância às lógicas que estruturam a engrenagem escolar.

Os coletivos reconhecem que não apenas os discípulos se tornaram mais indisciplinados e mais resistentes às lógicas escolares, também seus mestres são cada vez mais resistentes. Há muitas transgressões docentes nas salas de aula, tanto ou mais do que as transgressões discentes. Aos profissionais das escolas incomoda cada vez mais esse cotidiano tão pesado e querem saber por que tem de ser assim, quem o define e predefine e qual nossa autonomia nessa engrenagem do sistema escolar.

Nos encontros dá para perceber que passou aquela fase um tanto romântica em que acreditávamos que se a escola fosse nossa plantaríamos projetos lindos como naquela cantiga da infância: "Se esta rua, se esta rua fosse minha..." A escola hoje é muito mais nossa do que foi por décadas. Que fizemos de nossa rua, de nossa escola?

Desde a década de 1980 a categoria assumiu como bandeira a autonomia docente e da escola. Se avançou bastante em formas mais democráticas de gestão.

Coloquei no coletivo como questão: hoje os trabalhadores em educação somos mais senhores da escola, será que mudamos as lógicas estruturantes de nosso trabalho e do trabalho dos alunos? Fomos constatando que avançar para formas mais democráticas e participativas de escolha de diretores, de representações em colegiados, ou de elaboração do projeto de escola não significou grandes mudanças, às vezes nenhuma, no que há de mais determinante no fazer escolar. Não significou mudanças no que mais limita nosso trabalho: a engrenagem dos tempos e espaços, das hierarquias, dos conteúdos, da rigidez das grades curriculares, sobretudo das lógicas etapistas precedentes, seriadas, por níveis e graus etc. Essa estrutura ou ossatura da escola e do sistema de ensino pouco mudou sob nossa gestão mais democrática e participativa. Por vezes encontramos aqueles(as) que lutaram pela gestão democrática, porém resistem a mudanças nessa ossatura tão dura. É mais fácil participar na eleição do sindicato e da direção da escola do que repensar nossos tempos, nossa carga horária, nossa sistemática de avaliação e nossa cultura da reprovação, seleção e classificação dos alunos. Quanto avançamos politicamente, mas quão apegados continuamos a essas lógicas escolares conservadoras.

Talvez o diagnóstico que fizemos dos problemas e impasses vivenciados na escola tenha sido demasiado voluntarista no sentido de atribuir os problemas à má vontade das elites e dos governantes e dirigentes. Pensamos facilmente: ocupemos a escola e esta será diferente. Aplicamos a mesma lógica na política: ocupemos os governos, os parlamentos, os conselhos, elejamos nossos representantes e tudo será diferente. Uns meses depois percebemos que a máquina continua tão parecida. Realmente a máquina do governo, do Estado, dos conselhos, das escolas continua tão dura em suas velhas e lentas engrenagens. Continuam tão excludentes e seletivas. Estamos mais próximos de aprender que aí nessa engrenagem se dão os limites, aí se estruturam as grades, os horários, as hierarquias, as avaliações e retenções.

Essa estrutura impõe limites a muitas das lutas mais legítimas da categoria. Por exemplo, os coletivos escolares vêm lutando pelo direito a tempos de estudo, pesquisa, coordenação e planejamento coletivos. Alguns coletivos conseguem esses tempos, mas o problema passa a ser como articulá-los com a rígida estrutura das cargas horárias, das grades, das disciplinas, do recorte dos tempos-aula. Os tempos conquistados passam a se defrontar com os tempos instituídos e tentamos penetrar pelas frestas do instituído tão impenetrável. Como os tempos de aulistas, das grades, do número e duração das aulas por disciplina por ano, não podem ser tocados, terminamos não encontrando tempo para nosso estudo, pesquisa e planejamento. Se ainda queremos que sejam tempos e atividades coletivos, aí não dá mesmo. Se dispensarmos os alunos seremos cobrados de não completar os dias letivos. Para nossos direitos não há lugar na engrenagem. Tantas lutas e morremos na praia. Por que não lutar contra essa engrenagem?

Os alunos nos revelam com suas condutas resistentes que não resistem ao conhecimento, a aprendê-lo, nem resistem a nós, seus esforçados, sérios e competentes mestres, mas ao peso monótono, rígido da engrenagem escolar. Assim, as resistências e impasses por nós vivenciados podem estar nos revelando que, sendo consequentes com as lutas por nossos direitos, temos de exercer o direito de rever com profundidade essa engrenagem e estrutura da escola. É possível mexer aí. É uma operação urgente.

Uma operação corajosa que vínhamos fazendo, mas o clima de medo diante das condutas dos educandos pode frear. A observação foi de um professor. Reconhecemos que a rigidez da engrenagem da escola é insuportável, porém sem essa rigidez como controlar as condutas indisciplinadas dos alunos? Estamos em um momento delicado. Vários coletivos docentes e gestores atribuem as indisciplinas dos alunos ao clima de relaxamento da rigidez das escolas. Uma hipótese talvez apressada, mas que pode provocar um recuo na urgente intervenção na engrenagem e estrutura de nossas escolas. As indisciplinas escolares podem ser usadas para voltar a formas mais rígidas de controle e de disciplinamento. O autoritarismo sempre se legitimou em supostas quebras e ameaças da ordem.

Libertar-nos dessa engrenagem

As tentativas de mudar a engrenagem pesada de nosso sistema escolar nunca teve a prioridade devida. Tem havido tentativas de flexibilização, mas temos ficado em aspectos bastante periféricos. As lógicas hierárquicas, cientificistas e propedêuticas, seriadas, seletivas e excludentes continuam tão rígidas. A lógica do sucesso, do mérito, da avaliação sentenciadora, a perversa lógica da atribuição dada a cada docente de decidir sobre o percurso cognitivo, cultural, identitário de cada aluno(a) independente de suas trajetórias humanas e de seus tempos de vida... Todas essas lógicas ainda vigentes e estruturantes da cultura docente e organizativa não mudaram, apesar das mudanças na cultura democrática da sociedade e dos próprios docentes.

Lembro de um depoimento sincero de um professor: "durante um tempo fui contra acabar com as séries e organizar a escola em ciclos, me apegava a meu direito a avaliar, aprovar ou reprovar meus alunos. Fui percebendo que minhas resistências eram mais de fundo. Estava acomodado com essa engrenagem". A partir desse depoimento, fomos percebendo que as tentativas de reorganizar a escola, respeitando os tempos-ciclos, tocam em dois pontos nucleares: tocam nas estruturas e engrenagens do nosso sistema escolar e sobretudo tocam na cultura, nas lógicas que por décadas têm legitimado essa estrutura e engrenagem. Alguém acrescentou: "toca nas aprendizagens que como alunos(as) professores(as) fizemos para adaptar-nos a essas engrenagens. Desaprender tudo isso é complicado".

Quando nos debates e dias de estudo chegarmos a estes subsolos estaremos tocando em questões de base. Deixaremos de lado ataques superficiais como, por exemplo, se retemos ou não adolescentes que não dominam determinadas competências escolares. Sabemos que as resistências são mais de fundo. Resistimos a rever as lógicas e estruturas que legitimam essas avaliações e essas retenções. Chegar aí é muito mais comprometedor.

A pergunta que se impõe é se dá para continuar contemporizando com as lógicas perversas, pesadas, antidemocráticas, excludentes e seletivas que por longas décadas vêm estruturando nosso sistema de educação básica. Se não é uma exigência de nossa consciência política, do avanço da consciência do público como garantia de direitos avançar na construção de outras lógicas estruturantes do trabalho dos mestres e dos educandos.

Que lógica seria essa? A lógica do próprio aprender humano, do respeito aos complexos processos mentais, culturais, que entram em jogo nas aprendizagens, na socialização, no desenvolvimento e formação. A lógica do respeito aos tempos da vida, a sua especificidade mental, cultural, social, identitária. Estruturar os tempos e espaços escolares e organizar o cotidiano escolar, o trabalho de educandos e educadores, tendo os próprios sujeitos da ação educativa e das aprendizagens como referencial.

Enfim, que a estrutura da escola e do sistema traduza os avanços havidos na concepção do direito à educação básica como direito humano de pessoas concretas com suas trajetórias humanas. Se respeitar os tempos de vida dos educandos não é tudo, ao menos poderá significar um avanço na direção de reconhecer a urgência urgentíssima de construir referenciais mais humanos, mais democráticos e mais públicos para nosso trabalho docente.

6
E os nossos tempos?

Não dá para ignorar os tempos dos educandos, mas e os nossos tempos? E o nosso trabalho?

Estas interrogações são frequentes. Os professores(as) se perguntam se a organização da escola, levando em conta os tempos dos educandos, não afetará seus processos de trabalho. Se não tocará no que é mais determinante de suas vidas: seu fazer e saber docente. Aprendi que esta é a referência central para aceitarem ou rejeitarem qualquer proposta ou projeto inovador no currículo ou na organização escolar.

No texto Circuito *Atelier* nos colocamos questões que estiveram presentes ao longo de todos os textos: se o trabalho é o parâmetro para se posicionar frente às propostas e projetos educativos convém não ignorar essa realidade e dedicar dias de encontro e de estudo para discutir algumas questões: Por que o trabalho docente adquiriu tanta centralidade na categoria? O que mudou na autoimagem docente ao identificar-se como trabalhadores em educação? Que saberes foram aprendidos nesse identificar-se como trabalhadores? Que implicações traz essa identidade para a elaboração e implementação de propostas inovadoras? Terminamos recolocando essas questões neste último texto.

Uma das implicações é que os professores exigem que essa identidade seja respeitada. Logo, têm de ser abertos espaços para que os docentes explicitem a centralidade que dão a seu trabalho e a sua condição de trabalhadores. Quando elaboramos projetos de escola ou propostas de redes é necessário diagnosticar a escola que temos, os currículos que temos, a evasão ou repetência que temos, mas será necessário diagnosticar a organização do trabalho que temos, as condições em que trabalhamos e também as rotinas, os instrumentos e os tempos de trabalho. Sobretudo, partir de um diagnóstico sobre as energias gastas pelos professores em seu fazer cotidiano, o cansaço, o esgotamento, a saúde ou as doenças físicas e mentais produzidas nos processos de trabalho docente.

Esta realidade nem sempre é levada em conta nos diagnósticos que fundamentam as constituintes escolares, ou os projetos de escola, nem as propostas político-pedagógicas das redes. Vemos ainda que esta realidade não é diagnosticada na elaboração dos Planos Decenais, das Políticas Curriculares, nem sequer das Políticas de Valorização do Magistério. Frequentemente, o trabalho docente entra ao final desses processos. Uma vez elaborados projetos, constituintes ou políticas se pensa em como implementá-los e nos recursos humanos para sua implementação, os docentes. Poderemos pensar em sua qualificação e seu treinamento, seus tempos de estudo, sua carreira e seus salários, e até suas condições de trabalho. Porém, o trabalho, seus processos e tempos e seus instrumentos, suas práticas e rotinas, as energias gastas, os corpos cansados e doentes é uma realidade que vai além das condições, da qualificação e do treinamento. A centralidade do trabalho há de ser reconhecida no diagnóstico e ao longo do processo de implementação dos projetos e das propostas. Como manter essa atenção ao trabalho dos professores?

Participo de oficinas, dias de estudo onde os professores descrevem e relatam com detalhes os próprios processos de trabalho. Onde reconstroem sua trajetória histórica na construção de sua imagem de trabalhadores em educação. Onde explicitam seus medos de que cada política, proposta ou projeto afetem positiva ou negativamente seus processos de trabalho. A partir do acompanhamento desses ricos encontros docentes será possível manter o foco permanente no trabalho dos professores(as). Tenho acompanhado oficinas e dias de estudo orientados a reconstruir a trajetória da categoria na descoberta da condição de trabalhadores. As propostas têm de propiciar esses encontros como momentos de autoafirmação. Um dos componentes centrais dessas trajetórias é o tempo de docência. O tempo de trabalho. Daí a pergunta repetida com insistência: E nossos tempos?

Por que tempo de trabalho como referencial?

Ao longo das últimas décadas, os professores construíram sua autoimagem, tendo como identificação mais determinante sua condição de trabalhadores em educação. Superaram imagens vocacionais, idealizadas e novas imagens, mais profissionais, foram construídas. Refleti sobre essas ricas e tensas trajetórias no livro *Ofício de mestre*[3]. A categoria construiu em tensos confrontos um saber sobre si mesma, onde o trabalho é um dos eixos identitários. Nesses tensos confrontos foi descobrindo a centralidade da condição de trabalhadores e do tempo de trabalho em sua existência e em sua docência. Esta é uma das certezas aprendidas nas últimas décadas. Consequentemente, diante de qualquer tentativa de intervenção na escola, nos currículos, na reorganização dos tempos ou espaços, se perguntarão em que essas intervenções afetam nossos tempos e nossas condições e situações de trabalho?

A reação poderá parecer um tanto egocêntrica. Em realidade é uma reação político-pedagógica. Aprendendo-se trabalhadores em educação aprenderam-se sujeitos de direitos a partir do trabalho. A lógica dos direitos aprendida no movimento operário, nas lutas pelo direito ao trabalho foi aprendida também pelo movimento docente. As lutas pela redução e controle do tempo fazem parte desses movimentos. Trabalho é tempo. O trabalho é equacionado como direito e como determinante de todos os direitos. Este saber-se trabalhadores sujeitos de direitos será colocado como ponto de referência para aceitar ou rejeitar qualquer proposta inovadora. Para os docentes o ponto de partida é o tempo de trabalho. Este será o parâmetro de avaliação de qualquer intervenção na escola.

Nas oficinas e dias de estudo é conveniente não ficar na reconstrução de uma visão abstrata da condição de trabalhadores. Convém chegar às formas concretas em que se dá a docência nos locais de trabalho, na sala de aula, na escola. Chegar às múltiplas situações em que se desdobram seus tempos e atividades de docência. Nas reuniões com os professores(as) é fácil perceber a defesa de seus tempos. Consequentemente, qualquer proposta pedagógica que não seja posta nesse lugar nascerá fora do lugar. Olhar para a centralidade do tempo dos educandos nos leva a olhar para a centralidade do tempo dos educadores.

Poderíamos concluir que os docentes se opõem às mudanças? Que apenas defendem seu trabalho e seus tempos? Constatamos que há uma abertura para discutir concepções pedagógicas, concepções de infância, adolescência, juventude ou vida adulta. Há interesse nas oficinas sobre como as diversas ciências, as artes, as letras valorizam os tempos-ciclos da vida. São estudados com empenho textos, autores sobre a centralidade do tempo nos processos de ensinar e de

---

3. ARROYO, M.G. *Ofício de mestre* – Imagens e autoimagens. Petrópolis: Vozes, 2000.

aprender e sobre a centralidade dos tempos da vida no desenvolvimento humano. Há curiosidade e interesse pelo estudo da função histórica da educação básica. É impressionante a presença de milhares de professores(as) em seminários, congressos, conferências que debatem concepções e processos inovadores. Que procuram novas relações com os educandos(as). A categoria está aberta à inovação. Porém é um direito perguntar-se por alguns pontos: em que qualquer proposta afetará suas rotinas de trabalho, seus tempos escolares e inclusive seus tempos de família, de descanso, se aumentará ou diminuirá o cansaço. A categoria se pergunta, ainda, se os saberes docentes produzidos em seu trabalho serão levados em conta, respeitados ou ignorados.

Cada docente tem consciência de dominar processos e didáticas, instrumentos e recursos de trabalho. Como tem consciência de dominar concepções e destrezas aprendidas em longos anos de docência. Carrega para a escola um acúmulo de instrumentos com os quais vai dando conta das múltiplas situações de trabalho. Nos encontros e nos dias de estudo é fácil perceber que as professoras e os professores se perguntam não tanto se as novas propostas pedagógicas trazem novas concepções sobre educação, currículo etc., mas se afetam e em que afetam o como trabalhar. Se alteram o que fazer, a organização dos seus tempos. Mas também se alteram o como fazer ou os saberes sobre seu trabalho. Os mestres defendem suas práticas, seus métodos e instrumentos de trabalho, seus tempos, mas sobretudo defendem seus saberes e as concepções de docência imbricadas nessas práticas. Uma defesa legítima a ser levada em conta em toda proposta, projeto ou política educativa.

Como destacamos no texto Circuito *Atelier*, os saberes e concepções docentes de tal maneira estão imbricados na rotina das situações de trabalho e nos instrumentos de trabalho que formam um corpo único que faz parte da própria identidade docente. Qualquer alteração nas situações e instrumento de trabalho ou nos saberes do trabalho afeta e ameaça a identidade docente. Muitas das resistências às propostas político-pedagógicas sérias e consistentes não são às concepções em que elas se fundamentam. As resistências são expressão dos medos a que sua identidade docente, construída em situações concretas de docência, seja desrespeitada. Por quê? Porque os docentes têm consciência de que qualquer inovação poderá afetar as formas como vivenciarão toda sua existência humana. Respeitar os tempos dos educandos poderá significar redefinir seus tempos na escola ou na família.

Estes pontos são determinantes na condução de qualquer inovação educativa. Sobretudo toda tentativa de respeitar os tempos de formação dos educandos. Poderemos encontrar aceitação, reconhecimento das bases teóricas das propostas, porém encontraremos questionamentos e resistências às implicações dessas propostas a seu trabalho, a seus tempos, à intensidade e controle de suas práticas. Logo, nos perguntarão se os saberes aprendidos nessas práticas serão respeitados, se serão exigidos novos saberes.

Resistências docentes, como tratá-las?

Reconhecer a seriedade com que os docentes defendem seu trabalho e seus tempos nos obriga a equacionar com muita atenção as resistências às propostas educativas. Por que essas resistências? Como tratá-las? Muitas vezes equacionamos as resistências como um problema de falta de esclarecimento, se explicarmos melhor as propostas tudo será resolvido. Tudo é muito simples, se os professores não aderem é porque ainda não estão bem esclarecidos. Logo, serão programados novos seminários e mais especialistas serão chamados a dar novos cursos. Por vezes ouvimos discursos de gestores dos órgãos diretivos que se queixam de que os professores são resistentes, que não aderem às propostas inovadoras das secretarias. A ideia da "adesão" carrega a ideia de invasão. Como se os professores e as professoras das escolas fossem convidados a aderir a uma marcha que eles e elas não programaram. São apenas convidados a aderir a propostas elaboradas de fora, que não partem de suas práticas de trabalho, nem de seu saber aprendido em longos e penosos anos de docência. Apelar para a adesão é ignorar esses complicados mundos do trabalho docente. Por mais que as propostas sejam esclarecidas serão vistas como invasoras. O problema não é basicamente de falta de esclarecimentos.

Outras propostas pensam que o problema pode estar em baixar normas claras sobre o como fazer, como enturmar, avaliar, progredir, passar de ano ou de ciclo... Deixar os docentes seguros do como organizar os tempos, a carga horária e até listar as competências a serem ensinadas em cada ano de cada ciclo. Conceitos claros e normas claras e as resistências e os medos serão vencidos? Posturas ingênuas, que ignoram que há um denso e qualificado saber docente, produzido e aprendido nas situações de trabalho e que conforma identidades e personalidades docentes e humanas. O problema não é apenas de esclarecimentos e menos de normas. O problema é como tratar o tempo de trabalho. Como reconhecer o trabalho como matriz formadora determinante. Reconhecer no trabalho um processo humano, cultural, social, produtor de valores, saberes, concepções e identidades. Se esse núcleo do tempo do trabalho for tocado e alterado ou se os docentes sentirem-se ameaçados nesse núcleo, não há esclarecimentos, nem normas que convençam os docentes a aceitarem as propostas.

Frequentemente, os próprios docentes colocam suas resistências às propostas na falta de condições materiais de trabalho nas escolas. Passam a exigir melhorias nas condições de trabalho para aderirem às propostas. Os docentes têm alertado os governos que nas condições em que trabalham não há como dar conta de grandes voos pedagógicos. Não há como dar conta dos educandos e suas condutas, suas trajetórias e seus tempos. Quantos sonhos de inovação são sepultados nas péssimas condições das escolas populares. Aí são colocadas grande parte das resistências à inovação. A solução seria dar-lhes melhores condições, mais recursos, melhor material, até mais tempos, e se possível melhores salários e garantias mais definidas de promoção e carreira? Tudo isso é básico e terá de ser equacionado com prioridade, porém parar aí não é suficiente. Os professores reivindicarão tudo isso e mais. Deixarão claro que a sensação de ameaça que muitas propostas provocam situa-se mais no fundo. Onde sentem-se ameaçados é na própria experiência de trabalho, na identidade docente construída nas situações de trabalho. De docência. O que os ameaça é que são alteradas as rotinas, os instrumentos, os tempos, os controles de seu trabalho, as formas de agrupar, avaliar, aprovar, reter. Melhores condições sim, mas para fazer o que e em que tempos?

Pensar que apenas prever melhores condições de docência resolve as resistências às propostas inovadoras é ficar na metade do caminho. Não há inovação na escola que não afete o trabalho e o tempo, os saberes, os valores e as culturas da docência produzidos no trabalho. O trabalho é uma experiência humana total. Aí está seu caráter complexo e enigmático. Tocar, alterar o trabalho e seus tempos é tocar na totalidade da experiência humana dos professores(as). Estes põem em jogo em cada situação de trabalho sentimentos, emoções e valores, relações, habilidades e percepções. Em cada rotina docente cada um entra com sua história e sua trajetória humana. Entra com sua cultura, seus conceitos e preconceitos. Em cada situação de trabalho entra em jogo um estilo próprio de lidar com os alunos(as), com as condutas. Qualquer inovação pedagógica termina tocando em todo esse complexo universo. Que fazer? Ignorá-lo e apenas esclarecer as mentes, convencer, baixar normas claras, dar melhores condições? É pouco. Será necessário tratar com cuidado esse complexo universo do tempo de trabalho, respeitá-lo e a partir daí ver com os próprios docentes as possibilidades de avançar.

Não estamos defendendo uma visão estática da cultura docente, nem da cultura do trabalho. Ela vai se alterando com a diversidade de vivências humanas que cada profissional e a categoria têm. As tentativas sérias de redefinir a docência redefinem processos e relações de trabalho, como as tentativas de lidar com a nova infância, adolescência e juventude redefinem didáticas, convívios, tempos e espaços de docência. Nas últimas décadas houve profundas mudanças na reorganização dos tempos, espaços e rotinas do trabalho. As imagens docentes estão mudando nessas mudanças. As resistências são muitas. Será mais cômodo deixar a organização do trabalho como sempre foi para manter nossos valores e autoimagens? Uma pretensão ingênua. Os processos e tempos de trabalho estão mudando em todas as áreas, também na docência.

Em outros termos, as propostas pedagógicas, sua elaboração e implementação não podem ignorar o que os docentes fazem e por que o fazem. Nem ignorar as mudanças havidas na docência. Não será suficiente que as propostas explicitem a educação progressista que queremos ou idealizamos, nem sequer que narrem os projetos inovadores que vêm implementando na área da cultura, da sexualidade, da educação cidadã etc. O fundamental são as mudanças que os grupos de professores vêm fazendo no trabalho mais cotidiano, frequentemente ignorado como se não fizesse parte das inovações educativas. Em congressos, seminários, oficinas e dias de formação privilegiamos a apresentação dos projetos inovadores das escolas e de grandes conferências sobre o papel transformador da educação. Abrimos horizontes. Mostramos projetos lindos, progressistas, mas em que tudo isso altera o mais cotidiano e rotineiro do fazer docente? Alteram o local, os espaços e os tempos de trabalho e sua pesada organização? As políticas, as propostas de rede e os projetos de escola somente produzirão inovações duradouras se conseguirem captar, mapear e revelar as experiências inovadoras, corajosas que já estão acontecendo no núcleo fundante da instituição escolar: no que os docentes e alunos fazem nos tempos e nos espaços, nos instrumentos que usam, nas práticas e nas rotinas e sobretudo nos cansaços e energias gastas, nas intensidades do trabalho. Mas não só aí. Desse núcleo estruturante fazem parte também os saberes e os valores, as concepções e os sentimentos, as identidades e autoimagens que dão significado a esse fazer e que não são estáticas, mas vêm mudando. Nesse núcleo se dão as inovações mais tensas e duradouras. É extremamente fecundo que em oficinas e em pesquisas o próprio corpo docente explicite e tome ciência do quanto vem mudando nesse núcleo do tempo de trabalho.

Há, ainda, outra maneira de tratar as resistências docentes às propostas pedagógicas: separar o pedagógico do trabalho. As questões trabalhistas de um lado, as pedagógicas de outro. Os tempos dos educandos de um lado e os tempos dos mestres de outro. Na maioria das propostas das redes, dos projetos de escola e nas políticas oficiais, o núcleo estruturante do trabalho é encarado apenas como um campo de embates político-trabalhistas entre os governos e os docentes e seus sindicatos. Frequentemente separamos a esfera pedagógica da esfera do trabalho. Equacionamos de um lado a esfera pedagógica, os princípios constituintes e norteadores das propostas e políticas e de outro lado a esfera do trabalho docente. Frequentemente esta esfera é ignorada ou temos medo de incorporá-la como parte das propostas e políticas. Ou esperamos a que os sindicatos a coloquem na mesa de negociações. Pensamos com timidez que nessa esfera será melhor não mexer por estar demasiado politizada e minada pelo explosivo jogo de interesses trabalhistas e sindicais. Postura ingênua que tem inviabilizado muitas propostas e políticas sérias e muitas inovações urgentes.

Por vezes essa separação entre o pedagógico e o trabalho e os direitos como trabalhadores está presente nas políticas da categoria e de suas representações sindicais. Os profissionais da educação são tratados como sujeitos cindidos; de um lado, seus direitos como trabalhadores, de outro sua condição docente, educativa, pedagógica. Por aí é fácil escorregar para uma cisão entre os nossos direitos, a nossos tempos como trabalhadores e os direitos dos educandos e de suas famílias à educação, a seus tempos de formação, ao tempo de escola, ao trato digno. A articulação entre os interesses da categoria e o direito dos educandos ainda espera melhores formas de ser equacionado na própria categoria.

Fechar os olhos a essa realidade será a melhor maneira de proteger nossas progressistas propostas? Se os governos e formuladores de políticas e os sindicatos docentes se esquecerem ou não tiverem coragem de equacionar de maneira orgânica os princípios de inovação com a realidade dura e pesada do trabalho escolar, os profissionais não demorarão em lembrar essa realidade. Se não equacionarem devidamente seus direitos estarão lembrando seus direitos. Se não equacionarem seus tempos estarão reivindicando seus tempos. Os métodos para essa lembrança são conhecidos: advertências, paralisações e greves, por parte dos professores, e indisciplinas por parte dos alunos. Tentar separar o pedagógico do trabalho é ingenuidade. Melhor seria aprender a grande lição: as condições de trabalho e sobretudo as formas e situações em que trabalhamos formam um todo orgânico, inseparável com as concepções e práticas pedagógicas. Não há como equacionar e tratar essas esferas separadamente. As formas como se organizou historicamente o trabalho docente são inseparáveis da história das concepções pedagógicas que informam as escolas e os sistemas escolares.

Porém, a pergunta permanece: Por que ter de esperar que a categoria docente nos lembre que o pedagógico é inseparável do trabalho? Por que ter de esperar que os alunos nos lembrem seus direitos? Seria oportuno determos a refletir sobre essa pergunta. Separamos o pedagógico do trabalho porque pensamos que as mudanças acontecerão desde que os professores estejam melhor qualificados, mais instruídos ou desde que sejam mais politizados e mais comprometidos com a transformação da escola e do mundo, ou desde que se tornem mais reflexivos e críticos sobre sua prática, ou desde que aprendam uns dos outros trocando experiências nos dias de encontro, ou desde que tenham algumas horas a mais para ler, planejar, avaliar. Tudo necessário, mas com todas essas políticas ainda poderemos estar deixando intocados os processos, os tempos e situações de trabalho. Falta-nos um trato mais orgânico entre todas essas políticas conscientizadoras, esclarecedoras e qualificadoras e o cotidiano do pensar e fazer profissional e entre o que pensamos, valorizamos, refletimos, decidimos, escolhemos... e os processos e situações em que o fazemos.

Outra postura frequente tem sido encarar o campo do trabalho docente apenas como meios ou condições que terão de ser criados para que as propostas e políticas sejam viáveis. É pouco. Às vezes o campo do trabalho é encarado apenas como as rotinas, as tradições, o peso morto a superar e desconstruir ou demolir, para limpo o terreno plantar nossos progressistas princípios constituintes da escola que queremos.

As professoras e os professores resistem, com razão, a essas formas de equacionar seu fazer e saber fazer. Como avançar? Insisto, invertendo essa lógica. Começar pelo trabalho. Perguntar-nos o que é o trabalho docente. Reconhecê-lo como trabalho humano. Reconhecer as mudanças que vêm acontecendo no mundo do trabalho docente. Consequentemente reconhecer que nessa realidade as professoras e os professores, as alunas e os alunos e todos os não docentes que trabalham na escola se envolvem como pessoas humanas. Assumir o trabalho de mestres e alunos como o núcleo estruturante da totalidade do processo educativo. Como determinante de tudo que acontece e pretendemos que aconteça nas escolas. Ter sensibilidade para com as resistências docentes a toda política, projeto ou proposta inovadora é fundamental para sua elaboração e implementação. Escutar a legítima pergunta: E nosso tempo de trabalho?

A forma mais coerente de avançar será mapear coletivamente as mudanças que os próprios professores(as) vêm fazendo nas suas rotinas de trabalho e nos saberes sobre seu fazer. O que mais está mudando nas escolas e nas salas de aula são os processos, as didáticas, a organização dos alunos, os agrupamentos. A produção coletiva dos alunos nas salas e dos docentes nas áreas está mudando rituais de avaliação, reorganização de tempos, trocas interdisciplinares, reorganização de espaços, aulas geminadas, estudos, oficinas coletivas. Alterações miúdas nas formas de trabalhar e pensar, mas que vão flexibilizando, abrindo frestas na monolítica e rígida organização do trabalho escolar. Ampliar as frestas e ir fraturando essa organização pode ser esperançador. Pelo que acompanhamos nas escolas, os alunos com suas indisciplinas e indagações vêm dispostos a participar e ajudar abrindo mais essas frestas. Estamos tocando no núcleo estruturante da escola: o trabalho tanto de mestres quanto de educandos. Estamos intervindo nos tempos. Um núcleo que não é estático, mas dinâmico. Da capacidade que tenhamos de tocar nesse núcleo estruturante e de repensá-lo em função dos direitos dos profissionais da educação e dos educandos dependerá a sorte de tantos esforços educativos que acontecem nas escolas.

E nossos tempos?

Ao longo destas reflexões nos deparamos com a urgência de termos um novo olhar sobre os educandos, suas trajetórias humanas e escolares. Suas temporalidades. O reencontro da escola e dos seus profissionais com as crianças, adolescentes, jovens e adultos com que convivem e trabalham está sendo um reencontro tenso e por isso mesmo fecundo consigo mesmos. É impossível olhar para os educandos, suas trajetórias e tempos sem olhar para as trajetórias e tempos dos seus mestres. Se para crianças, adolescentes, jovens e adultos, sobretudo populares, são tensas as tentativas de articular suas trajetórias humanas, seus tempos de sobrevivência e seus tempos de estudo e de escola, para os professores e de maneira particular para as professoras essa articulação é igualmente tensa. Tem sentido a pergunta que o professor nos coloca: "Não dá para ignorar os tempos dos educandos, mas e os nossos tempos?..." Nas últimas décadas as condições de trabalho em pouco melhoraram e foi necessário compensar os baixos salários esticando o tempo de trabalho, dobrando jornadas e turnos. Como articular esses tempos de docência que se esticam com os tempos da vida, de família, de estudo e descanso? Para as mulheres professoras essas tensas relações entre tempos de docência e de trabalho na família trazem tensões ainda mais dramáticas. A atenção cada vez mais urgente aos educandos, suas trajetórias e tempos, suas aprendizagens e suas condutas agrava a tensão vivida pelos docentes entre seus tempos humanos e de docência.

Vimos que sem liberar as crianças, adolescentes e jovens das dramáticas lutas pela sobrevivência os tempos de estudo e de escola terminarão sacrificados e com eles será sacrificado o seu direito à educação básica universal. Vimos como para milhares é dramático abandonar o tempo de escola, e mais dramático, ainda, ter de abandoná-lo para sobreviver. A articulação entre tempos de sobrevivência e tempos de escola é demasiado tensa para milhares de crianças, adolescentes, jovens e adultos populares. Enquanto essa tensão não for equacionada e enfrentada com políticas corajosas da infância, da adolescência e da juventude, o direito à educação continuará distante. Equacionamento que exige priorizar e mexer nas estruturas e lógicas temporais de nosso sistema escolar.

Se equacionar em políticas públicas e educativas essas tensas relações entre tempos de sobrevivência e tempos de escola é urgentíssimo, é tão urgentíssimo equacionar as tensas relações entre tempos de vida e de trabalho dos profissionais da educação básica. Sem políticas corajosas de liberação de tempos e de humanização dos tempos de docência dificilmente o respeito às trajetórias e aos tempos humanos dos educandos(as) e educadores(as) encontrará a reclamada e esperada centralidade.

Os educandos são outros, seus mestres são outros, logo as políticas públicas, sociais e educativas não podem ser as mesmas.

EDITORA VOZES
Editorial

CULTURAL
Administração
Antropologia
Biografias
Comunicação
Dinâmicas e Jogos
Ecologia e Meio Ambiente
Educação e Pedagogia
Filosofia
História
Letras e Literatura
Obras de referência
Política
Psicologia
Saúde e Nutrição
Serviço Social e Trabalho
Sociologia

CATEQUÉTICO PASTORAL
Catequese
Geral
Crisma
Primeira Eucaristia

Pastoral
Geral
Sacramental
Familiar
Social
Ensino Religioso Escolar

TEOLÓGICO ESPIRITUAL
Biografias
Devocionários
Espiritualidade e Mística
Espiritualidade Mariana
Franciscanismo
Autoconhecimento
Liturgia
Obras de referência
Sagrada Escritura e Livros Apócrifos

Teologia
Bíblica
Histórica
Prática
Sistemática

REVISTAS
Concilium
Estudos Bíblicos
Grande Sinal
REB (Revista Eclesiástica Brasileira)

VOZES NOBILIS
Uma linha editorial especial, com importantes autores, alto valor agregado e qualidade superior.

PRODUTOS SAZONAIS
Folhinha do Sagrado Coração de Jesus
Calendário de mesa do Sagrado Coração de Jesus
Agenda do Sagrado Coração de Jesus
Almanaque Santo Antônio
Agendinha
Diário Vozes
Meditações para o dia a dia
Encontro diário com Deus
Guia Litúrgico

VOZES DE BOLSO
Obras clássicas de Ciências Humanas em formato de bolso.

CADASTRE-SE
www.vozes.com.br

EDITORA VOZES LTDA.
Rua Frei Luís, 100 – Centro – Cep 25689-900 – Petrópolis, RJ
Tel.: (24) 2233-9000 – Fax: (24) 2231-4676 – E-mail: vendas@vozes.com.br

UNIDADES NO BRASIL: Belo Horizonte, MG – Brasília, DF – Campinas, SP – Cuiabá, MT
Curitiba, PR – Fortaleza, CE – Goiânia, GO – Juiz de Fora, MG
Manaus, AM – Petrópolis, RJ – Porto Alegre, RS – Recife, PE – Rio de Janeiro, RJ
Salvador, BA – São Paulo, SP